宗教与生态丛书

主　编　安乐哲　Mary Evelyn Tucker
执行主编　彭国翔

道教与生态

——宇宙景观的内在之道

N. J. Girardot、James Miller、刘笑敢 编
陈霞 陈杰 岳齐琼 何立芳 译

凤凰出版传媒集团
江苏教育出版社
JIANGSU EDUCATION PUBLISHING HOUSE

图书在版编目(CIP)数据

道教与生态 / 安乐哲等主编. —南京: 江苏教育出版社, 2008. 5
(世界宗教与生态丛书)
ISBN 978-7-5343-8621-3

Ⅰ. 道… Ⅱ. 安… Ⅲ. 道教—生态学—文集 Ⅳ. B958-53

中国版本图书馆 CIP 数据核字 (2008) 第 072709 号

书　　名　道教与生态
主　　编　安乐哲　Mary Evelyn Tucker
执行主编　彭国翔
责任编辑　周　方
装帧设计　张金风
出版发行　凤凰出版传媒集团
　　　　　江苏教育出版社(南京市马家街 31 号 210009)
网　　址　http://www.1088.com.cn
集团网址　凤凰出版传媒网 http://www.ppm.cn
经　　销　江苏省新华发行集团有限公司
照　　排　南京前锦排版服务有限公司
印　　刷　常熟市华通印刷有限公司
厂　　址　常熟市虞山高新技术产业园阳光大道 28 号(邮编 215557)
电　　话　0512-52391383、52361778
开　　本　718×1000 毫米　1/16
印　　张　24.25
插　　页　1
字　　数　348 000
版　　次　2008 年 5 月第 1 版
　　　　　2008 年 5 月第 1 次印刷
书　　号　ISBN 978-7-5343-8621-3
定　　价　27.00 元
邮购电话　025-85400774, 8008289797
批发电话　025-83260767, 83260768, 83260760
盗版举报　025-83204538

前　言

彭国翔

如今，生态危机已经成为全世界各个国家和民族都要认真对待的重大问题。生态的恶化导致人类的毁灭，也不再是一个遥远的可能性，而已然成为悬在人类头上的利剑。所谓“解铃还需系铃人”，既然人类是生态危机的制造者，也只有人类才能真正解决生态的问题。生态的问题，决不仅仅是环境保护的问题，更涉及人的世界观和存在方式。因此，解决生态问题除了需要不断发展的科技条件之外，更需要价值与观念的资源。没有充分的价值与观念自觉，科技的发展对于生态只能是徒增其害而已。如果近代启蒙心态所导致的人类中心主义的世界观无法获得根本的扭转，人类的生存方式和相处之道不能由“客体的集合”（a collection of obejects）转化为“主体的团聚”（a communion of subjects），那么，生态危机的问题就势必无法获得根本性的解决。值得庆幸的是，如何从世界各大精神性的传统中汲取解决全球生态危机的价值与观念资源，业已引起了世界范围内有识之士的充分关注。1996—1998 年之间，在众多基金会和有关研究机构的大力支持之下，哈佛大学世界宗教研究中心连续召开了“世界宗教与生态”系列研讨会。众多有代表性的专家学者分别从世界上各种精神性的传统出发，包括佛教、基督教、犹太教、伊斯兰教、儒家、道教、印度教以及各种本土的民间宗教，对生态问题进行了深入具体的探讨和回应。最终的成果，由哈佛大学出版社出版为“世界宗教与生态丛书”。

相对于英文世界中对于世界精神性传统与生态问题之间关系的重视，中文世界尤其中国大陆的相关学者虽然也已进行了若干不乏深度的反思，但多辗转攀缘于西方的种种论说。以掘井及泉的功夫深入中国自身的文化传统，从而培养、发展解决生态问题的智慧，相对于生态问题的严重性而言，似仍远远不够。尽管儒释道所谓“三教”魏晋以降已成中国文化的主流，但较为系统地自觉从儒释道三教中汲取生态问题的因应之道，似乎还是西方学者着了先鞭。这里选择翻译的《儒学与生态》、《佛教与生态》以及《道教与生态》，正是上述“世界宗教与生态丛书”中的三种。希望这三本书能够充分引起中文世界尤其是中国大陆学者的关注，成为激发我们进一步思考中国传统文化与生态问题的助缘。正如生态危机是所有人都无从闪避的问题一样，随着中国生态的严重恶化，无论在理论还是实践上，中国人更应当广泛和深入地参与到化解生态危机的探索之中。这不仅应当是中国政府的责任、中国大众的关怀，更应当是中国知识人思考的首要课题之一。

同样是由于认为儒释道三教传统与生态的问题更应当引起中国人自己的重视，在得悉笔者有组织翻译《儒学与生态》、《佛教与生态》以及《道教与生态》的想法时，也曾参与“世界宗教与生态”系列研讨会并为《道教与生态》和《儒学与生态》撰稿的安乐哲教授和杜维明教授立刻给予了充分的支持。安乐哲教授在 2002—2003 年担任北京大学客座教授时以及笔者在 2003—2004 年在夏威夷大学担任客座教授时，还曾多次与笔者详细讨论了有关问题。由安乐哲和杜维明两位教授介绍，在整个“世界宗教与生态”系列研讨会和“世界宗教与生态丛书”中发挥了关键性作用并与白诗朗(John Berthrong)教授共同编辑了《儒学与生态》的玛丽·塔克尔(Mary Evelyn Tucker)教授，除了寄赠笔者原书之外，还帮助联系哈佛大学出版社，提供了免费的中文版权，充分体现了一位具有深厚精神性传统的学者对于全球生态问题的关怀。

西方学者能够不限于自身的精神传统而有《儒学与生态》、《佛教与生态》以及《道教与生态》的成果，我们也应当高瞻远瞩，不但可以从儒释道的角度来思考生态的问题，而且应当充分了解甚至进入世界上其他的精神传统。因此，除了这三本书的翻译之外，希望将来《基督教与生态》、《犹太教与生态》、《伊斯兰教与生态》、《印度教与生态》以及《本土的民间宗教与生态》也能进入中文世界，从而使世界各种伟大的精神传统能够和中国传统文化的儒释道三教一起，成为中国人进一步思考生态与人类生存问题的宝贵资源。

2005 年 4 月于清华园新斋

致　谢

本书是在 1998 年 6 月 5—8 日哈佛大学世界宗教研究中心举行的“道教与生态”会议的基础上形成的。这次会议是玛丽·伊芙琳·塔克尔(Mary Evelyn Tucker)和约翰·格理姆(John Grim)这两位独具开拓性和慧眼的学者组织的“世界宗教与生态”的系列会议之一。他们深信学者在一些大的问题上可以发挥重要的作用。我们要感谢该中心的主任苏利凡(Lawrence Sullivan),以及中心那些高效、热心的工作人员,特别是黑德里克(Malgorzata Radziszewska-Hedderick)和昆克(Don Kunkel)。巴克纳尔大学(Bucknell University)的森德尔(Stephanie Snyder)在通信联络方面给我们不少帮助。现在,这些会议启动的重要工作在哈佛燕京学社由杜维明组织的“宗教与生态论坛”,以及迈克厄若伊(Michael McElroy)主持的哈佛环境委员会会议上继续着。

由吉瑞德(Norman Girardot)和科恩(Livia Kohn)主持的“道教与生态”会议,吸引了世界各地道教学者和修炼者的参与,包括一些没有直接为本书供稿的同人。我们要特别感谢哈佛大学的杜维明、东京大学的山田利明(Toshiaki Yamada)、法国远东学院(École Française d'Extrême-Orient)的傅飞岚(Franciscus Verellen)、波士顿大学的魏乐伯(Robert Weller)、中国台北“中央研究院”的朱荣贵(Chu Ron Guey)、惠特学院(Whittier College)的科尔博格(Paul Kjellberg)、哈佛大学的普鸣(Michael Puett)、杜克大学的倪辅乾(Peter Nickerson)、北卡罗纳大学(University of North Carolina, Chapel Hill)的塞顿(J. P. Seaton)(本书尾声部分有厄秀娜[Ursula K. Le Guin]的《道歌》和塞顿的回应)。我们还要感谢其他学者以及两位道士的鼓励和支持,他们是芝加哥大学的余国藩(Anthony Yu)、萨省大学(University of Saskatchewan)的包如廉(Julian Pas)、圣约翰大学的陈张婉莘(Ellen Marie Chen)、香港中文大学的劳格文(John Lagerwey)、蓬莱阁(the Fung Loy Kok)的Eva Wong和"疗愈之道中心"(Healing Tao Center)的谢明德(Mantak Chia)。由于种种原因他们未能到会。有相当多的学者、学生和其他人士,在会议期间都是"名誉道士",我们感谢他们对会议的精神性参与。最后,我们要感谢天普大学(Temple University)的马晓宏、里海大学(Lehigh University)的学生斯宾尼(Christopher Spinney)、内尔森(Stephanie Nelson)、加维根(Annette Gavigan)。

本书的文章主要来自会议论文,也增加了一些新的文章和翻译稿,如三一大学(Trinity University)的菲尔德(Stephen Field)和科罗拉多大学的祈泰履(Terry Kleeman)的文章。新加坡的林开健和徐文贤翻译、张继禹(张天师的六十五代后裔)和李远国的文章《论〈阴符经〉中的三才相盗思想》,波士顿大学康思奇(Louis Komjathy)帮助处理了此文的注释,以及余检身(David C. Yu)翻译的张继禹的《中国道教协会全球生态宣言》有着特殊的重要性。科恩积极支持和组织道教实践者进行圆桌讨论也值得一提。苗建时(James Miller)搜集参考文献得到了乔治·海兰(Jorge Highland)、刘笑敢、钟宏志、Belle B. L. Tan的协助,香港中文大学的王岗、夏威夷大学的戴维斯(Edward Davis)、梅西大学(Massey University)的约翰·帕特森(John Patterson)和新墨西哥大学的古德曼(Russell Goodman)与苗建时一起研究了那些文章并形成评论。刘笑敢在处理中文索引、安排翻译、提供参考文献方面做了大量的工作。三位编辑参与了本书的所有工作,吉瑞德负责起草了导论。像这样的合作一般都伴有仪式化的否认声明,但是三位编辑共同承担了对错误和疏漏的指责。

本书在出版过程中极大地得益于世界宗教研究中心的出版协理道格森(Kathryn Dodgson)的专业性工作。里海大学宗教学系的高梅(Marian Gaumer)也在各方面给了我们帮助。我们感谢他们在这艰难而漫长的过程中的耐心和鼓励。

最后,在此次会议上和本书里,"葫芦"的象征和精神一直是解决当今生态问题的、有着巨大潜能的"护身符"。其实,它孕育的"空"产生出了一切存在——那些散漫的、有机的、道德的。

编者

(陈霞 译)

目　录

对道教经典的生态阅读

文化背景中的道教与生态

走向道教环境哲学

导论

吉瑞德　苗建时　刘笑敢

(N. J. Girardot, James Miller, and Liu Xiaogan)

道，可道，非恒道。

名，可名，非恒名。

无名，天地之始；有名，万物之母。

故常无欲，以观其妙；

常有欲，以观其徼。

此两者同出而异名，同谓之玄。

玄之又玄，众妙之门。

——《道德经》/《德道经》(马王堆 B)，

第一章(韩禄伯[Henricks]修订)

已名与无名

在当代西方的环境问题讨论中，道教与生态常被当做天然的伴侣。从“世界宗教”之类的辞书性读物提供的宗教和学术信息中，很容易得出一个常识性的看法，即中国传统尤其是“道教”显示出与全球性生态问题显而易见的、引人注目的密切关系。① 对迄今为止的大多数西方注释家来说，道教首先指的是存在于《道德经》和《庄子》等古籍中的神秘传统。人们认为这些典籍中的思想与当代因日益破裂的人与自然的关系而造成的极大恐惧之间有一种关联。在传播道教知识时，引入大众化的维尼熊（Pooh Bear）和小猪（Piglet）更加深了古代中国道教有深邃的生态智慧这样的印象。②

令人遗憾的是，对道教与生态这个诱人的领域一直缺乏严肃的讨论。人们简单地，甚至是想当然地认为道教这个"神秘"传统无论如何都与当代生态问题天然地一拍即合。事实上，有些假设是成问题的。在过去二十五年对环境危机的宗教、伦理和哲学性的讨论中，西方的著作和文章对道教生态智慧有许多转瞬即逝的想象（一般都是从美洲和其他部落土著居民的角度出发，或与维尼熊之类的主题和上代人流动不居的全球性的铃木禅[Suzuki-Zen]③相联系）。迄今为止，仍然没有一部学术著作对道教传统的复杂内涵给予理解，也没有著作对这个传统解决当前生态问题的潜在能力给予批判性的探索。

即使是对宗教与生态关系介绍得很好的书籍，也存在某种程度的浪漫化地醉心于"古代纯粹的"、永久的道教（围绕着一两本古代经典和几个关键主题）这样的倾向，这种趋势代表了如何将道教应用于当代世界问题的全部讨论。除了对老子高深莫测的论述"道及其生态力量"，庄子那玩笑般的"无用"之树、瓠，或大众性的漫游于迷雾缭绕的峭壁、竹子和瀑布

---

① 关于道教传统与生态学关怀"舒适"而"自然"的密切关系，另外的例子可参见贝尔德·卡里科特（J. Baird Callicott）：《地球的智慧》（*Earth's Insights*, Berkeley and Los Angeles: University of California Press, 1994），第67—75页。正如卡里科特所说（第67页）："当代西方环境伦理学家在东方思想传统中搜寻引起生态共鸣的理想和基于环境哲学的生活，他们主要是引用道教。"

② 参见本杰明·霍夫（Benjamin Hoff）两本畅销的对道家的"新时代"的注释之作：《维尼熊之道》（*The Tao of Pooh*, New York: Penguin Books, 1982）以及《小猪之德》（*The Te of Piglet*, New York: Dutton, 1992）。对于美国化了的"通俗"道教或道，参见吉瑞德：《吾之道：在世纪之交讲授〈道德经〉和道教》（"My Way: Teaching the Tao Te Ching and Taoism at the End of the Millennium"），载于即将出版的《讲授〈道德经〉》（*Teaching the Tao Te Ching*, ed. Warren Frisinia, New York: Oxford University Press）。

③ 关于铃木禅，参见 Robert H. Sharf：《日本民族主义的禅》（"The Zen of Japanese Nationalism"），载于《佛的管理者：殖民时期的佛教研究》（*Curators of the Buddha: The Study of Buddhism under Colonialism*, ed. Donald S. Lopez, Jr., Chicago: University of Chicago Press, 1995），第107—160页。

之间的尤达（Yoda，科幻片《星球大战》中的人物——译者）式中国圣人的各种模糊的诉求之外，我们还能学到什么东西呢？今天，在这些幻想之外，人们日益认识到道教有着极其丰富的传统，它有大量的经典和历史知识，把它化约为几本古籍或阿甘（Forrest Gump）式的大白话已经不可能了。显然，许多对道教的大众化假设，很少论及这个传统对生态的真正重要性，他们更多地涉及的是西方学术界和大众的愿望和主流观点。用《道德经》的话说，就是“只见可欲”。[①] 真正的困难在于对道教本身和它对环境的可能贡献还有许多未“名”之处或所知甚少。

由于流行的框框根深蒂固，在21世纪初指出西方对道教的一些常见的偏见还是有意义的。有人或是严肃或是轻率地说，“道教是道教之所为”[②]。曾几何时，道教在西方似乎是关于“无”的情景剧般的宗教，形成这样的印象是坚信“无为”教义的结果。我们知道，在全球性的MTV和网络时代，这种通俗寓言比巴黎、东京、北京、波士顿的学者、专家、汉学家和宗教学家的纠正性见解具有更大的魅力和影响。尽管道教谈到无和有，它既引导那些无聊的人，也促使一些严肃的人讲述道教在中国和在当代世界里的完整故事。至少，对困难的认识有助于建立一个想象的基础，在这个基础上缓慢地回到该传统真实的历史和文化语境之中。回溯道教那些尚“未名”的方面，能为该传统对生态思想和实践有所“名”而提供关键的基础和语境。

大众对道教的误解和学者的“困惑”，[③]同样存在于西方对生态学，尤其是那种能引起天启般情感的讨论之中。我们像希望得救那样急切地需

① 关于西方知识界对中国传统的看法，参见约翰·克拉克（J. J. Clarke）：《东方启蒙：亚洲与西方思想的相遇》（*Oriental Enlightenment: The Encounter Between Asian and Western Thought*，New York: Routledge，1997），第37—53页；以及吉瑞德：《维多利亚时期对中国的翻译：里雅各的东方朝圣》（*The Victorian Translation of China: James Legge's Oriental Pilgrimage*，Berkeley and Los Angeles: University of California Press，forthcoming）。最重要的是约翰·克拉克的《西方之道：道教思想在西方的转化》（*The Tao of the West: Western Transformations of Taoist Thought*，London and New York: Routledge，2000）。

② 在与其他宗教的比较中还有一些关于道教的低俗“定义”，如 www. ee. pdx. edu/～alf/html/shit-religions. html 上的“Shit Happens in Various World Religions”，和 www. humorspace. com/humor/lists/lshit. htm 上的“*Canonical List of Shit Happens*”。

③ 参见席文（Nathan Sivin）：《论“Taoist”一词引起的混乱》（“On the Word ‘Taoist’ as a Source of Perplexity”），载于 *History of Religions* 17，1978，第303—330页。

要从精神方面去理解地球上的生命，这在某种程度上代表着启蒙运动和自由主义新教在“后千禧年”传教日程中那些扭曲的人为现象，西方统治性的知识结构掩盖了这一现象。① 从这个意义上说，在新千年来临之际，事情就变得格外深沉，且有点不祥。所以，针对特殊的精神性的道教与生态，有许多极具预言性的谈话，即：《道德经》中神秘的生态意义与深度生态学一起，形成了深刻的社会生态学和生态女性主义，甚至是更为深刻的盖娅—地母的宗教信仰。② 毋庸讳言，环境问题中生死攸关的问题并没有因迅速地对道教加以浪漫想象、福音主义般地对生态加以诅咒和救赎而得到真正解决。

最后，我们应该记住在中国历史上的很长时期里（包括现在的西方社会），注重个人化的道士一直在拒斥对于已择之道和未择之道的草率而带情感的假设。佛教徒和佛教学者，则比在亚洲和西方的道士和道教学者更积极地参与了当代环境问题的解决。③ 这无疑表明佛教的学术研究发展得更好，西方的佛教徒一直在一边适应当地的文化，一边进行着自我反省，这对道教过去和现在在应对危机时对干预形式和过分肯定的社会参与所采取的“无为”是一种提示。今天，一些道士提出协商性的社会活动

① 许多有关东方的论文和比较宗教研究，提到19世纪的“新教”、“传教士”和“后千禧年”的情况，参见吉瑞德：《维多利亚时期对中国的翻译：里雅各的东方朝圣》。与道教的特殊关系，参见吉瑞德：《“道的发现”：里雅各和维多利亚时代对道教的创造》（“‘Finding the Way’: James Legge and the Victorian Invention of Taoism”），*Religion* 29，1999，第107—121页。在台湾一些西方化色彩较重的团体中，可以看到准宗教的环境理解与对中国宗教“传统”和“迷信”的启蒙性改革之间存在着困难和模糊。

② 关于当代生态运动的深层次方面，参考 Michael E. Zimmerman：《争取地球的未来、激进生态学与后现代性》（*Contesting Earth's Future, Radical Ecology, and Postmodernity*, Berkeley and Los Angeles: University of California Press, 1994），以及《绿色读物——有关可持续社会的论文》（*The Green Reader: Essays Towards a Sustainable Society*, ed. Andrew Dobson, San Francisco: Mercury Books, 1991）。最有名的深度生态学家是挪威的哲学家奈斯（Arne Naess），参考他的《浅和深，长远的生态学运动：一种概要》（“The Shallow and the Deep, Long-Range Ecology Movement: A Summary”），发表在《深度生态学运动：一种导论性的选集》（*The Deep Ecology Movement: An Introductory Anthology*, ed. Alan Drengson and Yuichi Inoue, Berkeley: North Atlantic Books, 1995）。道教对奈斯深度生态学的影响，参见 Vanessa Phillips：《〈道德经〉及其与深度生态学的关系》（“The Tao Te Ching and Its Relation to Deep Ecology”），载于 *Lehigh Review* 7, spring-fall 1999，第31—39页。

③ 其他书籍，参考《佛教与生态学：法与业的内在关系》（*Buddhism and Ecology: The Interconnection of Dharma and Deeds*, ed. Mary Evelyn Tucker and Duncan Ryuken Williams, Cambridge, Mass.: Harvard University Center for the Study of World Religions, 1997）。

对于保护中国的圣山是必需的(参见本书张继禹的《中国道教协会全球生态宣言》),也有一些道士更愿意选择难得糊涂、少管闲事的策略(如本书中美国道士刘明的评论《变化从细微之处开始》)。[①] 尽管这种本能的谨慎有时是反面和极端的,但在道教传统中仍然有着历史和伦理上的合理性。自《庄子》时代起,一些道家人物就在避免对"德"进行极度工具性的"吹嘘"——在像我们这样一个道德模糊的时代,当"慈善"已经变成社团的日用品时,这种考虑并非可有可无。

中国的生态景观

尽管一些道士中存在着"无为"的审慎,西方对生态问题所作的直接而深刻的描述也存在着把问题简单化的倾向,但确实有真实、紧迫的生态问题困扰着当今世界。[②] 在这个脆弱的生物圈里,生命以非常复杂的方式相互影响着。这些问题本质上是关联着的,是生态的,对地球上的每一个民族都有着科学、道德和宗教方面的影响。事实上,中国,道教的故乡,对生态问题存在着严重的忽视。[③] 今天中国的生态状况不容乐观。对自然环境的破坏,包括砍伐森林和土地沙化,有着长久而痛苦的历史,也不能否认 20 世纪后半叶中国的生态还在加剧恶化,特别是 20 世纪 80 年代经济快速增长以来。

中国环境与发展国际合作委员会秘书长张坤民认为当代中国的环境保护存在着五个方面的问题。首先是中国巨大的人口数量,即使执行严格的计划生育政策,年人口增长数仍然在 1 300 万(这几乎是加拿大总人口的一半)。第二,中国的城市化速度惊人,在 1978—1995 年期间,城市人口增长了 1.8 亿,再加上 5 000 万左右的流动人口。这个增长使得污染、垃

① 当代道教对中国圣山破坏状况的关注,参考 Martin Palmer:《拯救中国的圣山》("Saving China's Holy Mountains"),载于《人类与星球》(*People and the Planet* 5, no. 1), URL: www.oneworld.org/patp/vol5/feature.html。

② 这部分的很多资料是刘笑敢提供的。

③ 最近对中国空气污染的讨论,参见《蓝天工程》提到的北京空气状况的新闻报道。("Blue Skies Project", by Elaine Kurtenback, printed in *The Morning Call* [Allentown, Pa.], 23 March 1999, D1, D6.)

圾、污水和交通方面的问题日益严重。第三,80 年代以来快速、不平衡、难以控制的经济发展,比如,重工业和化工业不成比例的发展,带来了巨大的污染。另外,煤是中国的主要能源,严重地影响了空气质量。第四,在环保方面的机构和设备投入不足。第五,公众缺乏对生态问题的意识,没有制定控制环境的综合政策。① 在这点上,传统宗教可以发挥作用。

当今中国的生态恶化是严酷的事实,并产生了全球影响。华盛顿世界资源研究所的一项研究显示,世界污染最严重的 10 个城市有 9 个在中国。② 在森林砍伐、荒漠化、水污染方面的统计同样惊人。③ 当然,也有一些好的迹象,如 1972 年中国政府派代表团出席了在斯德哥尔摩召开的首次联合国人类环境大会。1979 年,中国"试行"环境保护法,最后试行法于 1989 年变成了法律。中国国家环保局 1998 年 3 月升为国家环保总局,使其在环境计划方面有更多的管理权限,这是最近取得的重要进展。

但中国在环境方面的政府行政管理水平仍然不高。④ 与零星的、缺乏热情的官员相比,可喜的是中国民众环保意识的加强。过去几十年里,越来越多的记者、作家、学者、宗教界人士、工人、农民开始关注环境问题。现代道教正是在草根的语境中,开始逐步地着眼于自然资源的保护和更新,尤其是在重新植树造林方面。如自 1982 年起,青海省武当观的道士在杨诚泉当家的带领下在青海省种植了 173 万株树,恢复了许多草场。

---

① 张坤民参加新加坡"人与自然"国际会议的论文《中国的环境战略和环境文献》(Zhang Kumnin: China's Environmental Strategy and Environmental Literature, presented at the International Conference on Humankind and Nature: Literature on the Environment, Singapore, 27—30 February 1999)。

② Richard Louis Edmonds:《中华人民共和国 50 年来的环境》("The Environment in the People's Republic of China Fifty Years On"),载于《中国季刊》(*China Quarterly*)第 159 期,1999,第 644 页。

③ 按照 1997 年的官方报道,中国的土壤沙漠化增加了 27.3%。在 20 世纪 60 年代,土壤沙漠化每年增加 1 560 平方公里,到 80 年代早期,增加到 2 100 平方公里。参考《地球、人类和警钟》(北京:中国环境科学出版社,1997),第 153 页。在西部省份,森林覆盖面积快速减少,青海减少了 0.35%,新疆 0.79%,宁夏 1.54%,甘肃 4.33 %,西藏 5.84%。参考《联合早报》1999 年 12 月 27 日的文章。从 20 世纪 50 年代到 70 年代,为增加耕地而砍伐森林导致了西双版纳森林覆盖率从 70%减少到 26%,海南从 35%减少到 26%。同样,因为围湖造田,第二大湖洞庭湖缩小 60%,第一大湖鄱阳湖缩小 50%。参考《联合早报》1999 年 12 月 27 日的文章"Hongxing Chuqian de Jingjixue",作者 Fu Hongchun。七大主要河流污染严重,按照 1997 年的测试,水质几乎达不到标准。地下水和沿海地区也有不同程度的污染。参见张坤民:《中国的环境战略和环境文献》。

④ Richard Louis Edmonds:《中华人民共和国 50 年来的环境》,第 641 页。

同样，甘肃省花石岩道观的老当家范高德，也使“荒山”披上了绿装。①

中国道士的行动是引人注目的，同时他们非常谦虚，直接或间接地受到过西方环境运动的影响。另外，如果道教一开始就有特殊的生态智慧，为什么中国历史上一直还有糟糕的环境记录？为什么当代道士的行动迟缓并相对受限？本书有几篇文章尝试回答这些问题。这些问题涉及一般的中国文明史，不容易回答。就中国的环境现状而言，还应该特别追问道教或其他传统宗教和哲学怎样、和以什么方式对环境问题有所贡献。问题的一部分无疑包括用各种受西方影响的、短期的“技术”手段来缓解迅猛发展的经济带来的资源浪费。② 但是，看起来中国长期的环境改善和持续的环境关照应该更多地依赖于广泛的“中国生态”认识：吸收传统价值，创造性地重新诠释，由中西宗教界人士和学者共同努力使之重新适合社会的发展。③ 在极度多元化的后现代社会，一个国家有效的环境措施需要全球的意识和独特的文化视角（如中国道教）的配合。

创造性地应用道教（正如本书所显示的那些价值，就不能局限于基本经典）来解决当代问题需要阐释学的角度，即要理解环境问题的特殊性构成世界之“万物”的实际关系。如果我们记住安乐哲（Roger Ames）对生态问题作的“本土和焦点”的区分以及郝大维（David Hall）发现的老庄文本“赞美构成整体的事物的特殊性”的话。这种意识可以被称为末世的道教视野（latter-day④Daosit perspective）。⑤ 苗建时（James Miller）认为上清经

① 《道法自然与环境保护》，张继禹等，北京：华夏出版社，1998，第200—201页。

② 1999年4月朱镕基总理访问美国时，参加了一个环境论坛，直率地谈到了“中国由于土壤流失、森林砍伐、工厂废气、汽车尾气和煤炭作为主要燃料造成的自然环境的退化”。Joseph Kahn：《殊途同归、锦上添花》（“Two Accords with China Billed as Icing Become Part of a Simpler Cake”），载于《纽约时报》（*New York Times*, 10 April 1999；www.nytimes.com/library/world/asia/041099china-us.html）。其他关于当代中国环境的讨论，在Timothy C. Weiskel汇编的《东亚和东南亚：网络资源指南》（*East and Southeast Asia. An Annotated Directory of Internet Resources*）中有中国和东亚的能量及环境方面的参考书目，见 http://newton.uor.edu/departments & programs/asianstudiesdept/china-science.html。

③ 关于中国生态方面的国际组织，参考下列网址：http://sevilleta.unm.edu/~yyang/sino-eco/about.html。

④ Latter-Day Saints，即摩门教，也称末世圣徒教会。——译注

⑤ 参看本书安乐哲的《实现道家世界中的地方性与焦点性》（“The Local and Focal in Realizing a Daoist World”）及郝大维的《从指涉到顺延：道家和自然》（“From Reference to Deference：Daoism and the Natural World）。

典的精神同样呼吁"尊重""道教生态神学"。① 将急需的"生态道教"与"深度生态学"那些有意义的情感结合起来,需要更持续地关注作为宇宙身体或景观的"道"的所有构成部分之间的感应关系。

想想庄子对"知"和"行"相互关系的理解吧,道既存在于大的,也存在于小的事物之中,大鸟和鲲鹏、尿溺和蜗牛中都有道。"无名"只有通过"可名"才能被理解。所有生命形式为了生存而互相争夺的细节都无法避免再生和衰落。这个角度在理论和实践上都有助于我们理解道教的历史复杂性、与其他文化的交织以及当代"道教"对任何失衡和生物多样性锐减的回应。用有趣的方式(有时神秘地),从《老子》和《庄子》推演出去,对所有生命形式的动态关联也曾被松散组织起来的道教预想过。它用仪式来说明个体的人、具体的社团以及自然环境如何构成整体的且不断演化的"道之身体"。从这个角度讲,中国的道士们最近强调"天地人"的共生性,发表生态宣言,强调道教"独特的价值意识",指出人类的富足在于保护不同的物种(参见本书《论〈阴符经〉中的三才相盗思想》和《中国道教协会全球生态宣言》,张继禹是这两篇文章的作者之一,他是道教创始人张道陵的六十五代后裔,任中国道教协会副会长),就很值得注意。②

道之部分

对于萌芽期的道教与当代生态问题,本书的特殊贡献在于它对道教传统的全方位关注,它涉猎了浩繁的道教典籍、复杂的科仪、静坐实践、社会形式、实用的折中伦理、1 800 年漫长历史中的道教宇宙观等。成千上万的经典、无数的教派运动展示了道教的丰富性,这在西方民众对道教的讨论中被忽略了。道教的丰富性与我们对它的无知形成了某种反差。与其用人们常说的"纯粹"古典哲学的通俗性的退化来说明道教的发展,不如把它"名"为杂而多端的文化现象的混合物更恰当,这可与中世纪和改革了的欧洲基督教这样复杂的社会和文化情形相提并论。可喜的是,近

---

① 参看本书苗建时的《尊重环境与上清派的存想》("Respecting the Environment or Visualizing Highest Clarity")。

② 参看 Martin Palmer 的《拯救中国的圣山》对这些发展的讨论,第 2 页。

来道教学术界取得了进展，有更多的重要道经被翻译成了英文，出现了各种从比较宗教学和其他学科出发的新的阐释角度，中西学者和道士对道教研究表现出更大的兴趣，这些努力使我们可能修正对道教的理解。① 同样，过去和现在把道教作为宗教来研究，使得人们得以重新理解《道德经》和《庄子》的意义及作用（尤其是本书第四编）。

本书对用一种或几种道教方法来解决当前的生态问题没有作出简单或直接的回答。但本书的确是集中讨论早期的道家经典，以及后来虽让人迷惑却吸引人的道教经典的生态意义的唯一著作。这项工作不仅挑战了许多对道家经典的流行假设（特别是把老庄的"哲学"著作不假思索地与西方式生态意识迅速结合起来的做法。如本书中柯克兰[Russell Kirkland]和莉莎·拉菲尔丝[Lisa Raphals]的讨论），还引入了语境化方法研究道教思想复杂的文化意义，及其在过去和当下中国的社会实践。在某种程度上，本书标志着道教研究上了一个新的台阶，因为它显示出道教学者（西方和亚洲的）已经进入这样一个阶段，即首次用综合的阐释学展开了对当代全球问题的探讨。佛教学者五十年前就这么做了，但五年或十年前连道教研究都还不可能展开。

中国道教的"真正"的学术研究引入了新的视角，这并不必然使我们认为过去已经了解了的《老子》和《庄子》（古代经典，一直在启发和影响道教，如施舟人[Kristofer Schipper]的《道教生态学：内在转化——早期道教戒律研究》和张继禹的《中国道教协会全球生态宣言》所表明的）在各个方面都不再起作用。我们十分需要扩大研究视野，注意道教"哲学"、"宗教"、"神学"和"伦理"对人类和宇宙生命的动态和互相影响的理解。在最基本的层次上，道教——不管是与早期经典有关或与后来组织化的宗教相连——对许多生态问题都有重要的见解。而这比将自己限定在单纯的早期"神秘的"哲学（道家）和迷信的、仪式化的宗教（道教）的二元划分时带出了更多矛盾和对立的观点。在西方学术的后现代批评下，我们必须

① 新翻译出的重要的道教经书，参见《道教修炼文选》(*The Taoist Experience: An Anthology*, ed. Livia Kohn, Albany: State University of New York Press, 1993)；柏夷(Steven Bokenkamp)：《早期道经》(*Early Daoist Scriptures*, Berkeley and Los Angeles: University of California Press, 1997)；Eva Wong：《道的教义》(*Teachings of the Tao*, Boston: Shambhala, 1997)。

用杂而多端的各种“道教”与中国传统方方面面的相互作用来给“道教”下基本的定义。

道教的宗教传统包括许多流派和各教的融合运动，不容易分类和概括。[①] 与不得要领的、仅仅基于《老子》和《庄子》的道家“原始历史”不同，作为有意识地组织起来的道教的历史要追溯到汉朝的末年（公元 2 世纪和公元 3 世纪），而天师道则渊源于张道陵的启示（公元 34—156 年）。公元 4 世纪和公元 5 世纪有另外两个重要的启示性经典传统，一个是上清派，强调观想和体验；另一个是灵宝派，强调仪式。两个无定形的传统借鉴了佛教的一些内容。所有后来的运动都受到道教早期这种启示形式的影响。5—10 世纪之间，不同的道教宗派组织松散，其经典收藏在开放的《道藏》之中。道教新的改革出现在 10—14 世纪，如“内丹”、新的礼拜传统和其他几个融合儒释伦理的教派。11 世纪后出现的两个道教传统延续到了现在，即祖庭在龙虎山、声称继承天师道仪式和教职传统的正一道[②]，以及祖庭在北京白云观的全真道。后者继承了“内丹”的修炼传统，融合了许多禅宗和理学的内容。[③] 近年来，移植的道教出现在了北美和欧洲。[④]

最后，我们想指出，尽管道教学术取得了很大的进步，仍然有许多研究得不够充分的领域。我们所理解的历史和经典之间存在鸿沟，与此相关的是更大的方法论上的问题，它涉及对这个传统的定义、古代典籍的性质和意义、与道教组织化起源有关的汉至六朝时期的宗教历史、道教和佛教与政府的关系，等等。我们的目的绝不是在这本书中解决上述所有问

---

① 参见 Isabelle Robinet：《道教：一个宗教的成长》（*Taoism: Growth of a Religion*, trans. Phyllis Brooks, Stanford, Calif.: Stanford University Press, 1997）。

② 今天正一道在中国台湾的活动，参见施舟人：《道教身体》（*The Taoist Body*, trans. Karen Duval, Berkeley and Los Angeles: University of California Press, 1993）。

③ 对全真派创教者的文学描述，参见 Eva Wong 翻译的《全真七子》（*The Seven Taoist Masters*, Boston: Shambhala, 1990）。

④ 对西方化的道教没有很可靠的研究。参见 Solala Towler：《聚鹤：把“道”带到西方》（*A Gathering of Cranes: Bringing the Tao to the West*, Eugene, Oreg.: Abode of the Eternal Tao, 1996）。还可参考《霜钟》（*Frost Bell*, published in Santa Cruz, California.），是美国正一道（Orthodox Daoism in America）的时事通讯，刘明是该组织的负责人。关于刘明，参考本书的《变化从细微之处开始：道教修炼与个体生命生态学》（“Change Starts Small: Daoist Practice and the Ecology of Individual Lives”）。

题。我们倒是有意采用了包容性很大的“道教”概念，既包括道教教派运动中的社会学和宗教学特色，也包括古代“经典”的启发作用以及道教运动（不论怎样定义）与各种折中思想和实践如阴阳五行宇宙论的相互影响，如本书第三、第四编所论及的风水、医学、气功、武术，都不是“道教”特有的。考虑到我们目前的情况，最好是包容广泛的历史和文化现象，它们以某种方式可“名”为与“道教”有关的资源。这种策略很大程度上依赖于对“道教”如何定义的问题，同时它忠实地反映了围绕这个问题的许多模糊之处。这样，我们有意识地坚持这种方法，它融合了西方对某些道教主题的文学性描述，其中最引人注目的是厄秀娜（Ursula K. Le Guin）的作品。

道教的生态景观

3—5 世纪出现的宗教化道教，其理论有很浓的生态意味，但在实践上与西方的概念不是很吻合。① 因为道教宇宙论最突出的形式是，个体作为灵性生命可以转化，对他或她身处其中的宇宙环境而言是完全透明的。一些道派强调集体性和制度化的仪式来使社会和宇宙获得新生。道教的许多形式，尤其是那些受到上清经影响的教派，典型而理想化地关注“真人”。这些“真人”或“超自然存在”能够进入日常经验之外的领域，与道（周流不殆的宇宙过程）那些精微神妙的转化（炼丹）在最根本、原初的水平上达到和谐。② 动态的生态系统显然将“低等—外在—物质”（lower-outer-physical）或地上的（earthly），与“高级—内在—精神”（higher-inner-spiritual）而宇宙的（cosmic）联系起来，人类生活的这个层面是道教许多宗

① 这部分的内容《道教的生态景观》（The Ecological Landscape of Religious Daoism）苗建时最初以《道教与生态》（Daoism and Ecology）发表在《大地伦理学》（*Earth Ethics* 10, no. 1, fall 1998，第 26—27 页）上。

② 对道教“神仙”的现象学考察，参考 Isabelle Robinet:《道教神仙：明和暗、天和地之间的戏谑者》（“The Taoist Immortal: Jesters of Light and Shadow, Heaven and Earth”），载于《中国传统中的神话和象征》（*Myth and Symbol in Chinese Tradition*, ed. N. J. Girardot and John S. Major, symposium issue of the *Journal of Chinese Religion* 13—14，1985—1986），第 87—106 页。上清派的起源，参考 Isabelle Robinet:《道教的冥想》（*Taoist Meditation*, trans Julian Pas and N. J. Girardot, Albany: State University of New York Press, 1992）。

教思想和实践背后的假设。在这种宇宙论看来,个体、社会和自然世界的“身体”之间的、地下和天上世界的互相渗透,确实构成了涌动着生命的宇宙景观。

宇宙生态学

道教宇宙是“一”和无名,也是多和特殊。一切存在,从花蕾到星辰的轨迹,都可用气表示。宇宙最基本的能量,其运动的模式是宇宙之心的舒张(阳)和收缩(阴)。这表明了它的统一性。它的多样性则是万物在宇宙过程中相互作用所反映出的功能,既是轻而流动的,也是重而凝固的。宇宙是一个单一的、有活力的器官。它不能通过固定的规则被创造,而是自发地从原初的、承载着生命所有有机形式的暗物质中得到更新。

即使有一些思想原则来理解个人在宇宙中的处境,将这些原则理论上说成是一种“生态学”还不完全正确。《道德经》提醒我们,要将“道”道出来,这种道必定是“无”恒常(in-constant)、“不”平常(un-usual),或“外”日常的(extra-ordinary)。这一方面造成对人类能否正确掌握其在宇宙中的位置的理性能力的强烈怀疑,另一方面使得依靠超自然启示的宗教得以繁荣,后者关注原道的微妙运行。在前一种情形下,人类的制度(包括这种学术性纲要)必定受到批评,宇宙的演化特别不容易被那些依靠长时间学习的人所把握。在后一种情况下,只有接受神圣经典和适当的传授途径,个人才能理解并超越日常的人类经验。在道教看来,认识本质上是炼丹性的和生态的,因为它依赖启示的经历和实践,通过人的身体的转化而融入与其他特殊身体的关系之中。

身体生态学

许多道教实践的诠释原则是这样的,即存在的所有方面(所有那些代表气的妊娠的、液体的、大气的方面)都互相渗透,身体是宇宙能量相互作用的最重要场所。通过对身体的正确观想,身神(个人化或心理化的精神性能量)去他们自己的宫殿里居住,天上的星辰被观想出来,纯粹、精练的气开始流动。从这种神秘的能量中,炼丹的胚胎或仙体被培育出来,道士最后作为仙人而再生。这种“生命—精神”(bio-spiritual)修炼依靠的是传统中医理论，中医将人体看做能量循环的复杂系统。疾病，宽泛地说，是循环的不畅，如堵塞、渗流、过度或干燥。可见，“宗教”不是对肉体的否定或克服，而是逐步的精练，直到变得星辰般发光。道教的“拯救”观念基本上是医学式的，即关注生命的“治疗”性再生和返老还童。

时间生态学

日历的功能就是时间：日期和年份不是用数字表示，而是依照天干地支的互动而各有名称。《九真中经》是上清派的重要经书，详细描述了日期和年份对应的颜色、身体器官和神灵。当所有的周期全被组合完毕，实现根本转变的可能性就达到最大。如果把范围扩大，佛教影响下的《罪根品》谈到成千上万的劫，概括了人类文化为了控制堕落而制定的法律条款，以及人类社会从一个简单社区到复杂的文明的退化过程。每一劫都以整个宇宙的毁灭而结束，新的劫再重新开始。在任何情形下，道教都鼓励人们对环境采取积极的态度。时间不是不断流逝和不可逆转的，也不存在需要受到启示才能作出决定的关键时机（Kairos-moment）。即是说，人类文明和所有的生命都记录在一个难以想象的周期中。

地方生态学

由于道教对宇宙生态学的宽泛的理解，人类活动的场所就是他周围的环境。只有关注个人周围的环境，人才能洞察到“道”的核心。中国通俗文化有各种方法告诉人们如何管理他们的具体环境，如风水（协调人与自然环境的策略，以便最大地从环境中受益避害）、太极拳（和谐人与自然的练习）。道教特别强调，从小处着眼和地方视角本身不是目的，而是一种策略。《道德经》教导人们低下、柔弱、不争、不固执。《庄子》赞扬手艺人的熟练，这些技艺难以用语言来传授，只能通过个体在特殊环境中反复训练而掌握。宗教实践开始于净化身心，尊重个人具体环境中所有的生命是很自然的事情。教团组织将这些态度变成戒律，是其他禁令的前提（参见本书施舟人对天师道“一百八十戒”的讨论）。关心雪豹和熊猫的绝迹类似当代道士关注中国圣山的人口和商业活动。这一切都受到关心地方环境这种思想的影响。

复归和自然

道教静坐和仪式的生态宗教(ecoreligious)目标是谦虚地反映具体环境的自然变化,个人的影响在其中变得微乎其微。这个目标使得历史上形成的规范人生的文化及其社会和知识结构变得遥远。通向纯粹自然的道路总包含着"治疗"性的复归或挽回。这样的复归可以出现在"坐忘"时的心灵状态中,也可以出现在成仙修炼、集体仪式,甚至炼丹实践中,自然过程逆向转化建立在回归先天的混沌状态时出现的天体演化的生理现象上。

塑造自然

道教提倡综合而激进地重新塑造"道",在这个过程中我们理解了自己和自然以及与宇宙环境之间的关系。这种想象的行为虽不能直接解决现代社会的问题,但它对现在的经济、政治、科学和知识的结构形成了挑战。同时,随着道教在西方的影响日益增大,尽管它被误解,但对如何理解"我们生活在宇宙之中意味着什么"肯定能产生积极的影响。在这种情况下,"自然"不是外在于我们的、需要我们像修理汽车那样去对付的对象,而是一种需要认真修养的精神上的态度,以及身体的真实状况,包含了内植于体内的宇宙那些无限的方面。最后,自然应时时被塑造和观想。因此,我们最真实的生态关怀、最为重要的是宗教想象的景观。①

想象今天的道教

在描绘了道教特殊的生命—精神性的世界观之后,我们继续讨论如何将这种观点创造性地应用于中国和世界的生态问题。也许,问"今天谁代表道教发言"更有效。答案并不像看起来那么明显,因为谁是道士和道士在哪里并不是一个清楚的问题。可以说,中国和海外华人中存在着各种断断续续的道教,还有一些刚开始的、接受外来文化的西方或美国式的

---

① 从一个比较的视角,参考 Simon Schama:《景观与记忆》(*Landscape and Memory*, New York: Alfred A. Knopf, 1995)。

道教和一些与"道教"有关的实践。考虑到现代道教徒那种松散的、让人感到沮丧的状况，也许可以说"文化精英"，即学者们，在代表道教讲话。当然，当问题变成理解道教的历史和典籍时，学者有很多重要而有益的见解。事实上，在现代中国历史悲剧性的兴衰之后出现的所谓的"道教身体局部的复兴"，很大程度上归功于上世纪最后二十五年里学者们的研究和影响。① 最后，我们也许要问流行的注释是否对当代全球生态问题有所贡献。正如我们曾经指出的，一方面，西方大众文化对"道"有许多愚蠢而可笑的理解；另一方面，本杰明・霍夫（Benjamin Hoff）的维尼熊眼中的道教与厄秀娜小说中出现的严肃、不动感情的寓言中的道教之间有很大的区别（参见本书中何乐罕[Jonathan Herman]的文章和结语）。这种区别最终与人类思维这种具有炼丹性质的工作有关，即新的解构性理解和仪式转化赋予了人类传统和当下的生活以新的意义。②

当涉及今天谁能合法地代表道教发言时，我们常常会遭遇到某种"道"之战争。大众化作家忽略了学者，学者嘲弄大众化作家，中国或西方的道士则保持着沉默（也许他们必须如此）。但道教历史还有许多值得研讨的地方，今天我们必须对少数专家所知道的用所谓"真正的"宗教化、经典化的道教取代"纯粹"哲学的、神秘的道家保持警惕。"精神性的'纯粹'"和"历史性的'真实'"两种比喻完全符合过去和现在想象的"真正的"道教。另外，正在中国和西方延续的传统已经走到了一个十字路口，生态关怀需要对过去进行与当下有关的新解释，需要创造性地、恭敬而又相异地去重新调整早期的道教传统。

在世纪之交的混乱时期，当虚拟世界取代了自然世界，从道教角度看待生态问题的时机似乎成熟了。确实，道教见解既不是最后的，也不是能立杆见影的，但它们可以用缓慢的、周期的仪式来帮助地球生命的再生。进一步说，道教传统以它过去在中国的积淀和今天适应全球性的转变，对

---

① 对这个问题的讨论，参看吉瑞德：《施舟人与道教身体的复苏》（"Kristofer Schipper and the Resurrection of the Taoist Body"），载于施舟人：《道教身体》，第9—18页。

② 民众对道教的理解是"劣质的学术"，却可能导致"好的宗教"，参看 Julia M. Hardy：《在西方很有影响的〈道德经〉诠释》（"Influential Western Interpretations of the Tao-te-Ching"），载于《老子及其〈道德经〉》（*Lao-tzu and the Tao-te-ching*, ed. Livia Kohn and Michael LaFargue, Albany: State University of New York Press, 1998），第165—188页。

于宗教想象的生态作用，以及对在北京大学学习和在麦当劳工作的年轻人确实有重要的话要说。城市里的年轻人不太可能去探索《道藏》的资源。危险在于，人们在接触厄秀娜的《被逐出的人》(The Dispossessed)之前就会读到《维尼熊之道》的中译本。最后，可以说我们所有人，城市里的中国人和21世纪的全球公民需要道教的帮助来形成人类生活于宇宙景观之中的观念。在这方面，如果我们需要新的资源来想象和意识到新的、更"透明的"、生态和谐的世界，我们需要道教的视角。

已择之道

在本书中，考虑到研究道教与生态的困难，我们希望用灵活的结构来推动对这个题目更有效的讨论。为了与这个传统杂而多端的特点以及我们提倡的包容性相一致，我们对各部分进行了主观的分类，以便组织多样化的稿件。当然，我们也有编排的逻辑。斯蒂芬·菲尔德(Stephen Field)在序曲中的史诗《葫芦卷轴》唤起了对中国传统那耕地般的根基感，特别是"万物"只是由宇宙混沌，或道教所称的混沌或名为盘古的人化生出来的观念①受到宇宙葫芦的启发，定下了传统道教对待有机生命的神秘基调，我们顺着对道教与生态一般问题的思考(第一编)，分析道教经典与生态有关的内容(第二编)，把它置于大的中国文化背景中(第三编)。第四编的文章在前面的基础上，描绘出"经典"中的关键问题。这些文章引出了一套现代中西道教思想和实践之实用性的生态观察(第五编和结语)。在每编的结语中，我们增加了概要的主题讨论，提出了由具体文章引出的问题。每一部分后面这些简短的结论反映了主编的关注和哈佛会议上学者们所作的回应。

第一编"框定问题"，专门挑选了有关道教在解决环境问题上的理论性的和历史方面的文章。培珀尔(Jordan Paper)的发言《道教与深度生态学：幻想与潜能》为我们揭示了这个问题的难度，同时提出了进一步研究的建议。布

---

① 关于这些神话主题，参见吉瑞德：《早期道教的神话及其意义：混沌主题》(*Myth and Meaning in Early Taoism: The Theme of Hun-tun*, Berkeley and Los Angeles: University of California Press, 1988)。

尔德威斯托(Joanne Birdwhistell)的文章《道家思想中的生态学问题:当代问题与古代文本》批评性地提出,早期经典隐含生态主题这个假定很成问题,并从女性主义的角度进一步提出了新的问题。拉法格(Michael LaFargue)的《道教的"自然"是人类文化的一部分》扩展了布尔德威斯托的讨论,富有见地地提出了"对抗阐释学"来评价《老子》和《庄子》中的"自然"的含义。祈泰履(Terry Kleeman)的《道教与秩序的追求》是这一部分的最后一篇文章,他把讨论从古代经典扩展到道教实践对"秩序"的追求上。

接下来的第二编"对道教经典的生态阅读",是一系列分析道教经典的重要文章。黎志添对《太平经》、康儒伯(Robert Company)对葛洪、张继禹和李远国对《阴符经》的讨论都对具体经典进行了开拓性研究。施舟人对《老君一百八十戒》中早期道教生态戒律的讨论,指出了它们在历史上的重要性和对当代社会的呼应。作为一名道士和著名学者,施舟人肯定了道教过去"不仅思考环境和人在其中的位置,还用实际行动来实践这些观念"。

第三编"文化背景中的道教与生态"由几篇折中的文章组成,它们将一般性的和各种与道教有关的文化现象、民间信仰与道教进行比较。韩涛(Thomas Hahn)的《简论道教野地观念》列出了中国传统理解"自然"和"荒野"的历史和文化脉络。斯蒂芬·菲尔德在《找寻龙脉:风水与民间生态》中讨论了作为世界上最悠久的环境管理——风水的起源。安德森(E. N. Anderson)的《梅花树:环保实践、民间宗教与道教》从广义的文化视野出发,给我们展示了人类学对农业传统的思考、道教的实践和过去以及现在的民间宗教。最后,默耶尔(Jeffrey Meyer)的《园林里的救赎:道教与生态》提出,中国"园艺"强调的自然与人的合作关系可作为当代道教解决生态问题的"创新性"隐喻。

上述文章均提出了重要见解,在此基础上的下一个部分"走向道教环境哲学",包括一系列对早期经典回应当代生态哲学的思辩性文章。郝大维的《从指涉到顺延:道家与自然》,安乐哲的《地方性与焦点性在实现道家世界中的作用》是对《老子》和《庄子》的后现代解读。他俩(经常在哲学上进行合作)的文章非常有力地阐明了古代道家经典如何引导他们进行创造性的发挥。柯克兰的《对自然界的"负责的无为":基于〈内业〉、〈庄子〉和〈道德经〉的分析》和拉菲尔丝女士在《综合智慧或负责的无为:对

〈庄子〉、〈道德经〉和〈内业〉的进一步反省》围绕“无为”在古代和当代的意义进行了争论。柯克兰的坚定立场涉及“无为”的比较极端的不干涉含义，虽然与学术界的共识有出入，仍不失为对古代经典之困难的“相异性”的提醒。与拉法格在这个问题上一致，柯克兰提供给我们“对抗性诠释学”，抵抗着对古代道家经典的挪用（严重的时代错误）。通过讨论早期道家经典和古希腊的“不干预”、“间接”行动等的关系，拉菲尔丝有效地补充和扩展了柯克兰的论点。另外，刘笑敢的《无为与当今环境：老子哲学的概念与应用研究》，被张继禹的道教“宣言”强化了。他不仅发现了古典中更为积极的伦理，而且展开了他自己对“自然”和“无为”的生态学阐释。

最后一编“当代道教对生态的关注”，从理论和实践上将道教传统的各个方面“应用”到生态问题中来。苗建时的《尊重环境与上清派存想》研究了上清派存想体验的生态意义。何乐罕使人信服地论证了美国作家厄秀娜对道教富有想象力的创作。另外还有注重实效的张继禹的《中国道教协会全球生态宣言》和西方的各种道教或准道教实践者的圆桌讨论《变化始于细微之处：道教修炼与个体生命生态学》（参加者有刘明、那瓦诺[René Navarro]、瓦诺里[Linda Varone]、文森特[Vincent Chu]、希茨[Daniel Seitz]和卢卫东[Weidong Lu]）。

本书的结语是厄秀娜作为自成一体的美国道士和生态作家那难以忘怀的人生故事。她的《道歌》是一首哀伤的短诗，其中的叠句重复并扩展了斯蒂芬·菲尔德关于葫芦、生命和道等最初的宇宙史诗。厄秀娜锋利的笔触，给人以黯淡但又有希望的生命之歌，诗篇简洁而聪慧地抓住了道教对自然的原始庆典。

宇宙景观内部之道

在结束导论部分之际，让我们回到充斥于中国传统山水画、园艺、盆景中的生命“景观”的主题性比喻。一幅典型的中国山水画（或盆景）表达的是宇宙（画或盆蕴涵天上的“框架”或“空间”）、自然（山、植物、水）、人（旅客、象征社会生活的道路和建筑物）之间动态的相互关系。缭绕的薄雾表现出生物圈清晰而混融的有机关系。这些展现生命之特殊性和统一性的“微型世界”，或多角度的生动场面（道的显现或可道之道）体现了某种双向的反讽。这样，所谓的“自然”总是与某种建构的、想象的、人为的行为有关。同时，“山水”自然的人工痕迹，也有别于希腊的人为传统，主要指人在与更大的全然打交道时的深深的谦卑。中国山水画艺术和园林，明显是人为的，却不是人类中心主义的，达到了“自然的”效果和“人为的”意义的最佳结合。①

人类在与自然和宇宙打交道时那种必需而柔和的合作性方式（默耶尔有效地推出的“园林”主题），暗示了宇宙巨人盘古的创世，他诞生于原始的“鸡子”、混沌和葫芦中（参见本书的序言）。人类世界事实上是从盘古的身体里分化出来的。② 从一开始，人类就滋生于大的生命景观之中，对宇宙生命的健康和疾病负有责任。问题是，这种关系是寄生性和破坏性的，还是共生性和持续性的？有机生命、农业、医学比喻普遍地存在于对这些形象的反映中，它们规定了人与自然的亲密关系。以某种方式，这些思想（如山水画和园林）具有泛中国性质而不仅仅局限于道教。③ 不过，可以说，道士比官方的儒家和和尚更多地记住了古代神话和仪式，重新在当下幻想性地述说着个人身体与社会生活以及无限宇宙那原始未分的混沌。

① 其他著作，参看 Mai-mai Sze:《绘画之道：中国绘画的仪式性研究》(*The Tao of Painting: A Study of the Ritual Disposition of Chinese Painting*, New York: Pantheon Books, 1956); Dusan Pajin:《环境美学与中国园林》(“Environmental Aesthetics and Chinese Gardens”, http://dekart. f. bg. ac. yu/~dpajin/gardens/); Lothar Ledderose:《地上的天堂：中国山水画的宗教因素》(“The Earthly Paradise: Religious Elements in Chinese Landscape Art”)，载于 *Theories of the Arts in China*, ed. Susan Bush and Christian Murk, Princeton, N. J.: Princeton University Press, 1983，第 165—183 页；以及 Kiyohiko Munakata:《神秘之天与中国古代园林》(“Mysterious Heavens and Chinese Classical Gardens”)，载于 RES 15，1988，第 61—88 页。对于盆景，参见罗尔夫·石泰安（Rolf Stein）:《微观世界：远东宗教思想中的花园和住所》(*Le Monde en petit: Jardins en miniature et habitations dans la pensée religieuse d'Extrême-Orient*, Paris: Flammarion, 1987, translated by Phyllis Brooks as *The World in Miniature*, Stanford: Stanford University Press, 1990)。

② 盘古神话，参见斯蒂芬·菲尔德:《在葫芦之中：一个有关起源的中国神话》(“In a Calabash: A Chinese Myth of Origins”)，载于 *Talus*, 9/10，1997, particularly pp. 52—55。袁柯:《龙与朝代：中国神话导论》(*Dragons and Dynasties: An Introduction to Chinese Mythology*, trans. Kim Echlin and Nie Zhixiong, London: Penguin Books, 1993); Anne Birrell:《中国神话导论》(*Chinese Mythology: An Introduction*, Baltimore: Johns Hopkins University Press, 1993)。

③ 参考 Miranda Shaw:《佛教和道教对中国山水画的影响》(“Buddhist and Taoist Influences on Chinese Landscape Painting”, in *Journal of the History of Ideas* 49，1988，第 183—206 页); Shen Shan-hong 的博士论文《道对中国画发展的影响》(“The Influence of Tao in the Development of Chinese Painting”, Ph. D. diss., New York University, 1978)。

中国山水画和园林展现的与自然的合作性的特殊关系不是治疗被动性的药方。正如“为无为”的宽泛精神，或有效的非自我中心，人类应该积极而富创新性地对待错综复杂的、通常是日益退化的生活。所以，山水画一般展现了谦卑、回应的旅客，他们小心翼翼地寻找着向生活之山攀登的道路。旅行的目的地和旅程在山水画中占据着重要的位置。施舟人提醒我们，道教与“道”一起还能提供给我们戒律、符号、符箓，它们是通往内在关联之宇宙的通行证。这里，我们被再次提醒，一般化的道教教义，是通过谈判解决生态问题的小径。我们必须通过多种方式接受身心的分化和疾病的现实，选择大山般生命身体的迂回小径。这意味着我们这些居住在日益碎片化的宇宙景观之中的人（与其他旅客）都有义务选择那条珍爱和培养“万物”之相互性的治疗之道。我们通过具体环境，即花园中那块与自己有关的土地，通过无数的特殊之“德”拥抱宇宙那不可名之“道”。

在危机时刻道教并不总是第一个站出来的，他们也不那么容易思考出社会行动的精致理论，但他们一直明白，选择一种生活方式是势在必行的，用及时而富有想象的方式回应漠不关心、失去平衡、走错方向、退化等影响人与自然关系的诸多危险。段义孚所谓的“土地恋（topophilia）”，即对个人具体生活环境的审美性尊重和实际的爱，这种爱具有生态性，因为它的根存在于特殊的身体和地方环境之中，这是我们需要的身心复活。① 在模糊的道教与生态之旅快要结束的时候，我们才刚刚到达认识和治疗的起点。事不宜迟，现在所有的事物，包括自然界，都需要仔细地培育和感应性的关照。这是事物“自然”的方式。其中一种方式，可以被称为“道教的”或转化的方式，就是在宇宙中优雅地、互惠地、负责地生活。

（陈霞　译）

---

① 关于土地恋，参见段义孚：《土地恋：环境知觉、态度和价值研究》（*Topophilia: A Study of Environmental Perception, Attitudes, and Values*, New York: Columbia University Press, 1974）。应该注意到地理学家段义孚并不指望制度化宗教（包括道教）有助于扭转当今世界的土地恋问题。从“社会生物学”的角度看待所有生命的相关性，参见 Edward O. Wilson:《人类与其他物种的关联》（*Biophilia: The Human Bond with Other Species*, Cambridge, Mass.: Harvard University Press, 1984）。

序曲:葫芦卷轴

斯蒂芬·L.菲尔德

(Stephen L. Field)

中国神话和世界主要神话传统相比,鲜为人知,这主要是因为中国缺少一部《伊利亚特》式的恢宏的叙事诗篇。当人们在搜寻有关中国远古传说的叙事诗中大量的神祇英雄时,这成了一个不幸的遗漏。我的诗歌《在葫芦之中》(以下摘录出自此诗)尝试着通过给英语世界提供一种近乎真实的中国宇宙开创论来弥补这项文学空白。[①] 在众多早期关于起源的神话中,我选取了三个并加以糅合,以直线方式在此基础上叙述了一个关于宇宙和中国人种起源的故事:时空自发地产生自道教"大爆炸"后"混沌"的突然毁灭。随后出现的东西以及宇宙巨人盘古的死亡锻造了宇宙和它的衍生物——始祖蛋,从此间伏羲和女娲兄妹被孵化到了这个极乐世界。[②] 女娲先用黄泥浆创造了人类,接着又为她的人类子孙修补好了被破坏的世界。《黑发人》这部作品使得道教宇宙开创神话渐趋圆满:在此之中,从远古的宇宙起源回到了一个新的开端——两个人类的孩子在原始葫芦中逃生。这种葫芦,也叫葫芦瓶,是中国神话传说中一个流行的拯救象征。[③] 因此,这也可以作为一个恰当的道教生态学象征,一种对人类给

---

① 就整首诗来讲,请参考《在葫芦之中:一个有关起源的中国神话》,*Talus*,9/10,1997,第52—97页。本篇从原著的十二册书以及开篇和结尾中摘出,加上学术性的简介,收集整理了第1—3、12册及结束篇。

② 在这一点上,我的原诗描述了一个来自天堂的复杂的"堕落",以及洪魔共工导致的灾难性毁灭。参考吉瑞德:《早期道教中的神话和意义》(*Myth and Meaning in Early Taoism*, Berkeley and Los Angeles: University of California Press, 1983),该书对道教"失乐园"的概念进行了讨论。

③ 庄子详细讲述了一个能呆在巨大葫芦里过河的人的故事。道士画像中的葫芦(经常被看见挂在他的拐杖上)是永久性珍藏长生不老药的容器。它也是中国神仙的标志。

予他们生命环境的一个完整的理解，这种理解多少源于人类的神话起源。

银河风暴，泪眼婆娑，
混沌中空，无边无际。
一粒种子，茁壮成长，
鼓鼓囊囊，充溢虚空。
恰似葫芦宝瓶，
又像涨满的葡萄酒囊，
茫茫宇宙，千年万载，
自高处向下，旋入无底深渊，
耀眼的太阳顿然消亡。

混沌吞噬大海
连同闪电之龙
北方的巫女“倏”，
南方的巫师“忽”，
被封印在大海深处。
启封之后，四处察看，觉察天地复合
无洞，无缝，无声。

“我们有七窍，”他们数到：
“为视、听、食、呼吸所用。”
摸摸混沌的光头：“而他无有一窍，
我们要帮他切割凿窍……”

附上思想的呼吸
开始穿刺的仪式。
找寻掩埋的光明，
种上听力的种子，
缝上视力的丝线。
混沌正要眨眼之际，

飞出一根针,轻轻刺中巨囊,
里面顿现小孔。瞧!
那条银白色细流——
柔和似星辰
正流过万千
海洋!

继续穿刺,最初夺目的迷人之物——思想——诞生,
铁匠之手使之锐利,汇集各种欲望记忆,
伴随每次漫长的光芒迸发,混沌遭受着更多的折磨。
光明是矛盾的财富,既是爱之利箭,也有怒火闪烁,
因而他不再可能暗淡。
光明毁了混沌,
他的侧边裂开了。

突然,崭新而不可预见的大宇宙用风暴带走了群龙,
阵阵释放的情感将其击晕
混沌裂缝了,倏和忽被吸入漩涡。
混沌爆炸了,地球的雏形被显露。
一个气囊上,七个气口或入口。
混沌小宇宙头上,七个尖角或七窍。

盘古出现了,这个矛盾之物,是侏儒也是巨人。
光亮身躯似裹满了金银,
星状的光芒之冠,
如船航行的灯塔。
天空的织锦见证于指尖,
两只巨臂上,捆有一个双胚芽的蛋,
阴阳相构,饱满圆润。

他努力睁开双目

眩目的怒火暴露出
这个荚状的空间便是他的牢笼
盘古不懂束缚
咆哮如雷，开始抗击这牢笼
一万八千年
每撞开一寸，随之增高一寸
无畏无惧，或蹲伏，或跳跃
挥舞光剑，砍破那束缚的巨囊
但突发的地表巨变杀死了他。

天地分离九万里
盘古震倒在地
四肢伸展，坠毁，碎裂
呼出的气瞬间形成了风，风又形成了云，
通过口的折射，经过发光的鼻孔，喷出愤怒的雷电。
一只眼睛怒睁着
黑暗在血色残阳中降临
呈现了另一只在夜空中摇曳的模糊的眼。

盘古的
身体浮游空中
手足相向而立，擎天立地
双臂双腿如翅膀一般
向后延伸
绕成新的陆地和海洋
膝盖向上拉升，
成了山峰
手肘手掌生成躯干或天体
向下横扫

肌肉为沃土，　　头发为星辰，

汗珠为　宝藏，

静脉　　　化作群山起伏。

动脉　　　化作江河湖泊。

很快涌现成群的跳蚤、大量的人口
无数部落和上百称谓的双腿黑发人类
去继承这黄色的源于盘古的灾难的大地。

灾难之双黄蛋自由地躺卧在臂弯
受着天地的抚育和呵护
又一万年。
蹑行的薄雾是天空的光环，抽枝的树林是大地的气息
雾和叶滋养了蜕变，蛋加快了孵化。
蛋开始摇晃了
刮嚓一声，先露出五趾龙爪
原来是五指的人手
接着出来的是头和结实的躯干。
又出来一个头，满是黑色卷发
和山峰白雪覆盖的肩膀
最后是一个协调的饱满的直伸的蛇尾，
兄妹俩从这个裂开的葫芦中冲脱出来。

夏季温热的暖风成了他们的双眼，如珠池般闪亮
也许是回应某一默默的呼唤
两人低着头，像蜥蜴一样，朝向大地的四极，
享受新生命的第一视觉盛宴
阳光普照，大地洪亮地吟唱这初醒的第一天。

四肢攀爬是他们枝干的第二天性
兄妹俩找寻荔枝，挖掘人参，
搜寻树上的猴桃，吮吸甘露。

与麒麟、凤凰、熊猫、老虎为伴
跟随巨龟之后
日出时畅游嬉戏于树林、山谷、草地
日落时骑着蓝龙，随火星的火焰飞翔。
夜间栖息在死寂般沉静的森林山穴。

与自然节律同步
每年这对顽皮的兄妹都意识到迫近的变化
今天太阳倒转行程，开始了它每年的南行。
他们欢快舞蹈，为天地交汇举行仪式。
东望龙心，南观鸣凤，
他们向黄道四极鞠躬，
尾巴在混杂的水气中缠绕
他们继续着
为蝙蝠一只哺乳动物的眼睛
为先人倏忽那爬虫动物的大脑。

我醒来时，躺在黄泥河岸，四肢粘满泥巴
春风荡漾，微波拍击河岸，太阳冉冉升起
这是什么？
我伸向那软软的黄泥，抓起一把，揉捏
再分块，捏出一条修长优美的肢，接着是另一粗枝或叫腿的东西
两个一组靠在一起，一个迎风，一个背风
附上第三块做躯干，两条茶色的胳膊，一个帅气的头
瞧！
模型完成了
女娲又仿自己的体态稍作修饰
然后将泥塑放入摇篮，向它嘴里吹了口气，
像吹奏她的竹笛。
泥人的胳膊和腿马上动弹起来，
吼了一声，即刻有了生命，

随即跳出她的怀抱,跌跌撞撞跃上了河堤。

女娲不停地造着泥人,一个又一个
时而用唇添活泥人,如品尝胎盘
时而置入河水沐浴
时而百般爱抚唤醒这泥团的灵魂
但这个黑发小人尝到她手掌的盐味时
先是注视那蜥蜴般的眼睛
接着为它可怜的生命感到了恐惧,便逃离了这位母亲紧握的手。
很快他们就在树上栖息了一大群。
下一个泥人咬了她一口,
当她把它裹在汗涔涔的胳膊里时。
所以她将单腿泥人掷入河的中央
哎!哟!

她决定不再用手揉泥人
就拾起一根绳索
像拉鱼网般在泥中拖过
然后往空中一挥,甩出一团黄色的泥点
泥点掉到地上,变成一个小男孩
像只小猪般尖叫绕圈
女娲兴奋起来,拍着手,又一甩,
小泥点变成一个翻筋斗的女孩
很快这些泥点变成人形遍布山坡山谷,
太阳落山,女娲歇了下来
蛇尾倦殆地缠绕在沉睡的身体周围
树林里又喧哗起来。

那帮跳蚤似的毛发少年落了下来
在填满人群的山丘奔跑、跳跃、爬行,
在生长的大地上进食。

此时当地的动物已风闻这些新型两足动物的恶臭
远近的各类动物
或飞，或走，或滑，一起涌向这一充满污秽的山谷
露出他们的利爪、尖牙
吃饱的肉囊们又跳上它们屠杀后残留的骨架上
粗糙的窝。
无知地裸露着，口不能言，面对着死亡、寒冷和恐怖
不停地排泄着
这就是黑发的人类。

此时女娲倦殆而卧
不知何处冒出可恶的洪魔共工
意图侵犯这位人类之母。
女娲在他不怀好意的接近中醒来，摆动蛇尾抽打他。
恶魔晕了，巨头撞上擎天之柱不周山
不周山顷刻塌裂，地面上升，
天向西北倾斜
升起的地面引起洪水，向东泛滥——
由于共工的愤怒，星辰向北漂移
共工得意于他制造的第一个大灾难，
又召来雨神，去淹没那没心肝的爬虫。
女娲高声长笑，
然后找回竹笛
对抗雷电，撼动高山，生火锻造石头，
就这样争斗了千万年，
大地满是洪水和烈焰。

颤抖的人类如何了？这些赤着脚、被困于灌木丛的囚徒。
从踏碎的白骨中
从舔吮鲜血的声音里
从硫磺的气味和冰雨的冻结

有个东西在脑子里撕咬。
成群的动物发疯地跳入上涨的洪水中,死去。
只剩下一对乳嗅未干的男女,
躲进了一个空葫芦瓶。
越来越高的浪潮扯断了草泽的蔓藤
葫芦漂走了。
飘浮在浮游物中,
直到留存的这个火辣辣的太阳
绕着天空飞了八十圈。
如种子一般有外壳保护
白天以瓜壳为食
夜晚梦见蜥蜴样的祖先
毫不知晓造化他们黄色肢体的双手
正牢牢地被锁在生死格斗中。

最终在巨龟的帮助下
共工渐渐不支,被深埋在古老寒冷的冰雪中
天地却连在了一起。
天塌落在地上,海洋和月亮混为一团。
女娲跪了下来:
我请求你,巨龟,献上你强壮的四肢吧。
她把巨龟的四肢安放在大地的四极,撑起了天。
然后在银河冲积层里挖掘各色宝石
加以熔炼,修补好了破碎的苍天。
使命完成了,她长舒一口气,和巨龟一起沉到了寂静的水波下。

葫
芦
撞上了硬
地,裂开了。
溢出了瓜
种和

男孩，女孩，
女孩的肚子
鼓着，正像
一个葫芦。

（何立芳 译）

框定问题

道教与深度生态学:幻想与潜能

培珀尔

(Jordan Paper)

序 言

自从五年前纽约大学环境学院开始设置博士课程以来,我一直担任着论文导师或是论文答辩委员会成员的工作,主要是面对宗教学专业的研究生。这一工作使我接触到深度生态学以及它在亚洲和美国本土传统中发挥的作用。在本文中,我将批判性地重新看待常被深度生态学引用的道教经典。我会拿它们与那些熟知中国典籍的哲学家所做的相关研究进行比较。我对双方的研究都持怀疑态度,最后简要的阐述某些潜在的可能性。①

参加了前两次有关的讨论会后②,我发现人们对道教比较乐观。从宗教传统来看,人们期盼能从中找到某种途径来解决生态危机。但如果问中国传统中哪一方面对我产生了较大的影响,那就是它的思维方式与西方人恰好相反这一点。中国的理论化过程始于对具体问题的解决,而西

---

① 感谢 Adrian Ivankiv 和 Sherry Rowley 提供了与道教有关的深度生态学的论文和著作。

② Jordan Paper 和 Li Chuang Paper:《中国宗教、人口和环境》("Chinese Religions, Population, and the Environment"),载于《人口、消费和环境:宗教的和世俗的回应》(*Population, Consumption, and the Environment: Religious and Secular Response*, ed. Harold Coward, Albany: State University of New York Press, 1995),第 173—191 页;Jordan paper:《中国宗教与生态学》("Chinese Religion and Ecology"),提交给波士顿 21 世纪研究中心 1997 年春季讲座,是"精神生态学"系列讲座之一 。

方的理论化过程则倾向于从特定的前提出发创造理论，这些理论仅仅只是略微触及对具体问题的解决。因此，西方知识分子与受西方思想影响的中国知识分子希望从那些与中国思维模式没有多大关系的中国文本中推导出理论。同样，中国宗教，确切地说是所有非西方的宗教，着重于宗教体验，这体验可以是个人的极乐体验、参加宗教仪式的经验，或是借助于通灵者或法式活动而成为超人的经验。相比之下，在西方宗教中虽然总有一些小团体注重宗教体验，但它主要还是对宗教原则、信条、理论化的公式等的信仰。

我从中国文化中学到的第二种行为模式就是去批判在理解和回应问题时出现的错误。传统的中国政府很早就在审查委员会中将这些批评制度化，而我很久以前完成的博士论文，现在看来有点先见之明，它讨论的正是一个官员的文献。[①] 相应地，我希望读者对我在这本书中采取的批判而非乐观的态度，如果不能原谅的话，至少还是能在一定程度上给予理解。考虑到人类残酷的掠夺已经使他们居住的星球面临毁灭这一现实，对于对其他文化乐观而动人的阐述能拯救这个星球的一厢情愿的幻想，我已经感到很不耐烦。

正是这本书的题目引出了一些需要严肃考虑的问题。大部分文章不能代表道教或作为道教徒发言，因为在中国人眼中，道教徒是受箓的道士，是乾道和坤道。[②] 作为哲学性的道家，我们主要提及两部神秘的著作：《庄子》和《老子》（又称《道德经》）。《庄子》中描述的最早的社会阶层是那些贵族，他们不需要成为社会的生产者，更注重个人享乐。而通行本中《老子》（排除最近才被发掘出来的不同版本），似乎起初就是为残酷的极权主义政府辩解的思想工具。后来人们发现这两本著作都与追求上流社会的生活有关，后者更被说成是神著的。只有在公共服务系统发达的地方，作为贵族意识形态的一部分和对儒家实用思想的补充，我们才能在道家思想中找到与环境危机实际相关的思想模式。再则，除了全真教的乾道和坤道外，道教的仪式以及中国宗教关心的问题，这几方面共同起着

① 主体部分已经发表在《〈傅子〉：一本东汉的儒家经典》（“The Fu-Tzu：A Post-Han Confucian Text”），T'oung Pao Monograph 13（Leiden：E. J. Brill，1987）。

② 这是施舟人的观点，见施舟人：《道教身体》，第3页。

维护环境的作用。以西方而非中国方式,很难理解怎样人为地将真实的道教思想或道教习俗从它们的思想或宗教体系中分离出来,才能对解决急迫的环境问题产生有意义的影响。

近来,“道教”这一术语的使用使情形变得更为复杂。现在,中国台湾地区有些宗派试图声称该术语适用于正规的中国宗教。① 这使得一些新的宗教团体用该术语来指代他们自己。这即使不让道教徒感到愤怒,至少也让他们惊慌。在中国大陆,因为全真教本身在政府部门的管理之下,所以中国政府打算把所有民间宗教归到全真教名下,以便管理那些无组织的、非制度化的宗教。不幸的是,长期以来西方一直坚持用三教概念来处理完全不同的、分散的中国宗教。在忽视正规的中国宗教的同时,也导致了用“道教”一词指整个中国的本土宗教的新的用法。这一术语代替了把 Confucianism 译为“儒教”的不幸错误,这个错误将代表旧中国行政系统统治思想的“儒家”,当做了表示正规中国宗教实践的术语,这种宗教实践先于孔子的时代,更不用说道教了。最后,我已经注意到,至少在多伦多,那些经营商业教育机构的西方人,根据中国的实践(如太极拳),或是那些根据中国模式进行各种治疗活动的人,都试图用“道教”这个术语为他们的机构或业务开道,而那些开办相同业务的中国人却没有这么做。

一些研究中国宗教的学者一直想证明中国宗教是独一的、结构复杂的宗教②,正如我们很自然地用犹太教指犹太人的宗教,或是用印度教指印度人的宗教一样。但大多数南亚人却不把自己的信仰归到某个特殊术语的宗教名下。这样,西方的术语就未必合适。而现在最为混乱的是用一个仿制的有关中国宗教三位一体的术语来涵盖所有的信仰。这本书如果要有点意义的话,那么,最好不要在没有特殊文化语境的情况下使用

---

① 苏海涵(Michael Saso)对中国宗教实践有很好的描述,参考苏海涵:《青龙白虎:道教的过渡仪式》(*Blue Dragon, White Tiger: Taoist Rites of Passage* ,Washington, D. C.: The Taoist Center, 1990),以及施舟人:《道教身体》。

② 参考汤普森(Lawrence Thompson):《中国宗教导论》(*Chinese Religions: An Introduction*),从 1973 年第一版到最近的第五版(Belmont, Calif.: Wadsworth, 1996);以及我自己的分析和论点:《神醉了:研究中国宗教的比较方法》(*The Spirits are Drunk: Comparative Approaches to Chinese Religion*, Albany: State University of New York Press, 1995)。

“道教”一词。诸如风水、占卜、降神、气功等，道教或许有或许没有这些实践，我们不要将这些在中国人心目中并不限于道教的实践用“道教”来泛指。即使我们这样做了，我们也很清楚这些实践是一般意义上的中国宗教的一部分，而非特别指道教或道家。

尽管有种种忧虑，我还是坚信这本书至少有两方面的积极作用。首先，书中的文章有助于结束深度生态学对道教的浪漫想象。深度生态学可以在更有效的方向发展，特别是在西方传统中，通过对道教的更现实的理解而对之加以修正。其次，从中国的角度，全面地看待中国思想，充分认识到：环境退化在最早的经典中已经提及，当代中国是一个因环境灾难而四肢不全的人。我深信我们能提出一个持久的、清晰的态度，即从《孟子》而不是《庄子》开始，配合醮仪，对重新端正西方和中国的环境态度才会有所帮助。

深度生态学

深度生态学至少可追溯到三十年前的一篇影响深远的文章，这就是是怀特(Lynn White, Jr.)的《生态危机的历史根源》。他指出西方的哲学、宗教传统是我们目前处于困境的根源：“人类生态深受我们对自然及其命运的信仰的影响……”①但与后来的深度生态学家相比，怀特对非西方传统在西方的应用也表示了怀疑。深度生态学这一术语本身好像最初是挪威哲学家奈斯(Arne Naess)于1973年提出的。② 这个术语旨在区分环境问题的具体方面“环境保护主义”(environmentalism)和生态哲学(ecosophy)或哲学性的生态学。深度生态学不仅需要西方的思想，也需要美国土著的思想，还有道教和佛教，它们都能提供理解环境问题的基本方法。

① 怀特：《生态危机的历史根源》(“The Historical Roots of Our Ecological Crisis”), *Science* 155, 1967, 第1205页。

② 马沙尔(Peter Marshall)：《自然之网：重新思考我们在地球上的位置》(*Nature's Web: Rethinking Our Place on Earth*, New York: Paragon House, 1994[1992]), 第413页。奈斯：《与自然的认同：一种深度生态学态度》(“Identification as a Source of Deep Ecological Attitudes”), 载于《深度生态学》(*Deep Ecology*, ed. Michael Tobias, San Diego: Avant Books, 1985)。

在我的研究生看来，深度生态学乐观地看待最有影响的道教书籍（这些书经过我们大学图书馆核实，因为频繁使用而残破），包括约翰·克拉克（John Clark）的《无政府主义者时代：对文化、自然、权力的反思》（但还没有直接提出这一术语），德沃尔（Bill Devall）和塞辛斯（George Sessions）的《深度生态学：按照自然在意的方式去生活》，拉卡佩勒（Dolores LaChapelle）的《神圣的土地，神圣的性——深层的极度狂喜：深度生态学和对生命的礼赞》。① 上述著作都认为西方宗教是生态危机的根源。作者们将视角转向东方宗教，特别是道教，他们认为道教在建立一种新的对生活和世界的理解上是卓越的。在转向这些书籍和其他对道教的描述之前，为了方便，我们可以快速地回顾一下那些能用中文原文从事学术研究的学者对这个问题的看法。

汉学哲学家和他们的朋友

哲学家而非环境专家撰写的关于道家与生态学方面最著名的文章收在出版于20世纪80年代末期的两本书里。这些学者或者与夏威夷大学有着联系，或者相互之间有来往。由于本书收了他们的两篇文章，所以我对他们的评价会较简略。

《环境伦理学》（*Environmental Ethics*）杂志第8卷（1986年）收有安乐哲的《道家与自然的本质》一文和成中英的《论“道”和“气”与环境伦理》。② 安乐哲对这一主题进行了彻底且合理的分析并提出了一项关键性的警告，这点被那些信奉深度生态学并读过以下这篇文章的环境学家所忽视：

---

① 约翰·克拉克：《无政府主义者时代：对文化、自然、权力的反思》（*The Anarchist Moment: Reflections on Culture, Nature and Power*, Montreal: Black Rose Books, 1984）；《深度生态学：按照自然在意的方式去生活》（*Deep Ecology: Living As If Nature Mattered*），德沃尔和塞辛斯编，Salt Lake City: Peregrine Smith Books, 1985；拉卡佩勒：《神圣的土地，神圣的性——深层的极度狂喜：深度生态学和对生命的礼赞》（*Sacred Land, Sacred Sex-Rapture of the Deep: Concerning Deep Ecology and Celebrating Life*, Silverton, Colo.: Finn Hill Arts, 1988）。

② 安乐哲：《道家与自然的本质》（“Taoism and the Nature of Nature”），*Environmental Ethics* 8，1986，第317—350页；成中英，《论“道”和“气”与环境伦理》（“On the Environmental Ethics of the Tao and the Ch'i”），*Environmental Ethics* 8，1986，第351—370页。

> 道家的存在使我们回归到自己的独特性上，这种独特性是自然秩序的起点。我们不能像理论家那样通过求助于普遍原则而推导出一种环境伦理，而应该着手于一项美学任务，即在自己的时空范围内培养出一种环境情感，并将自己融入环境的经验推荐给其他人。[①]

本书结束部分的讨论，我唯一想说的是，在这里我并没有发现任何特别与道家有关的思想，它们是整个中国思想都具有的特色。[②]

凭借对中文术语而非仅仅是道家术语的深刻讨论，成中英提出了一种观点，这个观点最终"使得道与气的环境伦理学走向成熟。借助于这种成熟的形式……我们将看到人类头脑中的新的理性形式"[③]。当然，也许到那时，由于环境的恶化，人类已经灭绝了。

安乐哲和卡利科特(J. Baird Calicott)主编的《亚洲传统思想中的自然：环境哲学论文》收录了三篇与道家有关的文章，即前面提到的安乐哲的文章，被重命名为《重温道家之"德"》；帕克斯(Graham Parkes)的《尼采和道家论人/性》；以及郝大维的《论寻求环境的改变》。[④] 从该书的副标题"作为环境哲学观念资源的亚洲传统"来看，显然，编辑们在有意为深度生态学读者选编论文。重建环境哲学不用走得太远，与西方传统哲学的深度分离也许是必须的。[⑤] 但他们也指出：

> 有这样一种假设，就是东方思想传统能为此课题提供重要的观念资源，对这些思想如何可能也有许多零散谈论。但除少数短文外，

---

① 安乐哲：《道家与自然的本质》。

② 参考 Hajime Nakamura：《东亚人的思维方式》(*Ways of Thinking of Eastern Peoples*)，trans. Philip P. Wiener，Honolulu：East-West Center Press，1964。

③ 成中英：《论"道"和"气"与环境伦理》。

④ 安乐哲：《重温道家之"德"回归道家》("*Putting the Te back into Taoism*")；帕克斯：《尼采和道家论人/性》("*Human/Nature in Nietzsche and Taoism*")；郝大维《论寻求环境的改变》("On Seeking a Change of Environment")，这三篇文章都载于《亚洲传统思想中的自然：环境哲学论文》(*Nature in Asian Traditions of Thought*：*Essays in Environmental Philosophy*)，克里考特和安乐哲编，Albany：State University of New York Press，1989)，第113—144、79—98、99—112页。

⑤ 《作为环境哲学观念资源的亚洲传统》("*The Asian Traditions as a Conceptual Resource for Environmental Philosophy*")，同上，第3页。

没有研究东方思想的专家写出直接和详尽的专著来讨论环境哲学问题。[①]

这是写作此书的初衷。

帕克斯发现——

> 因为没有证据表明尼采了解道家，他的自然观与道家的自然观相呼应，这说明西方传统中可能有未被发掘的、有助于解决今天这种危险处境的哲学资源。[②]

郝大维在“文化发源地”(cultural matrix)中分析了“古典中国的道家”能发展出“改变人性和自然”方面的内容。但他似乎不关心这种思想在它自己的传统中何以没有这样做。

深度生态学与对道教的幻想

因为缺乏编排次序，本文将按出版时间对较为流行的深度生态学著作进行评述。克拉克的《无政府主义者时代：对文化、自然、权力的反思》只有一章谈到非西方现象，这章就是专门写道家的。该书开宗明义地说：“《老子》是一部伟大的无政府主义者的经典作品。”[③]确实，他把此作品视为有关“东方或西方”的杰作。在克拉克写作期间，他知晓《老子》在西方的主要翻译版本，引用了陈荣捷的译文，参考了安乐哲和郝大维，提到了厄秀娜的作品，认为她称得上“当代读者群最广的无政府主义作家，同时是一位道家”[④]。克拉克得出上述结论的理由，我想举出最具疑问的几条，因为在文本中他发现了“慈”和对强力的拒绝。但是他忽视了这些关键的段落：“是以圣人之治，虚其心，实其腹，弱其志，强其骨”以及“圣人不

① 《作为环境哲学观念资源的亚洲传统》，第 11—12 页。
② 帕克斯：《尼采和道家论人/性》，同上，第 80 页。
③ 克拉克：《无政府主义者时代：对文化、自然、权力的反思》，第 165 页。
④ 同上书，第 188 页。

仁,以百姓为刍狗"等。[①] 也许克拉克是从大乘佛教的角度阅读这些段落的。他也写到了(在宗教团体之外的)"道家"——好像它真的存在一样——以及不完全是假想中的"道家圣王"(Taoist ruler-sage)。[②] 当然,这样的《老子》已经彻底偏离了汉学,至少不符合对该文本的普通解读。马王堆出土的帛书支持了这个观点。最初编撰帛书旨在为法家的极权主义提供思想基础。[③]

德沃尔和塞辛斯的《深度生态学:按照自然在意的方式去生活》发现"东方资源",特别是《老子》和 Dōgen 的作品与他们简直不谋而合。[④] 他俩熟悉克拉克的书,因为他们有着几乎相同的表达,即"道教生活的基础是同情、尊重和慈爱万物"[⑤]。这里间接提到了自然(self-actualization/spontaneity/nature-natural),我认为这是最适合的了:

> 在东方道教中我们谈到的一个隐喻是有机自我。道教告诉我们内在于所有事物中的展开方式。[⑥]

但这本书没有支撑性的论证,而是引用一些只言片语的诗文和仪式,其中有尔利(Tom Early)[⑦]翻译自《老子》的诗文,以及一份详细的"道教庆祝秋分"的描述,好像是在科罗拉多的悉维敦(Silverton, Colorado)的多罗瑞斯·拉卡佩勒中心(Dolores LaChapell's center)举行的。

拉卡佩勒的狂想作《神圣的土地,神圣的性——深层的极度狂喜:深度生态学和对生命的礼赞》是以道家为中心的。她在题为"道家"的章节中说,"道家""构成该书的深刻内核"[⑧]。她对道家的兴趣始于几十年前阅读李约瑟(Joseph Needham)的《中国科技与文明》第二卷。她的这种兴

① 《老子》,第三、五章。
② 克拉克:《无政府主义者时代:对文化、自然、权力的反思》,第 180、185 页。
③ 最近出土的经文残片表明没有失传的早期版本也许关注不同的焦点。
④ 德沃尔和塞辛斯:《深度生态学:按照自然在意的方式去生活》,第 100 页。
⑤ 同上书,第 11 页。比较克拉克:《无政府主义者时代:对文化、自然、权力的反思》,第 176 页。
⑥ 德沃尔和塞辛斯:《深度生态学:按照自然在意的方式去生活》,第 100 页。
⑦ 我没有找到索引资料。
⑧ 拉卡佩勒:《神圣的土地,神圣的性——深层的极度狂喜:深度生态学和对生命的礼赞》。

趣因学习和教授“太极拳”而得以加深：

> 随着这些年对道家方式的逐步了解，我可以明确地说西方在紧急关头，努力抓住一些“新思想”是不必要的。几千年前的道家已经为我们做了。我们大可舍弃那些疯狂的努力而按照老子和庄子的方式走下去。①

她知道西方思想家抛开了道教，因为他们把它与“迷信的巫婆神汉”混为一谈了。② 虽然她几乎创建了自己独有的“道家”仪式，但那与宗教性的道教毫无关系。这本书采用了新时代文风，展现了以个人生活为基础的对道家的诠释，并且挑选了广泛的阅读材料，供那些选择这样做的读者阅读。

研究道教与环境的学生们主要参考这三部作品，它们同时也是那些通过环境学家的著作开始关心这一主题的人们的主要参考书。还有另一部同一时代的作品，也同样是从这样动人的角度来写的，并且常在有关环境文学的作品中提及。叶保强(Po-keung Ip)的《道教与环境伦理基础》常被说成是中国学术思想的代表(据香港岭南大学秘书在一本文集中的评述)。保强将西方哲学描述成“明显地反环境保护主义”，他还论证说道家哲学可为人类处境转变提供所需要的资源，同时，它与科学相容且能提供最浅显易懂的道德规范。对于“道家”，保强意指《老子》和陈荣捷翻译的中国哲学资料书中有关《庄子》的摘录，及李约瑟对《淮南子》的参考，但没有提及对中文原文的参考。保强认为道教不会被宗教所污染。例如，保强指出天“是高度自然主义的概念，它没有强烈的宗教内涵”。显然他并没有意识到天如此神圣，正因如此对于任何人来说，除了帝王夫妻外，祭祀天与地是一种叛逆行为。③

---

① 拉卡佩勒：《神圣的土地，神圣的性——深层的极度狂喜：深度生态学和对生命的礼赞》，第90页。

② 同上书，第91页。

③ Po-keung Ip：《道教与环境伦理基础》(“Taoism and the Foundation of Environmental Ethics”)，载于哈格罗夫(Eugene C. Hargrove)：《宗教与环境危机》(*Religion and the Environmental Crisis*, Athens, Ga.: University of Georgia Press, 1986)，第102—105页。

关于这个主题新近出版的是彼特·马沙尔(Peter Marshall)的《自然之网:重新思考我们在地球上的位置》(1992),第一章就是《道家:自然之道》。中国文献的年代常困惑马沙尔,在参考《庄子》时他发现:

> 最早的明确的生态思想在公元前6世纪的中国已经表达……道家……提供了最深刻、最雄辩的自然哲学,首次启发了人们的生态意识。①

他引用的是其他研究环境的学者也常引用的译文,如冯家福(Gia-Fu Feng)和珍妮(Jane)随意而译的《老子》,翟理思(Herbert Giles)翻译的、已经过时的《庄子》,及维多利亚时代理雅各(James Legge)翻译的《周易》。与上述学者一样,马沙尔满足于与宗教无甚关系的道家,称它为纯粹的哲学,发现道家是政府最理想的模式:

> 虽然有一些神秘主义的因素,道家对自然的效法鼓励试验和民主……"道家"为一个生态社会提供了真正的哲学基础,提供了古人解决人与自然对立的方法。②

虽然对上述深度生态学著作和一些离题的作品怀着同情,我发现上述作者对道家的简单化理解几乎到了荒谬的地步,把道家当做了超历史的思想。他们不清楚对道家经典的注解随着不同的需要和价值一直在变,就像中国文化一样。他们设想了一种奠基在两本早期的、深奥的书上的传统,其中一本内容矛盾,经过几个世纪才成书,另一本是各种不同资料的汇编,他们推测这两部著作都出自一人之手。他们提供的是当代西方对老庄的理解,只有当他们认识到自己正在做什么时,这样的理解才是可以接受的。奇怪的是,这些作者批评西方后启蒙时期哲学的冷漠,欢迎那些假想的反神秘主义的、反宗教的趋向,而在中国它们恰恰与神秘主义

① 彼特·马沙尔:《自然之网:重新思考我们在地球上的位置》,第9页。
② 同上书,第23页。

和宗教有关。深度生态学家寻求文化的根本转变,但他们对宗教的态度却让人费解:哲学不能使文化转变,宗教能。①

这种浪漫化的翻译倾向于原文的字面意义,很少考虑隐喻。由原始的森林隔离而成的相互独立的小乡村的理想生活,即使在周朝后期的作品中也已经被认为是被理想化了的古迹。无论如何,这些作品都是写给有文化的贵族而非农民的。即使五百多年后的贵族化的道家隐士的典型代表陶潜,也拥有仆役。② 当他不与富有的贵族朋友欢饮或作诗时,才以耕读为乐。回归简单的乡村生活在人口比现在少 10% 的当时都不能实行,而假设它现在可推广到有 13 亿人口的中国,这想法是愚蠢的。

总之,深度生态学家的道家完全是现代西方的创造。假如通过西方思想发展道家,认为西方式的道家能够解决危机,这本身就隐含着一个逻辑上的矛盾。

怀疑派

早在 1968 年,地理学者段义孚出版了《环境态度与行为的反差:欧洲与中国实例》,这篇文章至今仍像当时一样具有说服力和权威性。③ 他以中国思想中的实用主义来举例说明:

> 在很大程度上,环境观念的历史一直被看做一个学科,与实际问题是脱节的,没有考虑这些观点如何指导人们的行为,或它们是怎样从人们的行为中衍生出来的。④

---

① “哲学”被认为是知识分子为知识分子而对知识之性质的理论性说明。“宗教”不一定指正式的机构,而是关注对生活本身的文化的和个人化的理解都很关键的表达,包括宇宙、时间、延续、中断、认同、现实等概念,特别是所有关于生活的活动,即是说,对参与这些活动的人产生了特别的重要性和意义的行为。

② 官方传记中保留的一封陶潜的信中提到他打发一个仆役去照顾孩子。

③ 段义孚:《环境态度与行为的反差:欧洲与中国实例》(“Discrepancies between Environmental Attitude and Behaviour: Examples from Europe and China”),*The Canadian Geographer* 12,1968,第 176—191 页。参考资料再版于《历史上的生态学与宗教》(*Ecology and Religion in History*, ed. David and Eileen Spring, New York: Harper Torchbooks, 1974),第 91—113 页。(前面提到的怀特的文章在这里也许可以找到。)

④ 段义孚:《环境态度与行为的反差:欧洲与中国实例》,第 91 页。

段义孚注意到环境主义者对《老子》的参考,他却提到《孟子》(在近千年时间里都是儒家最重要的经典)中的环境关怀。他比较了形式化的欧洲园林与自然主义的中国园林,提出“这些人类的成就也许需要较大地对自然加以修正”①。

任何一个不以观光的形式到中国旅游的人将难以理解中国传统何以能因理想的环境态度而被赞誉。20世纪环境破坏还在加剧,这种退化现象已存在很久了。一千多年以前大面积的森林被砍伐,许多水资源也高度污染。对那些间接了解中国的人而言,斯密尔(Vaclav Smil)的《中国的环境危机》应该成为改变这种错误看法的作品。②

最近,罗尔斯顿(Holmes Rolston)在《东方能帮助西方认识自然吗?》一文中提出了与段义孚相似的论点,只不过他是从哲学角度提出的。在所有研究这篇论文的文章中,它是唯一从图书馆抽走的(被复印件所替代),这表明它在学生中广为流传。罗尔斯顿以一个问题作为他文章的题目,他提到在东方国家检测这些传统解决环境问题的能力(他错误地假设这些问题在前现代社会是不存在的),并总结道:“在向西方宣传之前,东方需要对其资源作相当的改变。”③

可能性

除开这些深度生态学家对“道教”富于幻想和过于简单化的阐述,对于前面讨论过的所有阐释,包括一些汉学家的解释,我有两方面的疑问。首先是把道教思想从中国的整体思想中分离出来,尤其是那两部特别的著作。这忽略了中国思想在这些方面的思维背景和实际应用,尤其是在解决环境问题方面。段义孚认识到了相关材料的价值,并提出了这一问

① 段义孚:《环境态度与行为的反差:欧洲与中国实列》,第111—112页。这里有着重号。

② 斯密尔:《中国的环境危机》(*China's Environmental Crisis: An Inquiry into the Limits of National Development*, Armonk, N. Y.: M. E. Sharpe, 1993)。这本书是接着斯密尔的《恶地:中国生态环境的恶化》(*The Bad Earth*, 1983)而写的,许多期刊都对这本书进行过评论,也被译成了中文(1988),很方便严肃的深度生态学家参考。

③ 罗尔斯顿:《东方能帮助西方认识自然吗?》(“Can the East Help the West to Value Nature?”), *Philosophical East and West* 37,1987,第172、189页。

题,卡利科特也间接提到过这点,这位宗教学家在宗教和生态方面出版的书比谁都多。

在《地球的智慧》一书中,有一章是《传统东亚的深度生态学》,其中有一部分涉及道教。卡利科特注意到西方环境伦理学家“主要引用道教”,如果将“儒家的社会模式从人类社会转到生物界,生态整体主义就应在生态之网中增加另一个纬度”。[①] 实际上,这早在好几个世纪以前就已经出现了。

随着中国宗教的演变,在中国社会关系中,以自然的核心家庭为基础的儒家传统中的最基本方面的“孝”,它被推演到了人类以外。16 世纪早期的儒家理论家(这时的儒家吸收了道教和佛教的某些内容)影响了文人的思想观念,他写道:

> 君臣也,夫妇也,朋友也,以至于山川神鬼鸟兽草木也,莫不实有以亲之,以达吾一体之仁,然后吾之明德始无不明,而真能以天地万物为一体矣。[②]

对于王阳明来说,家庭不仅仅包括国家,还包括自然界,这一认识无疑是从与整个环境相融合的宗教极乐体验中产生出来的。阻碍我们这样去认识世界的就是贪婪。当代全球伦理迅速从西方和资本主义世界蔓延到全球:

> 故夫为大人之学者,亦惟去其私欲之蔽,以自明其明德,复其天地万物一体之本然而已耳。[③]

然而,在结论部分卡利科特不是从梳理中国思想体系,而是从它们的

---

① 克里考特:《地球的智慧:从地中海盆地到澳大利亚内陆地区的生态伦理考察》,第 67、84—85 页。

② 王阳明:《大学或问》,见《王阳明指导生活及其他的理学文献》(*Instructions for Practical Living and Other Neo-Confucian Writings by Wang Yang-ming*),陈荣捷译,New York: Columbia University Press, 1963,第 273 页。

③ 同上注。

实际贡献中发现了价值：

> 发展出一种基于中国古代思想土生土长的中国环境伦理的潜力是巨大的。古代中国思想对生态学、生态女性主义，[①]以及对全球意识的潜在贡献也是巨大的。[②]

于是，问题就变成这样了，在哈佛大学召开了一系列讨论会，并出版了系列文集，“儒家”和“道教”不仅被分开了，而且这种分离无意中还被强化了。“儒家与生态学”的讨论被安排在系列会议的开端，而“道教与生态”则在系列会议的最后。在丛书序言中，丛书编者塔克尔和约翰·格理姆坚持不要将两者分开：“在某些方面，在世界宗教中，东亚传统中的儒家和道教一直是最肯定生命的”（这里附有一条注释，即中国在全球环境恶化中也未能幸免）。[③] 然后，他们接着对此进行了详细的评价，却没有将中国思想体系分割成明显不同的传统。只有当人们忽视西方对中国思想体系的解构，不再仅仅关注“经典”，忽略历史上对它们的阐释及其发展时，我们才能把传统看成一个整体而发现许多相关的价值。

在上面提到的对道教的理解中，我关心的第二个问题是，基督教传教士仍把中国宗教看做无知的迷信活动[④]，并采取摒弃的态度，目前这种情况还在继续。我还没能将我的思维转到这个伤脑筋的问题上，即在否定地看待中国宗教的同时也积极地肯定那些不仅仅是其中一部分的作家的作品的价值，特别是因为中国宗教与家庭是密不可分的，政府官员同时是国家宗教仪式和他们的家族祭祀的主持者。当然，作为深度生态学的基本经典的《老子》和《庄子》，是宗教经典，正是其宗教理解和它们在后来道教中的发展，这些被深度生态学家忽视了的东西为拯救地球提供了最有

---

① 在这个方面的可能性比通常认为的还要大。与中国相关的资料请参考我的《隐秘地穿过大地：比较视角下的女性的精神性》(*Through the Earth Darkly: Female Spirituality in Comparative Perspective*, New York: Continuum, 1997)。

② 克里考特：《地球的智慧：从地中海盆地到澳大利亚内陆地区的生态伦理考察》，第85页。

③ 塔克尔和约翰·格理姆的丛书总序。

④ 详细内容和观点，参考我的《神醉了》。

用的可能性。①

对神秘体验(失去自我意识或与什么合一的入迷状态)的思考因某些文化而得到传播:某些社会阶层(因为非生产性的出神体验得到肯定),以及一神论者、南亚和东亚传统中的文化人(将其传播给其他文化或其他时代的人)。这样的思考在中美洲的文化中也存在,但由于西班牙托钵修士对图书馆的彻底捣毁,我们已不可能了解其详情。南亚传统倾向于把空(sūnyatā)理解成对无尽存在(samsāra)的逃离,世界被当做一种幻觉。一神论传统假设了一个独一的创造者与被创造物之间有断裂,将自我消失看成是与创造者的融合,或是超越世界的一方面。只有在中国,生命被理解成独一的(所以寻求长寿),应该享受其存在,而不是逃避或否定它,这种体验强化了此世的重要性,至少在人死亡和生命进入另一个轮回之前。

经过从无到有,再到"道"的实际经历,这种体验,或这样做的结果使我们认识到,我们不停地创造的不仅仅是我们周围的世界,也是我们自己(自然)。道分化成二(天地和阴阳,天地或阴阳),再生三以至于万物。我们创造的世界也许其本身是"无",但它是我们所拥有的一切,我们应该如其所是地享受它,即顺其自然。再进一步说,只有在维持人类生存的环境继续存在时,我们才能享受它,这就要求我们在环境受到威胁时积极参与环境保护。千百年来,这一体验通过"三绝"——诗歌、书法和绘画,特别是象征着有灵气的大地的山水画,清晰地表达了出来。这种交流方式典型地体现在苏轼著名的散文诗《赤壁赋》中。②

因为我们是社会动物,我们必须与他人分享世界,在这方面道家与儒家思想如出一辙。我们只有了解了包括义务与责任的基本关系,才能与他人分享世界。分别心是错误的,所以这些关系不应仅仅包括人类,而应包括一切存在的事物。而我们不应以不必要的、浪费的消耗方式来享受它。无意义的贪婪,是二千五百年来许多儒家理论家和实践者最厌恶的。

① 拯救中国本身就需要新的家庭概念。为了成功实施稳定人口的政策,以父系为基础建立的家庭应改变为以双边关系为基础的家庭,因为中国宗教的首要义务是家族的延续。关于这一点,请参考 Jordan Paper, Li Chuang Paper:《中国宗教、人口和环境》。

② 译文请参考我和汤普森的《宗教中的中国方式》(*The Chinese Way in Religion*, Belmont, Calif. : Wadsworth Publishing, 1998),第 194—196 页。

我们应该非常谨慎地处理自然的问题，否则将使问题恶化而非改善。

认识到这种关系的只有少数人，说出去也没几个人听。另一些人则在创造宗教仪式，这些庆祝再生的仪式和仪式行为强化了人与非人类的联系，包括大地、水、天。这些仪式与始于园艺的其他仪式结合在一起，如供奉和感谢大地为人们提供赖以为生的食物（从中国和其他农业文明的角度看）。这些宗教仪式不仅存在于遥远的过去，至今它仍持续着，并不断地被更新，尤其是在中国文化圈中那些工业化最发达的地方，如中国台湾、香港和新加坡。而且供奉祖父、祖母的神龛仍在中国农村流行。在一定程度上，僵化的道教仪式正在被自发的（即受到某个神的启示而形成的组织）法会（从佛教中借用的术语），如当代台湾通灵者的再生仪式所取代。① 正是这些醮仪通过法师发出了强有力的神的声音，有着增强环境意识的潜力。

因为规范化的中国宗教没有包括在哈佛宗教与生态系列会议上，这里可举一个简单的例子来揭示它在这方面的巨大潜能。② 例如，中国宗教，实际上和所有非一神论传统一样，总是将大地及其产物看成是神圣的。在古代，皇帝和皇后祭祀天和地；地方官员以及帝王在祭坛上祭祀土壤及谷物神；务农的家庭在耕地中的小神庙里祭祀土地公和土地婆（这个称呼随地域而有所不同），在家中的神龛里挂着他们的像。土地不仅神圣，而且还能剥夺人类获得食物的权利，这一认识阻止了对土地的有意滥用。相反，在中国的农商业（agribusinesses）和以前的农业公社化，以及苏联的世俗化土地上，则允许随意滥用。

所有这些对西方都没有直接的意义。它间接地提供了重新解释西方传统的方法来扭转环境的恶化。受到美国本土生活方式和中美洲意识形态的影响，解放神学与包括梵蒂冈在内的宗教势力产生了分歧。解放神学与其他类似的神学针对破坏性的政治垄断，开始谈论对人类住区的全球性破坏行为。只有意识到中国思想的现实即注重实效的思想，还有仪

① 参考我的《灵媒与现代性：台湾宗教人士的通灵风俗》（"Mediums and Modernity: The Institutionalization of Ecstatic Religious Functionaries in Taiwan"），*Journal of Chinese Religion* 24，1996，第105—130页。

② Jordan Paper，Li Chuang Paper在《中国宗教、人口和环境》中已经提到负面的作用。

式,才能有效地回应基督教。那些试图创造其他文化来代替西方主流文化的人不可能找到本来就不存在的坚实基础。他们也需要了解中国文化的现实性,不管是积极的还是消极的,才能在不断快速改变方式的新时代宗教中找到继续生存下去的机会。这就是我们作为研究中国思想和宗教的学者所能提供给大家的东西。

(陈霞　译)

道家思想中的生态学问题：当代问题与古代文本

布尔德威斯托
(Joanne Birdwhistell)

导 论

(Daoism)这个术语适用于许多信仰和实践，包括宗教、哲学和原始科学。我这里主要是考察道家的诸多思想和价值观怎么样被用来回应当代生态问题中的一些争端，并且特别关注涉及环境问题的那些思想。虽然其中许多内容源于古代或不确定源于何时，但是道家某些确定的方面在中国文化中仍然是很显著的——虽然被冠以新的形式和定义。因此，这里旨在阐明道家和中国文化中一些相关的信仰。我的分析结合了前人的成果，这些成果大部分是西方及近代的，我用这些成果来探索在文化上如何看待环境问题。道家的许多思想被认为对环境是有用的，而另外的则存在一些疑问。尽管如此，后者同样不能被忽视，因为使破坏行为发生的文化信仰通过“隐藏”在其他观点里而依旧产生影响。

当20世纪西方的思想家和行动主义者逐渐关注生态的时候，他们阐述了一系列观点，许多仍在形成之中，这些观点的阐述倚赖于人们怎样分析生活中各方面的条件和问题，而不仅仅是跟环境有关的领域。许多重要内容由于立足点不同，而形成了深度生态学(deep ecology)、社会生态学(social ecology)、女性主义生态学(ecofeminism)、生态神学(ecotheology)、心灵深度生态学(spiritual deep ecology)、地球优先！(Earth First!)、绿色和平组织(Greenpeace)、环境主义(environmentalism)及环境伦理学

(environmental ethics)。[①] 虽然它们之间存在一些分歧,但大都接受这样的假设,例如,人类并不是同自然界完全分离的,地球的所有方面、所有领域都是相互联系的;破坏环境的行为与一系列信仰有关,并被它们支撑;人类现在面临着生态危机。

两个基本的目的激发了他们不同的分析:分析文化和哲学观念,以便弄清关于自然和环境的思想与其他的文化观念以及一些未被意识到的观念之间是怎样互相影响的。然后提出一些新的、破坏性小的方式来构建世界。人们如果要改变其行为,他们应该先改变其观念。问题是人们总是不清楚他们信仰的是什么。女性主义生态学家华伦(Karen J. Warren)提出统治自然和统治妇女之间有八种联系存在,而且还将继续存在。[②] 而像其他人,例如,最早的生态学家之一的利奥波德(Aldo Leopold)和深度生态学家奈斯提出关于世界的新的概念,旨在弥补西方主流传统哲学观念的缺陷。[③] 许多人指出,我们不仅需要对地球的进一步认识,我们也需要对人类知识体系的进一步认识,包括我们的假设、范畴和价值观念。

宗教家和哲学家从很多方面讨论了生态学,他们选择的问题和方法在其他领域已经取得了很大成就。这里我选择了特别重要的四个方面,并考察早期的道家经典怎样回应它们。这些都涉及视角和一些隐含的特别观念,这四个方面是:大叙述与小叙述、中心主义与统治、特殊的或地方

---

① 针对这个问题的讨论,参考兹梅曼(Michael E. Zimmerman):《争取地球的未来:激进生态学与后现代性》;《这块神圣的大地:宗教、自然与环境》(*This Sacred Earth: Religion, Nature, Environment*), ed. Roger S. Gottlieb, New York: Routledge, 1996;《重新编织世界:生态女性主义的出现》(*Reweaving the World: The Emergence of Ecofeminism*), ed. Irene Diamond and Gloria Feman Orenstein, San Francisco: Sierra Club Books, 1990;《生态女性主义:妇女、文化、自然》(*Ecofeminism: Women, Culture, Nature*), ed. Karen J. Warren, Bloomington: Indiana University Press, 1997;克里考特:《地球的智慧:从地中海盆地到澳大利亚内陆地区的生态伦理考察》。

② 华伦:《女性主义与环境问题综述》("Feminism and the Environment: An Overview of the Issues"),载于《妇女哲学文献:从古代观念到当代观念》(*Philosophy of Women: An Anthology of Classic to Current Concepts*), ed. Mary Briody Mahowald, 3d ed., Indianapolis: Hackett Publishing Co., Inc., 1994,第495—510页。她归纳的八种类型(互相关联)是:历史的和原因的、概念的、经验的和试验的、认识论的、象征的、伦理的、理论的、政治的。

③ 利奥波德提出,伦理共同体(ethical community)的概念应扩展到人类以外,包括大地和与之联系的所有自然过程。参见《沙乡年鉴》(*Sand County Almanac*, Oxford: Oxford University Press, 1949)。

的与一般的或全球的、人类的故事与宇宙的故事。我将从这四个方面来阐述道家与生态学的关系。这些内容之间都存在相当程度的差异,把它们作为整体而进行一般化处理是很危险的。因此我把我的评论限制在特定的经典上,特别是那些常被现代社会所用的内容。① 我主要引用《庄子》(当然不仅仅限于它),因为它是对中国文化产生重要影响的作品之一。在我的结论中,我发现这个经典和早期的道家思想(汉代之前和汉朝)为生态学留下了一些综合遗产。这个结论应该有助于生态学,但它也提醒我们,认识到一些有疑问的假设和它们广泛的生态影响是很困难的。

大叙述与小叙述

谁的故事被讲并被社会所接受,谁的故事被压制或不允许讲,这个问题很重要,因为那些"讲故事的人"能在很多重要方面影响人的行为、思想、价值观和认同感。一种文化的大叙述并不仅仅是简单地表达这种文化的发展,它还解释了事物何以如此。大叙述使用的范畴隐含着强烈的价值观念,它站在统治者的角度(虽然其他群体也接受它),通常消灭其他观点。

不管是大还是小,叙述是重要的,它们影响着一种认同的形成,使生命有意义,甚至对社会进行批判。这里,"认同"不能被理解成永恒不变的精华,而是作为历史进程的一部分,其中包括很多关系。这个认同概念承担着把个人或群体看做一段特殊的历史和特定地方中的一部分的责任,它认识到个人或群体是通过社会和语言而建构出来的,它承认人类具有为某个目的而行动的能力。

由于认识到"谁在讲故事"在生态上的重要性,生态学家开始分析西方的大叙述与资本主义和国家社会主义如何助长了环境的破坏。② 尽管

---

① 对这些典籍的总论,参考《中国传统资料》(*Sources of Chinese Tradition*), comp. Wm. Theodore de Bary and Irene Bloom, 2ded., vol. 1, New York: Columbia University Press, 1999。

② 怀特:《生态危机的历史根源》,第1203—1207页;兹梅曼:《争取地球的未来:激进生态学与后现代性》,第1—17页;克里考特:《地球的智慧:从地中海盆地到澳大利亚内陆地区的生态伦理考察》,第1—43页。

多数人拒绝大叙事，但他们也没有就什么能取代它达成共识。问题是是否需要建立一种新的大叙述，或者小叙述在改变人们的观念和行动方面更有效？

西方思想家没有认真地把其他主要文明纳入到他们的分析当中。举例来说，在19世纪和20世纪之前中国已经有巨大的环境破坏，当然，与西方的生态破坏有着不同的原因和方式。[①] 考虑其他文化的叙事可能会加强现在的分析，包括追问哪些价值在一个文化中占主导地位，哪些观念有助于其认同，关注什么问题可以让领导阶级和普通百姓采取行动。

早期道家经典既有大叙述，也有小叙述。前者大多时候是"反文化的"叙述，它们拒绝儒家的大叙述。现在我举《庄子》中的两个故事作为例子，虽然在《庄子》和其他经典中也有类似的故事。[②] 通过攻击儒家显而易见的负面影响而代之以道家的视角，这些故事力图建立人与周围环境的非破坏性关系。道家另辟文化蹊径，构建出包括大地、生物、"道"和"德"的理论，强调人类和自然的亲密关系。

我的第一个例子来自《庄子·马蹄》，它描述了一个古代乌托邦的"至德之世"。这个时代的人们不急不躁，人类建造的小径和桥梁也没对山脉和湖泊造成破坏。各种生物能物尽其性，和谐共处。这是以"道"和"德"为特征的时代。而儒家圣人及其道德一出现，天性和和谐就遭到了破坏。儒家的仁义概念分离并破坏了古代的和谐。

我的第二个例子来自《庄子·天运》，该篇认为"三皇五帝"的统治方法带来的不是秩序而是混乱。他们所谓的智慧导致了环境破坏。空气变得污浊以至于太阳和月亮不再明亮闪耀。山上的树被砍伐，河流（由于里面的泥沙）流动缓慢，甚至四季的节律也被打乱，"莫得安其性命之情者"。更糟的是，这些统治者不认为这样的统治是可耻的，还把自己看做圣人。

---

① 参考《中国历史上的环境与社会》(*Sediments of Time: Environment and Society in Chinese History*), ed. Mark Elvin and Liu Ts'ui-jung, Cambridge: Cambridge University Press, 1998。

② 参看《庄子全集》(*The Complete Works of Chuang Tzu*)，华兹生(Burton Watson)译，New York: Columbia University Press, 1968，第105—106、165页。事实上，即使在他们挑战传统价值观时，也举了许多同样的历史"标志"，如古代圣王和模范人物，像《列子》中的许多故事。参考《列子》(*The Book of Lieh-tzu: A Classic of Tao*)，葛瑞汉(A. C. Graham)译，New York: Columbia University Press, 1960。

“至德之世”的故事强调了人类和自然界之间的亲近关系。它特别注意到了人类、动物和植物这些有生命的存在物之间的相似“原理”或模式。这些模式包括动物和人类生活的社会性，以及各种生命形式的相容性。一切存在都是社会的，这是一个很重要的认识，暗示了内在于生命物体中的种群优越性。确实，这个故事没有考虑脱离群体的个体概念。

各种生命的相容性是第二个同样重要的假设。它拒绝这样的观点，即人类只有在他们可以控制或破坏其他生命形式及其居住地的基础上才可以生活得很好。像许多其他故事一样，这个故事批判儒家的行为和论断。这些论断是在仁义的名义下提出的，其根据是儒家从后果上考虑的对“兼容性”假设的拒绝，从而把“社会”转变为狭隘的经验，并只限于人的经验。《老子》的许多章节回应了这些思想，例如“大道废，有仁义”，以及“绝圣弃智，民利百倍”。①

稍作修改，“三皇”的故事可以看成是对现代工业化后果的一种描写。它批判了空气污染、水污染、滥伐和栖息地的破坏。可能这些语言主要是比喻，其他章节和段落也涉及了同样的环境问题。例如，远古有一个关于夸父的故事，从汉朝开始就出现了不同的版本，包括《淮南子》、《山海经》和《列子》的版本。夸父是如此口渴以至于他喝干了黄河，但他最后还是渴死了。艾尔文(Mark Elvin)提出，不要把这个故事当做在描写一个对自己力量判断失误的人，而可以用它作为中国“破坏支撑生命的自然体系的代表”。②

不管是比喻或描述，或者两者皆有，“三皇”的故事假设了人类与其环境的重要联系，包括天空、大地和所有生物。不过，在古代中国和当代社会，环境破坏都意外地源于其他的信仰和行为。如中国人常破坏森林，他们认为森林是匪徒、强盗的藏身之地，以及未开化的人居住的地方。③ 以

① 《老子：道德经》(*Lao tzu: Tao Te Ching*)，第十八、十九章，刘殿爵(D. C. Lau)译，Baltimore: Penguin, 1963。

② 艾尔文：《中国历史上的环境与社会》之二；另见葛瑞汉翻译的《列子》第5章《汤问》，第101页；约翰·梅杰(John S. Major)：《汉初思想中的天与地：〈淮南子〉第三、四、五卷》(*Heaven and Earth in Early Han Thought: Chapters Three, Four, and Five of the* Huainanzi, Albany: State University of New York Press, 1993)，第4卷《墬形训》，第198页。

③ Eduard B. Vermeer：《清代中国边境的人口和生态》(“Population and Ecology along the Frontier in Qing China”)，载于《中国历史上的环境与社会》，第247—248页。

前和现在的环境恶化都与人类的狭隘有关。人类总是忽视或完全不顾人类与其他生物及其住地的各种关系。在早期道经编撰之际，大规模的对环境的改造已经开始，特别是水利工程。

在儒家思想家和许多历史学家所接受的宏大叙事之外，这样的叙述为人们提供了另一种选择。道家故事拒绝破坏自然的文化，这种现象在《孟子》著名的“牛山变成了荒山”的故事中也提到了。在这些叙述中一个重要的生态问题就是统治方法。道家的《老子》、《庄子》、《列子》都拒绝统治者规范和改变人心的努力，因为这种努力会让人们认为自己与他人是分离的，并最终导致与其他生物和环境的分离。这种破坏性的统治（传说中的圣王和文化英雄如黄帝、尧、舜、禹就是这样统治的），考虑的是操纵和削弱人们的自然倾向和行为以便控制世界。

在这些大叙述中，道家的叙述强调：变化的过程内在于所有事物，让事物繁茂的方法就在于接受和顺应变化，即与大道相合。正如《老子》所倡导的，如果统治者遵循道，“民莫之令而自均”。[①]《老子》、《庄子》和其他经典的批评表明，因为儒家没有认识到人类住区的多维性，他们的焦点太窄，他们的行动最终会失败。儒家的大叙述对政府在对待大地和万物方面对道的违背认识不足。

中心主义与统治

中心主义的问题涉及到统治，它采取了多种方式，包括人类中心主义、男性中心主义、种族中心主义。他们不认为自己的立场是全球性的，而是希望发现一些理论和概念在形成过程中那些隐蔽的出发点。这里，我们要考察与生态思考相关的人类中心主义。[②] 一些生态学家们认为人类中心主义是必需的和不可避免的，另外一些则认为人类中心主义是环

① 刘殿爵翻译的《老子：道德经》，第三十二章。

② 参考 Val Plumwood：《男性中心主义与人类中心主义》（“Androcentrism and Anthropocentrism: Parallels and Politics”），载于《女性主义与环境问题综述》，Karen J. Warren 编，第327—355页；兹梅曼：《争取地球的未来：激进生态学与后现代性》，第6、7章，特别是第261—281页。

境破坏的主要根源。这些不同意见说明对人类中心主义存在不同的定义,对有关人类和世界的基本假设也不相同。

所有后现代思想家们都认为不可能不采用人类中心的方法,因为没有无视角的观点,也没有无出处的观点。所有人类知识在某种程度上都是以人类为中心的。如果人类中心说只是这样一种思想,它就不必意味着人类对自然的压迫。① 一些深度生态学家不同意这一点,他们认为所有的人类中心说对环境都有所压迫。也有人坚持认为人类也可能从其他事物的观点看问题,从而获得一个非人类的角度。② 然而,有一点是很值得怀疑的,即它声称不考虑特殊的人类利益,从而显示自己的中立,或声称有能力选择另外的视角。过去的经验告诉我们,这很容易成为暗藏的、支持滥用方式的被称为"风俗"的假设。

道家经典对此有大量的评论,但是这里我只考虑其中几个观点。《庄子》中有大量关于观点和事物如何就是非问题取得一致意见的对话和故事。虽然这些对话在原文的历史背景下关心的是其他问题,如概括和抽象思维的问题,后来的注释家们认为视角本身也是重要的问题。为了对此展开讨论,我举三个例子。③

在《庄子·齐物论》里,王倪问道,猿猴、泥鳅居处不同,"三者孰知正处",因为人、麋鹿、蝍、鸱鸦的饮食来源不同,"四者孰知正味"。他还问了美、是非和其他区别的标准。

在《应帝王》里,接舆,这个狂人(这种人在道家那里总被当做真正的圣人)把统治者努力使人们遵守其"经式义度"与"涉海凿河,而使蚊负山"相提并论。与强调外在规范相反,他认为帝王的自身修养就能够确保万物的秩序,甚至鸟和鼠也能按照其内在本性发展和行动。

在《秋水》中,魏牟叙述了井底之蛙和东海之龟的对话。蛙认为他那井壁间满是裂缝的世界是最好的,而龟却连一只脚都放不进去。这种情

① "压迫"在社会分析中是一个很重要的概念,有好几个特别的意思。Iris Young 从五个方面分析了"压迫",如剥夺、边缘化、无权、文化帝国主义和暴力。参考她的《关于差别的正义和政策》(*Justice and the Politics of Difference*, Princeton: Princeton University of Press, 1990),特别是第 2 章。

② 庄子和惠子在濠上的辩论,参考华兹生翻译的《庄子全集》,第 188—189 页。

③ 参考华兹生翻译的《庄子全集》,第 45—46、93、186—187 页。

况使他困惑。然后龟描述了东海的快乐，“千里之远，不足以举其大；千仞之高，不足以极其深”。

这些对话显示了思考人类中心主义与生态学的几种方式。第一个对话支持这样的观点：生物都有各自为了生存所需要的东西，没有一个适应所有生物的标准。因此，如果人类希望其他生物按照它们的自然潜能发展，就不应该把自己的标准强加给它们。另外，像所有生物一样，人类有自己的标准和适合其内在天性的生存环境。如果统治者试图改变这些自然准则，人类就不能顺任自然的发展。结论就是：人类也许除了人类中心主义之外没有别的选择，但也应该理解不同生物多样化的要求。

对生态思考同样重要的进一步假设是，生物和其栖息地是一体的，不能将生物与其环境分离。特定环境的破坏会导致那些与环境密切联系的生命形式的破坏。因此，这里阐述的人类中心主义不接受这样的观点，即仅仅是因为人有能力那样做，就应该运用他们特殊的能力去破坏其他生物及其栖息地。这种行为会最终破坏他们赖以生存的世界。如果不是更早的话，那至少在帝制时代晚期，中国的官员已经认识到这点，但他们缺乏足够的动力去付诸实践。①

上述第二个对话重申了这样的思想：万物根据它们的“种属”而有着限制其存在的内在特性，与之相反的情况是不可能的。这个对话嘲弄了那种试图改造万物包括人类自己的生存条件的人类中心主义立场。这种努力注定要失败。这里的人类中心主义立场超越了“控制”和“中立”，它宣称圣人应该采取行动，帮助万物，使其繁荣。它不是指一些表面上的行动，如偶尔喂养野生生物，而是确保它们的存在环境能够持续，包括人类生存的环境。

通过第三个对话，即井底之蛙和海龟的对话，可以得出这样的结论：所有生物（不仅仅是人类）都是从它们各自的环境和观点来看待世界的。所有的观点，包括人类的在内，都是有条件的和受到限制的。另外，人类

---

① Christian Lamouroux：《从黄河到淮河》（“From the Yellow River to the Huai”）；Helen Dunstan：《18世纪中国官方对环境问题的思考和国家的环境职能》（“Official Thinking on Environmental Issues and the State's Environmental Roles in Eighteenth-Century China”），载于《中国历史上的环境与社会》，第545—584、585—614页。

与其他生物很相似，所以可以把动物和人进行类比，动物间的对话可以代表人类的对话。这些对话应该作为事实来接受，而不是受到嘲弄或拒绝。

人们也许认为自己更像是海龟而不是井底之蛙，但事实可能并非如此，相信人有能力控制自然也许与《庄子》中的井底之蛙没有什么不同。个人观察角度的限制让人意识不到自己视角的局限。人类应该对此有所认识。普通的生活不能让一个人跳出自己的视野和假设。因此人类中心论对于人类是不可避免的，就像“龟中心论”和“蛙中心论”对于海龟和井蛙是不可避免的一样。然而，人类能够做的是认识到人类的局限，尽管这些局限常常不为人所知，他们可以开始关心其他生物和它们的栖息地。这些对话似乎表明：除非人类有其他的、没有明确说明的假设，否则“中心”立场并不必然导致统治。

其他道家经典揭示了在另外的语境中陈述不清的假设，所以人类中心主义立场并没有被别的“道家”目录下的经典所接受。如《淮南子》中的一些章节，其中第四卷《墬形训》——代表汉代的道家形式，一般称为“黄老”[①]——有一段讨论各地之“美者”，有着强烈的人类中心主义立场。它承认并接受周围世界的不同，每座山、每个地区出产有别于其他地方的物品。边远地区的出产被认为是奇怪的，只有那些中心地带的出产被看成是文明所必需的。无论是关于美还是价值，判断事物的标准是华夏文明的标准，而不是不同事物和地区本身的标准。等级制价值观念的特色就是只允许一个合法的角度存在。

还有一个段落提到了不同地方的气，为上面的立场提供了基础，即一个地区及其出产的东西之间存在着一种内在的关系。圣人是最好的东西，许多圣人来自中央地区。所以中心地带，中华文明的腹地，比其他地区有更好的气。

《庄子》的对话显示：人类中心主义并不一定会破坏自然。《淮南子》的许多段落为环境破坏开了绿灯，使这些行为合法化。《庄子》的中心假设是：所有知识都得自一个特殊的角度，没有一个观点是中立的；不同种类的事物可以和谐地相处于一个世界，一个种类的成功不需要别的种类

① 约翰·梅杰：《汉初思想中的天与地：〈淮南子〉第三、四、五卷》，第164、167—168页。

的失败；生物与环境自然地联系着，多样性是生命繁荣的本质特征；人类的知识是有限的，保持一个开放的心态是重要的；人类有责任促进生物与环境之间的协调。然而，《淮南子》的另外一个思想——中国政府和中华文明的观点高于一切，就完全改变了庄子的人类中心论的含义。

特殊的或地方的与一般的或全球的

生态学者关注的第三个问题是人类的利益与他们的道德发展的关系。一般认为问题的焦点是人们要么注意地方性的、特殊的情况；要么注意一般的、全球的情况；或者两者兼顾。到底哪一个焦点最有利于形成道德立场？生态女性主义和深度生态学对此都有丰富的见解。

生态女性主义者总是但并不全是更强调个人关系和特定的情感对于发展道德观的重要性，他们更注重特殊性和地方性，[①]而深度生态学一般强调“整体”的重要性。由于着眼于全球，他们问的问题是，对人类和地方性的关注如何以及能否发展成对非人类和对整个世界的关注。在生态女性主义看来，深度生态学继续着抽象的理性主义和现代启蒙思想的普世化特征。也有一些生态女性主义者站在深度生态学者一边。他们担心过于强调局部、区域或者“部落”，而没有更大的视野，也存在危险。虽然有很多问题需要解决，发展道德立场的问题一直是存在的，不管个人在什么水平上关注自己的利益。

通过叙述一个故事或者形成一种关注，人们开始问这样的问题，着眼于全球或地方的是否有内在的道德取向。一些人，譬如内斯特拉·金(Ynestra King)，一位生态女性主义者，就不认为地方性(或生物区域主义者)的关注有着道德立场。[②] 即使有，也不一定对关注全局有用。从另一方面来说，深度生态学由于没有真正关注全人类而被指控为道德败坏。

① 例子可参考 Nel Noddings：《关爱：对伦理和道德教育的女性主义方法》(*Caring: A Feminine Approach to Ethics and Moral Education*, Berkeley and Los Angeles: University of California Press, 1984)。

② 兹梅曼：《争取地球的未来：激进生态学与后现代性》，第 310 页。

一时间，一些人看到它和20世纪中叶的纳粹运动可能有思想上的联系。①

在我们探讨道家对关注焦点问题的回应之前，对深度生态学再作几点评论、比较和对照可能会有用。深度生态学好像提供了一种与道家经典一致的立场，因为它通过假设所有生命是相互关联的而聚焦于整体。按照生态女性主义者切妮(Jim Cheney)的说法，深度生态学伦理强调“互相依赖、关系、对人类身居其中的团体的关注”。这有可能反对隐含在“权利”概念中的强调个人权利、独立性、伦理等级制的道德立场。② 兹梅曼发现深度生态学与“现代原子论的、等级制的、二元论的、抽象的观念体系相反”③。他的“扩大了的自我”(expanded self)或“生态自我”(ecological self)概念是广为人知的，它把整个宇宙包括进来，与印度的永久、不变、真实的自我(ātman)概念有密切的关系。

深度生态学的观点和早期道家经典实际上在很多方面是不同的，包括双方所反对的观点。早期道家经典不支持深度生态学面临的道德选择，不管是强调团体关系或个人权利。原子论不是古代中国的一个问题，他们的二元论更多的是两级性(polarity)，而不是形而上学的他者性。然而，在《庄子》和《老子》的时代，抽象概念开始发展，在汉朝稍有传播。作为内在于万物的、不断演化的模型之“道”有很多层意思，但也确实包括某种类型的抽象概念模式，正如汉代的阴阳和五行。

深度生态学和早期道家都有等级制，虽然我们要考虑压迫和环境破坏是否真是等级制的结果；是等级制本身的结果，还是其他和等级制相关的信念产生的结果。如果后者为真，那么，即使等级关系被废除，压迫和破坏可能还会继续。此外，如果我们问深度生态学和早期道家是否都作这样的假设：社会统治与生态破坏有关，这点对道家来说其实不是问题，因为对于中国人来说，不存在一个没有等级和统治的社会。深度生态学家假设社会统治和生态破坏有关，但他们的解决办法却不明智地使问题继续存在，因为他们在新的自我概念中“隐藏”了社会统治。生态女性主

---

① 兹梅曼：《争取地球的未来：激进生态学与后现代性》，第172—183，书中随处可见。

② 同上书，第285页，切妮的引文。

③ 同上书，第277页。

另外一个困难的焦点是强调启蒙运动的后果是将人类的身心分离，认为代表灵魂的有价值，而诋毁属于肉体的。这种分离进一步导致了人与自然的分离。生态女性主义者斯普雷纳克（Charlene Spretnak）进而断言像文艺复兴的人文主义、科学革命、启蒙运动和解构的后现代主义等运动，形成了对人类的观点的消解，使得“人类的故事与正在展开的地球的故事分离了”①。在她看来，解决的途径不仅是揭示“内在于现代世界观中的元叙述（metanarratives）的权力机制”，也应“打破现代社会分离人与自然的观念体系，重新与更充实、更丰富的人是宇宙不可分割的一部分、宇宙主体性的生动展示的认识联系起来”。②

问题是，怎样将道家经典中关于人类的观点与西方的基本上是生物的、分离的、社会的概念相比较？这些经典意识到语言对经验的影响，但没有证据表明它们提倡，甚至认识到人类经验也是社会的构造这样的观点。尽管它们认识到不同的观点和名的随意性，它们还是承认世界上有种“所予”（givens）不受制于人类的控制或社会习俗。《庄子》中“天”与“人”的二分就是一种给定的东西。其他给定的东西包括天地和万物、天下、此世、家庭（有多种定义）。类似的例子也存在于其他文本中，如《老子》第一章中的可名与不可名、连续与不连续等。道家和非道家的大多数经典，进一步接受了一些给定的东西，如君和民。

人和所有生物在身体的层面上是置于大自然之中的，道家经典中有可与这种生物学观点相比较的地方，虽然不完全一样。《庄子》教育人们接受物的不可避免的转化，即使变成一只鸡。③ 但是，具体的变化是不重要的，只有道的变化才重要。通过把道看做创生的、转化性的宇宙过程，而贬低特殊的具体物质的特征，《庄子》和《老子》阐述了它们那些使人分离的观点。

与万物内置于宇宙过程之中的生物学观点，以及万物在不断变化并受制于道的分离观点相应，《庄子》和《老子》都不接受社会群体是物的一种，即否认社会或世界或任何特殊的社会群体像物一样是置于宇宙过程

① 斯普雷纳克：《生态女性主义哲学中的极端非二元论》，第 433 页。
② 同上注。
③ 参见华兹生翻译的《庄子全集》，第 84 页。

之中的。《庄子》关于不断转化的教义没有扩大到社会和任何一个社会团体。《老子》拒绝社会变化，期望回到没有舟车、甲兵和文字的原始生活。①

作为人类社会集合体的世界(天下或世)是道之外的另外一种自我认同。《庄子》和《老子》没有认识到修建桥梁和道路、写作和阅读已经成为世界的特征，他们反而批评这些活动。虽然并不是世上所有的变化都是环境破坏，但这些经典珍惜古代的朴素与和谐，不接受世界的所有变化都是宇宙演化的连续过程中的诸多演化而已这一事实。

因为拒绝承认转化既可应用于世界，也可应用于事物，这些经典最终把人类的故事看成关于人类个体的，这些个体需要克服他们对社会和生活的特定感觉的依附。人类的故事并不是关于整个人类集体或者关于特定群体的。因此，像斯普雷纳克所批判的西方的运动一样，尽管《庄子》和《老子》有反文化的叙述，它们同样把“人的故事从更大的正在展开的地球故事中分离出来了”。

虽然“世界”没有被看做一个事物，人的社会面向是假设的，像父子、夫妇这些现实的关系也没有受到过挑战。然而，《庄子》确实有这样的教导，如果一个人完全发展了天赋的内在潜力，包括个人的社会和生理能力，个人就会“系劳形怵心”或被毁灭。例如，有一段将人(孔子)学习道看做与“执狸之狗来田，猿狙之便来藉”一样的学习原理。它们的最终结果都是“被缚”。另外一段讲果树如果长出美味的水果最后会被滥采而早夭，而不中规矩绳墨的橡树却能享尽天年。②

《庄子》和《老子》的这些观点从生态学角度看，有很多困难。通过反对世界转化之间的联系，即人类就像一个人的身体那样行动，周围的自然界与社会组织内部没有联系了。这些观点“缩小了人类的故事”。它反对却不试图修正这样的行动，即那些被判断为有破坏性的活动。它拒绝与儒家相关联的社会活动，也拒绝感性经验的终极价值，这些经典支持的立场贬低了自然过程中的特殊性以及人类的许多先天本性。

① 参见刘殿爵翻译的《老子：道德经》，第八十章。

② 参见刘殿爵翻译的《老子：道德经》，第94、64页。

然而,我们看到在古代中国和当代社会,群体生活和团体的形成也是人类故事的一部分,就像个体的经验一样。社会的繁荣需要对人的束缚,个体的繁荣需要培养一部分自然能力而压制另一部分,包括感观上的和社会性的。如果我们这样看,这些经典事实上是说,个人的身体和与之有关的很多方面是不重要的。尽管他们的观点将个人与宇宙联系起来,它还是避免了去讨论将人类的故事与宇宙的故事分离后人类条件的决定性方面。出现在宇宙故事中的转化被认为是有价值的,人类故事中的转化则不然。因此,《庄子》和《老子》在生态问题上缺乏有价值的观点。

结　论

道家思想可以用来回应当代的生态问题,如涉及叙述的、中心的立场、个别和全体间的紧张、人类在宇宙中的位置等思想。虽然其中一些思想在建构人与世界的关系上很有助益,但其他一些思想则是有问题的,甚至是有害的。如以男人为中心的偏见,如果进一步分析,就可发现其中隐藏着对生态不利的看法。

把大地、女性、静止、完成和低下与天空、男性、活动、开始、高贵相对立,虽然这些分类在《庄子》和《老子》之外的其他经典中发展得更完备,确实暗中支持着这样的观点:大地是精英男性表演的舞台,是政治活动的场所。因此,当有许多段落批评文明对地球包括河流和山脉的破坏时,基本的文化联系虽然隐藏在思想之中,却保持不变,不能使地球和与之联系的事物被看做本身有价值的东西,就像可以做选择的演员那样。认识到道家经典中的这些问题,对生态学是有帮助的,它促使我们去分析从中发展出当代生态认同有哪些困难。

(陈霞　译)

道教的“自然”是人类文化的一部分

迈克尔·拉法格
(Michael LaFargue)

首先我想对诠释学这个我已思考颇多的学科作些评论。① 我想提倡一种或许可以被叫做“对抗阐释学”(confrontational hermeneutics)的、适合与原文或传统对抗的阐释学。“对抗阐释学”与传统阐释学形成鲜明对比,旨在与一种文本或传统对抗。第一步是仔细观察文本或传统的“相异性”,即那些与我们自己的假设、关注和价值相异的地方。首先应把我们自己的观点放在一边,来重建他们的观点,注意那些与我们的观点特别矛盾的地方。在与我们的观点比较时,应理性地衡量其力量和弱点,衡量其对我们当前处境的实用性。

对抗阐释学与传统的、仍在流行的对古典文献和圣经著作的解释态度形成强烈的对比,后者只强调从原文中抽出一些陶冶性的段落。陶冶是一个塑造过程——在心灵中构思——人们在这种情况下挖掘古典文献,为心中构思的东西寻找证据,而不管构造的是基督教教堂、道教天师的治所、现代哲学、新时代禅宗还是现代环境主义。人们也用这种方法把道教传统作为一种“资源”,一系列可供人精选、解释后为任何急事、要事服务的资源。我认为此法自身并无“过错”——许多有价值的思想都是由此过程建造出来的。我认为学术史可为我们提供不同的东西,指出古代传统中那些令人激动的思想,这些思想因其相异性而引起了现代人习以为常的批评。

在此思想指导下,我选择不在本文中展示道教如何能“作为一种资源”给我们已然熟悉的环保思路提供一些附加支持。我着眼于一个道家

---

① 参考我的《道与方法》(*Tao and Method*, Albany: State University of New York Press, 1994),第1—2章;以及我的《文本具决定性吗? 德里达、巴特和圣经学者的角色》(“Are Texts Determinate? Derrida, Barth, and the Role of the Biblical Scholar”, *Harvard Theological Review* 81, no. 3, 1988,第341—357页。

主题，或许现代环境主义者能从中学到点新的东西，因为它代表了一个与环境主义者的普遍看法不同甚至相反的自然观点。我提出它，不是因其与权威性传统有关，环境主义者就应自动视其为权威，而是作为一个值得与之较量的强有力的挑战。

这里我想评论三个文献。第一个不是来自道教，而是出自约翰·布罗斐尔德(John Blofeld)之手。他在20世纪30年代游览了中国的佛、道教寺观。布罗斐尔德这样描述他所造访的一个偏远的道观：

> 离攀附于陡峭岩石的寺观不远……在山间小路急转向大门石梯处，可以看见隐士们对天然美景的热爱并没有妨碍他们对自然施以援手。谷神寺四周全是蕨类和繁茂植物覆盖着的岩石和山洞，这些植物刚刚从附近的地底长出，为此处增色不少。令我疑惑的是，山中除了这些峡谷和瀑布，没有一处看起来如此像一幅道教原版画中的景色。当然，这里没有明显的对称，但却有一种潜在的和谐感——那只是一个太过明显而不能自然整合的偏僻道观。无论是谁创造了这个甚至比自然原景更为可爱的通向道观的“引领之荒野”，他都是一位技艺精湛的大师。因为向石梯路上看去，人们可以毫无疑问地肯定周围没有一样东西遭到了破坏。

道士是很多现已与禅宗相融合的园林艺术——如布置花草、修园造景、种植盆景等——的鼻祖，习惯在精致的加以修饰的自然之景中运用他们的巧手。在造景上，潜在的原则是避免通过抑制自然形态来生成人造景观，而突出或强调加工之物或美丽或怪异的自然形状。本是方的就不该弄成圆的，但可以把粗糙球面可以弄得更圆；灌木天生像鹳就应该做成鹳形；水可蜿蜒流经岩石倾泻而产生出瀑布之美，但不可显露造作之态。对自然景色加以修饰可得惊人之效，但前提是加工者必须对自然物了然于心。简而言之，多数造景的目的就在于辅助自然去做在更有利的环境下它可能为自己做的事情。①

① 引自约翰·布罗斐尔德：《奥秘而崇高：道教的玄义与魅力》(*The Secret and the Sublime: Daoist Mysteries and Magic*, New York: Dutton, 1973)，第116—118页。

我曾经把此文中的观点，结合到同事们对怀特关于基督教在形成现代西方支配自然态度中的作用的讨论中。我认为这有利于探讨我们究竟应该对自然持何种态度，但却因道教隐士这些自相矛盾的态度而遭到了嘲笑。当我向学生宣读此文时，文中的言论常被攻击，他们说从布罗斐尔德的描述中看到了对待自然的“伪善”。这些隐士假装成“爱自然的人”，同时又暴露出那种被现代自然爱好者所攻击的态度——自傲、“以人为中心”，以为人类的价值和人类认为世界应该成什么样子的想法比原始状态的自然更优越。真正热爱自然的人只会让它原封不动地保持着。现今有许多人严格地把“自然”和“人文”割裂开来看。布罗斐尔德描述的隐士们显然不持这种分裂的观点，而是赞成一种“人文化的自然”（cultivated nature），这种自然是人类文化的一部分。

我不能确定布罗斐尔德那新闻稿式的书中有多少东西能代表道教传统，但我要指出的是上面那段引文反映了一个跟庄子、老子思想相近的观点。这里，我引两段原文。

《庄子》讲了一个名叫庆的木工如何做成一个绝世精妙的钟架的故事：

> 梓庆削木为鐻，鐻成，见者惊犹鬼神。鲁侯见而问焉，曰：“子何术以为焉？”对曰：“臣工人，何术之有！虽然，有一焉。臣将为鐻，未尝敢以耗气也，必齐以静心。齐三日，而不敢怀庆赏爵禄；齐五日，不敢怀非誉巧拙；齐七日，辄然忘吾有四肢形体也。当是时也，无公朝，其巧专而外骨消；然后入山林，观天性；形躯至矣，然后成见鐻，然后加手焉；不然则已。则以天合天，器之所以疑神者，其是与！①

我首先想指出这篇文章似乎——现在看来——说明了一种类似于布罗斐

① 哈佛燕京庄子词语索引，哈佛汉学索引系列，20（Cambridge, Mass.: Harvard University Press, 1956），第 50 页，54—59 行；我的翻译。参见 Victor Mair：《逍遥于道：早期道家神话和《庄子中的寓言》（*Wandering on the Way: Early Daoist Tales and Parables of Chuang Tzu*, New York: Bantam Books, 1994），第 182—183 页；葛瑞汉：《庄子内篇：一本道家经典》（*Chuang-tzu: The Inner Chapters, A Classic of Tao*, London: Harper Collins, 1991），第 135 页。

尔德文中那种自然和人文间的困惑的东西。显然，木匠庆是一名自然爱好者，通过对自然细致的观察他得到了造钟架的灵感。另一方面，这种观察的结果不是指对自然如何造物的掌握，而是从一棵树中看见一个钟架，从中看出能将其加工成一件人类用具的能力。他的"自然崇敬"没有表现在对树木原始形态的崇拜中，而是表现在砍伐雕琢一棵"自然的"树，为一方王侯的宫廷打造一件奢侈品的过程中。

这个例子能较好地说明我所强调的一些古典文献的"他者性"意味着什么。如果只从我们熟悉的范畴来看，这些经典"没有什么意义"。我提倡的对抗阐释学却建议人们不要掩饰或消解这些"令人炫目的困惑"，而是把它们看成我们应该试着找出意义并与之较量的事物。在这种较量中，可以学到许多潜在的东西。

此外，这篇文章的很多地方都值得评论。在译此文时，我尝试了一种非常字面化的译法。我还把最后的字句单行印了出来，因为其措辞，特别是最后几行，很是优美有趣。首先，原文说进入森林后，在他能"看见"钟架前，庆花了些时间"观天性"。"性"通常被译为"nature"，指事物的本质倾向，它并不能瞬间被肉眼所见，但却是外在可见行为的根据。（举例来说，孟子说见孺子入井，人们自然要去搭救，就是内在恻隐之心的外在表现，显示了内在之同情性。）当原文说庆在观察天性时，该语境中"天"似乎从另一个角度指我们所说的"自然"。自然被拟人化，指不受人类控制、运行于这座森林里的自然力量。"观天性"可以字面翻译为"观察自然的本性"(observing Nature's nature)。根据当时的情况，这似乎是指木匠庆花时间观察山林中树木的形态，仔细思考那种能在自然形态中观察到的美。他把这叫做学习"自然的本性"，即自然的内在精神。这种思考最终使他在一块木头中看见形质完美的"钟架"。那就是说，一块木头显示出"自然的"美时，它就被说成"达到了完美"（致），这种达到了相当水平的"自然的本性"——在很高的层次上，显示了一个可能的钟架的应有之美。

庆说当所有条件像这样齐备时，他才能"以天合天"。这里第一个"天"显然是指庆花时间在木头中看见的天/自然的"本性"。根据《庄子》其他段落中的观点，另一个"天"更像庆自己的思考，即他的精神状态——静心养气，去除对所有庄子反对的、作为一名宫廷匠人通常会有的得失荣辱的顾虑。这种精神上的自我修炼赋予了庆“天”的意识。对做好的钟架，“见者惊犹鬼神”，它有那种中国人常与鬼神联系的神韵，准确地说是因为它是庆“天”的意识与自然形态的美，即庆能通过对森林中自然形态的学习感知到的那种与美相结合的产物。

我想讨论的最后一段引文是《道德经》第六十四章，该章对理解无为和自然特别关键。“无为”即如果没有统治者，世界显然会更好。但难以忽略的事实是《道德经》就是一本关于好的统治的手册。它指导统治者如何能得到人民的效忠和配合（第六十六章）。它建议统治者仿效水，它的“柔弱”胜过了刚强；并且在第三十六章举例说明了这种柔弱政策如何被用于削弱和击溃事物。其他几章建议统治者反对知识和野心在人民中传播。“虚其心，实其腹，弱其志，强其骨。”（第三章）。“古之善为道者，非以明民，将以愚之。”（第六十五章）。第三十七章主张“镇之以无名之朴”。最后一章的最后一行（在王弼本中）说智者“为而不争”。

第六十四章用华丽的辞藻揭示了这种悖论。我认为它最后几行是我们解决该矛盾的关键。这一章开始是有关干涉主义的句子：

> 其安易持，其未兆易谋。其脆易泮，其微易散。为之于未有，治之于未乱。

这一章假设人们正想拉住、中断、分散一些不应该的东西，他建议把它“扼杀在萌芽状态”，在它们有机会产生前就控制住。这被清楚地描述为“为之”，这个短语有时含治理之意（例如“为国”意为“治理国家”）；我译成“使之有序”的这个词也常被用来指统治行为。几行过后就出现了矛盾，说：“为者败之，执者失之。是以圣人无为。”最后几行又解决了这个矛盾，说智者“辅万物之自然而不敢为”。

从现在的观点来看，“辅万物之自然”没有任何实际意义。“自然的”明确指的是自然而然，不需要人类故意去“辅助”。但这一章反映了一个不同于当代，但与上两段相似的关于“自然的”的概念。对《道德经》的作者来说，“自然”不是指实际的状态，而是**理想的**状态。用我们的方式发现的事物一般都不处于自然的状态，需要外力协助才能进入那种状态，就像木匠庆必须训练出特殊的精神状态，才能在一块木头中看见“自然的”钟架，然后通过自己的雕刻把它显示出来一样。因此《道德经》第六十四章在“辅万物之自然”这句话前面描述了一种自我修身：智者“欲无欲，不贵难得之货；学不学，复众人之所过，辅万物之自然而不敢为”。

理想的统治者不会为了彰显自己、彪炳千秋，而把自我意识强加给社会——我认为这是老子“无为”的真意。但理想的统治者也不会袖手旁观，不管发生什么，都采取“什么也不做”的策略。他应该倍加关注社会结构和它的变迁，努力引导社会走向它最好的一面。这“最好的一面”来自于他对最好的社会的认知。社会的自然状态与没有统治者治理的那种状态不同。我们也许认为这样的“自然”概念太浪漫了，这种状态其实与社会团体和人类关于理想社会的向往是一致的。

我在其他地方[1]讨论过《老子》的关键价值是有机和谐。关于**有机和谐**我是指那种源于既定系统中的、各种元素和力量间自发的相互调整的和谐。它和那种由系统之外的某种统治力量或目标强加的秩序，或与源自从属于统治中心的所有元素和力量的秩序形成了对比。有机**和谐**是指稳定平衡的各部分互相协调的秩序，与之相对的是散乱、无序、动荡的状况，这有时可能是各部分按着自发（竞争性的和个人的）冲动而形成的。有机和谐倾向于比外部控制带来的秩序更平衡的稳定，因为它并不要求大量的延续性工作来维持。（例如，“低维护花园”需要形成一个与周围环境有机平衡的系统。建这样一个花园要求园丁懂得如何利用已有的土壤、水源、气候条件等。而当植物不适合既定环境时，“高维护花园”就需要园丁不断地照料。）

谨慎的人类意识是有机和谐的第一个威胁，但这并不是指所有的谨慎的人类意识。危险在于人类意识能把自己从所依赖的系统中分离出来，或试图支配和剥夺被分离出的对象，与该系统中既定的支配力量背道而驰。

上面讨论的道教观点与现代西方的自然概念和尊重自然有些类似。一个关键的不同是，现代西方思想把自然理解为与人类文化相对立的东

① 迈克尔·拉法格：《道与方法》，第160—172页。

西。木匠庆的钟架不是自然的产物，但反映了一种作为“道教文化”一部分的特殊美感（它最后发展为东亚文化的重要分支）。把自然理解为与文化对立的东西使得人们假定我们祖先的错误是人类中心主义的妄自尊大，认为对人类重要的才是真正重要的。我们不应该只把人和人类文化作为中心，还要谦卑地认识和尊重那些宇宙中跟人类和人类文化无关的事物。

很多现代西方对道教的阐释已融入了这个概念，运用了一种能把阐释者带来的概念和假设反射回去的诠释学风格。这些阐释一般都粉饰了上面所引段落的细节。如果人们将现代西方与人文对立的自然概念和规范的情况等同起来，那些段落就会自相矛盾，使人迷惑不解。

对抗阐释学的优势，首先是特别注意到文本内容的其他方面，让我们意识到像“自然”这个看起来简单、明白、普世的范畴，如果从其他文化群体使用的类目中抽离出来，将会是非常特殊的。我们不问为什么道教没有对我们而言是显而易见的概念，我们要问的是为什么是我们的思想被这些特殊的范畴所决定，而不是被其他文化范畴所思考的东西所影响。这些反思暴露了我们自己观点的弱点，这些弱点渗入我们的文化假设之中，遮蔽了我们的视线。尤其在目前，让我们批判性地检讨“自然”的概念，即我们应该尊重的自然是与人类文化完全不同的，是与“道教”关于自然是人类文化概念的一部分的思想相冲突的。

让我们以启发了大量现代生态意识的一条典型经验开始吧。一个人习惯了城市生活，去一个美丽广阔的、完全没被人类文明触及的地方远足。住在这样一个地方，感觉妙不可言。这个人把这种感觉作为对原始自然的崇敬，他认为这种自然应该被保护，不让其受“人类文明”的侵蚀。即使后者不具有负面价值，他也认为后者的价值远低于前者。这个经验让我们回想起了人类是如何把事物搞得一团糟的。他们建造的城市不是理想居住地；人类社会被大堆问题包围，并且现在这种疾病正向尚未被文明破坏的地方蔓延。与此相反，不久前先辈们还在以“文明取得的成果”为骄傲，我们应该感到羞愧并全力维护无人自然界的权利，反对先辈们以人为中心的那种自大。

但是，现在对这个人看到并崇敬的“自然”却产生了这样的疑问：这个人是否克服了康德哲学的问题，经历到了“物自体”，即没受任何人类思想范畴框架影响的世界？看起来未必如此。我们进一步会认识到，形成此人这种经验的“自然”范畴反过来产生于这一事实：这个“自然”是克劳德·列维-斯特劳斯（Claude Lévi-Strauss）这些人类学者提请我们注意的一对对比范畴之一。荒野自然对我们孤独的远足富有意义。这层意义由自然远足与相对具特殊性的城市生活之间的对比而产生。这种“自然美”的感知难道不是多少由远足野外而产生的特殊意识状态引起的吗？这很像庄子文中的木匠通过静心养气而感知出了一棵树中“天然的”漂亮钟架。

许多人几乎一直都很欣赏荒野自然的美景，但在历史上很多时期文明远远优于自然美。那时的“自然”对当时的人们没有今天它对自然爱好者的那种意义。我们应当总结说那些人是彻底“错”了吗？他们生活在不同的文化条件下，今天特定的文化条件使荒野自然给我们带来了特殊的意味，这样说更为诚实和合理。

这使我想到了黑格尔的“对立”（antithesis）概念。在一个特定社会的强烈的和占支配地位的文化力量中易于产生与之相反的、“对立的”反应。一个秩序井然的社会易于滋生逆反；一个混乱无序的时代将产生对秩序的渴望。把促使人们进行环境保护的自然之爱看做这样一种逆反难道不是更加真实吗？但是，尽管逆反通常是对抗主流文化的一种反映，它自己却完全是一种“文化的”现象。它生于其中的文化使之成形，最终在一定程度上被它所反对的文化力量所决定。

这一切意味着我们今天热爱的“自然”在某种程度上完全是文化的创造。我们评估自然其实不是由于它脱离任何人类而自我存在，我们看重荒野自然是因为它给我们带来了意义。正如所有的意义，这种意义的形成取决于它和我们的文化中相互联系的意义的关系。我们将自然与文化对立，仅仅是因为我们关于自然的谈话发生在模糊的想当然的很多文化假设之中，而不是在谈话时清晰的思考中。

另外，人们受到诸如远足荒野的经验的刺激，发起了保护自然的运动，这至少含蓄地告诉了其他公民自然应该得到我们的崇敬，保护它是一项可以牺牲其他方面去成全的好事。毕竟，一种道德评判被暗含在了这样的想法中：我们应该崇敬拥有“权利”的自然，我们继续通过污染、扩建等方式去“轻视”自然的行为是道德沦丧的表现。道德评判、规则及沦丧是人文的一部分，而不是所谓脱离了文化的物质世界的一部分。

如果这些观察完全正确，我们对自然的崇敬就不是没有牢固的基础，除非我们不能以一种一以贯之的方式来分析和解释这种崇敬。那就是，在自然和人文对立的文化中解释这些经历时，我们是把这个问题放在很基础的哲学水平上的。我们需要仔细想想自然究竟对我们意味着什么，我们要尊重它，现代文化的哪些方面与这种对自然的爱相冲突，并有希望成为我们文化的另一方面。

例如，通过一方面将现代工业和都市文化与作为全人类基本条件的人文和经历相区别，我们或许能得到一个更确切的分析。与工业化和都市化相比，人们更倾向于自然环境，这其实有足够的理由。但学术上的诚实要求承认，这种偏爱确实反映了一种与经历世界的特定文化方式有关的价值评判。

或者，我们能够认识到这是一种我们所反对的人类中心主义态度，一种“利用”自然的态度，将它用于完全脱离自然本身的人类目的。我们应该认识到，在更深的层次上，我们不可避免地是人类中心主义的，周围的物质世界对我们有意义仅仅因为它是我们称为“人类文化”的意义之网的一部分。

这无疑会把我们带到上面评论过的道教文献关于“自然”和“自然的”概念中。我们在那里既发现了对“文明”的某些方面和人类支配自然界的反对，也发现了对既定条件和自发出现的现象的尊敬。道教也清晰地认识到，赋予“自然”价值是人类的理想，是经过人类的努力，而不是没有人类干涉就可以实现的。关于自然之于我们的意义的思考将把我们带向异于道教有机和谐的方向上去。简而言之，有机和谐，而不是不碰触的自然，应成为生态运动的指南。

有机和谐有两个方面，一是功能性的，一是审美的。在功能性这一面，城市周围的自然环境的品质，如所呼吸的空气、饮用的水、吃的食物、遭遇的疾病等，对城中居民的生活质量有很大的影响。我们只能通过对大系统健康的更广泛的认识来取得事物稳定平衡的物质秩序，而不是着眼于个人意向的狭隘视角来强调对我们生活的短时期、立竿见影的效果。

我们要用比先辈们更积极的态度优先考虑它，因为更强大的技术和密集的人口这二者更有可能引起维持物质世界的环境的退化。我们要赋予价值的自然不是任何一种自然，不仅仅因为它存在着。我们需要带来一种持续的和谐状态，在这种体系中，既包括荒野自然，也包括人类文明化了的住区。

我们所考虑的自然的功能性方面只表示自身的利益。这与自然崇敬之间没有必然的联系。例如，经济学家莱斯特·梭罗(Lester Thurow)指出北美对南美雨林的关注能较好地说明以上观点。如果我们需要那些森林只是因为我们大陆上的树被砍光了，那我们就应该从南美人那里租一些来，而不是试图通过呼吁"崇尚自然"来获得便利。

说到有机和谐的**审美**方面，我要谈谈木匠庆和布罗斐尔德描述的隐士们所表现出的那种对自然形态的审美意识。这在一些东亚艺术传统流派中也有体现。这种意识更喜欢不规则而不是对立，对立代表个体对更大的计划的屈服；它更喜欢独特的而不是规范的东西；它更喜欢各种因素相互平衡的神秘结合体，而不是只围绕一个主导因素的结合体。这种艺术的美类似于吸引人们前往的风景区的美。

对这种美的欣赏被强化，因为人不能在博物馆的艺术品中观察到它，但能通过远足、露营等活动亲身经历到它。这种参与让一个人进入了特殊的意识状态，并给了他欣赏这种自然美必需的特殊感觉。我于是又想起了木匠庆的准备方式——静心养气，消除杂念，花时间观察树的"天性"。这种参与也使人觉得自己是神奇的有机和谐的**一部分**，而不单纯是一个观察者。这种经验似乎常常提升了"自然崇敬"感。

但如果把这种经验用来指导我们的生态认识，我们也许需要认识到并不是荒野自然里的任何地方都有同样神奇的有机和谐。有些地方比其他地方更美。对于人类这个参与者，有些地方较之别处更使他感受到了与自然的和谐。而被黑苍蝇攻击、穿过荆棘丛或蹒跚于恶臭的沼泽上是很难让人感受到与自然的和谐的。

这暗示了"园林式的"生态方法，不是某些人喜欢的"不管"的政策。那就是，我们能够选择那些特别美丽的、特别能吸引人以低姿态去欣赏这种美的自然区域。我们能着手扩大这种美和人的参与能力，在可能产生对自然的崇敬的情况下，给更多人经历自然美的机会，这将大大有助于解决环保运动需要广泛支持才能成功的问题。看起来这一方法由于实际的原因已被很多地方采纳。例如，“马萨诸塞奥多邦社团”（the Massachusetts Audobon Society）就计划把马萨诸塞海湾的部分泥滩变成沼泽地，为各种野生生物提供栖息地，也为公众提供了一种参与人们希望创造出的自然之美的方式。

人口增长和技术进步产生了这样一种情况：地球上几乎没有什么地方没被人类文明以这种或那种方式影响过。我们应谨慎选择产生什么样的影响。在此情形下，希望产生积极的目的，如加强自然的美和有机和谐，像布罗斐尔德表达的道教思想那样“辅万物之自然”，这不是一个糟糕的想法。

再次申明，我不是把这些观点当做出自权威道教传统的教义来提供给大家，而是对源自道教的某些值得与之较量的传统的反思。

（陈霞　译）

道教与秩序的追求

祈泰履

（Terry F. Kleeman）

引　言

我们很难把像生态学这样现代的、西方的术语运用到像道教这样一个起源于完全不同的文化和时期的传统中去。但是，道教思想的某些方面的确与现代生态学观念有着相通之处，那就是字面意义上的道教世界观：我们居住的是什么地方？它是怎样形成的？它是怎样保存下来的？

这篇文章旨在把道教宇宙观介绍给西方的读者。此文与致力于此的其他文章有三点区别。第一，我认为道教是一个重要的、活跃的世界宗教，并且是主要宗教传统中研究得最少、表现得最少的宗教，而不是被浅薄的哲学家所认为的虚幻的、模糊的、充满神秘观念的混合物。道教是一种被清楚界定了的社会实体，其传教谱系也未曾中断，其宗教礼仪在两千多年里一直延续着。它完全应该受到与其他世界性宗教一样的尊重和重视。第二，道教是典型的中国宗教。如果我们没有认真研究其赖以产生和发展的思想和社会环境，我们将很难理解它。第三，我将谈论一些与讲究个人自由主义的、西方宣称的“道教”不同的道教的基本价值观，那就是秩序，即在一个管理良好、有条不紊的世界中受到调控的秩序。

传统的中国观念

中国传统的最大特色就是一个真正的创世神话的缺失。① 许多对于世界起源的描述都出现得较晚,并且也很抽象。《老子》第四十二章就是一个最好的例子:

> 道生一,一生二,二生三,三生万物。

我们通常把这理解为一个原初的整体,它首先分为两个对立的力量——阴和阳,然后阴阳相互作用,生成了一种居中的第三种力量,从这个三位一体中形成了世界万物。② 但是,在早期的典籍里,造物者"道"是一种抽象的、难以描述的力量,从未被拟人化。此外,在道教的世界里,没有内在的对于人类而言的目的和计划,却有着遵循此模式的有秩序的、精确的人类进程。

中国最早的文化英雄们不是造物主,而是组织人类社会、教导人们怎样生活的教师和发明家。即使在我们所看到的明显表示创世神话的艺术遗迹中,如创世的伏羲和女娲——他们把身体的下半部分缠绕在一起,一个握着指南针,一个握着正方形,他们用这两样东西给他们的创造物赋予了有效的秩序。③

在很早以前,世界的概念本质上是政治性的,如同眼下中国的称谓——处于天地中央的王国,而中国的首都则是中国的中心。中国的统治者被称做天子,他掌控王权,通过神秘的"德"之力改变一切。他直接统治的区域——朝廷——则被五个同心正方形(当然地球是方的)所包围,

---

① 关于中国的创世神话,参见吉瑞德:《中国宗教研究中的创世神话问题》("The Problem of Creation Mythology in the Study of Chinese Religions"),*History of Religions* 15,1976,第 289—318 页。

② 《老子》汉代的河上公注特别提到阴阳互动产生的清、浊、和三气,这三气进一步形成了天、地、人,并进而演化为自然万物。参见 Shima Kunio:Rōshi kōsei (Tokyo:Kyūko shoin,1973),第 145 页。

③ 参见 Anne Birrell:《中国神话导论》,第 45 页,以及第 70 页对后汉墓砖的说明。

再向外就是我们所知的“五服”(Five Submissions)。越往外,标志着天子影响力逐渐减弱,百姓的文明程度也随之降低,五服之外的就是荒野。①

另一个较早的观念是天子四周由同盟围着,他们是由百姓选出来的拥有足够能力控制周边蛮夷并抵抗外族侵略的人。商王朝(公元前1700—前1050年)的藩国周国就起着这样的作用。周文王曾被称做西伯侯,作为一方诸侯,文王和武王能够联络西域人民揭竿而起,推翻了商朝的最后一个暴君纣王。在《书经》中,这些诸侯被称做“岳”(marchmounts),就如同那些环绕并保护着中国的圣山,他们是天子的军师。这些神秘的山岳与守边军士的联系在中国有着深厚的传统。在商代,这些山岳在自然神灵中很普遍,自然神还包括黄河、彩虹、控制气候变化的云,它们能赐福或诅咒人类。

随着中国文化区域的扩展,圣山从守护边疆,变成了王国内的神圣力量。成熟的五岳系统,包括中岳,被赋予了神圣性来界定中国。在中国的神圣世界里,五岳无处不在,经久不衰。它们被纳入了帝王的祭祀和道教的神殿中,也是最早的朝圣地和百姓的膜拜之地。那时山岳也有等级的划分。中岳与黄色和传说中的黄帝联系在一起,似乎一开始就占有显著的位置。当五行终始说影响到五岳的级别时,东岳泰山逐渐占据了重要的位置。五岳也随地区性的宇宙论而不断变化。②

为个人和国家提供正确行为的传统资源也反映了这样的宇宙观。这个传统来源于《诗经》中的《七月》,它列举了一系列一年中适合每月的活动。在《月令》中,这一主题更加明显。《月令》见于《礼记》和《吕氏春秋》。③《月令》中的一些规定是与生态学相关的。在孟春之月,皇帝会亲自犁地,犁三个垄沟以预示来年的丰收。而此时,县官逐一检验这三块土地,并确定适宜种植哪种农作物。此外——

① 详细的论述请参见我的《中国的山神:山神的家庭化与边境的归顺》(“Mountain Deities in China: The Domestication of the Mountain God and the Subjugation of the Margins”), *Journal of the American Oriental Society* 114, no. 2, April-June 1994,第226—238页。

② “岳”体系的演变,参见同上书。

③ 《淮南子》第五卷也提到了。详细的阐述和翻译请参见约翰·梅杰:《汉初思想中的天与地:〈淮南子〉第三、四、五卷》,第217页及其以后。

禁止伐木，毋覆巢，毋杀孩虫、胎、夭、飞鸟。毋麑，毋卵。①

其他的月份也提及了一些类似的禁忌，如“安萌芽，养幼少，存诸孤”和“毋竭川泽，毋漉陂池，毋焚山林”（仲春之月）以及“毋伐桑柘”（季春之月）等。

这些禁令的实际意义是非常明显的。它的目的并不是单纯为了保护某些生物，而是从更广的意义上来与宇宙的节奏相符合。因此，“是月也，不可以称兵，称兵必天殃”。而每个月也有适合当月的祭祀，如皇帝祭祀所穿的祭服和相关的祭祀活动。每一个祭祀都必须恰当地安排：

孟春行夏令，则雨水不时，草木蚤落，国时有恐。行秋令则其民大疫，猋风暴雨总至，藜莠蓬蒿并兴。行冬令则水潦为败，雪霜大挚，首种不入。②

因此在某种意义上，环境伦理学被纳入到一种宇宙观念之中，它必须通过人类行为而永久地延续下去。我们身居其中的世界要发挥其正常的功能需要理解宇宙的节律，并配合以相应的人类活动：与自然界的动植物打交道；通过政府管理人类事务；用仪式祭祀神灵等。

世界有着某种模式或道，同时也需要人类和神灵的合作来成就这种模式，这是很有中国特色的。它有时被称做儒家世界观，有时又被称做道教世界观。其实它就是中国的世界观。下面我们将看到道教给中国宗教带来的重要革新，但它从不偏离上述基本观念。

道　教

道教是一个复杂的术语，常被用来指不同的思想、宗教、社会和文化现象。我这里用的是道教这一中国本土高级宗教的最简单和直接的意

---

① 《礼记》，理雅各译，两卷本，1885；reprint，New Hyde Park，N. Y.：University Books，1967，第一卷，第256页。

② 同上注，第257页。

义。道教在某种意义上是一种组织化的宗教，有受箓的道士、浩繁的经卷、大量的清规戒律、自成体系的末世论，以及服务中国百姓的两千多年历史。道教把老子神化而奉为高位神，把《道德经》作为圣典。偶尔也从《庄子》中抽取一些神秘的部分，但却没有体现与战国和汉朝大量的道家哲学（主要指司马谈于公元前 2 世纪建立的道家谱系）有什么直接的关系。我们这种用法的最大优点是可以清楚地分辨出谁是道士，他因受箓而纳入到某位身穿长袍、能做法事的宗师名下。我们也因此而能分辨哪些是道经，即那些由这类道士创作的文献。

道教思想来源于先前的多种传统，包括古代典籍、汉朝的纬书、养生实践和炼丹修炼、汉代儒学和中国的术士。它的理论主要来自"道家"文献中的"混沌"，本书的主编吉瑞德就是研究这个主题的专家。[①]"混沌"指世界未分离成现在这个样子之前的无分别的、潜在的一团东西。在《庄子》里有这样一则警世寓言：尝试开凿七窍以改善这一未成形的力量，结果却导致了对它的破坏。这可能有点讽刺意味，所以"混沌"代表的是一个秩序完美的世界。[②] 在道教仪式中，混沌是道士使世界恢复秩序的神力的来源。

在道教中，"三清"体现了原初世界的这种力量。[③]"三清"指玉清境清微天元始天尊、上清境禹馀天灵宝天尊、太清境大赤天道德天尊，是道教崇奉的三位最高天神。他们与中国神谱中的其他俗神不是同一类型。俗神一般最开始是人，只是死后被赋予了神的力量和权力。道教的神衍生于"道"，未受肉身的束缚。他们起源于世界未形成之前的"先天"，统治着神仙世界的仙官和真人，后者来自后天的物质世界，有在凡间生活的经历。

---

① 吉瑞德：《早期道教中的神话和意义》。

② 同上书，第 15 页，吉瑞德注意到在这些哲学著作中，所谓拯救"就是使人类的时间与宇宙时间重新同步"。

③ 关于道教神仙世界的结构，参见 Kubo Noritada：*Dōkyō no kamigami*，Tokyo：Hirakawa，1986；施舟人：《道教身体》，第 118—123 页。这里的描述是将一个随时间改变、随教派不同而不同的复杂的系统简单化了。但道教神灵的一般特点和他们与俗神的区别却没什么改变。关于这种区分的道德基础，参见我的《淫祀和血祭：传统中国的祭祀、互惠和暴力》（"Licentious Cults and Bloody Victuals：Sacrifice，Reciprocity and Violence in Traditional China"），*Asia Major*，3d ser.，7，no. 1，1994，第 185—211 页。

道士并不是无牵无挂、追求来世的隐士。他(很少情况下,她)是官僚统治的一部分。受箓也使他们有机会成为仙官。道士因这些职位而可以做法事、对地仙或低层次的官员发布命令、向更高层的神灵提出请求等。临死之际,道士因他们生前履行职责的情况和个人行为而在道教官僚系统中得到一个全职的职位。他一生过着严谨的生活,受到严厉、不易宽恕他人的法官监督,向上级提交官方文书,时刻警惕着不要在发言和书写中出错,唯恐惹怒那令人生畏的宇宙力量而招致惩罚。

道士在宇宙的运行中扮演着重要的角色,他们如同管账员那样精细。恰当的行为通过一系列神圣裁判而得到执行。较低级别的司命神是凡间神灵系统的一部分,继承了彼岸职位的道士记录着人们的行为并汇报给判官。即使死后,如果一个人被指责生前犯有过错,他也会受到严厉的制裁,这种惩罚常常降临在他的子孙后代身上。根据《道藏》收录的仪式,道士的本职工作之一是干预他在仙界的同事,以便修改那些记录,抹去那些罪孽,延长人的寿命,消除那些能影响另一个世界亲人的罪孽。

因为有了彼岸世界的责难,前道教的戒律就有着某种延续性,这其实具有生态学的效果,即使这不是出于它的初衷,我们也可以把整个道教的道德官僚看成是具有生态功能的。这样,道教天界各个层次,包括他们属下的众多城隍、四值功曹、判官,整个都可应用于破坏环境的行为。他们将对那些扰乱环境的人处以肉体的惩罚、监禁以及心理的摧残(例如噩梦),对于那些被判民事行为的人降以厄运。美中不足的是,道士有时帮助其信徒逃脱惩罚。可以肯定的是,这些救助只是施与那些虔诚的信徒。他们值得神的眷顾,因为他们支持道观活动,信仰虔诚,恪守清规戒律。另外,很多仪式都强调信徒对于自己的罪行作出真心的忏悔,并发誓不再重蹈覆辙。但是,也有让人不安的地方,道士会为了避免惩罚而提供钻空子的机会。

结 论

中国人对宇宙的看法基于秩序的建立和维持。虽然没有明确的创世者,也没有明确的创世目的,但是却有一种力量来形成生命的节奏。与这种模式相一致的行为被认为是合适的、符合道德规范的，而那些相反的行为则被认为是难以控制的、危险的和邪恶的。与当时的各种哲学“流派”相联系，战国时期的大量著作都阐明了这种观点。在传统中国社会，这是关于世界及其运行的主要观点。这种观点对于我们今天所谓的生态具有意义深远的影响。我们所认为的对生态有危害的很多行为与这种生活方式是相矛盾的。

公元 2 世纪出现的道士秉承了这种世界观。他们把自己看做执行永恒法规的人，颁布法规的仙人正体现了这些原理本身。他们不知疲惫地检查那些会危害世界秩序的混沌和无序的力量。偶尔，他们直接用仪式对恶势力开战，更多的时候他们作为地方官员、将军，指挥着部队和宠臣来检查和抓住它们。另外，他们举行盛大仪式恢复宇宙秩序，使世界复活，恢复人与神圣领域的和谐关系。虽也有道士住山隐修，但主流道教传统是服务于社区的，不管这些区域是凡间的村落，或道教天界的军队，在其中道士都是重要的角色。道士过去是，现在仍然是世界的重要部分，继续发挥着重大影响。在这种意义上，他们也是生态中最重要的组成部分。

（陈霞　译）

本编讨论：道教能为生态学作出什么贡献

苗建时
(James Miller)

引　言

文章的这一部分是具开创性的，因为它描述了道教学者首次严肃并持续不断地尝试提出的重要的理论问题：怎样使道教和生态学的联系成为可能？文章具有开创性，还因为它继续依靠对一种思想的挖掘去展现问题的基本框架，这样就为本书的其他部分奠定了基础。这种框架就像炼金术士的三段论式问题：1. 什么是道教？2. 道教与生态之间是什么关系？3. 我们如何结合它们？从肯定的角度看，这些问题都是学术性的，因为它们是有关思想的，是解决文化、历史和解释学问题的。但它们仍然显示出了实用性和建设性的倾向，这是本书的中心：我们如何建立道教生态学。在这点上，文章的作者履行着富有责任感的社会公民的职责和义务。这种任务，正如培珀尔指出的，是“儒家式的”(Confucian)而不是“道家式的”(Daoist)。这个简要回答是为了突出这三个问题的建设性特点，并为今后的研究指明方向。

什么是道教?

显然，西方学者惯于用分类学方法来研究不同的人类宗教文化现象，这已经构成了一种文化上的生态灾难。科学认识和改变世界的动力在文化领域也找到了同伴，如非得弄明确“道教”的基本特点。正如布尔德威斯托提醒我们的，这是一个粗暴的行为，它使文化的复杂性暴露在惯于宏大叙事的学者们眼前。庄子反对在一个不断改变的世界里强加上道德和思想秩序。还有如祈泰履清楚地证明了的，道教传统恰好构成了这样一个秩序。

问题是“道教”在一定意义上是学者为了方便探讨“道教与生态”这样的话题而虚构出来的，这种虚构却不便于历史的证明。从历史上来说，道教不能被理解为一套伦理或宗教教义，而是与我们的宇宙生态系统相关的种种方法。其中的一些传统清楚地显示出某种结构，而另外一些却散落在整个中国文化之中。“我们怎样理解道教”这个问题引导我们去探讨更深层的问题，即“我们怎样获得对世界的道教式的理解”。在这一点上，将思维中的秩序投射到世界上，这演化成了一种学术上的“无为”，我们的意识变得更易于接受和关注。这是建立道教生态学的第一步。

道教和生态学之间是什么关系？

如果这本书只做一件事，那么这件事就应该是提出一个支撑性的道教概念作为深度生态学的核心。正如培珀尔指出的，西方的深度生态学家提出了对超越（transcendence）概念的质疑，而在《道德经》中发现了与之对立的内在论（immannence）哲学和对自然的强调。然而，拉法格解释说，“自然”至少部分地是文化构造的一部分。在中国文化里，价值存在于人与环境的相互关系之中，而绝不是西方浪漫的荒野概念，或以生态为中心的现代道德观念中。接受这个事实，我们就应该认识到道教不是作为我们应该去挖掘的资源而存在的，尽管我们认为这样是合适的。相反，我们必须面对道教文本明显的他者性和贯穿在世界上千百万人生活中的活的传统。道教不是一个“有用的”理念，或一个已被具体化的“实体”，能够被人们用来像教皇发表通谕那样解决“问题”。

培珀尔指出，如果我们希望从道教中发现有利于现代生态运动的内容，我们应该把道教当做活的、宗教的文化。在道教的宗教经验里，人类与环境的深层关系一直在建立和更新之中。从中得出的结论是，我们应该特别注重宗教仪式在形成生态意识中的作用。这与道教关注地方性和特殊性是一致的。它有助于形成“地球宪章”，使之具有中国特色，即法律的存在不能改变人们的道德，而只是提供了人们犯错误之后的惩罚。换句话说，十诫的存在不一定使得人们道德上更完善，而在特殊的仪式氛围中不断重复背诵十诫才真正带来了变化。培珀尔是对的，如果道教在形成生态意识上有具体的作用，我们就必须把我们的注意力转移到生命精神的(biospritual)技术上来，这不仅存在于《庄子》或上清经典中，也存在于全真道的制度中。

我们如何适应这一切?

回答这个问题取决于“我们”是谁。“我们”这些参加现场会议和撰写这本书的人是中西的学者、学生和具体的实践者。我们的动机仅仅是将我们理解的东西应用于环境问题的解决，出版书籍，邀请大家加入这个行列。布尔德威斯托注意到一个问题，我们作为演员已经受到了文化、性别和意识形态的影响。怎样分清道教经验的复杂性、生态环境的复杂性和我们扮演的角色的复杂性以便进行分类呢?

通过回答“什么是道教”这个问题，我们认识到感觉上的清晰与分类学上的清晰没有必然联系。我们不能简单地将自己列入正确意识的“清单”。我们应该意识到在现实生活中，我们怎样把自己融进了道教“和”生态学的炼丹炉。我们的角色，作为作者和读者，就像炼丹家用传统文化要素，在紧迫的政治形势下调配出新的现实一样。这种现实的特点取决于我们在形成道教“和”生态学的关系中带进了什么元素。

结　论

这些文章展示了形成道教生态学所需的精神资源的原材料：1.认识到道教传统的复杂性；2.知道道教如何成为一种精神资源；3.意识到我们自己作为演员和文化塑造者的角色。

这三点对形成一种实用的、生态的及文化的意识是必不可少的。为了建立道教生态学，需要把这些元素结合起来，重新调配，并加以提炼。

作者们已经给出了配方，这种调和物只有在现实中，而不是在任何纯粹的理论中才有实效。未来的道教生态学会很好地描述出自这些元素的道教生态意识的实用特征。道教生态学的轮廓已经越来越清楚了。

道教生态学宣言

1. 道教生态学不是一种理念，而是受活的宗教传统影响的实用意识。

2. 道教生态学认识到自然是人类文化的创造物，也是外在于我们的存在。①

3. 道教生态学不是深度生态学，而是"浅"的，它强调特殊之物的复杂性，抵制对宇宙的简单化处理。②

（陈霞　译）

① 关于古典道家哲学中自然的他者性问题，参见 Russell B. Goodman:《〈庄子〉的怀疑主义和现实主义》("Scepticism and Realism in the Chuang Tzu"), *Philosophy East and West* 35, no. 3, July 1985，第 231—237 页。

② 关于"地方性和焦点性"，参看安乐哲在本书中的文章。

对道教经典的生态阅读

道教生态学:内在转化——早期道教戒律研究

施舟人
(Kristofer Schipper)

在这篇文章里,我将用事实证明,道教和生态学有着比自然哲学更丰富的内涵。事实上,道教不仅思考自然环境和人在其中的位置,还要用实际行动来实践这些观念。早在公元最初几个世纪,道教就制定了教制、教规(如《一百八十戒》等),旨在保护环境,确保自然平衡不被破坏。道教还提倡尊重妇女和儿童,尊重各种生物、地球、山脉、河流、森林,试图保护它们。这些戒律可能是人类最早有意识地保护自然环境所采取的重大举措,也是人类为确保文明与自然相适应所作的努力。而不是反过来,让自然适应文明。

然而,在进入主题前,我感到有必要作一些基本的评述。如上所述,我们清楚地看到,早期道教注重对自然环境的保护,强调人类要尽力适应自然。但是,如果认为这些早期道士就是我们今天所说的"生态学者",或许就是一种错误。生态学是现代西方的一门科学,最早由德国动物学家恩斯特·海克尔(Ernst Haeckel)于 1866 年提出,旨在研究有机体与其生活环境之间的关系。几乎整整一个世纪,生态学只是一个科学术语,只有专家熟知并且使用这个术语;它也是一个纯技术词汇(我在 1950 年参加一个青年组织,研究生物并尝试描述生态系统时,才了解这一词语)。然而,自 20 世纪 70 年代以来,我们见证了一场"生态运动",这场运动肇始于工业化世界引发的生态危机。西方世界的这种"忧虑"情绪四处扩散,随之而来的虽说不上是一种意识形态,却是一套新的观念。如今,西方到处宣扬这套新学说,就像以前传播宗教、科学、民主和进步等西方那些所谓的新术语一样,向那些想听和不想听的人宣扬。西方把自己的观念和意识形态强加给并不一定需要它们的非西方文化，这种不谦虚的历史教化作用并不大，因为非西方有他们自己的宗教、民主、科学和进步，只是处于不同的历史背景中罢了。我们无须再评说这段历史。从一开始，我们可能就认识到，真的存在一门学科可称做道教生态学。但同时，我们也应该认识到，道教生态学的基本信条、目的和方法不同于当今西方生态运动中喧闹的政治性论文所提出的信条、目的和方法。即使不是道教思想方面的专家，也可看出，像庄子(公元前 4 世纪)这样的人不会容忍地球宪章委员会制定的“地球宪章”。因为，它虽然含有深刻的内涵，但是高度教条化，存在许多争议。举个例子，上面提到的戒律不是要强化“所有人都有权利享受饮用水”，而是说“不应污染水”；不是试图利用由政府和强权组织引起的政治变动，而是建议尽可能地远离这种状况；不是多言以改变他人，而是不言以求自身的内在转化。

一百八十戒

与道教生态有关的一个重要文献就是《一百八十戒》[①]。在早期道教中，这些戒律是为那些世俗的领导阶层确立的指导方针。这些官员被称为祭酒。祭酒是旧时的称谓，指一个既定的社会团体中资格最老、最受尊敬的成员，以祭酒的身份主持周期性的祭礼。在汉代，祭酒也指地方官员。这个术语被上清派的天师及其他道教组织采用。就天师道而言，男人和女人都可能是祭酒。然而，《一百八十戒》似乎大部分都是针对男人的。[②] 正由于这一点，加之其他因素，我会论证《一百八十戒》最初不是由天师道所创，天师道只是承继了原初的《一百八十戒》，并将之转化成自己戒律的一部分，也因此而有了今日的《一百八十戒》。正如最近几篇研究

① 《一百八十戒》不是一本独立保存的经书，而是散见于几本经籍里：1.《太上老君经律》(《道藏》786:2a—20b)，六朝晚期的经戒集；2.《云笈七籤》(39:1a—14b)，以唐朝的资料为基础，从而成为宋代道教的百科全书(大约汇编于 1025 年)；3.《敦煌卷子》，第 4562，4731 页《老君一百八十戒》，唐代早期一种手抄本；4.《要修科仪戒律钞》(《道藏》463:5:14a—19b)，唐代的百科全书。

② 《太上老君经》的注释表明一百八十戒是针对男人的，而遗失的《太清阴戒》则是针对女人的。

论文指出的,①大量的事实证明,《一百八十戒》在4世纪末率先进行了一次变革。我们到底能追溯多远,目前还难以确定。我们从《抱朴子内篇》的章节中可断定,葛洪(281—341)②非常熟悉一百八十戒或相似的一些戒律,因为葛洪声称他《内篇》中引用的大部分文献源于葛玄(164—244),这点非常重要。原则上可以确定它是三国或汉代时的产物。

在《一百八十戒》中,直接与自然环境保护有关的不下二十条,其他很多也间接地与环境有关。下面举几个例子:

第十四戒　不得烧野田山林。
第十八戒　不得妄伐树木。
第十九戒　不得妄摘草花。
第三十六戒　不得以毒药投渊池江海中。
第四十七戒　不得妄凿地,毁山川。
第五十三戒　不得竭水泽。
第七十九戒　不得渔猎,伤煞众生。
第九十五戒　不得冬天发掘地中蛰藏虫物。
第九十七戒　不得妄上树探巢破卵。
第九十八戒　不得笼罩鸟兽。
第一百戒　不得以秽污之物投井中。
第一百一戒　不得塞池井。
第一百九戒　不得在平地然火。
第一百十六戒　不得便溺生草上及人所食之水中。
第一百二十一戒　不得妄轻入江河中浴。

---

① 相关研究有:施密特(H. H. Schmidt):《论老君一百八十戒》("Die Hundertachtzig Vorschriften von Lao-chün", *Religion und Philosophie in Ostasien: Festschrift für Hans Steinger*, ed. Gert Naundorf et al., Würzburg: Königshausen & Neumann, 1985),第149—159页;本杰明·彭尼(Benjamin Penny):《〈老君说一百八十戒〉中的佛教和道教》("Buddhism and Daoism in The 180 Precepts Spoken by Lord Lao"),载于《道教资源》6(*Taoist Resources* 6),no. 2,1996,第1—16页;芭芭拉·亨德里斯克(Barbara Hendrischke)和本杰明·彭尼:《老君说一百八十戒——译文及文本研究》("The 180 Precepts Spoken by Lord Lao—A Translation and Textual Study"),载于《道教资源》6,第17—28页。最后一篇是文本的完整翻译。我最近在着手研究一百八十戒的成形年代和起源。

② 《抱朴子内篇》六,《微旨》,第126页(王明编),参考书由北京大学王宗昱提供。

第一百二十五戒　不得炼毒药著器中。

第一百三十二戒　不得惊鸟兽。

第一百三十四戒　不得妄开决陂湖。①

在对这些戒律以及文献里其他相关戒律进行评论之前，我想先提一个基本的问题：是什么促使道教制定这些戒律？正如那些熟悉儒家经典的人所注意到的，有些戒律虽然已经出现在《礼记》的《月令》一章中，但《月令》中的戒律只适合于特殊的季节。比如，在春天，不应砍伐树木，不得捣毁鸟巢，不得惊扰冬眠的昆虫，等等。然而，道教戒律的应用是绝对的，适于一年四季。

特殊的宗教现象与特定背景中的特殊人群有关。早期道教的信徒和组织机构都集中在高山、溪流、大海以及未开发的自然环境周围，他们不仅像隐士那样，把这些地方当做退隐之地，而且将其作为集体聚集和举行仪式的地方。对他们而言，自然环境犹如一个"避难所"：1. 那是祭拜神和圣人的神圣地方，是保存圣物的地方；2. 那是一个避难所，是一个可获得保护的地方，人们希望在那里避开世间的灾难，和平地生活。

我们常常假定，如天师道之类的早期道教团体是在古代中国的郊区发展，那里文明化的程度还不高，因此，道教是某种"边缘社会"的产物，通过与土著部落的接触，吸收他们原始的萨满教。其实，这与历史事实并不相符。如今四川北部大平原的蜀地，是道教的发源地，是最先利用水利实现精耕农业的开发地区。自公元前 4 世纪以来，蜀不仅是秦进行军事扩张、最终实现统一的经济命脉，还是栽培稻谷的最佳之地，由此对人类和自然环境产生了一系列的影响：精耕细作式的经济开发，严格控制的农业人口，这些农民被赋税和强制性的劳动拴死在他们的土地上，以牺牲畜牧业为代价实行单一的农耕。不迁徙的生活和巨大的经济压力是中国农村苦难的根源，也由此产生了地方病：滥征赋税，被外来的游牧部落袭击，高密度的人口，疫疾流行，闹饥荒。这是天师道产生的社会背景和经济背景。至于天师道的创始人张陵，来自于沛国，也就是今天江苏省的西北地

① 本书第 75 页注释①里提到的由亨德里斯克和彭尼翻译的《一百八十戒》非常出色，但为了一致，这篇文章采用我自己的翻译。

区。它是古代道教的中心地带，离亳州（如今安徽省的西北部）和蒙（如今的河南，商丘北部）不远，据说老子和庄子曾在那里居住过，是经济最发达的地区，有许多商业城镇，如陶（今天的定陶），它们是战国早期政治文化的中心。总之，不管是古代道教，还是中世纪时的道教，其发展都不是在偏远地带，而是在文明高度发达的地区。

但是，当我们考察天师道的教制和“治”的分布情况时，情形又相反了。正如人们长期猜想的一样，“治”无一例外地分布在高山和其他自然环境中，最近的研究也证实了这点。① 这些“治”的成员每年聚集三次，有自己的经典、文书和粮食储备，有住房，稍后的时代里，修筑有聚会大厅。很明显，这些在大山上修建的避难所与蜀地的政治经济有着密切的联系。这些保存完好的自然环境对于危机时的人们一定至关重要。与此相似的例子在后来中国的其他地方还很多，那些圣山及其寺庙宫观成了瘟疫、饥荒和战争时幸存者的避难所。

《一百八十戒》中的生态戒律，特别强调保护草木、水和植物等这些自然资源以及栖息于大山中的动物，都与上面提到的“当做之事”一致。值得一提的是，应避免“妄为”给树木、植物和动物带来伤害，这就为急需时可以利用这些资源留下了空间。总之，《一百八十戒》并非是一种苛求，或一成不变。即便是吃肉的禁忌也是有条件的，这就为个别场合留下了广阔的余地。有许多关键词，如“不得太多”、“不得强”、“常当勤避”等，其主旋律就是尊重，不仅尊重自然，而且尊重男人、女人、儿童以及他们的生活、风俗和文化。

《一百八十戒》覆盖面非常广，但并未按主题、重要性或其他原则来组织编排，只是无序地列出内容，我们只能猜测其动因（见下文）。为了便于研究，我尝试对他们进行分类，主要有以下几组：

1. 食戒

如：不得食有强烈气味的蔬菜；不得评论饮食善恶；平时无事，不得多

① 参见王纯五：《天师道二十四治考》，成都：四川大学出版社，1996。位于成都市的玉局治似乎是唯一的例外。

聚会人众，饮食狼藉，等等。

2. 色戒：尊重妇女

如：不得淫他妇人；不得轻慢弟子；不得淫泆佗妇；不得穿人家壁，窥看人家内妇女，不得与妇人冥室中共语，等等。

3. 尊老爱幼，尊重家人及可敬之人

如：不得轻慢老人；不得视弟子偏颇，视弟子当如其子；不得评论师长，等等。

4. 尊重仆奴

如：不得贩卖奴婢；不得黥奴婢面；不得为人保任券契，买卖田宅、奴婢之事，等等。

5. 尊重动物

如：不得以足踏六畜；不得观六畜交阴阳；不得无故走马驰车，等等。

6. 有关私有财产：有关贪婪、抢夺、积蓄、禁奢的戒律

不得多畜仆妾；凡衣物不得过畜三通；不得积聚财宝；不得择好室舍好床卧息。

7. 有关他人的财产：偷盗和欺诈

除了偷盗、诈骗、觊觎别人的财物之事，还有特别的戒律规定不能利用宗教科仪和职位横求财物。

8. 杀生

不得贪食；不得择人饮食；不得以药落去子；不得自杀；不得因恨杀人。

9. 自然保护

见上述内容。

10. 有关国家、城市和军队的管理

不得求知军国事及占吉凶；不得阿党所亲；不得数见天子官人，妄结姻亲；不得与兵人为侣；不得为世俗人赋敛；不得带刀杖。

11. （作为道士）的仪范

属于此类的戒律很多：不得为世俗人作礼头主；不得向佗神鬼礼拜；当用合适的治疗和驱邪方法；有关上香、祝祷、供养以及祭酒的戒律，等等。

12. 预测、预言及占卜

不得预言；不得占卜。

13. 正确的行为规范和礼仪

条目相当多：不得咒人命死败亡；不得舌吐向天；不得张目视人；不得调戏于人；须当礼貌；不得起瞋恚；冷静对待侵谤；常当喜笑；不得裸形露浴；不得令惊怕，令人恐悸，等等。

14. 敬重文书

不得作草书与人；不得多以书相闻；不得以书字之物自投埋于厕前。

当然，这些类别很随意，而且常常重复。除了上面所引用的，还有很多戒条都与生态有关。比如，涉及朴素的生活：不得以金银器食用；不得以手团食，残啮众肴；不得追求美食；不得拥有很多衣服；不得生活奢华。有关对他人尊重的戒律有：妇女不得被调戏，被窥视，被强行亲密；小孩不得受性骚扰，不得娇惯；其他人及其私事也应受到尊重。事实上，所有戒律都是针对个体与他们所处的自然和文化环境的关系而设，正因如此，从**社会生态学**的意义上说，这些戒律具有"生态"的性质。这些戒律虽然是为宗教精英而设，但仍然与道教界所有成员有关，因为祭酒不是道士，而是一位长者，一个德高望重、为人楷模的世俗人。

戒律的源起

《一百八十戒》的现代版本附有一长段令人质疑的序言。[①] 序言讲到《一百八十戒》是由老君传给干吉的。众所周知，真人干吉与《太平经》有关。按照序言，干吉一得到《太平经》，遂被信众信奉。但后来，他们的热情减退，堕落之事出现，于是，老君授予他《一百八十戒》，以便祭酒能明辨是非，道自此兴隆。

大家知道，关于《太平经》有几种不同的说法。其中有两种与真人干

① 日本青年学者前田爱·茂树仁美(Maeda Shigeki)就序言和其成形年代写了一篇很好的论文：《论〈老君说一百八十戒〉序言的形成》("Rōkun setsu ippyaku hachiju kaijo no seiritsu ni tsuite"), Tōyō shisō to shūkyū 2,1985,第417—424页。

吉有关。其一,《后汉书》里提到了《太平经》,那时叫《太平清领书》,由襄楷在 168 年将此书献给皇上。据称它给皇帝及其住宅、国家等提供了各种各样的忠告,因此,想必是儒家谶纬神学之类的书。此经共一百七十卷,按照甲至癸十天干排列,分为十部。其二,《太平经》是一部道教著作,是太上老君在很早的时候启示给干吉的。中世纪早期的道教著作特别突出这种启示,但在启示的顺序上,占据的位置却不同。5 世纪的《三天内解经》说,干吉的《太平经》是最早的启示,随后是《道德经》,然后才是给张道陵的启示。其他著作中则有不同的排列顺序,把《道德经》置于首位,其次是《太平经》,最后才是张道陵。第二种说法把干吉得到启示的时代放在周朝末期的赧王统治时。

我们的序言也照第一种编排,认为老君把《太平经》授予干吉后,即西出函关,教化那里的人们,在"幽王统治时期"返回。当然,这不可能,因为周赧王统治时期是从公元前 314 年至公元前 255 年,而幽王的统治时期是公元前 781 年至公元前 770 年。原文序言只说干吉在周赧王统治时期得到启示,很难说幽王那段故事是否是后来加上的。事实上,并非只有这一个例子显示了序言的前后矛盾。因此,我认为,整个文本都是伪造的。不过,事实是六朝有人认为《一百八十戒》与道教的《太平经》有一定关系,而这种观点得到了广泛的赞同。《一百八十戒》的序言不仅存在于现代版本和敦煌手稿里,而且在隋唐《道藏》"太平"部的序言里,论述道教《太平经》起源时引用了这段序言。① 另外的资料也表明,唐代已普遍认同《太平经》和《一百八十戒》之间有种联系,即使是学者也如此认为,如《庄子注》的作者成玄英。

如今,现存的《太平经》版本容易理解,且被广泛地研究,但这个版本事实上是后来一个叫周子襄的人大约在 569 年时重写的,他可能不是参照道教的《太平经》,而是儒家的《太平清领书》,情况也因此变得越来越复杂。② 这两个文本除了在讨论的主题和题目方面有一致的地方,其他方面很少有相同之处,而且,即使主题相同,结论也很不相同。按照以上所述,

---

① 参见《敦煌手抄本》,S. 4226《太平经部》(j. 2)。

② 参见《玄门大义》,《云笈七籤》,j. 6。

这种不相同的情况不足为怪。《一百八十戒》可能源于道教的《太平经》，这也只是一种可能，没有更多的证据能证明这点。[①]《一百八十戒》很有可能是基于当时已有的书籍。正如上面所说，不同的戒律并未按照主题或重要性进行排列，可能是因为作者摘录某一部经书时，按照行文出现的先后，记下了里面的劝诫，并将其作为神圣的启示依据。如果这种假设成立，被摘录的这本经书一定非常重要，因为《一百八十戒》是中世纪道教徒遵循的最高原则。如果不是《太平经》，我们可能永远无法知晓这究竟是本什么经典。

毫无疑问，它必定是一部道教经典。事实上，《一百八十戒》有一个最有意思的特征，就是与古代巨著之间的关系，特别是《庄子》。第一条"不得多畜仆妾"使人想到《庄子》第二十三篇里的庚桑楚。这个圣人遣散了他的男女奴仆[②]，后来抛弃了家庭，放弃了繁荣昌盛的国家。第98条"不得笼罩鸟兽"让人想到《庄子》其他篇章里也有类似的讨论。《养生主》说："泽雉十步一啄，百步一饮，不蕲畜乎樊中。神虽王，不善也。"在后面的章节里，有一个故事对此有更详细的描述。第十八篇《至乐》讲述了一只海鸟的故事。海鸟飞落在鲁国的郊野，鲁君主得到后，把它迎进庙堂，并演奏《九韶》给它听，杀牛羊猪给它吃。海鸟内心里很是忧伤，不敢饮食，过了三天就死掉了。作者接着阐释道，人有人的生活方式，动物有动物的生活方式，应让鸟归复于自然的深林，让鱼漫游于河水之中，不能以人的好恶来改变世界，须让万物按照自己的本性生活，并以"条达而福持"作为结语。

每种生物都按照自己的机理和需求生活，这种简单的生活不仅是《庄子》的主题，也出现在更早时期的著作里。每一种有机体——动物、人、树——只能在自己的自然环境里茁壮成长：鱼游水里，树离斧斤，水蛭生于淤泥，雉生于旷野。然而，每次对扰乱自然秩序的批判，其背后的哲学推理已超越了"无为"这一理念。鱼不仅在水里生长，更以此为乐，鱼之乐也即人之乐。像牛、猪、乌龟这样的动物即使被饲养得肥肥胖胖，装扮得

---

① 还有一种《太平经》叫《洞籍太平经》，不把它纳入讨论之列是因为它与干吉没关系，而是老子授予张道陵的(《玄门大义》，《云笈七籤》，j. 6)。

② 两个例子里的女仆称为妾。

花枝招展，也不愿被当做祭品。树喜欢自由地生活，如果神圣化可使其免于斧斤之灾，它们也愿意，但它们不愿被人类开采利用。这些理念潜在的本质是批判人类试图跨越本有的界线。当人类带着人类中心主义的观点接近自然，并把已有的观念强加于自然时，就已经缺乏尊重了。有一种非常深刻而又重要的洞见，认为这种尊重的缺失与宗教有密切关系，特别是与宗教祭祀有关。① 在《一百八十戒》中也常出现这些相似的观点，排斥宗教祭祀，尊重生物圈中的其他生物，尊重自然。

戒律里那么多生态思想在《庄子》里已经存在，我们该怎样解释这种现象？是汉代或者后期的道教从古代哲学文本里获得了灵感，还是庄子时代的神秘主义已持有反对宗教祭祀的观点，还是他对他们的态度是一种哲学阐释？我选择第二种答案。同样地，生态戒律根植于对封建社会以及城市公众仪式的拒绝之中。

戒律的执行与影响

《一百八十戒》是道教首领祭酒必须遵守的戒条。4 世纪晚期，灵宝经典《太极真人敷灵宝斋戒威仪诸经要诀》(《道藏》532:17a)曰：

> 太极真人曰：夫祭酒当奉行老君百八十大戒，此可言祭酒也。故曰不受大戒，不得当百姓及弟子礼拜也。受此戒者，心念奉行，今为祭酒之人矣，祭酒当断念、舍众恶、推行戒法，当如是也。黄老道妙，检种人之法，非不真者所参，万中有一多矣。

这就是《一百八十戒》的权威性，早期的灵宝经典根据自己的需要，整合并改编了这些戒条，变成了《太上洞玄灵宝三元品戒功德轻重经》(《道藏》456)。稍后，六朝时期，改编本和原来的戒条一起产生了一套道教最大的戒律"观身智慧戒"(《上清洞真智慧观身大戒文》(《道藏》1364)。然而原

① "不得将粮食掷于火中"，这条戒律后来被三百"观身戒"吸收，禁止用动物祭祀神和六天之尊。

来的《一百八十戒》依然是祭酒的行为规范准则，就像陆修静(406—477)在《陆先生道门科略》(《道藏》1127:17b)里所说的一样：

> 故经云:道士不受老君百八十戒，其身无德，则非道士，不得当百姓拜，不可以收治鬼神。

戒律作为道教徒最重要的行为准则，不知道于何时丧失了这一重要地位。也许在隋唐五代末，道教在经历了巨大变化后，天师道丧失了道教创立时的地位，它才逐渐被弃之不用。然而，戒律的灵魂并未丧失，依然可以在很多故事里看到，如杜光庭(850—933)的《道教灵验记》，里面提到污染泉水、河流，毁坏树木都是有悖于道的罪行。

有必要进一步深入研究道教生态戒律与中国农村前现代时期生态实践的关系。毫无疑问，人们会指出我们研究的许多戒律，它们的精神依然一直延续到现代。

内在的转化

研究了早期道教团体编制成文的戒律中道教与自然环境的关系，依然有一些问题需要讨论:遵循这些戒律的祭酒，他们的组织结构是怎样的？迫使他们遵循的神权究竟是什么？值得注意的是，没有任何资料曾清晰描述这种有组织的宗教机构。确实，文本对至人和俗人、道的世界和凡俗世界进行了区分，但这些都很模糊不清。没有任何材料涉及道士的生活准则，而且文本强调这样的准则不存在。遵守这些戒律的祭酒不是道士，而是俗人，可能是农夫、商人，甚至是士兵。他们不居官位，不收税，在国家行政组织里没有行政职能。戒律里看不到更高的宗教权威或某套信仰和观念体系，看不到神职的权威。只在第一百四十四戒里提及道教教派，“常当回向正一，不得俗事”，但却没有这样的规定:“除了神权机构准许，否则，不许伐树。”不是宗教权威来推行这些戒律，而是每个人都有各自的责任。

在宗教修持中，戒律强调斋醮科仪不是为了个人的利益，而是为了他人。戒律认为治病也是如此。个人的宗教修持有调息、辟谷、祝首、烧香，等等。所有这些都是个人的宗教仪式。在道教里，一般来说，最重要的是每个人与道的关系，这一点在很多道经里都反复强调："道在我，不在人。"在重要的《正一法文天师教戒科经》里，《大道家令戒》部分谈到《黄庭经》的修炼时强调了这一点，《黄庭经》是内丹修炼的基本指南。

强调自我、个体与道的关系，表明每个人都应对道负责，每个人都含有道性。谈到自然环境时亦如此。自然秩序的维护完全依赖于我们内部的自然秩序以及内部的和谐，而非外界的某种权威。环境内在于我们自身之中。

内部世界的优先权是道教的伟大教义。外在危机的克服只能通过在自身内部转化它们，通过我们身体的和谐来净化、重新规划它们。所有生命都是通过这条途径进行转化的。当达到尽善尽美时，身体的和谐会散播出来，惠及所在的环境。因此，《一百八十戒》从未涉及对更高权威的反抗，未涉及政治斗争和报复，未涉及公平与和平的需求，只谈及调息，谈内在的和谐与个体的安宁。这是解救环境的唯一方法。真性只能在自身中找到。为了调节世界，我们必须修炼自身，照顾我们的内部景观。通过多方位地审视道教祭酒的戒律，我们会发现一个全新的精神生态学。

（陈杰　译）

《太平经》的"中和"思想：人类对于自然疾病的责任

黎志添

引　言

《太平经》是东汉时期(公元25—220年)道教最重要的经典之一。在中国历史上，道教正式成立于东汉。《太平经》宣扬一种和谐状态的社会，即"太平"的状态，描述了这种和谐状态所开创的一个太平时代。《太平经》包含大量道教源起的思想背景，从而成为道教研究方面很多著名学者们关注的焦点。但就文本本身而言，至今存有争议性的最重要问题之一就是现存的版本(现代常用明代再版的《正统道藏》)在多大程度上是汉代原版《太平经》的遗卷。[①] 这篇文章不能对学术界的争议作一个公正的了

(本文的英译汉参照了作者的中文原文，对此向原文作者深表感谢！——译注)

① 现代《道藏》即1445年的《明道藏经》里《太平经》的版本，共有57卷。据说汉代就有《太平经》，名为《太平清领书》，共170卷。很难证明现存的《明道藏经》里的版本是汉代《太平经》真正的遗卷，所以存有争议。《后汉书》道："初，顺帝(约126—144年)时，琅邪宫崇诣阙，上其师于吉于曲阳泉水上所得神书百七十卷，皆缥白素、朱介、青首、朱目，号《太平清领书》。"(《后汉书》30b[北京：中华书局，1962]，1084)

1961年，吉冈义丰(Yoshioka Yoshitoyo)在敦煌发现一抄本(S. 4226)，内中具有《太平经》170卷的完整目录，这至少可反映出《太平经》成书日期的下限断不可能晚于6世纪。参见吉冈义丰：《关于敦煌本太平经》("敦煌本太平经について"["Tonkōben Taiheikyō ni tsuite"], *Tōyōbunka Kenkyūjo Kiyō* 22，1961，第1—103页；康德谟：《〈太平经〉中的意识形态》("The Ideology of the T'ai-ping ching")，载于《道教面面观》(*Facets of Taoism*, eds. Holmes Welch and Anna Seidel, New Haven: Yale University Press, 1978)，第19页；曼斯威尔特(B. J. Mansvelt)：《〈太平经〉的成书年代》("The Date of the *Taiping Jing*")，*T'oung Pao* 66，1980)，第151页。

断。纵然如此，我在其他地方对此进行了详细的阐述。① 简单地说，很多中国学者认为现存的《太平经》真的就是东汉时期的版本。② 至少，可以毫不夸张地说，现存版本在很多方面都与东汉时期的版本一致。③ 了解到《太平经》拥有不同的文体以及不同的资料来源，④在这篇论文里，我将集中探讨它的“中和”思想。“中和”是这部经典里的一个基本思想，特别有助于理解自古以来就在道教里盛行的“生态”宇宙论。

在《太平经》里，“中和”可以理解为一种方法、因素和原则，致使天、地、人之间形成一种和谐与相通的关系；而《太平经》所关注的就是如何建立这种“中和”的理想状态，从而建立“太平”或“太和”的时代。

《太平经》对世界的理解毫无疑问弥漫着宇宙论及乌托邦的思想，这是汉代哲学和宗教著作的特色。在经中可找到天地源起、元气、阴阳及天地人相应等汉代流行的思想。经中的“中和”思想特别关心“相通”这一重要方面，一些学者认为这是对两极性的“阴阳”理论的补充。⑤《太平经》由此形成了“三气”理论，“三气”指“太阳”、“太阴”及“中和”。与此相关的另一个重要观点，认为人也属于“中和”体的一员，人被赋予一种独特的责任去保护、流转及发展天地之间的“中和气”。这即是说“中和”的思想

---

① 参见黎志添：《试评中国学者关于〈太平经〉的研究》，《中国文化研究所学报》新第5期，1996，第297—318页。

② 另一方面，一些日本和西方学者并不认为东汉有170卷那么长的《太平经》，但是，他们也没有得出结论说《太平经》源于6世纪。参见曼斯威尔特：《〈太平经〉的成书年代》，第149—182页；詹思·奥斯特嘎德·培特森(Jens Ostergard Petersen)：《与汉代〈太平经〉的传播有关的早期传统》(“The Early Traditions Relating to the Han Dynasty Transmission of the *Taiping Jing*”), part 1, *Acta Orientalia* 50, 1989, 第133—171页。

③ 康德谟：《〈太平经〉中的意识形态》，第20—45页。

④ 从现存《太平经》出现前后不一、有时甚至前后矛盾的思想来看，它应不是一时一地一人的作品。熊德基很早就指出，现今的57卷本《太平经》是由三层不同文体部分所组成，此观点亦为最近的高桥忠彦(Takahashi Tadahiko)及芭芭拉·亨德里斯克所采纳，并予以修改发展。“三层文体”理论反映出《太平经》的编成采用了不同的资料来源。参见熊德基：《〈太平经〉的作者和思想及其与黄巾和天师道的关系》，《历史研究》2，1962，第8—25页；高桥忠彦：《〈太平经〉的思想结构》(“〈太平经〉の思想构造”[“Taiheikyō no shisō kōzō”]), *Tōyō bunka Kenkūjo Kiyō* 95, 1984, 第295—336页；芭芭拉·亨德里斯克：《〈太平经〉》中的承负思想》(“The Concept of Inherited Evil in the *Taiping jing*”), *East Asian History* 2, 1991, 第1—29页。

⑤ 原田二郎(Harada Jiro)：《〈太平经〉的生命观——关于长生》(“太平经の生命观。长生说について”[“Taiheikō no scimeikan. nagaikishin ni tsuite”]), *Nihon Chōgokugaku kaihō* 36, 1984, 第72页。

蕴涵着另一个基本思想：人的最重要责任就是维持天地的和谐相通，以产生宇宙自然的和谐与社会的太平。与此相呼应的思想是，人类的恶行以及由此而使后世承载的罪责(即承负说)①，都有破坏宇宙、社会及家庭和谐的可能，从而被视为中断天地之间中和之气的主要原因。缺乏中和之气，天地就会生“病”，出现怨怒、灾难、战祸、疾病、失收以及其他“灾变怪异”，以此传达不满和怨悒。

以下我将尝试深入阐明《太平经》中的“中和”思想，它涉及天、地、人最理想的相通及和谐关系。虽然在儒家和道教传统里，“中和”常常是讨论的关键，但是，此文对“中和”所作的讨论正好可作为一范例，显示出道教自公元2世纪起源以来，就一直秉承下来的人与自然之间的那种独特的关系。文章还指出，“中和”的核心思想在促进人与其自然环境建立一种积极肯定的关系方面，非常符合当代的生态关怀。与现代工业追求无限的经济增长和资源开发相反，《太平经》定下了明确而又重要的生态律则，就是要求宇宙、社会和人类建立一种和谐的关系，并呼唤人类担负起生养之责。②

自然的秩序与天地之意

《太平经》像很多汉代著作如《淮南子》与《春秋繁露》一样，以天地之间的协调平衡(我们可称之为自然秩序)为其首要关怀。不规则的自然现象被认为是一种征兆，是对人类那些招致人间灾祸、天地失序的行为的警示和裁决。③ 在《太平经》里，天与地的本源主要以阴和阳这两个概念来表达。阴阳是生成万物之元气的两个基本方面。④ 故《太平经》言道：“天

---

① 参见这篇论文最后部分对《太平经》中“承负”说的进一步阐释。

② 最近对道教其他经典里生与养的伦理思想的讨论，参见《道法自然与环境保护》，张继禹编，第26—34页。

③ 董仲舒的《春秋繁露》是汉代这种思想的蓝本。参见金春峰：《汉代思想史》，北京：中国社会科学出版社，修订版，1997，第142—211页；米克撒布诺·默里(Mikisaburo Mori)：《上古玉汉代性命观的演变》(上古より汉代い至る性命观の展开)[*Jōko yori kandai ni itaru seimeikan no tenkai*], Tokyo, 1971)，第203—219页。

④ 有关《太平经》“元气”论的讨论，参见李家彦：《〈太平经〉的元气论》，《宗教学报》，1983，第11—16页。

下凡事，皆一阴一阳，乃能相生，乃能相养”[①]，又“元气乃包裹天地八方，莫不受其气而生”。[②] 毫无疑问，中国自然秩序的模式是建立在有机联系的基础上的，在这个有机联系的过程中，整个宇宙的各部分在气、阴与阳的自然原则下相生转化。

虽然中国理想的自然模式，引用李约瑟(Joseph Needhan)的说法，“是具有和谐秩序之意志却没有治理者”[③]。但是《太平经》对自然的理解跟一些学者认为道教里的自然秩序是非人格化、不干预和自发的看法不尽相同。对持有这种见解的学者而言，道教的自然观基本上以“无为”和“自然”为依归。[④] 从这个观点出发，“道教信徒认为，若要与‘道’调和一致，就须从社会政治事务中抽身而退，并且学习如何保存自然与个体生命”[⑤]。这种概括可能在道教早期的经典如《老子》和《庄子》里具有极大的正确性，可是却不能应用到《太平经》里去。《太平经》里的观点融入了汉代流行的“天人相应”的理论，所以完全是以一种“人格化宇宙”(anthropocosmic)的方式来理解自然的。天地作为意义表达的符号，向人类世界传递着信息。[⑥] 纵然在《太平经》里，天地具有“自然”和“元气”的本质，[⑦]但是，它们其实仍具有相当“人格化”的特征，会因为人间的苦痛窘境而油生怜悯，并干预其中。各种自然现象其实是“天谈地语”，是一种“神圣”的信息，传达了天地对人间所作所为的认同或责难。

因此，在《太平经》里，天不只是所谓的“自然自生、具自发生命力的一

---

① 王明:《太平经合校》，北京:中华书局，1960，第221页。

② 同上书，第78页。

③ 李约瑟:《中国科学与文明》(*Science and Civilisation in China*), vol. 2, Cambridge: Cambridge University Press, 1969，第287页。

④ 例如，塔克尔:《道教和儒家中的生态思想》(“*Ecological Themes in Taoism and Confucianism*”), *Worldviews and Ecology*, eds. Mary Evelyn Tucker and John A. Grim, Maryknoll, N. Y. : Orbis Books, 1994，第150—160页；格雷汉姆·帕克斯:《尼采和道家论人/性》，第79—97页。

⑤ 塔克尔:《道教和儒家中的生态思想》，第152页。

⑥ “人格化宇宙”一词为伊利亚德(Mircea Eliade)首用，以表示宇宙实体的彰显是以具有指涉性的(宗教)象征“再现”出来，以建构人世间的终极“意义”。杜维明在其著作《中庸:论儒家的宗教性》(*Centrality and Commonality: An Essay on Confucian Religiousness*, Albany: State University of New York, 1989)中研究“中和”时，就以此来表达古代中国模式的自然观(第9、78、102、107—109页)。

⑦ 王明:《太平经合校》，第17页。

个过程”，它差不多就是一个人格化的神圣实体，其主要功能是支配着自然的循环节奏。不管人类所为是否令其满意，天都给予了极大的关注，并给予相应的奖赏或惩罚。

虽然天地被“人格化”了，但是，基于此经本身受汉代思想的影响，它认为天地无论如何不是完全等同于一个人，可直接透过语言与人类沟通。① “天地”通过两个非直接的方式表达其意旨：一是凭借含蓄但具有破灭性的恶兆与灾异进行传达；二是借清晰并具有建设性的圣人、贤者或天师，他们被派遣到人世间教导人类。② 为了建立“太平”的世界，《太平经》的作者们自觉为天上之师，向人们宣扬必须遵从天地之意，并与天同心。可是，与天地合意同心并非简单地意味着人们只需珍惜自己与自然的关系，依循无为就能与自然达致和谐。天意呼唤人们要担负起“生养万物”的使命。③《太平经》认为“生养万物”不仅是人所要肩负的使命，也是自然的基本法则，故言：“天阳主生也；地阴主养也。”④为了确立这个自然原则为道教传统的一部分，《太平经》将“道、德、仁”与“生、养、成”三者进行对比：

> 生者，道也；养者，德也；成者，仁也。一物不生，一道闭不通；一物不养，一德不修治；一德不成，一仁不行，欲自知有道德与仁否，观物可自知矣。⑤

> 道者，天也，阳也，主生；德者，地也，主养……夫道兴者主生，万物悉生；德兴者主养，万物人民悉养，无怨结。⑥

---

① 王明：《太平经合校》，第651页。

② 这个含蓄与清晰的二分法借用自詹思·奥斯特嘎德·培特森(《〈太平经〉对救世主信仰的反对》["The Anti-Messianism of the *Taiping jing*"], *Studies in Central and East Asian Religions* 3, 1990，第9页)。

③ 王明：《太平经合校》，第515页。

④ 同上书，第221页。

⑤ 同上书，第704页。

⑥ 同上书，第218页。

因此，当人运行天之道、地之德以及直接施与仁时，正是随天地之意，有助于万物的“相生相养”。

将“天地之意”等同于“生养万物”的原则，这是理解《太平经》中“自然”一词及其与“太平”之间联系的关键。“自然”在《太平经》中有三种理解：第一，当它与元气合用时，意指天地之本质。① 如前所述，天地的本质乃是天地相传相生。那么，称为天地本质的“自然”，无疑就是“生养万物”之意。

第二，《太平经》认为万物皆因自然而“成”，②皆因自然而各得其所。③更重要的是，从另一方面而言，当万物各得其所时，即为太平之世，此时，万物“无一伤”。从其正面的角度来说，太平之世的万物能够各按其内在潜力而有所“长”④，也就是万物达到了自然的状态。那么自然跟“太平”的和谐秩序相配合、呼应，万物于太平之世各得其所。

第三，“自然”在《太平经》中具有天地相通之意。虽然天地不能直接跟人言说，但是，它们的法则“皆以自然应和”⑤。天之意同样要求人们要跟“自然”应和。因此，《太平经》的作者主要关心人类如何通过遵守“自然”之法则，从而达到天地相应和的状态。

“自然”不仅意味着天地之意，还代表上天审判人类的准则。只有当“自然”存于各式各样的事物之中时，人才算得上是顺天地之意。照此理解，经中所提倡的具有和谐之意的自然观肯定跟其他人对道教自然观的阐释有所分别。他们仅仅依赖“无为”这个概念，认为“人们必须从积极参与社会政治事务中抽身而退”，并“学会如何不以自我为本位”。⑥ 相反，《太平经》认为人要担负生养万物之责，积极帮助它们免受伤害。

---

① 王明：《太平经合校》，第 17 页。

② 同上书，第 701 页。

③ 同上书，第 398 页。

④ 同上书，第 399 页。

⑤ 同上书，第 154 页。

⑥ 塔克尔：《道教和儒家中的生态思想》，第 154 页。

中和之意

为了建立天、地、人之间相互对应的和谐关系,《太平经》的作者没有完全局限于汉代流行的阴阳理论、天人相应说和有关宇宙起源的“元气”论等思想。其重要性在于对“中和”思想的独特诠释。① 在《太平经》中,跟中和相关的其他思想包括具有三层结构的“元气”说,即太阴、太阳和中和三气;“三合”说;更重要的是有关天人和谐关系的“相通”说。事实上,《太平经》中有一个统一的主题:若要建立太平之世,则需要必不可少的“中和之气”,借着“中和之气”的保存和流转,天、地、人之间的和谐相通才可实现。

如前所述,“气”的观点极大地影响了中国模式的宇宙观,这种宇宙观常常用“有机连续性的衍生过程”以喻其意。②《道德经》第四十二章正说明了气的宇宙性功能,并将其与阴阳理论联系起来:

> 道生一,一生二,二生三,三生万物,万物负阴而抱阳,冲气以为和。③

在此,万物的和谐决定于阴阳二气之间必要的交替流转,此时,阴阳二气相互补充,从而处于动态平衡之中。阴阳两极之气的平衡致万物和谐的记述亦见于《淮南子》:

> 道曰规,始于一,一而不生,故分而为阴阳,阴阳合和而万物生,故曰:一生二,二生三,三生万物。④

---

① “承负”观念是突出《太平经》的原创性和独特性的另一个思想。

② 杜维明:《存有的连续性:中国人的自然观》(“The Continuity of Being: Chinese Visions of Nature”), *Nature in Asian Traditions of Thought*, ed. Callicott and Ames, 第 67—78 页。

③ 《道德经》,第四十二章。

④ 《淮南子》,第三卷,《天文训》,北京:中华书局,1989,第 112 页。翻译参见约翰·梅杰:《汉初思想中的天与地》(Heaven and Barth in Early Han Thought), Albany: State university of New York, 第 108—109 页。

有关阴阳之气和合而使万物“生”与“和”的观点无疑也可见于《太平经》。例如，经曰：“天下凡事，皆一阴一阳，乃能相生，乃能相养。”①

然而，正如原田二郎(Harada Jiro)所说，《太平经》的作者在阴阳二气理论的前提下，事实上运用了另一个理论，即“三气调和论”，并以此作为论述天、地的主要诠释架构。② 按定义，三气源于元气，又或是元气的三个不同别名。③ 不仅如此，太阴、太阳与中和被看成具有三层结构的元气的“原型”。元气三分之后，就以不同形式存于万物之中。例如：天源于阳气，地源于阴气以及人源于中和气。在《太平经》中，有关其他模拟太阴、太阳与中和之气的三分法的事物有：日—月—星、山—川—平土、父—母—子、君—臣—民。④ 总之，《太平经》对现象世界的描述及分类，都是按照由濛滓未分的元气演化而成的阴阳中和三气的模式来进行。

元气的三层结构模式使得阴阳中和三气不能约化为阴阳二极的概念，《太平经》以此模式为基础，毫无疑问非常重视中和之气的位置和作用，把它当成独特而又主要的媒介，以求得自然之和谐秩序。因此，中和之气的主要作用在于保存、流转和助长阴阳二气之间的相通调和。以《太平经》之言：“阴阳者，要在中和。中和气得，万物滋生，人民和调，王治太平”。⑤ 这样说来，成就太和之境，中和之气跟阴阳二气具有同等重要的地位⑥。借着中和之气，阴阳二气能和合，并且彼此相通，于是，自然达到一种互动平衡和自发生长的状态，这就是经中所谓的“和”及“太和”的时候。

“和”也是很多汉代经典的基本思想，主张“天地和合”是自然自发生长与协调和谐的基本条件。我们在《吕氏春秋》中读到：“天地和合，生之大经也。”⑦《淮南子》也说：“天地之气，莫大于和。和者，阴阳调，日夜分

---

① 王明：《太平经合校》，第221页。
② 原田二郎：《〈太平经〉的生命观——关于长生》，第72页。
③ 王明：《太平经合校》，第19、236页。
④ 同上书，第236页。
⑤ 同上书，第20页。
⑥ 李家彦：《〈太平经〉的三合相通说》，第28页。
⑦ 《吕氏春秋》，第十三篇，《有始篇》。

而生物。”[1]“和”在此处基本上具有两个含义：一是指天地和谐统一的状态；二是指世间万物得以自生的基本原则。

《太平经》承继了汉代的思想，所以它亦认为万物的自发生长谓之“和”，倘若“天地无和，物无于相容而自养”[2]。当“和”被看成万物的一种自然状态，万物在这种状态下各按其性而自长时，[3]《太平经》就进一步将“和”跟“太平”的思想联系在一起。如前所述，《太平经》中“太平”的基本特征是万物自长而无一伤，这意味着“平”与“和”差不多都代表理想的或乌托邦式的宇宙和社会秩序，这种观点为《太平经》的作者和很多汉代思想家所共有。

《太平经》中的“中和”思想与很多汉代经典里的“中和”思想虽有某些相似，但却有其独特之处。第一，中和之气被说成天、地、人三合相通与调和的重要媒介。若没有中和之气，三者没有相通，宇宙秩序就会出现混乱，天地阴阳二气就会遭到中断和隔阻。相反，只要得中和之气，宇宙间各种三分结构中的三种元素都能相爱相通，那么，太平之世就会出现。正如康德谟(Max Kaltenmark)指出的，《太平经》的中心思想是，只有当阴阳二气与中和之气和合时，天上地下致能相通，万物和谐且自长自养，恶害消失。[4] 如《太平经》言：

> 气之法，行于天下地上，阴阳相得，交而为和，与中和气三合，共养凡物，三气相爱相通，无复有害者。[5]

故此，中和之气在《太平经》中旨在建立“和”与“通”之间的相互联系。中和是保存天地和谐相通的必备条件，以使万物各按其性，自发生长。

第二，元气的三分模式以及与其相关联的“和”与“通”，是其他各种三分结构的理想状态。根据《太平经》作者之见，天、父、君属阳，地、母、臣属

---

① 《淮南子》第十三卷，第 432 页。
② 王明：《太平经合校》，第 149 页。
③ 同上书，第 203 页。
④ 康德谟：《〈太平经〉中的意识形态》，第 26 页。
⑤ 王明：《太平经合校》，第 149 页。

阴，人、子、民属中和，这种将三种不同东西编成一类的做法显示出《太平经》作者的观点：希望各组合都效法元气的三合相通，这样，所有组合中的三个组成部分都能和谐地相互交“通”，以至“和”与“太平”能实现。

现在让我们集中于“天地人”这个组合上。按《太平经》之见，“清者著天，浊者著地，中和著人”①。《太平经》将人置于宇宙秩序之中央，故特别委以行使中和之责。处于中央位置的人必然跟天与地即整个宇宙相关联，人永远不能抽离于息息相关的自然。②

此外，《太平经》委以人中和之责，认为维护和维持宇宙和人类之间的和谐相通、使和谐之气流转就是我们人类的天职。那么人便是孕育天地之和、实现世界“太平”、“太和”的中介。换言之，人在天地间最重要的责任是令天地之气融和，让万物能按其性自长。

反之，当天地之气的运行受到干扰、隔阻，不能顺利地跟中和之气结合时，人就要为天地不能和谐相通而遭受责难。这意味着他们有破坏天地相通之恶行，其结果是天、地、人“三合”的关系遭受扰乱，天“道”之生、地“德”之养受到妨碍，以致天地怨怒。各种灾难随之显现人间，这时邪气兴起，太平或太和之气消失。

以《太平经》卷四十五《起土出书诀》为例，作者认为人妄意穿凿土地，大兴起土功，有违“天地意”③。人们任意凿地挖土，甚至“其深者下著黄泉，浅者数丈”④，这里，人类的罪过在于妄意掘地凿土伤害了“地母”。当她的身体遭受挖凿与开采时，地气因而漏泄，结果“母既病愁苦”。天（父）为了回应地（母）的疾痛、冤害与忿悒，愤怒不已，遂产生灾变怪异。

以此看来，人类如果拒绝承认天、地、中和三气共为一家，相互爱护，相互交通以共养万物，那么，人类肆意过度地挖凿地土，就得为中和之气流转的中断负责，以弥补与天地为敌的过失。

---

① 王明：《太平经合校》，第205页。

② 例如，“三统”思想明显将人间世界与自然界紧密联系起来。“三统”——天、地、人——“相须而立，相形而成。比若人有头足腹身，一统凶灭，三统反俱毁败”。王明：《太平经合校》，第373页。

③ 王明：《太平经合校》，第114—122页。

④ 同上书，第114页。

天地疾病与承负说

《太平经》将天地灾异说转变为着重人的伦理行为与责任的论述。①如果天地以自然为其原则，以万物共生互养为其首要任务，那么，人须相应地负起这一任务，并将其实现于世，助长天地“和合”并“相通”。换句话说，人若要应天地意，无论如何都不能逃避其本身应负中和之气的责任。相反，若天、地、中和之气“不合”、“不通”，“太和”或“太平”便会消失，天地疾病出现，罪责流转后身(承负)，灾难与病苦逢生。

若要明确理解《太平经》的承负思想，最好是从人与自然之间相通、和谐的中断以及迫在眉睫的灾难入手，因为这些结果全都归咎于人所承负的罪过。② 第一，《太平经》并不认为战争、疾病、灾害、失收、天灾的出现是宇宙周期运行所致，③而是天地向人类传达的警示信息，是天地疾病、愤怒和痛苦的真实表达。

> 人得生于天，长于地，天地愁苦有病，故作怪变以报其子。
>
> 天下之灾异怪变万类，皆天地阴阳之变革谈语也。④

第二，《太平经》认为天地愁苦有病是人为因素造成，是人行恶以逆天地意所致。在《太平经》中，妄意挖凿地土、滥杀女婴、过多刑罚伤杀、富而不肯救穷周急等，都被视为天、地、中和三气之大敌，是破坏三气和合相通

---

① 芭芭拉·亨德里斯克：《〈太平经〉中的承负思想》，第6页。

② 有关《太平经》的承负思想的近期研究，见芭芭拉·亨德里斯克：《〈太平经〉中的承负思想》，第1—29页；神塚淑子(Kamitsuka Yoshiko)：《〈太平经〉的承负与太平的理论》(“《太平经》の承负と太平の理论”[“Taihiekyō no shōfu to taihei no riron ni tsuite”])，*Nagoya daikyōyōbu kiyō A* 32，1988，第41—75页；陈静：《〈太平经〉中的承负报应思想》，《宗教学研究》2，1986，第35—39页；黎志添：《早期天师道悔过仪式“首过”与〈太平经〉》(“The Early Celestial Masters' Rite of Repentance [shou-kuo] and the Taiping jing”)，此文于芝加哥举行的第四十九届美国亚洲研究学会之年会中发表，1997。

③ 王明：《太平经合校》，第370—371页。

④ 同上书，第321页。

的恶行。

最后，人违背天地之意，致使天地的愁苦、疾病、怨愤持续不断，人类的罪行也由此重重积叠。先人所作恶行不但一代一代地流转下去，并且蔓延开去，因而使人类世界有被根除的危险。一旦这种情况持续下去，恶行的后果就会不断扩散至更大的群体——即所谓"更相承负"①。因此，《太平经》的"承负"思想旨在阐明人类的恶行不断蔓延，从而伤害天地的和谐秩序。其结果是，当世及后世子孙须承受并流转天地各种自然灾害的惩罚。②

《太平经》对"承负"作了如下的解说：

> 承者为前，负者为后；承者，乃谓先人本承天心而行，小小失之，不自知，用日积久，相聚为多，今后生人反无辜蒙其过谪，连传被其灾，故前为承，后为负也。负者，流灾亦不由一人之治，比连不平，前后更相负，故名之为负。负者，乃先人负于后生者也。③

这里清楚表明《太平经》承负思想的伦理原则不能脱离中国人对自然的理解。此部道教经典意欲传达一个重要思想：一旦人们明白、掌握了承负的真谛并铭记于心，天地的愤怒与疾病会自然消失；否则，那干扰天道之生、地德之养的罪责就会代代相传。人类的恶行致使天地的愁苦不断增加，并将其传给后代。因此之故，人必须担负起保护、流转宇宙间中和气的责任；反之亦然。善行能使万物和谐，从某些方面，善行能解除承负所带来的世代相传的罪责与天地的愁苦。

结　论

中和思想的讨论历来都是道教与儒家的重要课题。④ 比如，《中庸》里

① 王明：《太平经合校》，第96页。

② 詹思·奥斯特嘎德·培特森：《〈太平经〉对救世主信仰的反对》，第14—15页。

③ 王明：《太平经合校》，第70页。

④ 有关"中和"在中国哲学史上的讨论，参见张立文：《中和论》，《中国哲学范畴发展史》，北京：中国人民大学出版社，1995，第146—178页。

面的“中和”被新儒家用以表达“内在自我的体证”[①]。《中庸》首章即说：

喜、怒、哀、乐之未发谓之中，发而皆中节谓之和。中也者，天下之大本也；和也者，天下之达道也。致中和，天地位焉，万物育焉。[②]

杜维明在其研究《中庸》的著作里，对《中庸》的“中和”思想作出这样的理解：“中”者，“是一种精神状态，人在此境绝不受外来力量所干扰”。他把“中”理解为一种精神状态后，认为内在于每一个人的“中”若与天地结合，“和”就会出现，即“实在的由人而成的功绩”。[③]

《太平经》有别于新儒家学者对“中和”所作的“精神式”的理解，而是关注中和之气如何调和天地、阴阳之气；不是将“中”描述成一种理想的精神状态，而是强调天、地、阴、阳和合的结果，因为天地阴阳调和，就能使万物持续自生。因此，《太平经》的中和思想究其极并不是指向人的内在自我精神境界，而是一个途径、因素、方法及使命，要令天、地、人和合相通。它认为若要达致自然秩序的和谐，就得“三气相爱相通，无复有害者”[④]。

对《太平经》的作者而言，“中”是处于天地、阴阳之中的中央、和谐的位置，而且人是属于中和之气。因此每一个人都有责任去保护、流传、孕育存于宇宙间的中和之气。人们是否成功孕育中和之气的量度准绳是万物能否相生相养。从另一角度来说，倘若万物的生长不被外力伤害，它们就可说处于自然之态，即“万物各得其所”。

尽管如此，《太平经》的作者明白，和谐肯定不是天地的内在特性，天地人和合或许曾出现于那失没多世的上古时期。随着人类罪过的积累，地土的疾病、愤怒及不满就加剧，天、地、人的和谐相通因而受到中断。所以，《太平经》的承负思想阐释了天地为什么会生病、恼怒与愁苦，以致天地降灾。而且，承负说真正蕴涵了一种宗教信仰，即人们不单承继先祖的

① 杜维明：《中庸：论儒家的宗教性》，第 7 页。

② 其翻译见《中国哲学资料》(*A Source Book in Chinese Philosophy*, trans. and comp. Wing-tsit Chan, Princeton: Princeton University Press, 1963)，第 98 页。

③ 杜维明：《中庸：论儒家的宗教性》，第 20 页。

④ 王明：《太平经合校》，第 148 页。

罪责并转流后代而负，先祖遗留下来的与后代亲手造成的灾难亦会融合，不断出现在人间。

最后，从《太平经》中道教的中和思想来看，我们认为人与自然的相互依赖关系不言自明，致使人与自然关系亲密的重要成分是精神因素和伦理因素。人类负有使自然、天、地有机连续性的衍生过程混乱或和谐的责任。人类恶行的扩展会损害人与自然的和谐与相通，致使天地产生疾病、愤怒和悲苦。与此相反，我们也可假定，人类主动关心自然的善行功绩也会代代相传。①

（陈杰　译）

① 虽然芭芭拉·亨德里斯克(《〈太平经〉中的承负思想》，第 15 页)及詹思·奥斯特嘎德·培特森(《〈太平经〉对救世主信仰的反对》，第 19 页)均认为《太平经》的承负思想只适于用来解释恶行的传承以及灾祸的出现，这并不意味着善行可解除承负。但是，我们相信承负说在道教后来的进一步发展中，包含了积善立功除罪、转祸为福的思想，例如：葛洪《抱朴子内篇》第六卷《微旨》。

论《阴符经》中的三才相盗思想*

张继禹　李远国

引　言

“三才相盗”思想总括了天、地、人三者之间的相互关系，是道教思考人类在自然界中的地位与作用时最重要的理论模式。它反映出道教在客观世界、精神世界以及人这三方面达到了真正深度的和谐。从早期道家的道法自然（《道德经》第二十五章）、齐同万物（《庄子》第二篇）的观念，发展到“三才相盗”的思想，这是道家、道教关于人天关系认识的一个飞跃。①

---

* 编者按：我们非常高兴能发表这篇文章的译文，它是由中国大陆的高道写成。原来递交给我们的译文不太符合西方学术出版物传统的格式，因此，我们请波士顿大学的路易斯·科姆杰瑟（Louis Komjathy）尽可能把中文版本中的引文出处查找清楚，并给出注解。他把这项艰难的工作完成得相当出色，我们非常感谢他所做的一切。下面所有注释都是他的注解。《道藏》（缩写为 DZ）里的文本按照台北和东京出版的六十卷缩印版本所列的顺序。这些页码正好与施舟人的《道藏通检》（*Concordance du Tao Tsang*，Paris：Publications de l'École Française d'Extrême-Orient，1975）的页码顺序吻合。“Fasc.”代表“分册”，指 1925 年上海重版的《正统道藏》的卷号。

（本文的英译汉参照了作者的中文原文，对此向原文作者深表感谢！——译注）

① “三才相盗”这一概念本身并非出现在《阴符经》里，而是源于《悟真篇》（参见本书第 107 页注①）。张继禹把《阴符经》里的“盗”和“三才”（天、地、人）的观点与“三才相盗”联系起来。《阴符经》的英文可直译为“Scripture of the Hidden Talisman”。

《黄帝阴符经》[1]反映了道教思想稍晚时候的发展进程，它试图“凿天之奥，拽神之谋”，从而在意义上仅次于老子《道德经》，成为道教最重要的经典之一。正如张伯端(987—1082)《悟真篇》[2]所说：“《阴符》宝字逾三百，《道德》灵文止五千，今古上仙无限数，尽于此处达真诠。”[3]关于《阴符经》的来历，有过各种各样的说法。虽然传统上将其归于黄帝(大约公元前2697年)，但是，文本在唐初才公开问世。全经正文仅三四百字[4]，文辞简朴，风格峻烈。所谈的生杀、机时、生克皆为触目惊心的名相，一反中国传统温熙平和的文风。

内　容

“三才相盗”，是指天地、万物、人之间的一种共生关系。此三者如协调、适宜，天下即大吉太平。首先，经中的“天地，万物之盗”[5]是说万物盗

---

① 《阴符经》在《道藏》第31卷，第27分册里。其译文可参见理雅各：《中国的圣书：道教经典》(*The Sacred Books of China: The Texts of Taoism*, New York: Dover, 1962)，第二卷。附有刘一明注释的译文，参见托马斯·克里里(Thomas Cleary)：《精、气、神》(*Vitality, Energy, Spirit*, Boston: Shambhala, 1991)。《阴符经》的译文以及按照中国军事思想对其进行的讨论，参见克里斯托夫·兰德(Christopher C. Rand)：《李筌与中国军事思想》(“Li Ch'üan [Li Quan] and Chinese Military Thought”), *Harvard Journal of Asiatic Studies* 39, no. 1, 1979，第107—137页)。对《阴符经》的作者、成书年代以及在道教史中的地位所作的讨论，参见弗洛安·莱特(Florian C. Reiter)：《〈阴符经〉：事实和真相略考》(“The ‘Scripture of the Hidden Contracts’ [Yin-fu Ching]: A Short Survey on Facts and Findings”), *Nachrichten der Gesellschaft für Natur-und Volkerkunde Ostasiens* 136, 1984，第75—83页。另外的参考书，参见法布里兹·普雷格迪奥(Fabrizio Pregadio)：《中国的炼丹术：用西方语言对著作所做的注释目录》(“Chinese Alchemy: An Annotated Bibliography of Works in Western Languages”), *Monumenta Serica* 44, 1996，第439—476页。

② 《悟真篇》在《道藏》第263卷，第122—131分册。附有刘一明注释的译文，参见托马斯·克里里：《悟真篇》(*Understanding Reality*, Honolulu: University of Hawaii Press, 1987)。有关张伯端及其著作的参考书，参见法布里兹·普雷格迪奥：《中国的炼丹术：用西方语言对著作所做的注释目录》。关于张伯端及其著作在道教内丹史上的地位，参见法布里兹·普雷格迪奥和洛厄尔·斯卡(Lowell Skar)：《内丹》(“Inner Alchemy”)，载于利维雅·科恩著《道教手册》(*Daoism Handbook*, Leiden: Brill Academic Publishers, forthcoming)。

③ 《道藏》263：128.17b(第58章)。参见托马斯·克里里：《悟真篇》，第117页。

④ 关于《阴符经》现存版本的概览，参见克里斯托夫·兰德：《李筌与中国军事思想》。经文的长短竟然不同：稍短的有332个字，稍长的有445个字。当去掉加上去的这113个字，版本都是相同的。兰德认为稍短的为更古老的版本。

⑤ 《道藏》31：1.1b。《道藏》里的原文是：“天地，万物之盗；万物，人之盗；人，万物之盗。三盗既宜，三才既安。”

取天地阴阳之气而生。唐李筌(8世纪中期)在其《黄帝阴符经疏》①中(对黄帝的《阴符经》作的注)解释说:

> 天是阴阳的总名。阳气轻清上浮为天,阴气重浊下沉为地,天地相连而不相离。……五行为天地阴阳之功用,万物以五行而生,故万物又为五行之子。如人能够了解天地阴阳之道,掌握五行真气运化之秩,则可以知晓天地社会的兴废,明察万物人身的生死。②

在古人看来,人与万物都是由元气所生;天阳地阴,天赋予气,而地赋予形质,万物都是由气、形、质所构成。对此《庄子》说:我自知是自然的产物,由天地给予我形貌,并且禀受阴阳之气(《庄子》第十七篇)。万物既是盗取天地精华而生成,所以《阴符经》断言,“天地,万物之盗”③,此为三盗之第一义。所谓“盗”,有悄然、难晓之意。天地运作,无声无息;万物生息,不知不觉;人之存亡,潜生暗息。于不经意之中,天荒地老,物毁人去,其发展的过程犹如一个高明的大盗,窃物而不张扬。

所谓“机”,是指时机、机宜,指天道运化之初萌,人事变动之征兆,因皆隐蔽难察,故谓之“机”。《阴符经》中说:“食其时,百骸理。动其机,万化安。”④宋人蹇昌辰解释说:机者,得失变化之关键时刻,其天地、万物、人都处在否泰、兴亡、损益、盛衰的两极发展之中。哲学家朱熹(1130—1200)亦说:人能利用天地之时则百骸安好,人能掌握运化之机则天下太平,这就是盗的原则。⑤

人类的道德

在这个三才相盗的天人结构中,唯有人具备道德的主体性。故其动机的善恶与价值的取舍,往往决定了“盗机”所产生的结果。宋人刘海

---

① 《黄帝阴符经疏》在《道藏》第110卷,第55分册。

② 《道藏》110:2.1a—3a。

③ 《道藏》31:1.1b。

④ 同上注。

⑤ 有关朱熹对《阴符经》的评注的资料,大家认为是《黄帝阴符经考疑》,参见费洛安·莱特:《〈阴符经〉:事实和真相略考》。

蟾说：

君子知大道，包含万善，故所作追求的是和谐与完善，举凡所有的活动皆有美好的动机，以之与大道合契。乃至于精思守一，取天地之微妙，以资养其性；或盗万物之精华，神水金液，以致神仙。故曰君子得之以身安事成。

小人得知其机，平常一贯恶行，心怀投机取巧之意，不务正业，但求金帛，不愿艰辛劳作；或者饰情巧智，追求浮华奢淫。

这样一来，望上高攀则荣消辱至，或因贪婪而损伤自己，或因财色而祸害终身，虽然可以荣贵一时，但终难免咎患，盖因并不知大道的真旨妙机，以至于此，故曰小人得之却轻生玩命。①

这就明白指出，人类道德在利用万物、改造自然的过程中有着至关紧要的作用。

智与愚

在“三才相盗”的环境中，人并非无所作为，而是可以主动地驾驭自然，积极地参与万物的运化。《阴符经》说：“观天之道，执天之行，尽矣。”②

对此李筌解释说：

人与禽兽、草木一样，都是由阴阳的运化而生，但人又为万物之灵，位处天地的中心，心怀智慧权谋，能够反照自性。穷达事物的本始，盗取阴阳五行之气而用之。③

---

① 有关刘海蟾的简介，可参见朱利安·帕斯（Julian F. Pas）：《道教历史词典》（*Historical Dictionary of Taoism*, Lanham [Maryland]: Scarecrow Press, Inc., 1998）。至于他在内丹史上的地位，参见法布里兹·普雷格迪奥和洛厄尔·斯卡：《内丹》。非常感谢利维雅·科恩把后者的资料给我。

② 《道藏》31：1.1a。

③ 《道藏》110：1.1a—16。

换言之,人是具有自我意识的主体,既能认识自我本性,又能知晓自然规律,取万物为己用。而盗取天地万物的过程,亦是人对自然的认识过程,是人掌握自然客观规律、因势利导加以利用的发展历史。

当然世界内在奥秘十分微妙,难知难测,如老子所说:"天下莫能知(道)。"(《道德经》第七十章)。正因为难见难知,所以愚人才会把大自然所展现的一切变化神秘化,把天地万物奉为神明,而不去探穷其中的奥理。由此,《阴符经》说:"愚人以天地文理圣,我以时物文理哲"[①]。"天文"是指四季、天上的日月星辰以及所呈现的景象与变化;"地理"是指地上的一切以及所呈现的形态与变化。人往往把天文地理所呈现的一切现象,都认为神妙难测,将其当做神物来崇拜。刘海蟾在其《黄帝阴符经集解》中[②]引张子房注说:

> 愚人看见景星、祥云、清风、甘露、醴泉、嘉谷、麒麟、凤鸟、芝兰皆以为是神物而喜悦;或看见日月薄蚀、四时失序、彗星耀空、水旱蝗灾、骤雨狂风、天昏地震,皆认为是天神发怒,心怀畏惧。
>
> 圣人观视天文玄象,但常以善道,随时应物,即使有天灾怪异出现,亦不会造成祸害。[③]

也就是说,愚人们将大自然的各种变化都看做不可知晓的神圣灵迹,而智者则认为这种变化只是事物的正常变化而已,并非神物而不可知。愚智之分,在于能否解知天地之变、自然之理。智者能知天地之变,乘机因时,如此则功业可建,国家可富,人民大安。而智者在乘机用时之际,能隐秘无迹,悄然结果,则众人自然会奉之为神,称之为圣。

圣　人

圣人在"盗万物"的过程中,在充分发挥主观能动性的同时,应尊重客

---

① 《道藏》31:1.2a。直译为"愚人把天地之间的自然现象视为神圣,我则把世间万物变化的种种现象视为其自然规律"。

② 《黄帝阴符经集解》,《道藏》111,第 55 分册。

③ 《道藏》111:3.8b—9a。

观世界的规律，效法天道自然之理，因为人生存的自然背景、道德尺度、社会维度经常决定于自然环境的变化万千。《阴符经》说：

> 自然之道静，故天地万物生。天地之道浸，故阴阳胜。阴阳相推而变化顺矣。是故圣人知自然之道不可违，因而制之。①

也就是说，作为宇宙本原的道体是无声无息、寂静不变的。由道体所生的天地万物，则是在逐渐地生灭变化，并以阴阳交替的形式在运行，这种交替是缓缓的，慢慢的，万物就是在这样一个有序的生态环境中生存和运行。天地间阴阳的交替推移，即是自然之道。圣人的所作所为便应效法自然之道，顺从阴阳消息的规律。此即经中所说的"因而制之"之意。蹇昌辰注云：

> 自然之道有其固有的规律，故圣人知其不可违背，而顺势利用。所以说，"人法地，地法天，天法道，道法自然"。②

换而言之，道的运行没有限制天地万物之间的互相盗取或互相利用。正如《阴符经》里所描述的，道教认为大自然与万物是人类最好的"老师"，是启谛人类智慧、促进社会发展的无穷动力。

《道德经》断言，"上善若水，水善利万物而不争，处众人之所恶，故几于道"(《道德经》第八章)。《关尹子》③说：

> 天下之物多达亿万。但天地并不据为己功，故圣人管理国家，应效法江海，甘居下流，含尘忍垢，这样便万邦归流，天下拥戴。④

---

① 《道藏》31：1.2a。

② 我不能确定这段引语引自何处。

③ 《关尹子》在《道藏》的《文始真经》里。有关《关尹子》的评述，参见利维雅·科恩：《尹喜：首创经文的大师》("Yin Xi: The Master at the Beginning of the Scripture")，*Journal of Chinese Religions* 45，1997，第83—139页。非常感谢她把这份资料给我。我不敢断定张继禹和李远国所引用的和我采用的是否是同一个版本。

④ 有关《关尹子》的引语，我都不能确定其出处。

这是引天道来说明人所应有的谦德，是所有人必须珍视的品质。《关尹子》在另一段里说：

> 天下万物各适其生成，无一物而室塞不通。故圣人效法大道而无为，以德应变而致用。

不仅天地为人道之师，万物亦给人类以启示。《关尹子》说：

> 圣人向蜜蜂学习而设立君臣制度，向蜘蛛学习而纺织、结网，向拱立的老鼠学习而制定礼仪，向争战的蚂蚁学习而设阵打仗。

圣人就是这样善于向万物学习，再去教育贤人，帮助一般人。但唯有圣人能使自己与自然万物合一同理，所以心无先入为主的偏见，能行使种种方便，普利天下。

四不违

《阴符经》盗机学说的核心是人类必须把握住事物变化的关键，使人与自然处于一种和谐、共生的状态，因而确保万物的繁荣昌盛。对此，《关尹子》中所说的“四不违”原则便是这种学说最好的注解。

> 天不能使莲花冬天开放，菊花春天开放，因此圣人不违天之四季，不逆时之通塞，这是“不违时”。

> 地不能使河南生产橘柑，使江南生养狐貉，因此圣人不违地之风俗，不逆气之变化，这是“不违俗”。

> 圣人不能使手走路，使足握物，当各尽其能，这是“不违我所长”。

> 圣人不能使鱼在空中飞翔，鸟在水中游驰，这是“不违物所长”。

这样一来，天地万物可变动，可静止，可晦藏，可明显，唯不可以拘泥，当随时达变，运化生养万物；这就是道。

也就是说，只要遵循这四条基本原则，不违拒造物之变化，不拘守人间之死法，便可以应变无穷而为妙道。

结论

显然，《阴符经》中的这种理论框架，仍然是建立在道家传统的“天人合一”思想之上的。与《道德经》和《庄子》的不同之处，是在这种天人关系中，《阴符经》更加鲜明地突出了人的主观能动性。这样一来，使道家传统的“天人合一”观发生了一个巨大的变化，消除了其中原有的消极因素，从而高扬了人在改造自然和利用自然时的地位。由此可对道教思想的特色作如下概括：

一、在天人合一的境界中实现自然主体性，这与西方哲学讲主体性是不完全相同的。从古希腊智者普罗泰戈拉的“人是万物的尺度”，到康德的先验唯心论，西方哲学将自然客体与主体经验分离，主张人对自然环境的征服与控制。与其相反，《阴符经》的“盗机”哲学则以人和自然的和谐为大前提，在此前提下，讲人对自然法则的能动认识和利用，即人对天地万物的合理取舍。天与人尽管存在“相互盗取”的矛盾关系，但二者的对立终究是建立在统一的基础上。“互盗”表达了天人之间是一种互补的关系，这种互补使二者统一在一起，即所谓天机与人机的“暗合”。故在《阴符经》中，看不到人与天的根本分离和对立。也正是此点，使它既有别于道家传统的“天人合一”观，亦与儒家“天人感应”的学说不同。

二、在《阴符经》中，顺从天道和改造自然达到了有机的结合。顺从天道是前提，而天道的基本内容是五行生克，懂得了五行生克就可随心所欲地利用自然。这样，顺从天道的本身包含着对自然的积极改造，而改造自然又必须遵循天道。同时，它不只是对某些局部情况的说明，而是人和自然关系的普遍原则。《阴符经》的这些思想，体现了人在自然界面前的一种积极的态度，使人类改造和利用自然的要求获得了理论上的认可。所以在它问世以后，人们常常援引，把它作为改造自然、自主人生命运的思想根据。在道门中人看来，《阴符经》和《道德经》所言，乃是得道成仙的必由之路。张伯端《悟真篇》曰：

> 三才相盗食其时，此是神仙道德机。万化既安诸虑息，百骸俱理证无为。①

全真派的创立者王重阳祖师②也说道："理透《阴符》三百字，搜通《道德》五千言。"③

三、"三才相盗"的思想强调了人的道德、自律方面的重要性。所谓"君子得之固躬，小人得之轻命"④，明确地指出了在利用自然的同一进程中，人类的道德取向不同，可能产生截然不同的结果。明代的刘伯温(1368—1644)在《郁离子》⑤中说道：

> 只有圣人才真正懂得盗。盗，不是"发藏取物"，主要是"执其权，用其力"。如春种秋收，高处建房，低地凿池，水上行舟，因风作帆。

> 一般人不懂得盗，以至于"遏其机，逆其气"，甚至只知道无限制地盗取自然界的物质，这就必然造成"物尽而藏竭"。

古老的道家智慧与道教思想，是否能够启谛我们的心灵，重新确定人在大

---

① 《道藏》263：28.17a(第 57 章)。参见托马斯·克里里：《悟真篇》，第 116 页。"Mutual stealing among the three powers"翻译成"三才相盗"。

② 有关王重阳(王哲)和全真派，以及《阴符经》在这一派中的地位，参见姚道中(Tao-chung Yao)：《全真：12 和 13 世纪期间中国北方的一个新道派》("Ch'üan-chen [Quanzhen]: A New Sect in North China during the Twelfth and Thirteenth Centuries")，Ph. D. diss.，University of Arizona，1980。也可参见姚道中：《全真派》("Quanzhen-Complete Perfection")，载于利维雅·科恩著《道教手册》。

③ 《重阳全真集》3，13/7b。感谢夏威夷大学的姚道中提供资料。

④ 《道德经》，第四十一章。

⑤ 我不知道这本书以及下面的引文。

自然中的作用与地位呢？这将有待更多的智士哲人去思索。但不管如何，道教这些充满智慧的思想结晶，必将成为人类精神文明的重要成果。

（汉译英：林开健[Yam Kah Kean]和徐文贤[Chee Boon Heng]）

（陈杰 译）

服食异物:以葛洪为例看修行者与自然的关系*

康儒伯

(Robert Ford Campany)

引　言

生态一词恰当地传达出了全球性的忧患意识。但是,在中国中世纪前期那些作者眼里,生态危机并非是公认的问题,也因此没有直接对它作出类似的、可为现在史家借鉴的回应。就广义而言,从前现代非西方宗教传统中,试图找出能直接用来解决现代史无前例的生态危机的办法,笔者对此持谨慎态度。人们可以想象得到,这场争论可能会变得更激烈,虽然我本人并非希望如此,但这种企图本身会把我们自己的思想行为模式带入困境之中。人们想要更少的消费品和方便,由于人性导致的这个结局未得到世界性的转变,我个人认为,我们解除生态危机的最大希望是在政治行为的指导下,谨慎、周密地使用技术,从而折回到把我们带入这场危机的道路上去。我们不能开历史的倒车,也不能沉迷于古代思想,借以阻止时时刻刻都在加速恶化的环境。

一方面,人们希望回到前现代、前科技时代人与自然的那种关系状态,另一方面,又急需用科技来操控自然的进程,二者之间的张力在炼丹

* 非常感谢爱德华·戴维斯(Edward Davis)、施舟人和玛丽·伊芙琳·塔克尔,特别要谢谢他们对这篇文章的积极回应。

时代就已出现。4世纪炼丹家葛洪(公元281—341)作品里所隐含的人与自然的关系证实了这一点。无须说别的,回顾炼丹时代人们对自然的态度,就可纠正20世纪学者和读者中盛行的观点,即认为道教传统只是《庄子》和老子写的《道德经》,而忽略了道教其他经典。炼丹术无疑是道教传统的一部分,但它对自然及自然物所持的态度与庄子和老子所崇尚的态度背道而驰。

以一个故事为例。

> 汉成帝时,猎者于终南山①中,见一人无衣服,身生黑毛,猎人见之,欲逐取之,而其人逾坑越谷,有如飞腾,不可逮及。于是乃密伺候其所在,合围得之,乃是妇人。问之,言我本是秦之宫人也,闻关东贼至,秦王出降,宫室烧燔,惊走入山,饥无所食,垂饿死,有一老翁教我食松叶松实,当时苦涩,后稍便之,遂使不饥不渴,冬不寒,夏不热。计此女定是秦王子婴宫人,至成帝之世,二百许岁,乃将归,以谷食之,初闻谷臭呕吐,累日乃安。如是二年许,身毛乃脱落,转老而死。向使不为人所得,便成仙人矣。②

葛洪讲这个故事③是想强调《抱朴子内篇》第十一篇的主题:自然药物在养性延命中的功效。但这个故事却跟葛洪以前援引的资料不一致,它把未经耕种的野生或自然食物与耕种的谷物进行了强烈的对比,前者延年益寿,后者导致死亡。一种是在山里吃的食物,在那里人们可不穿衣服,远离社会,另一种是在宫里或村落里吃的食物,在那里人们锦衣玉食,虽

---

① 位于长安的西部。

② NP 11/207;对照:Ware,194。(缩写说明见本书第113—114页。——译注)

③ 葛洪讲述的"长满黑毛的女人"(the Hairy Woman),在汉代《列仙传》里有类似的记述(HY294,2/7b—8a);参见康德谟:《列仙传》(*Le Lie sien Tchouan*[Biographies léendaires des immortels taoistes de l'antiquité], Pékin: Université de Paris, Publications du Centre d'Études Sinologiques de Pékin; reprint, Paris: Collége de France), 1987,第159—161页。《列仙传》与葛洪记述的不同之处主要在于:1. 妇人和老翁皆有名字,前者叫玉姜,后者叫谷春(在《列仙传》2/6b—7a里有他的传记;参见康德谟:《列仙传》,第157—158页;2. 妇人没被捕获,也没有吃谷物。就像《三洞群仙录》(HY 1238)20/9a6及其后面所想象的一样,她的传记隐含着她事实上真的得道成仙。《三洞群仙录》错误地引用了《神仙传》,就成了《列仙传》后来略有改动的一个版本。

处于某种囚禁状态，但那个嫔妃或那群猎人却曾为此苦苦追寻。

不幸的是，虽然道教始终站在自然的一面，但对那些急欲从这个故事得出老庄自然法的人而言，这里面所包含的自然与文明的二元对立，从一个侧面彰显了葛洪对待自然与自然物的复杂态度。

以葛洪①为代表的那种具有特殊传统的早期修炼，其精神实质可概括为"服食成仙"(salvation by ingestion)。在中世纪早期，食疗(dietary)是整个道教传统的主要部分，但事后看来，似乎只有葛洪著作里所描述的教派和修炼，才把服食作为修仙的关键。②

只有当问及服什么食物以及怎样获得这些食物、怎样准备这些食物时，葛洪对待自然的复杂立场才凸显出来。

---

① 广义而言，葛洪及其所倡导的传统才是真正的"道教"，参见我的《与天地共存：对葛洪"神仙传"的翻译和研究》(*To Live as Long as Heaven and Earth*: *A Translation and Study of Ge Hong's "Traditions of Divine transcendents"*, Berkeley and Los Angeles: University of California Press，即将出版)。但是，道教后来的确把他倡导的传统传承下去。为此，我不是像巴雷特(T. H. Barrett)和内森·席文的某些著作一样，完全忽略他，而是像贺碧来(Isabelle Robinet)那样对其做了深入的研究，参见巴雷特：《葛洪》("Ko Hung"), *Encyclopedia of Religion*, ed. Mircea Eliade, New York: Macmillan, 1987，第283—343页，和内森·席文：《论"道家"一词是引起混乱的根源》("On the Word 'Taoist' as a Source of Perplexity"), *History of Religions* 17, no. 3—4, 1978，第323—327页。参见贺碧来：《道教中的"上清"启示》(*La révélation du Shangqing dans l'histoire du taoisme*, 2 vols, Paris: Publications de l'Ecole Française d'Extrême Orient, 1984)，第一卷，第7—104页；另：《道教：一种宗教的发展》(*Taoism: Growth of a Religion*, trans. Phyllis Brooks, Stanford: Stanford University Press, 1997)，第78—113页。葛洪的"传统"在其师傅的藏书里有很好的描述，通过几个不同的宗派，可追溯至汉代早期，或许更早的时候，它包含了东部地区方士发展起来的比较松散的实践和理论体系(有时又声称优于这些实践和理论体系)。其主要经典有：《灵宝五符》(如今至少有部分保存在 HY 388 里)，记载了各种各样的草药及其他制药程序，还有进山采药所需的符箓；《太清金液神丹经》，一本炼丹的经书；《三皇文》；《五岳真形图》。

② 我的意思是，不管以何种方法加以界定，必须服什么样的食物以及怎样服食，才是实现宗教目的的重要实践活动。以天师为例，并通过对照，可看到以修仙为主的活动似乎是与神缔结联盟活动的翻版和发展，按照戒律和祈请仪式生活，就会长生不老(包括祈请消除因不可避免的守戒失败造成的恶果)。就本质而言，上清派与葛洪的传统最接近，但是，在修炼的关键之处却有些创新。对上清派而言，以修仙为主的活动主要通过观想，使个体与神仙界联系起来。服食金丹和药物只是一种度世工具，把道士从这个世界度向神仙高人为他们准备的另一个神仙境界。(格雷戈里·斯科芬(Gregory Schopen)在一个佛教例子里将其称为"圣书崇拜"——拥有圣书并崇拜圣书，则被允诺可直接得到超度——这种圣书崇拜在上清派的修炼中占据着很重要的位置。)对灵宝派而言，关键的修仙活动是相应的祭典仪式，这种仪式也包括圣书崇拜，等等。但是，所有这些都没有否认在天师派的戒律和禁忌里，饭食的规定依然有一席之地(比如，柏夷：《早期道经》，第42、50页)，也没有否认炼丹在上清派里依然有重要的作用(比如，米歇尔·斯特里克曼(Michel Strickmann)：《论陶弘景的炼丹术》["On the Alchemy of T'ao Hung-ching"]，载于《道教面面观》，第123—192页；柏夷：《早期道经》，第331—339页)。

服食奇异/自然之物，避免普通/文化之物

按照葛洪所说，求仙者所采集准备的植物和矿物有两大特点：首先，它们稀有，难得，生长在难以接近的地方；其次，它们有着奇异的特质，如利于健康、长寿，奇形怪状。在《抱朴子内篇》第十一篇里对“芝”的长篇论述就提供了许多相关的例子。“芝”这个词就含有神秘芳香的意思；很明显，它不是指“蘑菇”，而是指从岩石、树木、香草或真菌中长出来的一类物体（包括蘑菇[mashroom]）①。这些物体都有奇特的形状：它们呈人形或其他生物的形状；换句话说，从视觉和形态上而言，它们不同寻常，不易清楚地对其进行分类。如“石桂芝”，生于名山石穴中，“似桂树而实石也”，捣服之一斤得千岁也。“菌芝”，其状“或如宫室，或如车马，或如龙虎，或如人形，或如飞鸟”，服之，令人升仙，等等。在自家花园里找不到这些。从其描述上看，或许最难获得的是“石蜜芝”，即一些滴落的钟乳石，据说长在中岳嵩山的少室山石谷中。石蜜芝所在的岩层在深不见底的山谷中，以石投谷中，半日犹闻其声也。除了不易靠近它以外，还有一段描述说：“得服石蜜芝一斗者寿万岁。”葛洪继续说道：

> 诸道士共思惟其处，不可得往，唯当以碗器著劲竹木端以承取之，然竟未有能为之者。按此石户上刻题如此，前世必已有得之者。②

事实上，至今尚存的葛洪的《神仙传》，简略地记述了另外两位神仙——羡门大师和飞黄子大师，他们即为得道之人。③ 石户上的题字很好地说明了

---

① 威尔将其翻译成“excrescences”也不错。

② NP 11/198；参看 Ware，180—181。

③ 《太平御览》(988/5b)有与羡门大师相关的片段；《太平御览》(857/2a)有飞黄子的片段。常常被摘引而又重新编辑过的《神仙传》却没有他俩的传记。其他的传统文本把羡门大师归入到另外的修行行列中。在《抱朴子内篇》里就有三处提到他，一次是在谈及丹方时提到他。他也被收入上清派，位列仙班，因为南岳夫人跟杨曦解释说(《真诰》[HY 1010]14/16a 及其以后的内容)，他目前是“中君的神仙侍者”(a Transcendent Chamberlain of the [Lord of the] Central Prime)，而且向杨曦泄露了他的坟址——(从这段来看)无疑在庐山附近设有祭坛。

奇异之物的难以获得与效用之间的关系。明确提到难以获得之物有无以言表的好处，但是这些题字常常被刻在看似难以到达的地方：求得仙药之人要超凡脱俗，而且必须是最幸运、最有资格的有志之士。①

葛洪服食异物的另一特点就是使用“行厨”，对于那些知道怎样召唤精灵的人来说，随处都可吃到珍馐美食，召唤的本领使其容易得到遥远而稀有的食物。在《神仙传》里，我们看到神仙李根“坐致行厨能供二十人，皆精细之馔，四方奇异之物，非当地所有也”。② 在葛洪的《神仙传》里，有描写王远和麻姑的一段：

> 坐定，召进行厨，皆金盘玉杯，肴膳多是诸花果，而香气达于内外，擘脯行之，如柏灵③，云是麟脯也。④

值得一提的是，葛洪不是把这些奇异食物说成一种补品，而是用其替代日常生活中的主要食品。葛洪首先要换掉的是所有栽种的粮食，就像

① 这是“了解外象和深知玄技”的转义，这种转义出现在与“方士”有关的非常重要的文本里；参见康儒伯：《志怪：中国中古时代早期的奇闻逸事》(*Strange Writing: Anomaly Accounts in Early Medieval China*, Albany: State University of New York Press, 1996)，第280—294页。就像汉武帝时代的大多数传记一样，总是把异物昭示给读者(同样给统治者)，并足以使其相信异物的神奇和悦人心意之处，同时，还为那些符合秘传资格的人留有获取之法。

本章强调的还有一点，此点也将延续至下一章，那就是“大山”的特别之处，它是滋生药物和矿物质的地方，神秘、危险而又强大。除了 NP 11 和 NP 17 里记载的外，《神仙传》里的王烈是个很好的例子，它描述了大山是奇效物质的源泉，王烈正好碰上如粳米味的“青泥”，从雪崩引起的石缝中渗透出“像骨髓一样”的物质——这是葛洪所说的“芝”的生动写照。

② 可是，这段在《神仙传》更早的资料里没有记载。

③ 这种“柏灵”意指一种黑白相间、熊似的奇异动物，以铜铁为食(在《山海经》[*Classic of Mountains and Waters*]里曾提到过)，或者是一种似驴并与其同类的家养动物；参见《大汉和辞典》(*Dai kanwa jiten*, comp., Morohashi Tetsuji, rev. ed., Tokyo, 1984, 7/698b)。

④ 这种情境在下面早期的资料中有记载(稍晚时期的资料这里没有列举)：《北唐书钞》，虞世南(558—638)校订，于1888年用木板印刷出版，剪辑于宋时的手抄本，后又将1888年版摹写再版成两卷，台北：文海出版社，1962，145/5b；《轶闻类举》，欧阳询(557—641)等校订，王少英编辑的两卷点校本排印出版，北京：中华书局，1965，72/1242；《太平御览》，1935年商务印书馆根据宋代版本摹写再版，北京：中华书局，1992，862/6a；《初学记》，徐坚(Xu Jian, 659—729)等人校订，司义祖的三卷点校本排印出版，北京：中华书局，1962，26/642；《墉城集仙录》(HY 782)4/10b—13a。参见我即将出版的《与天地共存：对葛洪〈神仙传〉的翻译和研究》，里面有一系列完整的资料。

上面秦之宫人的故事里所描述的一样,[1]粮食代表整个文明化了的食物。他的著作里掺杂了辟谷的方法以及神仙故事中辟谷的好处(健康、长寿,甚至成仙)。[2] 他甚至声称他自己"就能辟谷,不吃五谷杂粮"[3]。他辟谷的方法(当然,就这些方法而言,在庞大的道教传统里,他并非是最先辟谷之人,也不是唯一的辟谷之人[4])有多种,[5]但很明显,他推崇用自然、未经耕种的植物代替粮食,认为它们有诱人的味道。有这些功效的野生植物包括天冬(asparagus root)[6]、黄精(Solomon's seal)[7]、苍术(atractylis)。[8]作为粮食的替代品,葛洪时代的修行者用得更多的,是服食充塞于宇宙时

① 她的故事将辟谷与居住在山林野地联系起来:正是在这些地方,道士才需要谷物以外的食物。将这些与葛洪相似的观点进行比较:他说那些入山不知防护的愚蠢之人很容易(在其他危险当中)"挨饿,而又不知辟谷之术"(NP 6/124;Ware,114);在其他地方,他又警告说:"若遭世荒,隐窜山林,知此法者,则可以不饿死。"(NP 15/266;Ware, 244)

② 《抱朴子内篇》第十五篇的开头部分对此进行了专题论述(Ware,243—249);还有一些章节也提到过,如第五篇(Ware,104)、第十一篇(Ware,196)、第十二篇(Ware,210)、第二十篇(Ware,320)。在《神仙传》里,辟谷成功且从中受益的道士有帛和、葛玄、介象、孔安国、孔元、鲁女生、沈建、太山老父、严青和左慈。一小部分例外反证了这条规则:吴母(Wu Mu)遇见一位孙大师,他在其山洞外栽种谷物和芝麻(但要注意的是,在葛洪的论著里,芝麻也成为谷物的替代品,因此,这里的文本也值得怀疑);白石先生也打破这条规则,破除其他饮食禁忌,吃肉、喝酒以及吃五谷杂粮。

③ NP 3/50;Ware,60。

④ 为了全面思考这个论题,参见吉恩·乐维(Jean Lévi):《论道教辟谷》("L'abstinence des céreales chez les Taoïstes),*Études Chinoises* 1,1983,第 13—47 页。道教里常常辟谷不吃的三种食物(但不是普遍现象)是谷物、肉类和酒,我在两篇已经发表的文章里对它们的象征意义进行了扩展,认为这种现象近似于死亡崇拜。一篇是 1995 年美国宗教学术会议上提交的论文《神仙与圣人足迹之比较》("Comparing Traces of Transcendence and Eminence"),另一篇是 1996 年美国宗教学术会议上提交的论文《中国中世纪早期特殊的死亡、普通的死亡和不死》("The Special Dead, the Ordinary Dead, and the Undead in Early Medieval China")。施舟人在《清与浊:中古道教变动不定的界限》("Purity and Strangers: Shifting Boundaries in Medieval Taoism", *T'oung Pao* 80,1994,第 61—81 页)和祈泰履在《放肆的崇拜和血腥食物:传统中国的祭祀、互惠和暴力》(第 185—211 页)里也对这个方面进行了阐述。

⑤ 我在葛洪的著作里还发现一个观点,这个观点在别的地方也很普遍,那就是,应避免吃谷物,因为谷物是寄生在人体里的"三尸"或"三虫"的食物。在 NP 15/266(Ware, 243)中,葛洪对此问题作了明确的阐述,他说欲得长生,肠中当清。参见我的论文《与天地共存:对葛洪〈神仙传〉的翻译和研究》中的一部分,我认为在这样的文本里,"谷物"通常意味着"普通食物"。

⑥ 在 NP 11/2a(Ware, 178)里,将其作为多余消费的谷物的补充。

⑦ 在 NP 11/2a(Ware, 179)里,他指出黄精也有这样的功效,但效力不及苍术。

⑧ 葛洪重申道,在汉代的《淮南万毕术》里,"术"已经被认为是谷物的替代品。康德谟(《列仙传》(第 65—67 页)指出,芝麻(胡麻,又名巨胜)自从引入中国后,就发挥着类似的功用。

空中的“气”和“精”，比如，在午夜和正午之间运行的生气，[①]或者星气[②]，或者六甲之精气[③]。如果摄取足够的精气，修行者最终会炼成“胎息”，再不需要外界的营养，靠自己净化了的气息和唾液即可生存。[④]

这种胎息不是人类的发明，而是人类模仿某种长寿动物所致，这些动物可以不食但能生存很长时间。中世纪流传的故事说，在森林中迷路的人们观察到乌龟或蛇在黎明或黄昏之际，朝东方伸长脖子吞气（由是产生行气或导引）。葛洪引用了一个现在完全遗失了的奇闻逸事集，即陈氏写的《异闻记》。[⑤] 有个叫张广定的人，遭逢乱世而经常逃避，有一小女儿，

---

① 葛洪在炼气中最常用的词语是行气，似乎常常将其用于所有修炼当中。修炼时，吞气（有时借助于观想），使气流系统地在人体内循环。在 NP 8/149—150 (Ware，139—140）里，葛洪对行气的要旨作了很好的阐述；而且，在 NP15 里，开篇即讲食气可代替服食。（也可与 NP 5/114[Ware，105]里修炼元气的重要性进行对照。）至少早在葛洪时代前的五个世纪里，中国就有人利用各种各样的调气、采气以延年益寿，可参考《庄子》、《老子》、《淮南子》和其他文本的有关内容（见柏夷：《早期道经》，69n，38，70n. 39）。在道教任何一个文本里，这种炼气一定要借助宇宙及天体演化之元气（元气；参见薛爱华[Edward H. Schafer]：《步虚：唐代奔赴星辰之路》[*Pacing the Void : T'ang Approaches to the Stars*, Berkeley and Los Angeles: University of California Press, 1977]，第 21—33 页；贺碧来：《道教冥想》[*Méditation taoïste*, Paris: Dervy Livres, 1979]，第 32 页及其以后第 129 页及其以后；柏夷：《早期道经》，125n. ，188—194，207n. ）：道士更换掉这些低级地带的污浊之气，数日后代之的是更高的宇宙空间里、宇宙之初的清明元气，这些元气也是神仙享用之气。从广义上的修炼来看，参见尤特·恩格尔哈特（Ute Engelhardt）：《气功的古典传统》（*Die klassische Tradition der Qi-übungen*[*Qigong*], Wiesbaden: Franz Steiner Verlag, 1987）；尤特·恩格尔哈特：《气对生命的意义：唐代的长生思想》（“Qi for Life: Longevity in the Tang”），载于《道教的冥想与养生术》（*Taoist Meditation and Longevity Technigues*, ed. Livia Kohn, Michigan Monographs in Chinese Studies), no. 61，第 263—296 页 (Ann Arbor: Center for Chinese Studies, 1989)（《云笈七签》里保存的唐代的文本[HY1026]33 和 57]）；亨利·马伯乐（Henri Maspero）：《道教和中国宗教》（*Taoism and Chinese Religion*, trans. Frank A. Kierman, Jr. , Amherst: University of Massachusetts Press, 1981)，第 460—541 页。

② 正如 NP 15/267 和 Ware，246 里描述的一样。

③ NP 15/267 和 Ware，246 里也有描述。

④ 在《神仙传》里，葛洪认为胎息术为黄华（Huang Hua）道士传授。胎息翻译成英语可译为“embryonic respiration”或者“womb breathing”。在道教的大传统里，胎息是行自然之气，随着历史的变迁，胎息法经历了巨大的变化。葛洪（NP 8/139；Ware，139）似乎认为胎息是长期“行气”后的最高顶点——一种最高成就，此时，修炼之人最终能“不以鼻口嘘吸，如在胞胎之中”。他还说他的大伯葛玄能在水下运用胎息之法呆很长时间。更多有关胎息修炼的细节和历史见不同的道教经典，参见亨利·马伯乐：《道教和中国宗教》，第 459—505 页；尤特·恩格尔哈特：《气功的古典传统》，第 109—121 页；尤特·恩格尔哈特：《气对生命的意义：唐代的长生思想》，第 287 页；施舟人：《道教身体》，第 157 页；柏夷：《早期道经》，第 315 页。

⑤ 引语见于 NP 3/48（Ware，57—58）。《抱朴子内篇》第三篇也描述了道士可以长生的其他方法，如模仿动物。《异闻记》里只遗存了一部分，参见康儒伯：《志怪：中国中古时代早期的奇闻逸事》，第 43 页。在《博物志》10/111（第 322 条）里也有结构相似的故事，本质上相同的故事是《太平御览》（69/1b 的第 172 条）中的《幽明录》（*Youming lu*）。故事如下：人有山行坠涧者，无出路，饥饿欲死；见龟蛇甚多，朝暮引颈向四方，人因学之，遂不饥。体殊轻便，能登岩岸。经数年后，竦身举臂，遂超出涧上，即得还家。颜色悦泽，颇更聪慧。洎食谷，啖滋味，百日复其本质。

不能自已走路过河，又不能挑她背她，估计抛弃她必定会饿死。不愿让她的残骸遗骨暴露在野外，故张氏将其放置到一古墓里，给她留有约摸可吃喝数月的干粮和水，想在今后再返回时收其尸骨。三年后，他得以还归故乡，发现她在墓里还活着(虽然开始认为她是鬼)。问及缘由，她说发现墓穴一角有一动物伸着脖子吞气，便试着效仿它，转而不再饥饿。这个动物竟是一只大乌龟。如我们所想象的，故事结尾强调文明化的食物对野外居住者的伤害："女出食谷，初小腹痛呕逆，久许乃习。"

葛洪坚持效法的许多修行者，不仅仅是为了避免吃普通食品、寻找奇异食物才离开社会和家庭而住在山上，还因为在后来的时代里，整个社会环境已经恶化：社会从原始的"淳朴"状态堕落成"巧伪"状态，在这种"巧伪"状态下，"道"以及追寻"道"的人受到质疑和诽谤。①（所有这些都是葛洪对人们所熟悉的道家社会退化论的翻版。）很明显，正是通过以烹饪为基础的这种比喻，即通过吃腐烂发臭的肉与不食肉的对比，葛洪描绘了社会和自然之间存在的鸿沟："山林之中非有道也，而为道者必入山林，诚欲远彼腥膻，而即此清净也。"②

以此看来，葛洪对自然和自然物的态度可概括为烹饪式的"回归自然的运动"，"自然"代表一种更纯净、更高级的营养物。但是至此所回顾的只是接下来要讲的一个序曲。通过进一步的分析我们就会发现，如果认为他一直持那种观点，那就大错特错了。

---

① NP 3/186 (Ware,169—170)。事实上，问话者与葛洪的回答有助于阐释葛洪的神仙传记与《列仙传》的最大区别：汉代文本里记述的相当一部分人物都会为这样那样的统治者服务，虽然有时暗含着他们的目标与其统治者之间的一种张力，但是通常情况是没有的；相反，葛洪则在政界和求仙者之间划了一道明显的鸿沟。康儒伯的《志怪：中国中古时代早期的奇闻逸事》的第 305 页对这种差别作了简要的评论，我在《与天地共存：对葛洪〈神仙传〉的翻译和研究》里将更加深入地谈及这种差别。

② NP 10/186 (对比 Ware,171)。葛洪在《抱朴子内篇》里有几处都谈到要人们放弃显赫的社会地位，转而求仙，比如，第十二篇(特别是 Ware 的第 200—201、205 和 209 页翻译的那段)，第十四篇(Ware,227)。还有一个更基本的观点与此相连，就是"外界引起的困惑"，根据葛洪的观点，这种困惑最终导致极端的，又不被大家认同的血祭的产生，血祭被作为解决问题的一种途径。参见 NP 9 开篇对相似问题的讨论。与这种对外部精神力量的"外在"依赖相对照，葛洪则坚持"命在其中，不系于外"(NP 9/170; Ware, 152)。最后，葛洪在其他地方阐述了退隐山林、远避世俗、炼就金丹的原因，例如，在 NP 4/84—85(Ware, 93)中。

加工自然物:修炼者对方法的改进

> 若徒有信道之心,而无益己之业,年命在孤虚之下,[1]体有损伤之危,则三尸因其衰月危日,入绝命病乡之时,招呼邪气,妄延鬼魅,来作殃害。[2]

在与此相似的段落里,葛洪告诫那些不愿修炼延年之人,说他们是傻子。他完全反对两种观点,一是我们应该“乐天知命”,二是我们应该“齐生死”。他的反对基于人们对《老子》和《庄子》肤浅的解读,而这种解读又被当时流行的“玄学”到处传播,“玄学”则是那些“从经文转而关注哲学”之人的产物。他讥讽道:“今察诸有此谈者,被疾病则遽针灸,冒危险则甚畏死。”他指出,庄周尽管劝告不要参与政治(为了保全自我),自己却不能齐生死。[3]“且夫深入九泉之下,长夜罔极,始为蝼蚁之粮,终与尘壤合体”,死后的凄凉景象促使我们“弃置不急之事,以修玄妙之业”。[4]

成仙是可能的,但必须勤修,必须付出大量艰辛的劳动,这不是别人能代替完成的事业。[5] 葛洪假对话者之口设问:“古之仙人者,皆由学以得之,将特禀异气耶?”抱朴子答曰:“是何言欤?”[6]成仙并非自然而然的

---

① 这只是松散地表达了“延命在孤虚之下”,NP 16/297 n. 43 对其作了阐释。

② NP 15/271; Ware, 252。

③ NP 14/253—254; Ware, 228—229。NP 16/286(Ware, 267)里,将他和他师傅对老子不贵难得之货的诠释进行对比。

④ NP 14/254(Ware, 229)。

⑤ 因此,葛洪反对通过祈愿、祭祷或礼祭神灵等方式“购买”长生,他的态度既不同于大众化的殿堂祭祀(他在 NP 9 里对此进行责骂),也不同于天师的祈求长生(关于这点,参见我的论文《以书为生:公元 4 世纪逃避“命”的五十种方法》["Living Off the Books: Fifty Ways to Dodge Ming in the Fourth Century C. E."],这是 1998 年亚洲研究协会召开研讨会时提交的论文)。与他所坚持的“命在其中,不系于外”(NP 9/170[Ware, 152])形成对照。Anna Sidel 敏锐地提出(《从古墓葬书里探寻汉代宗教的足迹》["Traces of Han Religion in Funeral Texts Found in Tombs"], *Dōkyō to shūkyō bunka*, ed. Akizuki Kan'ei, 第 21—57 页, Tokyo: Hirakawa, 1987, 第 232 页),道教事实上是一种自助(jiriki)宗教,个人必须通过自己的力量获得拯救——虽然在同一篇文章里,她继续阐述了超度死者的祭礼的重要性,因为死者再也不可能超度自己。

⑥ NP 13/239(Ware, 212)。

事，必须积极地追求，任何人都可通过努力得道成仙（似乎有点矛盾）。[①]因此，常被人们引用的大胆宣言“我命在我不在天”[②]，呼唤的既是一份自我责任，又是一份自我强力。因此，葛洪坚持认为神仙并非不同于人类：“知长生之可得，仙人之无种耳。”[③]

如我们所见，葛洪认为求仙者住在山上、野地，在那儿不仅能找到自然、奇异之物，还能避免社会俗事的伤害。但这种从文明转向自然的观点并非代表他的整个思想。葛洪坚持认为，自然之物缺乏那种经过炼制合成的金丹所具有的功效，还认为求仙者要平安进山，依然需要神符的庇护，而且，还必须找到另外一种社会环境，以证仙道。

较之于其他可食之物以及成仙之法，葛洪显然更看重金丹：

---

① 这种矛盾似乎消解在倒果为因（post hoc ergo propter hoc）的主张里，认为只要拥有圣书或遇到名师，就注定得到了命运的青睐。在《神仙传》里，神仙们在山里遇到新入道者，都会大致说上这样的话：“既然你能遇到我，你注定能得道成仙。”很多文本，包括葛洪著作里的一部分，都声称只有那些够条件的人才能拥有圣书或读懂它们——这种启示可以为读者释疑解难！在 NP 11（Ware，197）、NP 12（Ware，203—204）、NP 14（Ware，227）以及《神仙传》里，阐述的大意是合适的“命”是成仙的必要条件。例如，在 NP 12（Ware，203—204）里对其作了阐释；关于这个主题，参见我未出版的论文《以书为生：公元 4 世纪逃避“命”的五十种方法》。

② 引自 NP 16/287（Ware，269）的龟甲文。与葛洪主张（就像 NP 14/252［Ware，227］）必须求之至勤者才能找到好的师傅相对照。

③ NP 5/110（Ware，97）。比较一下他在《神仙传》里反对老君夸大的那种人物的神性（他认为那种人物只是比其他人更了解求仙之术，而非原初的神人或天仙）：“这种想法源于近几代的修炼者，他们热爱那些奇异、不可思议的事物，也正是他们对老君的崇敬与崇拜之情才促使他们创造了那些事物。事实上，就其本质而言，我认为老子确实是率先得道之人，而非另一种人类……认为老子原本就是一个神或一个守护神的观点源于那些浅见的修炼者，他们希望把老子说成不同于我们的神仙，这样就会使后辈效法他；他们没有意识到，这样做会使人们不相信可以通过修炼达到长生之境。为什么呢？如果主张老子是得道之人，那么，人们就会尽力去效法他：如果主张他是一个不同于我们的神或守护神，那么人们就不能通过修炼达到与其相似的成就。”在我即将出版的有关《神仙传》的翻译和研究一书的注释里，对文本所作的评论阐释了这个问题，翻译基于对《法苑珠林》（［T 2122］31/520b）和《太平广记》（重版，上海：扫叶山房印行［Saoye shanfang yinhang］，1930，1.1）的比较。

> 或问曰:“世有服食药物,行气导引[①],不免死者,何也?”抱朴子答曰:“不得金丹,但服草木之药及修小术者,可以延年迟死耳,不得仙也。”[②]

但是,葛洪在阐明这种观点时,批判了他所在时代刮起的“自然之风”,这在《内篇》“黄白卷十六”里直接体现出来。他假自己之口,问难他的老师郑隐:“何不饵世间金银而化作之?作之则非真,非真则诈伪也。”郑隐先以金银昂贵应之,接着语出惊人:“化作之金,乃是诸药之精,胜于自然者也。”[③]如果金子是神奇的自然之物,那么炼制出来的金丹更是神奇。黄山子也持这种态度,宣称“天地有金,我能作之”。[④]

葛洪惊诧于人类超自然的能力。他感叹道:“夫变化之术,何所不为。”把人提升到比别的生物更高的地位,“人之为物,贵性最灵”——虽然他紧接着又论说男女易形,变化为其他生物(更不用说他引用了很多例子说明动物之间变化而为异物)。[⑤] 由此,他推论出:“变化者,乃天地之自然,何为嫌金银之不可以异物作乎?”既然万物之灵的人类都能变化成其他生物,那么贵重金属之金银为何不能用其他东西来炼制呢?

他驳斥崇尚自然之物、反对金丹神药之徒的主要论点是(第十六篇多

① “导引”一词出现在近三十年挖掘的战国晚期和汉代早期的文本里(参见何志国[He Zhiguo]和维维恩·洛[Vivienne Lo]:《通道:对西汉时期油画人物的初步考察》[“The Channels: A Preliminary Examination of a Lacquered Figurine from the Western Han Period”], *Early China* 21, 1996,81—124.87 n.12 and 116—122),它包含了范围极广的体育运动(有关这方面的内容,参见凯瑟琳·得斯佩克斯[Catherine Despeux]:《体育:古老的传统》[“Gymnastics: The Ancient Tradition”],载于《道教冥想》,第225—262页;亨利·马伯乐:《道教和中国宗教》,第542页及其以后)。在《神仙传》里,葛洪把彭祖当做最早修炼导引之术的人,其叙述清楚地表明他所知道的“导”和“引”是集中心念,引气行体中。在NP里,葛洪有几处都对其作了评论。在第三篇(Ware, 53,58)里,他断言导引源于人们模仿像龟、鹤这样的长寿动物。在第四篇(Ware,81)里,他认为作为长生方法之一的导引次于金丹。与此类似,在第五篇(Ware,103)里,他列出其他几种神奇的、可以免害的保健术,但它们都次于主要的仙术。NP 15/274(Ware,257)里的一段似乎列举了几种主要的导引术。

② NP 13/243(Ware, 219)。在NP其他地方和《神仙传》有关吕恭和刘根的故事里也有相似的观点。

③ NP 16/286(Ware, 267—268)。

④ NP 16/287(Ware, 269)。黄山子这个人物很模糊,在葛洪现存的其他著作里也曾提到过,如《神仙传》的彭祖传里就有只言片语,言其传承和修炼了神仙之术,成为地仙。

⑤ 有关此点的意义,更多的见于康儒伯的《志怪:中国中古时代早期的奇闻逸事》第8章。

次谈到),动物、植物、矿物变化之后,其性质和功能并非不同于自然之物。用阳燧所取得的太阳之火和方诸所取得的月亮之水,与普通的火与水没有什么不同;成功炼制的金子与自然的真金有同样功效,“此则得夫自然之道也。故其能之,何谓诈乎?”[①]葛洪说,“诈”(骗人的东西)一词只适用于外表发生变化,而内部没有发生变化的事物。

总之,自然之物对得道成仙而言,虽是必需之物,但是还不够证及仙道。只有通过炼丹家的劳动,将自然之物的药力结合起来,由此增大它们的力量,功效才能达到最好。正如四十多年前伊利亚德(Mircea Eliade)所说:

> 炼金术延续并实现了人类古老的梦想,在优化物的同时也优化了人类自身……人们在承担起改变自然这份责任时,将自己融入时间之流;在地球深处需要千万年才能“成熟”的金子,冶金家和炼丹者却声称可在几周之内炼制而成。[②]

虽然是利用自然之物,但通过加快速度,炼丹家对其进行了改良。

当我们考察葛洪的著作以及通过师徒关系传承下来的传统时,明显可以看到人类在处理自然物质时技术的关键作用。

对葛洪及其所代表的传统而言,山上不仅藏有神奇的矿物、植物,还有神书;世界极远之地不仅有奇珍异宝,还是秘笈所藏之地。[③] 因此,在古老的《黄白之方》经卷中,当考察所住地周边环境及其山林时,既能采集到神药,又能收集到神书。道书之重者,莫过于《三皇内文》,用它“以劾召万神”[④]。《九转丹》、《金液经》等炼丹的经书以及如何使用它们的玄奥说

---

① NP 16/286(Ware, 268)。

② 伊利亚德:《冶炼和鼎炉:金丹的起源和构成》(*The Forge and the Crucible: The Origins and Structures of Alchemy*, 2d., trans. Stephen Corrin, Chicago: University of Chicago Press, 1978; 1956年初版时的书名是“金丹的冶炼”[*Forgerons et alchimistes*]),第169页。

③ 这可能就是常说的“前自然主义”,因为他自己的立场已经表明这一点。对葛洪而言,那些最珍贵、最有效的著作不是来源于文化社会,而是自然界。

④ NP 18/323(Ware, 302—303)。

明，全都在昆仑山五城之内，用玉函装着。[①] 事实上，葛洪写道：

> 诸名山五岳，皆有此书（如《三皇内文》和《五岳真形图》），但藏之于石室幽隐之地，应得道者，入山精诚思之，则山神自开山，令人见之……[②]

他继续以《神仙传》里讲述得很完整的帛和的故事为例，帛和的师傅教他：

> "……汝于此石室中，可熟视石壁，久久当见文字，见则读之，得到道矣。"帛和面壁三年后，才看见古人刻在上面的《太清经》[③]。他潜心诵读，[④]因而得道成仙。[⑤]

虽然山中的内室藏有神书，道士们还需要其他书指导他们安全进入山里。不能只把自己的身体当成修炼的源泉：这只可能对少数幸运者有效，如秦之宫人和张广定之女，她们刚好获得如何在荒野之地保护自己的启迪。他告诫求仙者要加倍小心，须佩戴避邪的东西，因为"不知入山法者，多遇祸害"。总之，"不可轻入山也"。[⑥] 怎么渲染葛洪描述的山野之地的"自然"都不为过，他认为"自然"不是一幅平静的山水画，而是可怕的危险之地，只有白痴才在没有武器装备的情况下涉险，其中，最厉害的武

---

① NP 18/324（Ware, 303）。

② NP 19/336（Ware, 314）。

③ 这是《太平御览》187 和《初学记》24 的引文。但是《太平御览》663 却有另一种记述，而且《仙元变珠》（HY 596）也非常赞同："那些字是古人刻上去的，内容是炼仙丹的方法，来自于《太清中经神丹方》、《三皇天文大字》和《五岳真形图》，这些都显现在石壁上。帛和牢记所有的内容，但有些地方却不明白。因此，王君口头给予阐释，进而告诉他会在林虑山上成为地仙。"

④ 这是《太平御览》的版本；在另一个早期版本《初学记》里，是"他反复诵它们"。不管是"读"还是"诵"，都包含了"读"的意思，在诵读时，要虔诚地发出声来，诵读前还要净身、焚香等，并不是现代人所习惯的那种简单的默念。

⑤ 《神仙传》里关于帛和的这段翻译主要参照《太平御览》187/4a 和《初学记》24/585。至于其他资料，可参见我的《与天地共存：对葛洪〈神仙传〉的翻译和研究》。人们也可能会记起它在 HY388 里最原初的传奇故事，是葛洪遗著里格式化的文本；部分翻译和讨论，参见柏夷：《梅花泉和洞穴通道》（"The Peach Flower Font and the Grotto Passage"）, *Journal of the American Oriental Society*, 106, 1986, 第 65—77 页。

⑥ NP 17/299（Ware, 279—280）。

器就是符。老君所传的各种神符最有效,因为上面所写的是天文,诸符都是神明所传授。[①] 符的威力是使隐蔽的芝类和仙草显现,没有灵符,这些宝物又会隐蔽化去。符还能保护入山之人不受虎狼毒虫等野生动物、厉鬼以及所有逡巡在这片土地上的妒忌者的伤害,可以使修行者召唤当地山神。镜子也能帮助看清大山里神仙鬼怪的真面目:若是仙人以及慈善的山神,则在镜中显现人形;若是鸟兽邪魅,则在镜中现出原形真貌。[②]

最后,修行者在修炼时还必须找到指导修炼的道书——"方"和"法",它们是很特别、隐秘且相当怪异的"方术"(术——这是葛洪常用的词语)。没有道书的指引,求道无望;葛洪认为道士绝不可能轻而易举地制作道书,或不经努力、不历经千辛万险,可以碰巧发现道书。只有跟师一段时间,老师觉得他是可造之才,才会授书于他。授书时必须歃血盟誓,也只有这样才能得到所有的秘文奇术。同时,必须经过口授,才能完善书上所写内容。[③]

以死的方式与自然相融,这是最自然的事。自己的躯体被他物吞噬,然后归于尘土。[④] 葛洪写作的全部目的是让读者远离这种命运,转向他认为可能的选择,即掌握超越死亡的方术。化作之金胜于自然之金,炼金者在自然的基础上将其优化;山里不仅藏有修行者所需的仙草矿物,还有给予指导的神书;符文可以使所有的有害精灵、山林鬼怪现出原形,臣服于符文持有者。如果说,葛洪开始好像在呼喊回归自然,喜欢自然之物的纯净,排斥文明之物的腐蚀;喜欢搜寻或采集食物的生活方式,而不喜欢耕作的生活方式,那么,现在,他似乎又站在自然/文化二元论的反面,强调人类不同的转化之术,用以转化自然之物。

---

① NP 19/335(Ware, 313)。葛洪继续提出他那个时代的符文传写有误,因为几乎再没有人读懂它们;虽然如此,他还是提出最先是道士、尔后成仙的介象能读符文(而且,现存《神仙传》里介象部分也有记载)。

② 参见 NP 17;在 NP 11(Ware, 179, 185—186)和 NP 13(Ware, 219)里,也有段落谈及符文是入山的先决条件。

③ NP 14 和 NP 20 的主题就是需要明师。比如,有关口传的重要性,参见 Ware, 271。

④ 然而,要注意的是,葛洪和很多同时代的人绝不是用自然主义的术语来描述死亡过程和死后灵魂的命运,也就是说,他们可说得上完全带有官僚政治的性质。正因为这种尴尬的处境,葛洪及所在的群体同样有官僚政治的解决之道。参见康儒伯:《以书为生:公元 4 世纪逃避"命"的五十种方法》,以及里面摘引的著作。

事实上，自然/文化二元论，哪一方面都不足以说明葛洪对自然的态度，因为描述他思想的二元论本身就是种错误。我会提出几个理由说明我的这个结论。

用世间法超越世间

葛洪善于将可资利用的自然之物转化成可食之物，并赋予转化之物以超越自然和人世间的能力。但，他这样做依靠的却是自然而然生长的物质和文明传承的技术，而所有这些都源于其所要超越的世界。如果我们归纳修行者如何看待时空交织的世界及其互动的旋律，就能清楚地发现，只有在一个相互关联的思想框架里，才可能实现对那个框架的超越。

首先，正如施舟人和贺碧来（Isabelle Robinet）所指出的，道教主要的工作媒介是自己的身体，从结构而言，它是个小宇宙，事实上，这一点从多个方面显示了出来。葛洪承继了道教里这种普遍的观点。他的著作至少从两种意义上表明身体是小宇宙这一特点：一是将身体比做国家；二是认为身体是由五行和合而成，它们的颜色对应于一年四季。①

其次，真正的炼丹过程及其背后的理论——把具有特殊颜色和名称的特殊药物加以混合，②谨慎地遵守特定的时间、炼丹地的空间方位——所有这些都是建立在汉代以前就流行的五行、阴阳、时空相应的理论上。这都是众所周知的事，无须赘述。③

第三，修行者的每个转化阶段——不仅指真正的炼丹过程，还包括采药、成丹，④修行者的斋戒以及服药时间——都须与日月的自然节奏

① NP 18/326（Ware，307）的第一段，NP 15/275（Ware，259—260）的第二段。

② 在 NP 4 和 NP 17 里，在“五行”与“五石”对应时，葛洪用于炼丹的诸药中有两种药物不同（在 NP17 里用雌黄代替了慈石）。

③ 特别要参见李约瑟和席文：《内丹的理论背景》（“The Theoretical Background of Elixir Alchemy”），*Science and Civilisation in China*，ed. Joseph Needham，vol. 5，no. 4，Cambridge：Cambridge University Press，1980，第 210—322 页。

④ 在 NP 11 里，到处都举例说明某种药物或矿物质会在六十甲子的某个特别的日子获得，在 NP 17 里讲述了入山或试图在那儿做事的忌日或吉日。这些都是道士们获得所依赖的自然物质的额外的方法，它们非常有限。

一致。[1]

第四，修行者进行这项长时间工作的先决条件是出生在一个很吉祥的日子，从而接受了先天的命和气。[2] 实际上，自我修炼进程始于胚胎，此时，他那独特的天资相互联系，开始聚集在一起。

另外，为了说明可以成仙，他宣称金丹有奇世功效，其成丹只可能发生在特定交织的时空里，而且，每一步都须依赖周围的自然和社会环境。自然环境是药物的来源，亲属关系和师徒关系构成的社会环境是行动的源泉。不管是自然环境，还是社会环境，葛洪及其信徒都不可能超越这个世界，最多是短时间摆脱尘世。相反，在向其目标迈进每一步时，都要感谢这个世界。即使成仙以后，作为读者的我们也只能通过他们在这个世界（自然界和社会）留下的"足迹"而知道此事，这些"足迹"就靠像葛洪和传记家这样的作者传给后辈。[3] 所有超越这个世界的道路都只能在这个世界找到；通向彼岸的路始于此岸。

服食异物：结尾事项

缩写

HY 《道教文献集作者和题目索引》（*Combined Indices to the Authors and Titles of Books in Two Collections of Taoist Literature*），王图前（Wang Tu-chien）编，Harvard Yenching Sinological Index Series, no. 25, Beijing: Yanjing University, 1925。书里摘引的《道藏》的著作是按照这本索引书里的编号。

NP 《抱朴子内篇》，王明编，北京：中华书局，1985。按照章节或页码摘引。

---

① 在五行体系里，时空紧密联系在一起，几乎任何一个时间名称都隐含着一个空间，反之亦然，比如，春天（或黎明）暗指东方。

② 就像上面所讲的，葛洪并非常常把这些当做成功的绝对前提，反而多次叙述了决定天资的天地的重要性。

③ 虽然我在这里用的是阳性代词，但是，早期就有女性成仙的记载；我的《与天地共存：对葛洪〈神仙传〉的翻译和研究》里有例为证，并对其进行了论述。

T 《大正新修大藏经》(*Taishō shinshū daizōkyō*, Tokyo, 1922—1933)。根据原文编号摘引。

Ware 詹姆斯·威尔(James R. Ware):《公元320年中国的炼丹术、医药和宗教:葛洪的〈抱朴子内篇〉》(*Alchemy, Medicine and Religion in the China of A.D. 320: The Nei P'ien of Ko Hung*), Cambridge, Mass.: MIT Press, 1966; Reprint, New York: Dover, 1981。按照页码摘引。

约定俗成

所有翻译都是笔者译的。传统成形的中文著作,摘引时根据其册数以及对开的页码,用"a"和"b"分别表示右页和左页(如《太平御览》857/2a,表示《太平御览》的857对开页的第二页右边)。当摘录葛洪的《内篇》时,虽然我没有摘引威尔的翻译,但还是提供其书中《内篇》有关摘引章节的位置,以便读者参考其上下文。

(陈杰 译)

本编讨论：道教经典里有哪些生态思想

苗建时　王岗　爱德华·戴维斯

(James Miller，Richard G. Wang，Edward Davis)

引　言

这组论文的目的，如施舟人所说，“用事实证明道教和生态有着比自然哲学更丰富的内涵”。因此，这篇评论旨在通过全面审视这几位学者在自己研究的经典里挖掘的生态思想，确定这更丰富的内涵究竟是什么。还需指出的是，这些论文所持立场都是基于他们对文本的研究。这个理由并不仅仅是对每位作者渊博知识的信任。由于作者们用生态的眼光来看这些经典，所以他们挖掘出一些真正重要的道教生态思想，而非牵强附会地从道教经典里摘取只言片语的有关生态的语言。而且，这个结论的前提是道教的传统经典里早已孕育着真正的生态意识。这种潜在的生态意识通过三个主题清晰地表现出来：1. 人在宇宙生态系统中的职责；2. 内在景观的精神生态；3. 道教里人类超越并融入自然的宗教问题。

人在宇宙生态系统中的职责

众所周知，中国的宇宙观断言，天、地、人是宇宙中三个相互关联的恒量。其中，人最有灵气，是天(阳)、地(阴)互动的产物。张载《西铭》的著名论断“乾父坤母，民胞物与”明确表达了这一观点，但这一表述把儒家的“心”也置于宇宙的整个联系之中。黎志添、张继禹、李远国以及施舟人通过对比，对道教主流文化里这个观点所隐含的生态思想进行了考察。这个观点并不深奥，也不复杂，而是为道教宗教文化的实际职责确立了一个标准。

黎志添对《太平经》“中和”思想的研究指出，维持和谐的责任完全落在人的肩上。王岗在对黎志添的论点作出回应时说道：“在《太平经》里，维持天地之气的平和以及保护万物的自然生长和发展，是人类担负的巨大责任和艰巨的任务。”没有什么比得上这最后一着棋（final resort），那就是“机器神”（a deus ex machina）。儒家对中国人的这种绝对预想的世界观给予的理想回应，是用实际的政策推动自然环境的和谐，同时提升人的道德。但道教则是避开儒家的政治策略和心灵提升，着重于在人的三维空间里实现“三合相通”。这就是为什么黎志添将万物自然作为和谐的标准，以及为什么施舟人认为他所研究的戒律实是“无为”的定则（我们必须避免任何有碍宇宙生态系统中相通的行为）的原因。万物都须因任自然，我们应让这一持久不衰而有说服力的宗旨完全成为生态学的主旋律。但是，正如王岗所强调的，这与《道德经》和《庄子》里天道无为不同，这些经典里存在的生态思想有着比自然哲学、政策和心理学更丰富的内涵：它是人对宇宙环境的和谐所持的一种宗教态度。

内在景观的精神生态

张继禹和李远国对《阴符经》的深入研究，清楚地说明了这种宗教态度所蕴含的内容。“三才相盗”的理论用具体的事例描述了宇宙生态系统的运转情况。“盗”的观点认为，与其开发有限的资源，不如谨慎地利用权力。其根本的前提完全是生态性的，即我们对环境施与的行为本质上是施与给我们自己。在宇宙系统里，万物之间的力量是不可分的。

这个先决条件是施舟人“精神生态学”的核心，很明显，他要我们注意节制：“道在我，非在其他。”因此，道教经典里第二个生态主题就是身体景观。从宇宙生态系统所隐含的主要观点来看，个人的物质形态也需要关注和修炼。道教的身心修炼完成了重要的宗教旨归，也因此实现了生态学目的。个人的宗教生活最终不可能与其周围的环境分开。

超越与融入

如果宗教生活最终不可能与其周围的环境分开是事实，那么，接下来的问题就是如何将自然生态科学与道教的宗教修炼调和起来。康儒伯对葛洪思想里自然这一概念的详细分析回答了这一问题。其论点主要是：自然界实质上是不自然的，或是“奇异的”，这就意味着超越的可能性已经存在，它隐含在自然之物里：“所有超越这个世界的道路都只能在这个世界找到；通向彼岸的路始于此岸。”这是一个生态主题，因为它把在林奈静态分类系统（Static Scheme of Linnaean Taxonomy）中不可能理解的自然之易变性作为其核心。如果自然界真正的自然物是奇异的——它本身就具有了超越性——那么，这就直接隐含了我们如何看待自己与自然之间的关系的问题。事实上，这种关系不仅要当做一种生态关系，而且是一种精神关系。葛洪著作里的生态思想不单单是指我们已融入在我们的环境里，而是这种融入正好是我们超越环境的方式。

爱德华·戴维斯对康儒伯的观点作出了回应，提出超越的几个逻辑性进程：首先，“‘自然界’提供了成仙的基本物质”；其次，“葛洪对自然物和超自然物的拒绝，揭示了明显的人类中心主义立场”；第三步必定具有宗教性：自然界隐藏着神秘**文书**（written texts）。在最为严肃的中国宇宙生成论的精髓里可能有这些文书的自然起因。但是，只有当它们以一定的文化形式呈现，如书写的中国文字，它们对人类才有用，也才能被人类理解。同样地，这些文书可能自然存在于它们隐藏的山岩里，但只有通过人类文化这一媒介——通过师徒关系、道德价值观以及像符这样的书写形式等媒介——我们或我们当中应得之人才能获得这些文书，也才能理解它们，得到它们所拥有的自然力的加持。自然/文化二元论就此被推翻、被超越，就像道士企图超越这个世界一样，现在这个世界被理解为包括自然和文化。

这里有一个至关重要的严肃问题，即超越自然是否真是一个生态学主题。我们在自然秩序中究竟处于什么地位？生态要求我们在认识上进行一场哥白尼革命，难道不是这样吗？难道我们不应该把人类超越自然的这种启蒙意识，换成一种生态意识吗？即在所有生命编织的网里，我们只是自然的一部分。道教对此事的态度必定具有宗教性，赞成超越的观点。但是，这种观点不是神圣物对人的超越或人对自然的超越，而是孕育在生命自身里的那种先天的自我超越能力。道教徒认为发展进程是回归式的：自然反复地自我生成。这是一种自然生态观，但却有超越的成分。最后，自然界的奇异之物使我们拥有一种惊奇和敬重的态度。

结　论

生态思想是道教的主要内容，但这些思想已远远超越一种自然哲学。它包含以下几方面：1. 天地人在宇宙中相互依赖；2. 把身体看成一个精神生态系统；3. 对神奇的自然拥有宗教性的敬畏。这三个主题都已受到宗教的浸润。事实上，道教经典里的生态思想真的完全是道教存在的基础。

（陈杰　译）

文化背景中的道教与生态

梅花树:环保实践、民间宗教与道教

E. N. 安德森
(E. N. Anderson)

摘 要

道教与信仰的复杂性密切相关,这种信仰构成了中国传统宗教。在精神或(广义的)“宗教”术语中,对土地、水、植物和动物资源的实际管理已颇具代表性。风水、神树、地方保护神以及乡村的节庆已与平常的实际耕作和资源管理不可分割地联系在一起,虽是从宗教的角度讨论地形,但还是基于纯经验的内容。把外来者称做“超自然”,可以有效地说服个体成为自然资源保护主义者——如采取行动时考虑长远而广泛的利益,而非短期、狭窄的利益。管理这个世界需要对所有实体及其行为彻底地了解和正确地认识。

这意味着要对早期中国哲学进行研究。众所周知,在孔子、孟子的著作和《礼记》里,已有直接保护自然资源的禁令。道教看重内在体验,其宇宙论颇有远见,极富想象力。但是,很明显,道教通过接受宇宙在不断地生成和转化万物这一世界观,赞成中国传统中有关环境的思想。比如,道教认同先前已有的思想,即认真对待人与万物之间的相互作用,真诚感激万物(不管是“自然”还是“超自然”)。道教还激励人们要高度重视人类行为的复杂性以及人类与万物之间的情感。

一

我的梅花树生长在门前，灰白色的花朵伸向一月暗淡的天空。拂晓时分，花朵在乌云的衬托下泛出淡淡的粉红色；夜幕降临，花朵疏透着月色：一束束月光撒播在大地上。花瓣凋零，飘落在植物园和人行道上。在打扫完门前的台阶后，我摇晃着梅花树，让已凋谢的花瓣落下。

数世纪以来，梅花树一直是道教的象征。寒冬时节开花，傲视霜雪。为了测试中国人的品味，我用花瓣上的积雪沏茶，茶随即散发出淡淡的康乃馨似的幽香。

早期道教思想里有对生态这一问题的思考。那些圣人虽然更多地是关心内在的心性，即“内在景观”，但是，他们同时也关心社会生活。就像同时代的其他思想家一样，他们关心社会如何从个体中产生。他们关注“性”(nature)，此“性”是基本人性意义上的性及其与宇宙的关系——不是西方意义上的“性”。(“Nature”在英语里相当难定义，更不用说翻译成古代汉语。或许最接近的汉语对等词是“天下”和“万物”，但是，它们与西方“自然作家”及“自然主义者”所谈论的“自然”并不是很接近。)非人类的事物虽可用做例子，但很少把它们自己当做目的。①

二

相较于(那时或以后)的其他文章，孟子在牛山的故事里，对中国的环境状况及其问题作了更多的描述。② 牛山曾经是森林覆盖、草木茂盛的一座山，由于树木渐被砍伐，然后，又在那儿放牧牛羊，吃掉嫩草和小树苗，牛山就成了光秃秃的山。在所有环境保护主义者的著作里，孟子用细致

① 有关道教历史和生态的一般的哲学问题，参见艾兰：《龟之形：早期中国的神话、艺术和宇宙》(*The Shape of the Turtle: Myth, Art, and Cosmos in Early China*, Albany: State University of New York, 1991)，以及她的《水之道与德之端》；《亚洲传统思想中的自然：环境哲学论文》；贺碧来：《道教：一种宗教的发展》；罗尔夫·石泰安：《微观世界：远东宗教思想中的花园和住所》。

② 《孟子》(*Mencius*)，刘殿爵译，Harmondsworth, England: Penguin, 1970，第164—165页。

入微的洞察力，将牛山与我们这些可怜的人类相比较—— 我们的本性是善的，但我们的生命却被扼杀、禁锢。① 这不仅仅是一种类比。孟子的观察精确地揭示了对山脉的管理失当所造成的恶果，类似于管理人类不当所造成的灾难性后果。这其中基本的原则(甚至是宇宙原则)是一样的。

当然，正如幅员辽阔而农业又高度发展的中国一样，每一个人类群落都不得不面临环境恶化的问题。因此，他们都发展了具有相当深度而又复杂的生态学，并已将其作为文化的一部分。这样的科学与其说是一种正式的科学，不如说是一种民间性质的科学。但，人种史已揭示出，即使在最简单而又不怎么发达的社会里，这种民间性质的科学也得到了非常系统而又详细的阐述。② 像中国这样的民族，早在远古时代就有了对土壤、水和动植物的管理传统。

现代人所谓的"宗教性"一词，在这种民间系统化的思想里常用"生态知识"(ecological knowledge)来表达。有关神灵的启示以及实际的水文学、林学的启示往往与宇宙论有机地结合在一起。在中国早期的著作如《山海经》里，可以看到这种融合。③ 在《山海经》里，有生动的自然史和人种史，还掺杂了大量来自萨满教的知识。

这样的宇宙论可能是哲学和宗教之祖；至少，哲学和宗教起源于民间广泛流行的宇宙论。无论是否如此，包括道教和儒家在内的中国古代哲学已有许多关于非人类自然环境的思考，以及人如何与之相处的评论。鉴于早期中国环境的实际状况，此篇论文准备探讨道教和儒家处理环境问题的某些方面。

孟子时代的中国，相较于一个世纪后的中国，人更少，地域更辽阔。这片土地包括黄河、长江流域的盆地以及邻近的大山和沿海平原。当时，

---

① 《孟子》(*Mencius*)，刘殿爵译，Harmondsworth，England：Penguin，1970，第164页。

② 可参见这些评论，如丹尼尔·贝茨(Daniel Bates)：《人类的适应策略：生态、文化和政治》(*Human Adaptive Strategies：Ecology，Culture，and Politics*，Boston：Allyn and Bacon，1988)；菲克·伯克斯(Fikert Berkes)：《神圣生态：传统生态智慧与资源管理》(*Sacred Ecology：Traditional Ecological Knowledge and Resource Management*，Philadelphia：Taylor and Francis，1999)；布伦特·柏林(Brent Berlin)：《人种生物学分类》(*Ethnobiological Classification*，Princeton：Princeton University Press，1992)。

③ 《山海经》(*The Classic of Mountains and Seas*)，trans. Anne Birrell，New York：Penguin，1999。

文明高度发达而又富饶的核心地区主要包括华北平原及与其接壤的山脉、渭水流域、从四川中部到长江流域。早期的中国绝不是孤立封闭的,这些边缘地带很容易产生精神和物质产品。

然而,到那个时代为止,中国的核心居住区进入了农耕和城市化的时代。荒野已经被开垦:引水灌溉,构筑梯田,国家富强。但依然保留着一片片沼泽地、河边的森林以及崎岖不平的草地。孟子的故事显示出(考古学家也认定)许多小山的树木曾被完全砍光。没人记得那些平原以前是否曾是森林覆盖。我们依然不知道华北平原和黄土高坡当时的森林覆盖面积究竟是多少。① 为了打猎,广泛地放火烧毁森林(就像在《列子》里看到的一样)。② 猎场非常重要——为了举行仪式化的狩猎,不得不禁猎动物。猎场看守人为了狩猎必须保护野生动物。③

一般的人以农耕为生。列子把农耕称做"盗天地之时利"④;在具有生态意识的篇章里,他认为农民从上天那里"盗"雨水灌溉庄稼,"陆盗禽兽,水盗鱼鳖"。上天宽容这样的盗贼,聪明的盗贼注重收获上天的赐予。《列子》故事里那个愚笨的盗贼很快发现社会不容忍偷盗别人积蓄的财富。有很多类似的故事都表明农业具有宇宙性,所有哲学家都把农业当做最普遍、最广泛的人类活动。另一方面,这个故事也说明,农耕非常依赖自然界不可预知的雨量和气候的变化。中国晚些时候的农业对环境的掌控极其精确独到,在道教作者的年代还未达到这样的水平。他们知道灌溉,无疑也听说过南方水稻栽培的复杂程序,但是,他们过着简单的生活。与早些时候的观点相反,中国的农业灌溉很晚才得到高度发展,秦汉

---

① 正式记录在册的事实支撑了何炳棣的观点,他认为山西内部和陕西那些干旱的黄土地原来是草地和丛林。参见何炳棣:《东方的摇篮》(*The Cradle of the East*, Hong Kong: Chinese University of Hong Kong Press; Chicago: University of Chicago Press, 1975);E. N. 安德森:《中国的食物》(*The Food of China*, New Haven: Yale University Press, 1988)。在稍远的东边和大山深处,森林很茂盛。我们不知道群落交错区在什么地方。

② 葛瑞汉翻译的《列子》,第46页。

③ 葛瑞汉:《庄子:内篇》(*Chung-Tzu : The Inner Chapters*), London: George Allen and Unwin, 1981,第118页。涉及《庄子》的所有内容都是参照葛瑞汉的翻译,其翻译除进行了重新调整外,是最精确、最有用的版本。有关猎场看守人的论题,参见刘殿爵翻译的《孟子》,第106页。

④ 葛瑞汉翻译的《列子》,第30页。

时期发生了关键性的变革。[①] 战国时代，中国北部的农业并非是那种令人难以置信的精耕细作，那种使后来的考察者金(F. H. King)和巴克(J. L. Buck)感到惊奇的精耕细作。[②] 那时，田地非常狭窄，庄稼品种少，收成相当低。各种各样的粟米，主要是狐尾草的粟米(Setaria italica)，是黄河流域的主要农作物和主食。南方的长江流域，农业似乎高度发展，稻谷是主产品，到处是一片片的稻田，而且掌握了灌溉技术。(如果最近的发现所确定的时期是正确的话，在公元前 8000 年，长江流域就开始栽种水稻。虽然粟米是重要的副食品，但早在公元前 400 年以前，水稻就是南方的主食。)

粟米和稻谷都可酿酒——一种米酒(从技术上而言是一种啤酒或淡色啤酒，但常常翻译成"wine")。早期道教徒完全忽略了这种物质(也很少注意大麻和其他药物)。中国诗人对酒的钟爱是更晚的事，可追溯至后来汉代动荡不安的时期。那时还未有如今重要的农产品，如高粱、玉米、马铃薯。[③]

水稻的收成很低。从汉代政府对收成提高 2—3 倍的那种喜悦来看，粟米大概每公顷产 500 千克。[④] 水稻收成一定更高。20 世纪初期，一片灌溉好的稻田每公顷收获稻谷 2 500 千克，[⑤]而公元前 400 或 300 年前，长江流域较低洼的稻田已经能收获那么多，因为那时土地更加肥沃，已兴建了水利。

气候的变化给农作物带来灾难，因而发生了饥荒。生态变化致使动物毁灭，害虫开始猖獗。这就是我们阅读到的蝗虫大灾难。

大豆技术虽然很快发展起来，但那时还未达到顶峰。虽然已开始使用简单的发酵产品，但像酱油和豆腐这样真正的科技奇迹只有在我们这

---

① 参见 E. N. 安德森:《中国的食物》;弗朗西斯卡·布雷(Francesca Bray):《中国科技与文明》,第六卷,第二部分,《农业》(*Agriculture*, Cambridge: Cambridge University Press, 1984)。

② 金:《四十个世纪的农民》(*Farmers of Forty Centuries*, New York: Mrs. F. H. King, 1911);巴克:《中国的土地利用》(*Land Utilization in China*, Chicago: University of Chicago Press, 1937)。

③ 可能已有高粱,但肯定不重要。

④ E. N. 安德森:《中国的食物》;弗朗西斯卡·布雷:《中国科技与文明》,第六卷,第二部分,《农业》。

⑤ E. N. 安德森:《中国的食物》;巴克:《中国的土地利用》。

个时代末或更晚的时候才被人们掌握。① 人们认为豆类是低级产品,不如水稻和粟米②。

葫芦很普遍,而且是道教最显著的标志。③ 锦葵和蓟是常见的植物,但都属于相当低等的一类;后来地位进一步下降,以至于纯粹成为杂草。那时的家畜和现在基本差不多。

贵族在自己巨大的猎场里游猎。他们主要的游猎目标是鹿——这种生物栖息在动荡的环境里,生活在再生的草地以及烧焦的山丘上。生长在古老画面里的动物,如貘、犀牛、大象,都已经灭绝(汉代的诗歌虽提到它们,但差不多视它们如凤凰和龙一般,往往出现在夸张而又浪漫的情境里)。普通百姓几乎不敢奢望能打到比野兔和野鸡更高等的动物。《列子》里有一个关于鹿和梦的故事,"郑人"打到一头鹿,竟然"不胜其喜"。④

《礼记》里描述的祭祀和盛宴常涉及肉类,尤其是猪肉,还有牛肉、各种各样的禽肉以及羊肉。粟米虽然是祭祀中主要的粮食,但小麦和稻谷也很重要。最近挖掘的汉景帝的坟墓证实了这一点,里面发现了无数马、牛、羊、猪、狗和鸡的陶瓷模型。粮食大部分都是粟米,但已确定那时已有高粱(在相当早的记载里,高粱是非洲的土产),还有别的粮食。⑤

《诗经》提到的野生植物已经是人居之地栽种的植物。《楚辞》⑥里提到的植物更多的是杂草,未栽种的多是空地或灌木篱墙边生长的那些植物。

自战国时代晚期开始,市场、城市、军队以及引人注目的政治经济活动如雨后春笋,均得到蓬勃发展。道教徒(以及那些葛瑞汉称为原始人和农夫的思想家)并未从中获益。《道德经》中的理想国是与世隔绝的小国

① 有一种观点认为豆腐是道教的副产品,由淮南王或者道教炼养家发明,这一点还未证实,几乎可以肯定它是错误的(参见安德森:《中国的食物》)。另一方面,最近十年才出现汉代豆腐的有关资料。

② 葛瑞汉翻译的《列子》,第124页。

③ 吉瑞德:《早期道教中的神话和意义》。

④ 葛瑞汉翻译的《列子》,第69页。

⑤ 据说花生的发现令人惊奇,如果要证实的话,那就是花生是南美的土特产;参见王宝平(Wang Baoping):《中国西安附近皇陵里的出土文物》("*Excavations of Emperor's Tombs near Xi'an, China*", lecture, University of California, Riverside, 11 May 1998)。

⑥ 《楚辞:南方颂》(*Ch'u Tz'u: The Songs of the South*, ed. and trans. David Hawkes, Oxford: Oxford University Press, 1959)。

寡民社会,鸡犬之声相闻,民至老死不相往来。[①] 这样的村庄至今还有。我曾经参访过一些遥远偏僻的地方,黄宗智(Philip Huang)告诉我,他参观的一个中国北部的小山村几乎没有村民去过邻村那么远的地方,而且,真正是鸡犬之声相闻的邻村。[②]

人们拥有从大的庄园到小的私有农场的土地规模。战国时期采用了不同的土地政策。所有早期的资料都显示出人类曾栖息在树上,过着狩猎和采集的生活,后来共同拥有了一些土地。但是,战国晚期,已广泛地建立起了小型的自耕农场,有自给自足以及可供出售的农产品。不久以后,秦汉宣布了"农业为国之本"的方针。当然,土地改革运行不良,在历史长河中几乎没有记载。[③]

生态危机并非现在才有。古代的中国早已有之,就像现在一样,整个世界——也就是,中国人所称做的"天下"——都有这种状况。汉代,农耕破坏了排水系统,导致洪水和干旱。人口增加——公元 2 世纪第一次人口普查,汉朝有 6 000 万人口。汉代之前,人口似乎就是一个实质性的问题,战国时代晚期的一些国家人口似乎相当密集。那时常闹饥荒,这个国度的大部分地区由于较原始的耕作致使收成不能满足众多的人口所需。即便是收成好一点的长江流域,一些地方也相当贫瘠。

位于干旱地区的秦国,常受到剧烈变化的气候的影响,所以,非常重视农业政策。当秦国征服了其他诸侯,成为"天下"真正的帝国时,农业便成为每个地方关注的焦点。建立在秦朝基础上的汉朝大力发展农业,发动了一次真正的绿色革命,这是世界上第一次绿色革命。[④]在这次革命过程中,汉代实际上制定了农业发展方针,并将其作为一种理念,一个优先考虑的事件。他们完善了人们长久以来使用的粮仓系统,建立籍田,皇室

---

① 比较韩禄伯:《老子德道经》(*Lao-Tzu Te-Tao Ching*, New York: Ballantine Books, 1989),第 156 页(引自马王堆版本;王弼版本也相似,就像我们从很多翻译本中了解的一样)。厄秀娜已经完成了英文本《老子:〈道德经〉,一本关于道及道之力量的书》(Lao Tzu: *Tao Te Ching*, *A Book about the Way and the Power of the Way*, Boston: Shambhala, 1997);也可参见目前的书籍。

② 黄宗智,个人交流。

③ 伊莱亚斯·图玛(Elias Tuma):《二十六个世纪的土地改革》(*Twenty-Six Centuries of Agrarian Reform*, Berkeley and Los Angeles: University of California Press, 1965)。

④ E. N. 安德森:《中国的食物》;弗朗西斯卡·布雷:《中国科技与文明》,第六卷,第二部分,《农业》。

及各地政府执耒耜亲自试验耕种，研制出高产粮食，发展了高产的生产程序。主要的改革年代是在公元前180—前120年之间。人们普遍认为早期道家和儒家的大部分经典正是在这个时期编辑而成的，自然也就保存和强调了有关自然、宇宙论和自然保护的相关内容，编辑成书就更凸显了这种关注。学界普遍认为汉代的生态危机以及成功解决这种危机的各种措施影响了这些经典。

三

人们可以随意区分理解环境的三种方式。第一，直接的观察，准确的描述；第二，直接合理的推论——虽然常出错，但它是直接建立在经验的基础上，尤其是因果关系的基础之上。人们根据对这个世界的预想，推断出与之有关的变量。因此，按照中国民间的逻辑思维，一株非常巨大而又古老的树必定有一种特别的神力，一段塌陷的坡体必是动了龙脉。这是一种完美的逻辑推论，一种假定这个世界居住着神灵的万物有灵论。万物有灵论，假如古代中国人因它而获得知识，那么，它就是认识这个世界最简便、最合理的方式。① 我们现在不相信万物有灵，我们对世界的认识大部分来自仪器的观察，而这些仪器是古代没有的。

第三，有种环境信仰，它并非来自直接、真实的观察和经验，而是来自想象、幻想和梦境，或者是对直接而固有的知识进行间接空泛的扩展（不管是否有逻辑性）。因此，如果人们推断出有龙，那就可以在梦境和幻想的基础上推断出越来越多的事物。这样，人们远离了经验中的现实世界。与自然打交道越少，奇思异想就越多。农夫和渔夫即便推知山里有龙，他们的生活依然必须建立在真实的经验上；然而，哲学家和牧师却可超越现象世界中的事实而虚构。（我明白自己是一个彻头彻尾的“亚里士多德派学者”——可以说是传统的中国人的——观点，它们与柏拉图主义刚好相反。确实如此。）

---

① 关于万物有灵论的逻辑推论，参见爱德华·泰勒（Edward Tylor）：《原始文化》（*Primitive Culture*，London：John Murray，1871）。

那个时代的“道教”作者或多或少都在回顾过去，正是汉代的学者在几个世纪后的著作里才把道家限定为一个学派。与道家有关的主要作者和著作存有共同的脉络、相同的思路。特别是后来被称做“道家”的最主要的著作《庄子》和具有神秘色彩的《道德经》。两者都经汇编而成，而非出自一人之手的作品。《庄子》里的大部分内容都出自一人之手，据推测可能是庄周自己的作品（“子”在此是“哲学家”之意），这部分就是著名的《内篇》。其他篇章不仅反映出是后来不同的人所著，还显示出不同的哲学体系。这些篇章的作者只是在知识体系上与“道家”有一定的联系，他们身上打上了“原始主义”和“平均主义”的烙印。这些篇章包含了一些最有趣的自然观察。《道德经》虽然更是一部综合性的作品，但简短而富有神秘感。另一部有趣的作品是《列子》，汉代编辑而成，以寓言故事的形式进行说教，或多或少都承袭了《庄子》的传统，但也反映了自己的一套观点。

由此可以看出，真正有自己经典和科仪的道教出现在汉代，因为可预料的变革和重释而延续到了今天。其经典著作如今已有成千上万卷（特别参看本书的第二部分论文）。

很明显，在一定程度上，可以说早期道教对自然环境的思考是建立在已有的民间信仰上的。而且，早期道士写得更多的是自然环境的超自然方面，而不是自然的一面。我们听得更多的是神树，而非普通的树；更多的是凤凰和龙，而非真正的动物；更多的是道士能驾驭或控制的风，而非真正的风。即使《庄子》里那个极具自然主义色彩的故事——在这个故事里，猎人认为捕获了自己，①且表达了“食物链”的观念——却依然有神鸟异鹊（葛瑞汉将之翻译成“鹊”[magpie]）的存在。像水这样的自然物质，常用其比喻或象征的意义。我们不是生活在《诗经》的世界里，《诗经》里对动植物精确入微的观察，展现了在更早的世纪里有关中国自然的内容。

在我所熟知的道教作者里，庄子对自然界的观察最敏锐。但即便如此，他对动植物的观察也很少具有现实性。他给我们描述了一个大得可

① 葛瑞汉：《庄子：内篇》，第118页。

以做一艘船的葫芦、“其大若垂天之云”[1]的鹏以及无数因巨大和奇形异状而没有用处的树——不像那些能结出果实、有其他用途的真正的树。[2]自然是幻想、想象以及象征的源泉,不需要记录一个真实的世界。死人变成“鼠肝”或“虫臂”[3]——在生态术语中,这是令人怀疑的变化;其论点是他们又重回到万物巨大的变化之流中。猿和大树的真实故事与龙的传说交织在一起。[4] 庄子最著名的故事,如鱼之乐、梦蝶[5]、龟宁生而毋死,虽被忽略,但从生物学的角度看,几乎没有事实可言。[6] 井底之蛙虽有现实性,但遭遇东海之龟却非事实。[7] 鸟和鲋鱼的愿望虽描述得相当实际,但那些愿望几乎不是为了那些动物。[8]

庄子虽然不足以称为一位自然历史学家,但他所使用的自然不只是一种比喻,而是真正动态的类比。对中国早期的哲学家而言,类比绝非偶然,或牵强附会,而是一种有机的、系统化的对等关系,这种对等关系是建立在真实联系的基础上的。优秀的哲学家知道什么是偶然,它与真实的表现相反——就像《孟子》里牛山的故事一样。明显相同或类似的事物表明了相同的气、礼或其他宇宙力量的运行状态。[9]

列子也告诉我们一些平静得出奇的动物界的故事,[10]或被驯服以为帝王作战的动物的故事,[11]有关化人的故事,[12]或极度不切实际的变化之术的故事。[13] 列子描述的一系列奇异的转化源于庄子,[14]但在列子的书里得

---

① 葛瑞汉:《庄子:内篇》,第46—47页。

② 同上书,第73页。

③ 同上书,第88页。

④ 同上书,第120—121页。

⑤ 同上书,第61页。

⑥ 同上书,第120—123页,等等。

⑦ 同上书,第155页。

⑧ 同上书,第189页;庄子与自然和谐的名声,部分源于收讫在《庄子》里的尚古主义和平均地权主义的文本。只有从这个术语广义上的信仰融合来看,其他的才属于道教。

⑨ 参见艾兰:《水之道与德之端》。

⑩ 葛瑞汉翻译的《列子》,第42—43页。

⑪ 同上书,第54页。

⑫ 同上书,第111页。

⑬ 同上书,第98—99页;第99页上的变化似乎可信,当柑橘移植到淮之北,则变为次等而又矮小的枳。可能是用矮小的枳说明不足以移植。在淮之北,嫁接剪下的嫩芽会冻死,而移栽的根可能生长;李约瑟等:《中国的科技与文明》,vol. 6, part1: *Botany*。

⑭ 葛瑞汉:《庄子:内篇》,第184页。

到了延展。[1] 庄子对死的现实态度及其冷静接受的态度，使书里的自然主义遭到质疑，但这种态度很快就被衍生的思想取代，这种衍生思想使人们很容易相信那些篇章之言。[2]

一般说来，早期道教思想的宇宙观和“自然”具有幻想、幻影和想象的特征。吉瑞德、艾兰和其他作者给我们介绍了一个原初混沌的世界，那里有巨大的葫芦，有西王母及仙桃，有飞翔的凤凰。[3] 在后来的几个世纪里，祭祀神灵和神仙的仪式更是走至极端。[4] 许多真正有价值的医学也由此产生，伴随而至的还有许多不确定而令人怀疑的知识。

罗伯志(Robber Zhi)在驳斥儒家学说的篇章里，对人类的进化有一个合理的架构，但那却不属于真正的道教思想。[5] 后来道教虽作了回应，[6] 但所回应的似乎是古代中国普遍拥有的信仰，而非道教特有的观点。

或许李约瑟的论点言之有理，道教虽为中国的自然科学奠定了基础，但却不是自然科学。我决不会被最近抨击李约瑟的那位人士所说服。李约瑟除了合理的怀疑以外，还是揭示出中国的自然科学发展得非常好，而且大部分源于道教实践。比如，炼金术无疑导致了严肃的化学和医学实践的产生；房中术、长生术和各种药物都通过相当科学的方式，进行了详细深入的研究(特别是与同时代的西方相比)；植物学孕育在与道教有关的医学著作里。[7] 不过，大多数道教著作都具有宗教的特征，这些著作讲述圣人、神灵、启示和神迹的故事。[8]

---

① 葛瑞汉：《列子》，第 21—22 页。

② 同上书，第 35 页。

③ 吉瑞德：《早期道教中的神话和意义》；艾兰：《龟之形：早期中国的神话、艺术和宇宙》和《水之道与德之端》。

④ 如《淮南子》里所载：参见安乐哲：《治国之术》(*The Art of Rulership*, Albany: State University of New York, 1994)；白光华(Charles Le Blanc)，《〈淮南子〉：汉初哲学思想的综合》(*Huai Nan Tzu : Philosophical Synthesis in Early Han Thought*, Hong Kong: Chinese University of Hong Kong Press, 1985)；约翰·梅杰：《汉初思想中的天和地》。比较利维雅·科恩：《道教体验》；贺碧来：《道教：一种宗教的发展》；施舟人：《道教身体》；尉迟酣(Holmes Welch)：《道的分歧》(*The Parting of the Way*, Boston: Beacon Press, 1957)。

⑤ 葛瑞汉：《庄子：内篇》，第 237 页。

⑥ 安乐哲：《治国之术》，第 16—19 页。

⑦ 李约瑟等：《中国的科技与文明》。

⑧ 参见朱迪思·伯尔兹(Judith Boltz)：《10—17 世纪道教文献通论》(*A Survey of Taoist Literature: Tenth to Seventeenth Centuries*, China Research Monograph 32, Berkeley: Institute of East Asian Studies, University of California, Berkeley, 1987)。

艺术也许和自然科学一样拥有相同的源泉。中国后期的艺术，如颜色鲜明、精确刻画、寓意深远的山水画和静物写生画，很明显受到道教强烈的影响。然而，早期的中国艺术和晚期的道教艺术描绘的均是远离日常现实生活的幻想中的景致和人类。① 牧溪（Mu Qi）的柿子不只是具有道教的特征，而且是多个世纪以来道教、禅、民间信仰和绘画传统相互作用的产物，这些传统共同成为中国立教立言的基础。同样，中国传统中描述自然的那些无与伦比的诗歌应追溯到《诗经》，而不是道教的先师。

道教徒自己说道：相马不在乎马的外形体貌——他把黄色的母马说成是黑色的公马，因为他“在其内而忘其外”②。

道教神秘的生态学源于更广泛的神秘地理学和宇宙论，③不可能与之隔绝。战国时期和汉代的中国人，透过现实的帏幕，注意到灵魂的游历（参见《楚辞》）、神话般的野兽、神人和神秘的转化等虚幻的场景。不管是从现代美国人的角度出发，还是从孟子的角度而言，此处没有环境保护意识的迹象，而是期望超越真实世界，让自己与玄妙的道处于和谐之中——道是感知到的事实背后的一种演绎。具体地讲，《道德经》里实质上没有谈论自然，只是告诉读者要合于道。像犀牛、老虎这样的自然之物，只是譬喻之物。④ 如上所述，对道士状态的描述只是一个例外。

相对而言，从孔子的狩猎规则到《孟子》和《礼记》，儒家传统显示出人们真正认识、理解了与自然和谐共处的道理，并有这种和谐共处的强烈愿望。与“自然”最贴近的词就是“性”，此处的意思是包括非人类在内。孟子讲述的牛山的故事，用非人类和人类世界的比较进行推理论证，在后来的道教里都可找到它们的影子。⑤ 这里，是儒家在前，而非道教。很明显，大家普遍相信“性”的存在。对自然资源的保护通过仪式表现出来，并通过仪式使其得到大家共同的认可。孟子是这些思想最主要和关键的源

---

① 比较艾兰：《水之道与德之端》；鲁惟一（Michael Loewe）：《天堂之路》（*Ways to Paradise*, London: George Allen and Unwin, 1979）；约翰·梅杰：《汉初思想中的天和地》。

② 葛瑞汉翻译的《列子》，第170页。

③ 艾兰：《龟之形：早期中国的神话、艺术和宇宙》；鲁惟一：《天堂之路》。

④ 参见韩禄伯：《老子德道经》，第122页。

⑤ 参见，比如《淮南子》；引证可见安乐哲：《治国之术》，第16—19页。

泉。[1] 较之于以前或以后的环境保护主义者，他更加懂得，对个人和国家而言，必须进行环境保护的实践原因和精神理由。

汉代早期（公元前 2 世纪），所有不同的经典都处于编撰和成形之中，到那时为止，环境管理是“礼”的核心（通常将之翻译成“礼仪”，实为“社会形式”）。《礼记》讲到：“孟春之月，命祀山林川泽，牺牲毋用牝。禁止伐木。毋覆巢，毋杀孩虫。”[2]山林川泽是动物最喜欢的藏身之所。整篇文章无疑具有自然资源保护的特色。这些禁令遵循了孔子和孟子的教义——虽然还未成为神圣的戒律，但神圣得足以指导祭祀活动和宗教实践。自然资源的保护已成为神圣的责任。

第四册的整个部分，即《月令》[3]，记载了不同月份所应遵循的规则。这部分摘自《春秋》，并有所增添。（不管《春秋》是否是孔子编撰，它始终具有儒家的传统。道家却将之折中运用，整合到《淮南子》里。[4]）祭祀、狩猎、耕作及其他活动都与华北平原的自然节律一致（华北平原大概与美国中西部的地理一致）。比如，春天，“毋覆巢，毋杀孩虫、胎、夭、飞鸟、毋麛，毋卵”[5]。这些都是合理的规则，既有生态意义，又有宗教情怀；既符合猎人们的共同感受，又合乎自然规律。如果人们在春天行秋令，田间会长满杂草，实践经验和宗教仪式上的错位都会有相同的结果。季春之际，禁止撒网，禁止伐桑树，以饲养桑蚕；[6]冬季，山林薮泽，有能取蔬食、田猎禽兽者，野虞教导之。[7] 皇帝吃季节性的食物，比如，秋季吃大麻种子（不是麻药，而是食物的那种种子）和狗肉。[8]按照季节安排守护游猎区、捕鱼区和森林的野虞。[9]

总之，《礼记》对资源管理和自然保护带有宗教性的禁令进行了非常

---

① 刘殿爵翻译的《孟子》，第 51—52、61—62、106 页，等等。

② 理雅各翻译的《礼记》，此书翻译综合了 1885 年的原版和新资料；在第 220—221 页有更进一步的措施。

③ 同上书，最近版本的第 249—310 页。

④ 约翰·梅杰：《汉初思想中的天和地》，第 217—268 页。

⑤ 理雅各翻译的《礼记》，第 265 页。

⑥ 同上注。

⑦ 同上书，第 304 页。

⑧ 同上书，第 287—289、293 页。

⑨ 同上书，第 433 页。

详细而又明确的描述。汉代时期的《礼记》编撰者清楚地知道，宗教信仰对支撑公众意识非常有用，他们和我香港的朋友们一样，都认为自然规律是神圣的，我们人类应该探索并遵循这些自然规律。就《礼记》属于儒家经典而言，儒家才是东亚的生态主义者，而非道教。当然，大家都认为《礼记》事实上融合了汉代时期的众多信仰。我们所拥有的许多道教资料也是这样，是众多信仰的融合。想必正是一些汉代的环境主义者，拥有基于《庄子》的农家和扬朱学说的"尚古"思想。《淮南子》运用《礼记》和与之有关的材料，对自然资源的保护作了一个总结。①

如上所述，汉代也创设了农业实验基地，拓展了一些政策措施。② 这些似乎均源于另一个不同的哲学流派：即不太激进、更节约、更练达的法家。法家思想影响了早期的农书，这些农书教导人们要有保护性地耕作。现存最早的一本农书是《氾胜之书》，大约是汉武帝时的著作。③ 它给我们展示了一种农业科学，其生态和环境思想非常准确、详细、先进，且富有实践性。④《氾胜之书》不同于儒家作品（包括《礼记》），它不谈论对游猎动物的保护（或许遗失的部分确曾谈到此事）。不管怎样，此书有大量的资料阐释了对水、土壤和植被的保护和管理，经验非常丰富。而且，道教著作里很明显缺乏这样的生态资料（即由于真正关心农事而记述的资料）。后者更倾向于反对高度发展的新技术，认为这些技术有损原始的质朴。

另一方面，在制定生态律令时，道教最终沿用了儒家学说。这一点首先体现在《一百八十戒》里。⑤ 对道教祭酒设定的这些戒律广泛地包含了生态和环境方面的内容，后来以不同形式出现在道教一系列的著作里。比如，利维雅·科恩（Livia Kohn）摘引灵宝经典时，我们发现了下面的语句："烧毁田野和山上的树木有罪，砍伐树木或无故摘取树叶有罪…… 置毒药于饮水中，致使生物丧生有罪"⑥，还有"捕获或将小鸟和野生动物关

---

① 安乐哲：《治国之术》，第163、201页；参见第239页的注释，他将这种态度追溯到孟子。

② E. N. 安德森：《中国的食物》。

③ 石汉声：《氾胜之书今释》，北京：科学出版社，1974。

④ E. N. 安德森：《中国的食物》；石汉声：《氾胜之书今释》。

⑤ 施舟人：《道教生态学：内在转化——早期道教戒律研究》，收于本书中。

⑥ 利维雅·科恩：《道教体验》，第103页。

在笼里有罪”。[①] 这些特殊罪行明显类似于早期儒家和《礼记》中的戒律，而不是道教传统。

道教确实也及时地保护了自然。道教在深山的隐居地成了自然的避难所。道教宫观——青山观(Castle Peak Bay 或者 the Qing Shan temple)，可看做道教修炼之地的最好例证，它坐落在被毁坏的青山坡上。青山观就像牛山一样，曾经遭遇过大火和砍伐，直到荒芜，变成光秃秃的山坡。道士们拯救了这座山的大部分地区。宫观直接管理了一大片土地(大概几十英亩)，种花、种菜、栽树，培植风水林地，使得山坡渐渐变成了一片森林。离宫观越近的地方，越是被小心翼翼地修剪成“花园”的形式；远处，由于山气直接的影响，树木生长起来。而且，宫观的影响绝不止这些，它间接地改良了整座山的环境。没有人会随意烧毁或毁坏道士精心选出的修炼之地。朝圣者——有些不是周末旅游者，他们心中依然有宗教信念——从宫观爬向山巅，他们在乎整个地区。

四

《氾胜之书》出现的年代似乎也产生过道教的经典和《礼记》的注释版本。所有这些著作都普遍关心宇宙及人在其中的位置，一致认为人是大宇宙中的一部分；人有内在的本性，此本性与外在的自然紧密相连；这种本性必须与宇宙处于中和状态；人必须尽中和之责，维持宇宙的秩序。所有那些作者至少对自然现象都作了客观的、仔细的观察。

虽然我手边的资料涉及广泛，从给农民提的强硬而实际的忠告，到列子不切实际、充满想象的虚构的故事，再到《楚辞》里华丽而又充满异国情调的自然诗篇，但，始终有一条主线贯穿在民间的生态知识、民间宗教和传统的宇宙观里。不同的哲学家和作者都围绕这个共同的中心，创出自己的一条路。道士们在萨满式的游历中，追寻到天上以及遥远而未知的地方，儒家则一直承担着社会责任，转向环境保护律令，墨家则因兼爱而提倡关心自然，法家走温和之路，转向农业劳作手册和农业实验。汉代政

① 同上书，第 105 页。

府则调和诸派。

在汉代,任何一个有环境意识的人——一定有许多这样的人——必定会从道教以及每天的信仰和世界观中吸取与宇宙和谐相处的观点;从儒家传统中获取保护自然资源的观点;从农业劳作手册和经济著作中学习实用的知识。

然而,在诗歌、艺术和科学中,自然和道教的进一步联系并非没有基础。道教自开始就关注人与宇宙的关系。除非理解、遵从大宇宙之道,否则人们无法成仙。当然,早期的各家各派都采用了"道"这个词,道教的特殊贡献是集中讲事物玄之又玄的道。

道教这样做让人们注意到外在的东西,注意到非人类世界。他们也强调民间知识中人们认识万物及其与环境之间相互关系和相互作用的那些方面。简言之,他们也强调民间生态学。

约翰·帕特森(John Patterson)在评论这篇文章的初稿时,指出道教思想里有几个重要特征,这些特征也是当今生态学的重要组成部分。① 他讨论了其中三个特征:合作适应、互利共生(不论好坏的相互作用)、有益性(有益的相互作用)。实际上,这些都是道教的特点——就像我在青山观认识到的一样,它们也是中国民间普遍的道德特征。② 维持人、超自然和环境之间互利的关系很明显是青山观大多数正式活动的目的,即便不是大多数,也是青山观非正式活动的目的(不管是宗教活动还是世俗活动)。

这样,道教以环境为中心的观点弥补了儒家以人类生活为中心的思想。后来,由于中国人口和经济增长对环境的压力越来越大,道教日益关注生态环境,同时,社会也越来越需要这种环境意识。随着20世纪道教的衰落,中国脆弱的环境也受到巨大冲击和破坏。

① 参见约翰·帕特森和苗建时对本书的第三组讨论所作的总结:《我们如何成功地将生态学的观念应用于道教文化语境》。

② 杨美惠(Mayfair Yang):《礼物、恩惠和宴会:中国社会关系术》(*Gifts, Favors, and Banquets: The Art of Social Relationships in China*, Ithaca, N. Y.: Cornell University Press, 1994)。

五

对我们而言，更重要的问题是对那个时代的环境所进行的宗教性描述，[①]这种宗教性在看起来相当古老、实际很近的中国民间宗教的很多方面中得到彰显。它们与萨满教的信仰体系密切相关，与爱德华·泰勒(Eduard Tylor)所称的“万物有灵论”[②]紧密相连。尤其是，它们似乎隐含在早期道教著作里。接下来，我将踏着那些理解了早期中国思想的人的神圣足迹前进，他们的理解来自对人种的类比和对民间信仰的分析——他们是葛兰言(Marcel Granet)、薛爱华(Edward Schafer)、乌尔弗兰姆·艾博哈德(Wolfram Eberhard)，以及我们这个时代的艾兰等。[③]

在1965年的秋天，我开始介绍中国传统中对土地的信仰。那时，我刚好居住在青山湾，它是香港新界孤立的一部分，有浓郁的传统气息和乡村风味，让人感到仿佛是生活在清代的一个小山村里。

第一次触及现代的东西是在一个新型的医院。医院的地基挖掘在小山的陡坡上，附近年长的居民抱怨道：“这是在挖龙脉，大祸将至。”一询问，我才知道每座山里都住着一条龙，如果龙脉挖断，有些问题就会自动产生。我想这恐怕是古怪有趣的民间信仰。但是，第二个雨季来临时，挖了的陡坡坍塌，塌方掩埋了几栋房子。老人们说：“这是挖断龙脉惹出的祸。”

我真的不相信龙的存在，但我也确实知道陡坡坍塌是事实。我还知

---

① 人类学家对宗教和宇宙总是有点轻微的敏感。最先获得人类学教授之职的是爱德华·泰勒，他的《原始文化》阐明了传统宗教起源于人类对世界的好奇——起源于错误回答的那些问题，因为科学还未发展到对这些问题作出更好的回答。相反，埃米尔·杜尔凯姆(Emile Durkheim)在《宗教生活的基本形式》(*The Elementary Forms of the Religious Life*, trans. Karen E. Fields, New York: Free Press, 1995；法文原版，1912)里，认为宗教是社会集体的代表。宗教和宇宙从情感上象征性地表达了社会契约。

② 爱德华·泰勒：《原始文化》。

③ 葛兰言：《中华文明》(*Chinese Civilization*, trans. Kathleen Innes and Mabel Brailsford, London: Kegan Paul, Trench, Trubner and Co., 1930)；薛爱华：《圣姑》(*The Divine Woman*, Berkeley and Los Angeles: University of California Press, 1973)；艾兰：《龟之形：早期中国的神话、艺术和宇宙》和《水之道与德之端》。

道我们这些现代人,像古代中国人一样,不得不推断是否是结构的问题。①

就民间而言,风水着重解决建房选址和选坟地的实际问题,以使人们受自然的风水之益,而免遭其害。村子坐落在和缓的上坡,而且在山脊背风的一面,这样,人们可以享受和风细雨,免遭台风和洪水的袭击。理想的村庄在各方面或大多数情况下都要受到山的保护。它位于溪流汇集之地,又是洪水淹没不到的地方,方便耕种,但又不占用主要的耕地。坟墓一般位于更高、更远的贫瘠之地,那里视野开阔,又不妨碍耕作。环绕村子和宫观的林木为人们提供了木料、柴火、果实,给人们带来一片绿荫。因此,风水的核心纯粹是它的实用性。然而,它已延伸到形而上的领域。②

青山湾的乡下人了解所住地的一草一木,知道每一种药草的名称和用途,能分辨小鸟,识别风向,熟悉海潮,了解每一块暗礁,熟知每条小径。我学着注意他们所说的每一件事,因为他们所讲的一切都基于对当地生态情况的了如指掌。如果我认为他们假设之事似乎不真实,那是因为我不清楚他们的宇宙论,他们所有合乎逻辑的详尽论述都是基于宇宙论这个前提的。

随着工作的深入,我发现中国传统的风水学将很多这样的信仰调和在一起。③据称它建立在客观事实的基础上,而不是依赖于超人的意志。然而,其他人将它归为宗教,因为它信仰许多超自然力,并相信超自然物的存在。

事实上,用欧洲"宗教"和"科学"的对立来谈论中国大多数民间信仰

---

① 就像我在《心灵生态:情感、信仰和环境》(*Ecologies of the Heart: Emotion, Belief, and the Environment*, New York: Oxford University Press, 1996)里指出的一样,这样就使得我们超越实证主义和后现代主义的愚蠢立场。我们那些来源于实际实践的知识不是绝对的"事实",也不只是纯文本。虽然,我们拥有关于这个世界的真正真实的知识,但是,我们必须建构有关它的故事或文本。当我们与他人以及这个世界相互作用时,这些故事则随之发生变化。

② 参见 E. N. 安德森和马加·安德森(Marja Anderson):《山与水:中国南方沿海地区的文化生态》(*Mountains and Water: The Cultural Ecology of South Coastal China*, Taipei: Orient Cultural Service, 1973);关于我对风水的全面论述,参看《心灵生态:情感、信仰和环境》中对文学的评述。

③ E. N. 安德森和马加·安德森:《山与水:中国南方沿海地区的文化生态》;E. N. 安德森:《心灵生态:情感、信仰和环境》。

是不恰当的。“宗教”常常指有关超自然物的某种规范化的信仰，这种超自然物可随心所欲，同时，必定受到祈祷者的感化，受到仪式和祭品的影响。“科学”则指有关这个世界自行运行的某种公开而灵活的信仰，不管这种运行是按照科学定律，还是参照更适度的陈述方式。中国民间生态学并未将它们分开，各行各业的人们都反反复复地明确告诉我这样的事实。生态实践[①]包含遵循自然规律，正如大家所熟知的，它还包含崇拜应当崇拜的人。人们告诉我，神灵一定是想要世界成这个样子，因为他们就是照这个样子造出这个世界的，我们的任务就是要明白此点并采取相应的行动。一则谚语也说道："即使是神，也受制于偶然。"虽然自然规律是神圣的，但是，两者可能都不是我们希望的那样，而很少有“规律”，更多的是“运气”。[②]

此外，青山湾的人们并没有把“宗教”和世俗生活区分开来。他们认为泾渭分明的是另一种东西，这种观点很有启发性：他们把日常生活和民间宗教与有组织的、被称做“教”的教团区别开来。后者包括儒教，以及有教派的道教、佛教和基督教。青山湾的人们也没有将“超自然物”和“自然物”加以区分。他们把宇宙看成一出活动的力量戏，在戏里，神、鬼、精灵和有血有肉的人不断地相互作用。但他们确实也作了一些区分：一些是必须通过香和祭品才能联系的人，而另一些是可见的、有形的、吃实在食物，并能直接与之对话的人。不过，他们坚持认为，所有出现在戏里的都是相同宇宙的一部分。没有词与英语的“nature”类似，也就是，这个世界真实有形的东西既不是人类的，也不是人类直接创造的。当然，像“性”这样的中文词语大大地不同于常被翻译成的英语单词。

在中国民间生态学里，宇宙是气流的聚合体。这种稀薄的“气息”沿

---

① 我用这个词参照了恩德·奈尔格斯（A. Endre Nyerges）的《实践生态》（*The Ecology of Practice*, Amsterdam: Gordon and Breach, 1997）。和我一样，他又受皮埃尔·博迪欧（Pierre Bourdieu）的影响，特别是他的《实践理论概要》（*Outline of a Theory of Practice*, Cambridge: Cambridge University Press, 1977）和《实践的逻辑性》（*The Logic of Practice*, trans. Richard Nice, Stanford: Stanford University Press, 1990）。非常感谢奈尔格斯博士对此问题的弥足珍贵的看法。实践理论也导致了人们对中国宗教的研究。

② 当然，道家常被冠以相似的千变万化的名称。它既是“科学”，同时又是“宗教”、“哲学”以及“政治科学”——当然，它全都是，全都不是，它全是又全不是，全不是又全是。相反，真正产生于汉代的道教，从西方术语而言，是地地道道的宗教，有宗派、经典（《道藏》）、仪式、修炼和信仰。

着血脉一样的渠道循环，时而急速流淌，时而打着旋涡，时而会聚成池；不然，则像液体一样流动，或像一股微妙的能量流。在气流特别显著的地方有特殊的止点，这些止点多少相当于人身上的止血点。[1] 因此，在有些地方，人们能感觉到气的流动。但人们常常在这样的止点上能感觉到地球的移动。在加利福尼亚，我们称它们为地震断层。气流可比做风，感觉得到，却看不见。

引人注目或奇形怪状的石头（“气”石）和危岩表明它们有大量的气，那些古老而多瘤的树也是如此。老树的节和盘旋的枝干很明显是气旋涡式流动的结果。因此，人们常敬畏那些古树和危岩峭壁。黎明、黄昏之际，人们常在它们面前焚香礼拜。

树、岩石，甚至所有生物都有某种内在的精神或灵魂。人们对灵魂的本质和结构的认识含糊不清。人类灵魂被分成所熟知的魂与魄，它们各自都有复杂的结构，两个人不会有相同的魂与魄。树、岩石和地形的灵魂，它们的意识程度也有争议。仪式不仅能调动气的能量，而且能祈求万物之灵的到来，与它们展开交流。

仪式可能直接影响气的流动，这些仪式的确创建了一个神圣的空间。广东的乡下人认为，焚香比正式划定一个界限更能创建一个神圣空间。他们取悦超自然物，这些超自然物就愿意做礼拜者希望它们做的事。祭品可以报答对其有帮助的超自然物，或者累积超自然物乐意偿还的债务。不供奉祭品会惹下祸端——要么是气无意识的流动，要么是得罪了的神或龙自动发怒。

当乡下的中国人透过地形小心翼翼地观察时，他们用精微的方式了解详情，从而看见了他们所知道的世界。但是，他们能看到更多细微的东西，他们看见一场无形的力量戏，在无数有形、无形的生灵居住之地上演。

地形除了气以外还有其他无形的特质，这些无形的东西影响有好有

① 中国民间思想里宏观世界与微观世界的相应性虽然相当著名（施舟人《道教的总体》，石泰安《微观世界：远东宗教思想中的花园和住所》），但是，还没人对其复杂性作全面的阐述。很明显，只在某些方面显示出地球似人身。其中，也只有一些被认为确实相应（与那种偶然类似相反）。哪些已被认可，哪些确实有意义依然悬而未决？据我所知，至今它还没有被系统地研究过。艾兰和鲁惟一引用的著作为此提供了良好的开端。

坏(有时将其看做某种类型的气流,有时又看做别的东西),这种影响不以个人的情感为转移,与神灵施与的善行或恶意完全不同,也不同于简单的运气,这些好与坏的力量之流被打上了风水的标签。地形好的房屋或坟墓处于好的力量之流会聚的地方,并屏蔽了坏的力量之流。冷热之风、无形疾病之利剑、纯与不纯的力量都是这无形场景的一部分。另一个王国的意识主体——神、圣人、精灵、仙人、鬼怪和祖先——不得不像人类一样应付这样的无形之流。他们有时比我们更能主宰这些无形之流,但并非总是如此。

人类和这些无形的人们之间的关系是互助互生的关系。人类控制这个世界的财富:食物、金子、银子、衣服、房子等,精灵则控制了部分运气,能影响命运,祸福来自于它们对疾病、财富的积聚、天气及其他人类似乎不能掌控的重要变量的影响,他们可施加有害或有益的影响。因此,祭祀品和“纸钱”(纸代表财富)旨在开始一笔交易,就像世俗世界里联系感情和关系的礼品一样。[①]

20 世纪 60 年代,香港流行的几种信仰在战国时代和汉代早期就已存在,并在早期道教经典里得到证明。其中著名的是神树、神石、神水、神山的信仰,这似乎暗含了气的流动。从一种状态转向另一种状态是很普通的事情,人们通过相同的方式进入超自然之门:出神、冥想和正式的仪式,包括祭祀仪式。莎拉·艾兰认为儒家和道家在基本信仰和修炼上相当相似。[②] 比如,庄子给我们讲了大量有关神树的故事。命运的好坏部分地(也只是部分)受制于超自然力,而超自然力又(有点)受祭祀仪式的影响。事实上,我不知道任何有关风水的讨论,但神圣地理学却很好地建立起来。[③] 人们通过推论,已假定了影响的好坏。龙在天空腾飞,在水里翻腾,也许还在山里穿梭。到汉代为止,大量的香炉、明镜、马王堆的艺术品和很多其他东西已很好地证明了整个神奇的地理学。[④] 详细说来,那时地

---

① E. N. 安德森和马加·安德森:《山与水:中国南方沿海地区的文化生态》;阎云翔(Yan Yunxiang):《礼物的流动》(*The Flow of Gifts*, Stanford: Stanford University Press, 1996);杨美惠:《礼物、恩惠和宴会:中国社会关系术》。

② 艾兰:《龟之形:早期中国的神话、艺术和宇宙》和《水之道与德之端》。

③ 可参见,比如,鲁惟一:《天堂之路》。

④ 艾兰:《水之道与德之端》;鲁惟一:《天堂之路》;约翰·梅杰:《汉初思想中的天和地》。

形的内在本质不同于20世纪中叶我在香港的发现，但却有一种紧密的“亲属关系”。特别是除了对石头和树木的敬畏外，我们还能感到，不管从仪式上，还是精神上，人类都与地形紧密相连，两者都受到动态的变易和流变的影响，而变易和流变隐含在道教大道流行的概念里。

这并非是说现代宗教与早期道教熟知的民间宗教完全相同，它们有许多显著的不同之处。比如，灵魂出窍在那个时代很常见，但在20世纪却很少。（我从未见过，但听过萨满教巫师的故事，他们至今依然如此。）中国古代的宗教修持者中有许多这样的萨满巫师，他们能让灵魂上天入地（就像《楚辞》及其他诗歌描述的一样）。中国现代的巫师和乩童（dang-ki）有时也叫“萨满巫师”，但在大多数场合和地区，他们并不让灵魂出窍，而是让神灵附体。这样，按照人类学的标准，他们就是神灵的中介，而不是萨满。虽然这种观点看似相当迂腐，却很有意义。早期道教的御风、灵魂出窍、神游已被看成是萨满教（确实如此），因为它基于民间萨满教的传统。在20世纪60年代的香港，道教（和民间）宗教的主祭都有神灵附体，而不行灵魂出窍之事。

我们现在已完全远离了生态学，因此，让我们回到道教及其与自然的关系上来。

六

总结：中国古代“哲学”不是，或不仅仅是我们现在所理解的哲学；它更多地还是政治学，即使给我们展示的是另外一回事；它是给统治者的忠告以及管理国家的直接指南。对道教而言，马王堆原稿就证实了此点①——实际上，在发现马王堆之前，有许多作者就曾提出这个观点。他们所讨论的道德，大部分都包含了建立一种有生活价值的社会规则——统治者必须遵循这些准则。

早期道教徒看到，好的文明社会应该考虑到自然。然而，对他们而言，自然史的目的不是提供事实真相，而是为教义提供象征和类比，提供

① 韩禄伯：《老子德道经》。

一种普遍的、潜在的宇宙原则。

相比较而言，儒家有真正、严肃的生态意识。道教文献中没有能与孟子的“牛山”故事相提并论的环境思想。在这个故事里，生态学与心理学有机地结合在一起。没有什么能与儒家和《礼记》里有关自然资源保护的教导相比。很难期望在道教有关政府行为的松散思想里，为猎场、渔场和森林的野虞找到一席之地，而儒家则认为它们是必要的设置(汉代的宗教调和论者也持这个观点)。

早期道教既不是环境主义，也不是社会黏合剂。它基于生态观察，又不是生态学；它表达了一种社会哲学，却不是社会学。道教的确起源于中国民间宗教中实用的那方面，注重管理自然并意识到自然的重要性，但它转向了政治和宗教精神上的平静。与之相对照的是，儒家起源于相同的民间传统中社会秩序和社会结构这方面，对自然界的信仰，不管是人类还是非人类，都来自于民间世界观。①

当这些哲学与个体的信仰结合在一起时，②我认为它不是“不同信仰的汇合”，而是合理追逐从共有的民间资源中流淌出来的两股不同暗流。我认为这些证据已显示，在民间信仰体系里有大量的生态智慧——所有早期的经典有相关的事实、幻想和意识形态。它一直是储存像风水这样

① 另一方面，李约瑟强调道教至少在有些方面影响了中国人世界观的发展，这无疑是对的。只要想一想伟大而博学的陶弘景就能清楚地知道这点。在所有世界史中，他是最卓越、知识面最广的学者。由于历史的评论和分析，他的一生长期被误解。

任何一种科学传统都存在着一个问题，那就是科学必须平衡两种需求：一方面是需要综合性的理论，另一方面是需要持怀疑批判的立场。这两种需求总是相互妨碍。我们现在有这种困境，早期的中国人同样有这样的困境。在汉代，这样的冲突最明显，王充代表对立中的一极，以董仲舒为代表的人则属于另一极。王充的怀疑论多得让早期科学难以忍受，因此，相对来说，他几乎没有产生什么影响。董仲舒和其他人的极度概括而又系统化的理论对未来的思想起到了缓冲作用。这个问题还需要更多的关注。人们只是希望更多的学者重视汉代的思想——就像我们重视战国时代的思想一样。对庄子和老子推崇备至，对王充和贾谊则完全忽略，这似乎既不公平，也不合理。这样做使我们没有机会获益于任何一种早期文明的最好的思想。

② 各种传统都提出了真实世界的问题，在有关汉代的辩论里，如《班固〈白虎通〉》(*Pan Gu's Po Hu T'ung*, trans. Tjan Tjoe Som, Leiden: E. J. Brill, 1949)，《盐铁论》(*The Discourses on Salt and Iron*, trans. E. M. Gale, new edition, Taipei: Ch'eng-Wen, 1967)，正好可看到这种综合各种传统的折中主义。这两本书，特别是后者，值得生态学家进一步研究。有人提出，《庄子》里被大家认可了的内篇以及外篇的观点，均得到刘安的支持，这就是《淮南子》(约翰·梅杰：《汉初思想中的天和地》，第 9—10 页)。当然，很难证实这一点。但是，如果不是刘安之流，也是类似的什么人这样支持《庄子》里的观点，汉代早期的知识界并不是很大。

有价值的环境理念的宝库。

七

很多作者认为,如果我们要拯救环境,道教是我们需要的意识形态,其中包括卡利科特①。他们的主张并非缺乏公正,但是,如果他们了解更多,也许更倾向于汉代各种主张的融合以及中国民间宗教,而不是有组织的道教。更有甚者,他们会将所有信仰汇集成一股新的潮流。

在这股新的信仰汇合体中,道教可能会贡献出它对环境的全面认识、清晰洞见及其神秘主义。亚洲传统民间宗教的贡献更多地在于它对当地环境的那份独特认识、那份热情。儒家的贡献是其保护、管理资源和维持经济方面的道德责任感。犹太—基督教传统的贡献是其服务和共同责任的理念。最重要的是,在汇合的过程中,我将以埃马纽埃尔·列维纳斯(Emmanuel Levinas)的道德观为中心。② 列维纳斯精确地提出了"我者"对"他者"的无限重要性,因此我们对周围的"他者"有无限的义务和责任。在我看来,他把道教的精神带入了一个新的领域。列维纳斯清晰地表达了与这个世界的相互作用,而这些在主要的道教经典里可能是含蓄地表达出来的(或者清晰地,却是以神秘的词语出现)。我认为这些相互作用的道德规范给予生态真正的希望。很明显,这是这篇论文背后所隐含的真正目的。

(陈杰 译)

① 卡利科特:《地球的智慧:从地中海盆地到澳大利亚内陆地区的生态伦理考察》;参见《亚洲传统思想中的自然:环境哲学论文》(*Nature in Asian Traditions of Thought*, ed. Callicott and Ames)。

② 埃马纽埃尔·列维纳斯:《伦理和无限》(*Ethics and Infinity*, trans. Richard A. Cohen, Pittsburgh: Duquesne Universiy Press, 1985)。还有《整体和无限》(*Totality and Infinity*, trans. Alphonso Lingis, Pittsburgh: Duquesne Universiy Press, 1969)。

找寻龙脉：风水与民间生态

斯蒂芬·L. 菲尔德
（Stephen L. Field）

把风水说成是世界上最早、最具有生命力的环境规划体系，此论点是可以成立的。风水在中国大约有两千年的历史，渗透到社会的各个领域，可能只有中医才超越了它。它直接为确定房屋、坟墓的地址和方位提供指导，所运用的方法使中国的生态学"奇迹般"地保存下来。[①]很多人将民间医疗称为伪科学和迷信，风水的保存可能是民间医疗发挥的有益影响，它没有减损对环境的积极作用。

目前，风水在西方的流行标志着公众的接受，正是因为风水迷信成分多而"科学"成分少这一特点激发了大众的想象。传统的风水大师可能都精通形式派和理气派（the Form and Compass Schools）的理论。[②] 也就是说，他们会仔细考虑居住地的自然环境，并用占星术测算居住者的情况。在很大程度上，西方的风水师只关心出生日期和修建的时间，还没有训练出看地形的能力。这里并不是说这样的宇宙论没有价值，相反，如果相信风水的效验，同时，信奉建立在这个体系基础上的整体原则，那么，必定会获得实际的收益。

---

① "虽然美国的环境计划有较好的科学基础和法律执行力，但是，与它的彻底失败相比，'风水'简直就是个奇迹。"参见 E. N. 安德森：《心灵生态：情感、信仰和环境》，第 26 页。或许 E. N. 安德森的评论有点夸张，他的意思是，在中国前现代极度扩张的进程中，风水部分地实现了美国的国家政策所不能完成的任务。一个典型的例子就是 20 世纪 30 年代，干旱和土地贫瘠引起的南部大平原（the Great Plains）的毁坏。如果在尘暴（the Dust Bowl）前的几十年运用风水，那么，每个家园的周围都会栽种成片的树林。而且，为了让水自然地流过大平原，就不会在那些具有季节性的小溪和小河处拦河筑坝，这样，就能在整个自然环境里保存泉水和自然绿色地带。

② "形式派"也被称为"峦体派"、"江西派"（因源于江西省而出名）和"直觉派"（the Intuition School）；"理气派"，也叫"方位派"、"宇宙派"、"宫观派"和"福建派"。

这样的原则已有很多论述，特别是气的哲学——由灸针的穿透力产生的难以言表的力量。自古以来，当气的生理特性及其所衍生的哲学和宇宙论成为无数研究者的主题时，很少有人研究风水大师所理解的气，而这正是本篇文章的主旨。从宇宙整体观来看，人是地球的一个缩影，人的血脉对应于江河、溪流。当修建房屋或坟墓需要挖地凿井时，就会触及地球气场的子午线，即“龙脉”，就像针灸触及经络一样。不管是哪种类型的风水，所有确定地点和方位的方法，都是在自然地平面上找到气的位置以及弄清气的特征。

当形式派（the Form School）在所选地形中找寻龙脉时，理气派（the Compass School）则根据五行相生相克的原理分析气流运行时的影响力。五行与《易经》中的八卦有密切关系，人的出生年月对应于某一卦。把某个人出生的卦相、五行与方位的卦相、五行联系起来，就能决定哪个方向对这个人有利，哪个方向有害，也就能将房屋或房间确定在有利的方向，以避免有害气场的影响。从理论上讲，这种形式的看地无须考虑周围的地形。因此，很明显理气派对生态的讨论难以提供帮助。①

从生态的观点出发，正是形式派为这个长期具有生命力的传统提供了最深刻的洞见。比如，这种知识体系认为“人们应该把房屋或村落建在斜坡或高地上”，并且，“两面或三面环绕着更高的山脉和小山”，“山坡上树木成林”以及“附近有溪流”。②从理论上讲，这样的地方能保证气流集中而不消散；从实践上而言，它还有保护作用，使房屋或村落免受洪水和风暴的侵袭，为人们提供建筑材料以及饮水，还能很好地排除废物。我们可能要问，为什么不是生态关怀使中国人用这样的方式定位他们的村子，而且，世世代代的农民都要用这种经验以确保相似的结果，只不过他们运用更直接的方式罢了？其原因就是风水满足了社会不同层面的需要，而

① 虽然，在其他地方，我已经表明，即使是理气派的理论“也很可能被认为是（源于）农耕民族的实际观察。农耕民族注意到周围自然界的生长与消亡，于是，努力仿照世界的模式建构自己的环境。在房屋的东方（主生）、西方（主衰）、南方（主阳）和北方（主阴）四方之间平分成八个方位”。参见《九星风水命理学：〈河图〉、〈洛书〉确定方位之谜》（“*The Numerology of Nine Star Fengshui: A Hetu, Luoshu Resolution of the Mystery of Directional Auspice*”），*Journal of Chinese Religion* 27，1999，第13—33页。

② E. N. 安德森：《心灵生态：情感、信仰和环境》，第16、19页。

环境规划科学却不可能做到这点。像中国这样人口密集的国家，需要一种体系使每个家庭保护好自己周围的环境，以免危害别的家庭。按照人类学家的话说，"如果一个农民试图漠视未来的社会安全，只顾自己现有的私利，他的邻居立即会给他敲警钟：他正在破坏公众的风水"①。

风水是有力的促进因素。如果自然灾害不足以阻止将村落建在有百年洪水历史的平原上，即使这里土地肥沃，且等高的地方有建筑群，那么，风水师就会说"煞"或有害的气会最终摧毁村子的财富，从而阻止村落的建造。在环境保护这方面，宗教比科学似乎更能起到有力的促进作用。如果秃鹰成为崇拜的对象，它们在美洲大陆就绝不会陷入濒临灭绝的境地。当然，严格地说，风水还不是一种宗教。② 从现代意义上说，它除了最初是建立在客观观察的基础上以外，也不是科学。但是，我们可把它采用的方法看成一种艺术，把个人的实践看成一件艺术品，特别是当我们采用安乐哲和郝大维的观点时，更能说明问题。他们把道描述成对自然的一种审美。③ 因为不管怎样对风水艺术各种各样的规定和禁区加以限定，其大部分实践不可避免地都是凭直觉。但是，风水大师的直觉是建立在客观因素的基础上的，安乐哲称之为"对完整的自然环境的特征或特性的描述，此描述完全有助于表达其组成部分的整体性"④。

形式派理论指导风水师如何寻找气脉，以便使气整合到地球物理环境中。接下来这篇论文将根据3世纪早期郭璞(276—324)写的《葬书》，分析这门艺术的起源和早期的发展。⑤ 我将着重分析风水大师确定山形之气的方法，然后，提供选择理想墓址的全方位图画，最后，以讨论聚集之

---

① E. N. 安德森：《心灵生态：情感、信仰和环境》，第25页。

② 道教徒被禁止使用风水。另一方面，根据黄荣华(Eva Wong)的《风水：当代和谐生活中的古代智慧》(*Feng-shui: The Ancient Wisdom of Harmonious Living in Modern Times*, Boston: Shambhala, 1996，第4—6页)，就传统而言，风水跟预测学、医学和内丹等道教方术有关。比如，现在最流行的风水书籍是清代箬冠道人重编的《八宅明镜》。

③ 参见郝大维：《探索环境变化之道》("*On Seeking a Change of Environment*")，以及安乐哲：《重温道家之"德"》，两篇文章都发表于《亚洲传统思想中的自然：环境哲学论文》，分别在第99—112页和第112—144页。

④ 安乐哲：《重温道家之"德"》，第135页。

⑤ 据说，郭璞的著作以更早的《葬经》为基础，《葬经》由青乌子所著，其人不详。本篇文章参考的是《地理葬书集注》，录于《四库未收术数类古籍大全》第六部分，"堪舆"，第四卷，第1889—1958页(合肥：黄山书社，1995)。

气及其优势而告终。[①] 在开始分析《葬书》之前，先追溯一下气的地球物理学观念的起源。

形式派的理论基础，最早的一种[②]来自《管子》："水者，万物之本原也，诸生之宗室也……水者，地之血气，如筋脉之通流者也。"[③]用"血气"一词比喻地球之水的运行，是以血气在人体中的运行为先决条件的。果然，在《左传》里，这个词至少用了一次以表示人体的"血气"，还用了一次以表示"脉搏"。[④]《论语》也对人在精满神全时的血气进行了描述。[⑤] 因此，《管子》形象地描述了活水在地下涌动、泉水喷涌而出以及江河奔腾的情形。但是，气在《左传》里有另外的表述。[⑥] 气最原始的概念可能意指天之六气——阴、阳、风、雨、晦、明。六气"降生五味"，但是，"淫生六疾"。[⑦] 在中国宇宙论的发展演变中，阴阳虽然只是气的两种类型（寒与热），却包含了所有的二元对立。迄今为止，人们虽然只讨论气的分生方面，但气还是成为一种"普遍的宇宙之流"[⑧]。

《国语》成书于战国时代中期，[⑨]到那时为止，阴阳的地位被提升，主要

---

① 本文余下部分将讨论墓址的选择，因为形式派的启蒙书《葬书》着重分析"阴宅"地势的变化莫测。追溯"阴宅"和"阳宅"的传统渊源，它们只不过是一体的两面。虽然坟墓对生态的影响没有多大，但是，既然二者择地的技巧和方法相似，下面概述的理论同样适合于阳宅风水。

② 根据李约瑟等所著的《中国的科技与文明》第二卷，42 n。

③ 《管子》，第三十九篇。译文参见《管子：中国早期的政治、经济及哲学论文集》(*Guanzi: Political, Economic, and Philosophical Essays from Early China*, trans. W. Allyn Rickett, Princeton: Princeton University Press, 1998)，第二卷，第100—101页。

④ 《左传》襄公二十一年(《中国经典著作》(*The Chinese Classics* Ⅰ，五卷本，理雅各译，Oxford: Oxford University Press, 1892，第五卷，第488页，1.2)；昭公十年(同上书，第五卷，第627页，1.13)。

⑤ 本杰明·史华兹(Benjamin I. Schwartz)：《古代中国的思想世界》(*The World of Thought in Ancient China*, Cambridge, Mass.: Harvard University Press, Belknap Press, 1985)，第184页。《论语》，第十一篇，第七章。

⑥ 在《左传》里，气也有现代常表达的含义，即作为一种情志或心境，如"勇气"、"客气"。因此，在《左传》写成之时，"气"有点像西方中古时的"体液"(humor)一词，被认为可决定人的性格。

⑦ 《左传》昭公元年(公元前540年)(《中国经典著作》，第五卷，第580—581页)。

⑧ 葛瑞汉把气描述成"宇宙流体，像阳一样活跃，又像阴一样被动，万物聚于其中，散于其中"。见《论道之人：古代中国的哲学论辩》(*Disputers of the Tao: Philosophical Argument in Ancient China*, La Salle, Ⅲ.: Open Court, 1989)，第101页。

⑨ 《国语》的编辑可能开始于公元前5世纪晚期，一直延续到公元前4世纪晚期。最早编辑而成的是《周语》，注明的时间是公元前431年。参见《早期中国经典：目录指南》(*Early Chinese Texts: A Bibliographical Guide*, ed. Michael Loewe, Berkeley: The Society of the Study of Early China, 1993)，第264页。

用来描述气。下面是一段摘自《周语》伯阳父的话，伯阳父是周朝的历史学家：

> 夫天地之气，不失其序，若过其序，民乱之也。阳伏而不能出，阴迫而不能烝，于是有地震。

如果《周语》于公元前431年编辑而成，那么，这段话实则是最早记载气的宇宙理论[①]。在《周语》的另一段文字里，气的描述近似于我们试图探索的地球物理学的概念。晋太子试图劝阻其父亲周灵王，不要用筑堤来消除洪水的灾患。太子从宇宙论和生态学的观点来处理这个问题：

> 晋闻古之长民者，不堕山，不崇薮，不防川，不窦泽。夫山，土之聚也；薮，物之归也；川，气之导也；泽，水之钟也。夫天地成而聚于高，归物于下。疏为川谷，以导其气；陂塘污庳，以钟其美。是故聚不阤崩，而物有所归；气不沉滞，而亦不散越。是以民生有财用，而死有所葬。[②]

在这一段里，很明显，气不同于水，即使两者占有同一个空间。此观点背离了《管子》。《管子》把两者相提并论，只是把它们分属于人和地球两个不同的领域。晋太子认为，开凿聚集的大地以成河流，是为了疏导地气，同时，自然的沼泽之地是为了平衡流淌的河水，集中地气。用这种方式，把河流潜在的能量储存起来，以免散开，消散殆尽。气自然聚集的地方（湿地和沼泽）是动植物最丰富繁茂的地方，[③]这种地形发生任何变化都

---

① 此说根据张岱年的观点。参见W. A. 威科夫（W. A. Wycoff）翻译的张岱年的文章《论天、道、气、理和责》（"*On Heaven, Dao, Qi, Li, and Ze*"），载于《中国哲学研究》（*Chinese Studies in Philosophy* 19, no. 1, fall 1987），第3—45页。

② 由詹姆斯·A. 哈特（James A. Hart）翻译（有点改动）的《晋太子的言语：对中国早期宇宙论的研究》（"*The Speech of Prince Chin: A Study of Early Chinese Cosmology*"），载于《探索中国早期宇宙论》（*Explorations in Early Chinese Cosmology*, ed. Henry Rosemont, Jr., Chico, Calif: Scholars Press, 1984），第39页。

③ "或许可以推断，讲话之人洞见了能量的转换，这种能量使河水流淌，转而使沼泽丰茂，可是这点从未被清楚地阐述过"。同上书，第45页。

会威胁环境的平衡。这里所隐含的论点是：当天地阻断河流以储存其潜在的能量时，就能获得平衡；然而，如果灵王试图这样做，则会冒险释放出猛烈的破坏力量。顺便提及，当晋太子说“死有所葬”时，可能涉及到“阴宅”的信仰，或者是《葬书》的主题，即葬地风水。① 他对这个事实的认可源于他前面的叙述，即在那样的肥沃之地，气不消散，这是埋葬得当的先决条件。

在此，尽管土和水的聚集是讨论的主题，刚刚引用的《周语》则是体现“聚散”理论最早的法典。这种观点类似于形式派中气的聚散原则。汉代早期广泛地运用这个概念，那时它已扩展至生理学上的气。在《庄子》第二十二篇里有这样一段：“人之生，气之聚也；聚则为生，散则为死。”②至此，气的聚散概念兼有宏观和微观的含义。这样的观点遂成为风水理论的前提，就像《葬书》作者所理解的那样。《葬书》开篇即讲到：“盖生者气之聚，凝结者成骨，死而独留。故葬者反气内骨，以荫所生之法也。”③这里出现了庄子的生理学之气，管子和晋太子的地球物理学之气，因为尸体葬于地下，受到地球之“血气”的影响。事实上，《葬书》里出现了“体”的隐语：“夫土者气之体，有土斯有气。气者水之母，有气斯有水。”因此，《葬书》承继了战国时代水气相应的思想，只不过用了一种重要的方式来阐明这种关系，即气生水。这种关系非常重要，就像母和子一样，气和水展示了一种自然的吸力，得到一种，就意味着获得了另一种，这是看风水的必要条件。《葬书》里下面这段话很好地阐明了这一点，它也是风水一词在现存经典里出现最早的地方：

> 经曰：气乘风则散，界水则止。古人聚之使不散，行之使有止，故谓之风水。风水之法，得水为上，藏风次之。

可是，聚风与导水的方式完全决定于地形地势。

---

① “阴宅”风水是关于墓址的选择，“阳宅”风水是有关住宅地的选择。

② 葛瑞汉：《论道之人：古代中国的哲学论辩》，第 328 页。

③ 或者按照《葬书》，更明确地说“本骸得气，遗体受荫”，在最后的分析里，我们将转回到对受荫过程的讨论。

《葬书》里下面这段描述了地形、气和水三者的关系：

> 经曰：地有吉气，土随而起；支有止气，水随而比。

因此，平夷之地，微露毛脊，皆因地之“吉气”涌动，这些地形特征称为“支”，这个词也是借用人类的生理学词语，意思是支脉。这样的支脉是气的管道，当支脉充满了聚集的气，就会出现水，外在的显现则是凸起的山脊。既然气是水之母，那么有气就会产生水。遗留的问题是：在这些支脉里气是怎样聚集在一起的？《葬书》的另一段阐明了这个问题：

> 经曰：土形气形，物因以生。夫气行乎地中，其行也，因地之势，其聚也，因势之止。葬者，原其起，乘其止。

“contour”一词和“terrain”一词译成汉语都用“势”这个字，在大部分的语境中它是“权力”或“势力”之意。但是，至少从战国晚期将其和“形”这个字结合以后，就意指地形地貌固有的力量。[1] 地形地貌延伸至脉尽之处，就是气自然聚集的地方。按照《葬书》所讲，“形止气蓄，化生万物，为上地也”。善葬者须葬于上地。

毫不夸张地说，《葬书》里“形”和“势”是最重要的技术词语。[2] 作者不遗余力地阐释它们的含义，是因为找寻聚集的气完全依赖于风水大师对地形玄妙之处的洞察本领。下面的段落详细地描述了“形”和“势”：

> 地势原脉，山势原骨，委蛇东西，或为南北。千尺为势，百尺为形。势来形止，是谓全气，全气之地，当葬其止。

---

① 在《荀子》第十六篇里，应侯向荀卿子询问秦国的资源状况，荀子答道：“其固塞险，形势便，山林川谷美，天材之利多，是形胜也。”参见《荀子：翻译及其研究》(*Xunzi: A Translation and Study of the Complete Works*, trans. John Knoblock, Stanford: Stanford University Press, 1990)，第246页。《管子》有一篇也以“形势”这个词为题目，此处的意思有点像“情形和情势”，有趣的是“形势”篇中有几个段落可认为跟风水有关。比如，这一篇开篇即讲到：“山高而不崩，则祈羊至矣；渊深而不涸，则沉玉极矣。”参见《管子：中国早期的政治、经济及哲学论文集》，第二卷，第61—62页。

② “势”出现了三十一次，“形”出现了二十一次。

此段以人体生理学的另一个词开端，前面借用的词叫“支”，这里更清楚地指明是“脉”。[1] 前面我们看到，地下出现气，就会使地面凸起，而那些凸起部分很明显就是地表突出的脉管。另一方面，骨如垄之行脊，高于地面，形成山脉。特别是千尺之地为“势”，百尺之地为“形”。按照风水的观点，盖高拢之地，来势高大，落势雄壮，结势至低地小山。当一种地形自高处翔舞垂下，及至低地之止处，这是最佳地形。又，按照《葬书》，“势顺形动，回复始终，法葬其中，永吉无凶”。

在分析地形的早期发展阶段，区分吉地和凶地的专门词汇依然有点古老。因此，《葬书》的作者诉诸人类和神话领域里的隐语，以描绘地形特征。下面这段文字对上地进行了描述：

> 上地之山，若伏若连，其原自天。若水之波。若马之驰。其来若奔。其止若尸。若怀万宝而燕息。若具万膳而洁斋。若橐之鼓。若器之贮。若龙若鸾，或腾或盘。禽伏兽蹲，若万乘之尊也。

在这一段里，龙凤的出现非常重要。另外一段集中描述了“势”的全貌以及“形”的中心，将地形描述成一条睡龙：

> 经曰：势止形昂，前涧后冈，龙首之藏。鼻颡吉昌，角目灭亡，耳致侯王，唇死兵伤。宛而中蓄，谓之龙腹，其脐深曲，必后世福，伤其胸胁，朝穴暮哭。

这里，我们看到“势”止的描述，蜿蜒的山好像一条盘绕的龙。在山顺势而止于轩昂之处，如果龙之首显现，则为理想的葬地。这种称为“穴”或“龙穴”。

如果一个特殊的地形与上面的描述相符合，则气顺势而生，势止之水乃气聚而生。因此，在刚刚引用的段落里，龙首前有拦截之水。水是来龙

① 气流的观点有点古老。在秦朝，长城的修建者蒙恬（卒于公元前210年）坦言道：不挖断地脉，我就无法修筑长城（《史记》，第88章，5b），参见李约瑟等所著的《中国的科技与文明》，第四卷，第一部分，第240页。

之气用以唤回葬骨之灵的重要工具。《葬书》讲道：

> 夫外气所以聚内气，过水所以止来龙……千尺之势，宛委顿息，外无以聚内，气散于地中。经曰：不蓄之穴，腐骨之藏也。

葬地前的水必须横穿山的中轴线。《葬书》对水的流向作了特别规定：

> 以水为朱雀者，衰旺系乎形应，忌乎湍激，谓之悲泣。朱雀源于生气，派于未盛，朝于大旺，泽于将衰……经曰，山来水回，贵寿而财。山囚水流，虏王灭侯。

这里有几个重要的观点。泉水为吉祥之物，因其形成的溪流蜿蜒绕穴，汇合聚集之气。而湍急的溪流和分支的河水则会将气荡散，同时，在港蓄渊停的水泽，用《周语》里的话说，气会"沉滞、散越"。朱雀为"四势"之一，其余三者为青龙、白虎、玄武。它们原本指四星宿，是中国二十八星宿中四大巨星。它们代表四个主要的方位，青龙代表东方，朱雀为南方，白虎为西方，玄武为北方。理想的墓穴面朝南方朱雀的方向。

理想的地形则是穴之前后左右皆有卫护，以确保积聚的生气不被风所荡散：

> 夫噫气能散生气，龙虎所以卫区穴，叠叠中阜，左空右缺，前旷后折，生气散于飘风。经日：腾陋之穴，败椁之藏也。

实际上，穴前朝南的地形应呈低洼状，这样环卫之水才有出口，而东方青龙之地则应壮观，穴后之势形成背靠之势，成为坟墓之"屏障"。

让我们来回顾一下目前讨论的主要原则，以此来建构一幅理想的"阴宅"或坟墓的全幅图画。首先，埋葬时，为了使气返回到尸骨，墓址必须在气聚集之地；确定气聚集之地时，须找寻全气之地，这样的地形有远势之来、近形之止的顺势之态，行进之中没有破裂之处；墓地之远景盘旋起伏，(如龙之奔腾)，每一处都应顺势降低(就像低品官员朝贡皇上一样)；整个地形应层拱叠绕(像盘旋之龙),这样的顺势之地就是气聚集的地方。

一旦气聚集之地确定,就可取穴。最吉之地应是四周皆有高地环卫。东面之地应高高耸起,犹如睡龙;反之,西方之地的高起之势则是另一种情形,像蹲伏之虎;北方穴后之地形成背靠之势,成为坟墓之屏障;南面之地最低,这个方向应有流动之水,因为气为水之母,水应蜿蜒而流,环卫所选之地,并在穴前止聚成渊。因此,全气之地应确保地"势"之自然流行,以此成为气的信道,并聚于一处。好的地"形"须确保风不乘气,而导致气的荡散。既然气为水之母,穴附近水之流势与潭池之形状如果得当,则证明气就聚集在所选之地。如果气在,生命之骸骨则会浸润在气中。

庄子阐释了气散则死的道理。但是,到了王充的时代,正是汉代晚期怀疑论盛行的时候,这种观点得到了一些发展:"人之生,其犹(冰)也。水凝而为冰,气积而为人。"而且,"夫人所以生者,阴、阳气也。阴气主为骨肉,阳气主为精神。"①从王充的论述中,我们可推出骨之气为阴气,因此,像废电池充电一样,如果骸骨要用葬穴聚集之气来还神,则须用汇合的阳气。《葬书》里有几处均把聚集之气当做生气,"生气"一词最早见于《吕氏春秋》里描述四季循环的段落里。在春季的最后一个月,"生气方盛,阳气发泄,生者毕出,萌者尽达"②。生气因而为阳气之先兆,只有阳气才能激活尸骨,激活尸骨的过程称为感应。《淮南子》说:"万物皆象其气,皆应其类"(4.8.27),又"物类相动,本标相应"(3.2.27—28)③。因为骸骨与后世子孙本同一气,故当穴地的阳气、生气环绕尸骨时,枯骨就会得荫,生人必会受福。

我们看见,对于顺势而行的生气而言,居于龙腹的穴地就像导体,又像是聚焦之地,已故先人的骸骨感气回应,后世子孙之气自然和顺通达。在感气回应的过程中,活人之气得到增强,从而增加福旺的机会。我们可以试图推测,正是死者的灵魂在根据生者为死者确定墓地的能力,有意识地赐福或降罪。这就需要风水成为古代祭祖仪式的正式组成部分,就像

① 《论衡》,第62篇。参见《论衡》第二部分,《王充论文集》(*Miscellaneous Essays of Wang Ch'ung*, 2d ed., trans. Alfred Forke, New York: Paragon Book Gallery, 1962),第92页。

② 《吕氏春秋》,《四部丛刊》版,第三卷,1b。

③ 参见约翰·梅杰,《汉初思想中的天与地》,第65、167页。

烧冥币或在墓里放置陪葬物一样，这些冥币或陪葬品可以陪伴死者踏向冥府之路。但是，当遵循找墓（zhaomu）的传统原则时，风水艺术在形成的各个时期似乎并非如此，因为"坟墓的地位将随着死者后代地位的改变而改变"①。此外，中国的祖先崇拜敬畏父系亲属的运星。虽然如此，在"阴宅"风水里，选择好妻子和祖母的坟墓一样重要。另外，"阴宅"风水只是这种艺术的一种显现形式；"阳宅"风水虽没有"阴宅"风水的变化多，但至少和它一样重要。因此，莫里斯·弗里德曼（Maurice Freedman）纠正说："根据泥土占卜，人类把他们的祖先当做实现世间愿望的媒介，实际上，这样已经终止了对他们的崇拜，转而开始把他们当做物品利用……"②如果没有宗教以及仪式的约束，那就可能是真实的。不然，"灵魂"可能会因为被无礼的利用而施行报复。

如果不是祖先的灵魂在给生者赐福，那么，我们就不能排除这种可能性，即气除了在生理层面遥相呼应外，还通过别的方式相互感应。陈荣捷把气定义为"心理生理之动力"③，这种定义试图抓住气无法衡量的那些方面，说明了风水大师在确定气场时传说的那种直觉意识，特别是当所选地点的地势不能很好地符合《葬书》所说的要求时，那种直觉尤其重要。此定义也能很好地解释，当死者没有在生理和心理领域充当"媒介"时，特有的气流会如何惠及生者。事实上，中国人没有将世界分成笛卡尔式的二元体，因为心本身通过气与自然界相连。20 世纪 60、70 年代，美国的反传统文化试图用一种隐语式的语言描述这种联系，说一个地方如果有"好的振动场"，那么人就会和这个地方"和谐共振"。同样，中国人可能就会宣称这个地方"风水好"。

在西方，心理生理方面的体验被归入科学无法解释的现象之列，因而常被科学工作者忽略。但是，正是这种思想被公众热衷地信奉，并推动了所谓的"新兴宗教"的崛起。这种意识形态反映了人们对新的精神范式的

---

① 约翰·亨德森（John B. Henderson）：《中国宇宙论的发展与衰落》（*The Development and Decline of Chinese Cosmology*, New York: Columbia University Press, 1984），第 196 页。

② 莫里斯·弗里德曼：《祖先崇拜：中国案例的两个面向》（*Ancestor Worship: Two Facets of the Chinese Case*），载于《社会组织：献给雷蒙德·弗思的论文》（*Social Organisation: Essays Presented to Raymond Firth*, ed. Maurice Freedman, London: Frank Cass, 1967），第 88 页。

③ 《中国哲学资料》，第 784 页。

渴望，这种精神范式既不会被漠不关心的学究派阻碍，也不会被他们扼杀。另一方面，宗教当权派对新兴宗教思想的猛烈抨击只是贬低了这些体系在公众眼里的地位。研究者看起来处于一种尴尬的境地，要么否认风水的效验，因为无法理性地加以证明；要么承认其效验，信奉气的整个哲学体系以及与之相关的学科。但是，这两种观点没必要相互排斥。从审美的观点看，不必为了从中获利就去判断一种现象的真实性。理性原则决定了我们洞见的价值，但是，不是这些理性原则应该担负起建立伦理秩序的责任，而是我们的洞见能力。"气"的观点保存了中国多年来的生态学。在西方，神、人同形同性论(anthropomorphic)使环境易受私利的掠夺和摧残，从而变得非常脆弱。因此，西方也需要"气"这样的观点。采用整体论，可以确保私利不会优先于社会公利。其方式就是把气的哲学纳入到美国的词汇表里。

（陈杰　译）

简论道教野地观念

韩 涛

（Thomas H. Hahn）

序言：野地重现于文化

大约在1622年，英国外交官詹姆斯·豪威尔（James Howell）带着不同的使命游遍了整个欧洲。他游览了法国南部的比利牛斯山脉，徜徉于瑞士的阿尔卑斯山。他发出警告说，前者"难以置信的陡峭"（monstrous abruptness）；但是，也认为后者完全"可怕"（hideous）而且绝对多余，就像一个"难看的肉瘤"（ugly warts）运转在良好而又装饰得当的表面一样。①豪威尔和无数以前跟随他或将要跟随他的人有着牢固的信念，他们知道自然对人而言有着什么样的意义，以及人与自然这两种张力应处于什么状态，他们对这些问题的理解深深地扎根于基督教的思想。人们以此为前提，认为自然要提供并全部献出它的宝藏，人类才能努力奋斗，以充分利用各种资源，自然的社会价值才能得以体现。

大约在豪威尔遭遇那种疯狂和无序的三百五十年之后（确切地说，在1971年），地理学家爱德华·索加（Edward Soja）计算出迄今大约800亿

① 亚策克·沃日尼亚科夫斯基（Jacek Wozniakowski）：《野地：欧洲中世纪大山的故事》（*Die Wildnis: Zur Deutungsgeschichte des Berges in der europaischen Neuzeit*, translated from the Polish, Frankfurt am Main: Suhrkamp, 1987），第22页。这本书很有趣地指出，佛教最早对极乐世界（the land of Sukhavati）的描述里完全没有大山：四面平坦，明确表示在这个国度里，没有黑暗的山头，甚至没有矿山和翡翠山。参见沃尔夫冈·鲍尔（Wolfgang Bauer）翻译的部分《大无量寿经》，发表于《希望和祝福中的中国》（*China und die Hoffnung auf Glück*, Munich: Hanswer, 1974），第224页及其以后。

人在这个星球上演绎着生死的故事。其中，90%为狩猎者和采集者，6%是农夫和牧民，只有4%为工业时代的工人。[①] 因此，令人惊奇的是，到上个世纪末，事实上依然还有那么多地带未在地图上标示出来。很多出版的地图显示了众多的空白地带，向一代代新的猎人和采集者提出了消灭这些盲点的挑战，争取把最后一片片不知名的土地改头换面，加以利用。准确地说，当现代这种类型的科学探险家涌入未知的自然环境时，由此引发了同时代的人们对野地的争论。也许这样说夸大了一点，但是，在传奇浪漫的时代结束以后，更重要的是，随着现代科学对自然的解构，并分析出它的核心元素和原始数据，我们就见证了一场有关责任、伦理道德和生态政治的大争论。

为了说明我们在这场争论中所采取的立场，我先概述几个主要的观点，简要介绍一些关键的术语。在这之前，可能要说明一下，下面这篇大纲式的论文，不论是就其本质而言，还是就地理位置而言，纯粹是美国式的（有的甚至说是亲美派的），它源于一种反城市论的深厚的个人主义情怀；不过，其根源和合理性则应归功于达尔文的洞见，他认为，与自然神学家所曾希望的相比，人类更多地是融入到自然之中。[②] 接受了进化论范式的西方人则举棋不定，在人类中心主义和功利主义之间徘徊。神是创造者，但，现代科学使其所拥有的“独一无二”的有机因果联系让位于积累起来的事实。于是，现代科学的证据将其逐出了自然界，他从乡村逃离出来，在封闭式的礼拜堂和大教堂里寻找安身之所。一旦没有神的存在，现代人就面临两种选择：要么毫不犹豫地继续开发所谓的生态机制，要么采取措施，承担那些曾是上帝拥有的责任，也就是说，担当无形而有效的润滑剂的角色，以便使有机生长的过程无限地延续下去。但是，依照颇具影响力的希腊基督教哲学家奥里根（Origen，185—254）的观点，物质世界内

① 爱德华·索加：《空地里的政治组织》（“*The Political Orgaization of Space*”），载于《大学地理委员会》（*Commission on College Geography*，*Resource Paper* 8，1971），第40页。

② 自然神学认为，自然内部最终的因果关系并非决定于其本身的计划，而是决定于全能的创造者。自然神学试图将神学争论与自然科学的进步调和起来，特别是在17、18世纪，它常常与康德大约在1800年写的《物理地理》（*Physische Geographie*）联系在一起。更多有关自然神学的内容，参见克拉伦斯·格拉肯（Clarence J. Glacken）的子集《徜徉于罗得斯岛岸边》（*Traces on the Rhodian Shore*，Berkeley and Los Angeles：University of California Press，1967）的第8章。

部构成了一片“有害的野地”，物质世界本身也是有害的，当涉及精神救赎时，它就成为一个颇有争议的平台。

然而，这种论点在最近发生了彻底转变。如今人们认为不是要将人类从自然本能和物质的约束中拯救出来，而是要将自然从人类的干预中分离出来，加以保护。神学思想还未对现代生态思想做好充分准备，就提出了生物中心论这样的观点，强调“所有生物都有内在的价值，因为丧失内在价值或自己优势的事物不会成为人们敬重的目标”①(这样很容易得到保护，并产生如克里考特所谓的“生物情结”)。同样，神学思想也引进了服务的观念以及管理式的环境伦理，认为与其关心大气的污染，不如关心野地保护，并重新谨慎地引进了长期占有和使用土地的模式。这些观点太过简单，必然不完善。为了给它们盖棺定论，罗摩占陀罗·古哈(Ramachandra Guha)和其他人将有关人类中心主义、生物中心主义和深度生态学的争论评论为“第三次世界大战”，因为这场争论“最好的状态是无关紧要，最坏的是让人陷入危险的困惑状态”，它被公然谴责为由特别的利益群体施放的烟幕弹。这个群体把野地误认为乡村过度服役的“日用品”，那儿每个居民都陷入过度消费的误区。古哈以为这群人的全球观点“只不过为建立新形式的帝国主义提供了一个平台”。②

马克·艾尔文指出，“为了获得政治、经济、军事力量，从而加剧对自然资源的开发，这是环境退化的主要根源”③。唐纳德·哈格斯(Donald Hughes)在其《潘之辛苦：古代希腊罗马时期的环境问题》一书里叹道：“希腊和罗马社会影响环境的最有害的原因之一就是好战。”④以此为出

---

① 参见泰尔·斯克里文(Tal Scriven)：《谬误、智慧和野地：转向伦理和环境的一种自由理论》(*Wrongness, Wisdom and Wilderness: Toward a Libertarian Theory of Ethics and the Environment*, Albany: State University of New York, 1997)，第152页。此书对保罗·泰勒(Paul Taylor)的生物中心主义进行了论述。

② 罗摩占陀罗·古哈：《美国激进的环境论和野地保护：来自第三世界的评论》(“Radical American Environmentalism and Wilderness Preservation: A Third World Critique”), *Environmentalist Ethics* 11, spring 1989，第71—83页。

③ 马克·艾尔文：《中国的环境遗产》(“The Environmental Legacy of Imperial China”), *China Quarterly* 156, December 1998，第739页。

④ 唐纳德·哈格斯：《潘之辛苦：古代希腊罗马时期的环境问题》(*Pan's Travail: Environmental Problems of the Ancient Greeks and Romans*, Baltimore: John's Hopkins University Press)，第198—199页。

发点，艾尔文列举了一些理由给予证明。军事效力与农工的转化密不可分。借用梭罗(Thoreau)的话说，用武力侵入了“全球未完的极地”，砍伐森林，公然将野生动植物当做“猎物”，最终将其消灭。就像艾尔文所说的一样，在这样的交战中，竞争的“派生效应”激化了“市场经济，它使得人们以更快的速度利用自然资源盈利”。①

我还没有看到一本道教手册或道教经典谴责都江堰水利工程。② 不管那时还是以后，人们没有因为这个工程可能会伤害珍稀的野生动物而加以谴责，也没有因为它毫无疑问地会加重这种恶性循环(spiral)而给以谴责。实际上，在灌溉系统的中心处反而修建了一座宏伟、格调精致的道教宫观(二郎庙)，将水利工程师(李冰和他的儿子)供奉在道庙里，以示尊重。

论早期道教有关“自然”的术语和野地的词语

作为哲学概念的自然，以及作为感觉空间的自然——所有生物(或本体论意义上的实体)都在这个空间里活动、孕育——不管是中国还是别的地方，这两种自然有史以来都经历了根本性的变化。中国早期的自然概念包括“天”、“天地”。而且，为了便于论证，指明在“天地自然”之间。在《老子》和《庄子》里，可以把“自然”(nature)(小心翼翼地)解读成“自然而然”(that which is so by itself)这样的词组或术语，以及万物内在的“本性”(孟子用“性”这个词来表达)，即万物之自然。③现代汉语用复合词“大自然”来表示，以区别客观、物理的自然和自然成分那种特殊的本性。

---

① 马克·艾尔文：《中国的环境遗产》，第743页。

② 《太平经》一直是成都地区天师道的基本经典，据推测成书于大约公元3世纪或4世纪，并且是在成都地区编辑而成，尽管里面有斧斤入于森林时的直言不讳(如第118卷)，但是，却没有有关灌溉的内容。参见本书黎志添的论文：《〈太平经〉的“中和”思想：天地疾病与人的责任》。

③ 《道德经》，第六十四章。也可参见《道德经》，第二十五章：“人法地，地法天，天法道，道法自然。”豪曼 约瑟夫·罗立克(Hermann-Joseph Roellicke)认为该章是中国人对“原初或本原的自然”所作的基本的讨论，他在其论文结尾处评论道，老庄中的“自然”与希腊原始哲学中的“自然”完全不同，希腊的原始哲学后来被称为“形而上学”。参见豪曼 约瑟夫·罗立克：《自我意识：公元前4世纪至前3世纪中国哲学中的自然思想源泉》(*Selbst-Erweisung: Der Ursprung des ziran-Gedankens in der chinesischen Philosophie des 4. und 3. Jhs. v. Chr.*, Frankfurt: Lang, 1996)，第440页。

正如我们在《老子》第二十三章所见，自然或天地应该对“飘风”及其他灾害负责。第五章提醒我们天地“不仁”[①]，视万物为刍狗，可以随意抛弃或当做祭品。人们记录的自然有时呈混乱无序的状态，有时则难以预测，或者被描述成未经驯服、未开化以及本身不适于人居住。自然无视人类的意图，人们处于困境之中，这些观念清楚地表明，人们在两千年前就已感受到自然与人类之间的裂痕，那时，自然与文明之间的平衡从心理上而言已岌岌可危。现代一系列对野地的争论含有相同的洞见，这意味着梭罗需要爬上卡塔丁山(Ktaadn)以战胜爱默生的先验论，最后终于承认老子话语里的真理(严格地说，梭罗是否读过《老子》完全无关紧要)：在爬山时，“自然丧失了它那富有人性的面容，从熟悉的朋友转变成藏有敌意的陌生人”[②]。

“荒”这个字常被用来表示那些不适于人居住(至少对汉代的文明人而言)之地，热米·马休(Remi Mathieu)在评论《山海经》时把这个字译成“广阔而未开垦之地”[③]。像《史记》这样的历史文本以及古典文学也用“大荒”、“荒野”或者“荒地”这些词语。

在前汉的词语里，用两个木字立于土之上表示“野”。甲骨文及相关的经典文本经过演变，流传至战国甚至更后的时代(因而展示了语义的稳定性)，通常用“野”字的二木版本表示“郊外”。[④] 野游须专门准备，通常与游猎或皇室举行的巡游有关，旨在完成有关国家或社区建筑方面的仪式。道教探险“野地”可说是闻名于世。比如，490 至 516 年著名道士陶弘景编撰的《真诰》里有一节这样写道：

---

① “仁”是个非常复杂的词语。“不仁”的意思是“不同于人的心智”(not akin to man's mind)，比如，自然就其本身而论，对待生命的方式完全不同，所以完全无视人类的意愿和“动机”。

② 马克斯·奥尔希拉格(Max Oelschlaeger)：《野地观念》(*The Idea of Wilderness*, New Haven: Yale University Press, 1991)，第 146 页及其以后。

③ 热米·马休：《中国古代的神话学和人种学：解读〈山海经〉》(*Étude sur la mythologie et l'ethnologie de la Chine Ancienne: Traduction annotée du Shanhai jing*, Paris: College de France, Institut des Hautes Études Chinoises, 1983)，第一卷，第 524 页。在从文明的内部转向如“荒”这样的遥远区域时，马休没有将两种空间所具有的不同本质加以区分(或者因为一些不愿公开的原因而拒绝区分)。《左传》的“襄传注”也强调了“迷乱”这方面，它(除了将“荒”解释成“巨大”以外)用哲学语言对“荒”作了注释。参见《襄传》(*Xiang zhuan*)27.5；《春秋左传辞典》，第 571 页。

④ 后一种形式的书写仅见于“小篆”体，所以许慎将其收录于《说文解字》里。也可参见《玉篇》(*Yu pian*)，第 6 章，中华书局，1984，第 214 页。

徜徉于圣山之中(I roam the Sovereign's mountain),

一切都是那么完美(All is deeply perfect),

山峰错落有致(The peaks are jagged and high),

本身就是精灵的化身(They are spirits in themselves)。①

这里描述的地方是昆仑山,西王母的住地,它是中国思想里所有那些显而易见的自然空间的起点,不是别人,正是当时有闲情雅致的曹操参访过这座山。曹操是汉代著名的将领,大约在公元215年,他接受了道教教主张鲁的臣服,同时又受张鲁的影响,可能他本身就信奉道教。尽管曹操将军出现在上面引用的诗里,但是,中国早期的野游观念并非与军队甚或云游联系在一起。住在这些地方的人是像"十巫"这样的人,或有一技之长而又不太合群的"野人"。无论如何,他们知识渊博,掌管生长在这些偏远地方——也可能是半神话之地——的"百药"。②

但是,在人们的内心深处,像"野"这样的空间常整合在其他类型的空间里。野地空间不必是最遥远的地方,不必远离中心、远离文明、远离早期的市区。从社会和未开化的角度对这样的空间进行分层最早出现在《诗经》的颂歌里,它对"坰"这个字进行了评论,认为:"城邑之外的称'郊',郊之外的称'野',野外的称'林',更远的称'坰'。"③很明显,这是人类中心主义的观点(与生物中心主义相反):这种衡量标准以土地是否便

---

① 摘自特伦斯·卢索(Terence Russel):《神仙颂:〈真诰〉的诗》(*Songs of the Immortals: The Poetry of the Chen Kao*), Ph. D. thesis, China Centre, Faculty of Asian Studies, Australian National University, 1985,第217页。

② 《山海经》,第16篇(热米·马休:《中国古代的神话学和人种学:解读〈山海经〉》,第571页)。《山海经》第7篇也介绍了由"群巫"统治的地域或国家的名称,描述了"萨满"(shamanistic)(同上书,第572页)的特点,将其作为这些特别地域的命名。按照《十州记》的记载,最适于居住的地方是"生洲"(Sheng zhou),那里有成千上万的神仙。参见托马斯·史密斯(Thomas E. Smith)翻译的《十州记》(*Record of the Ten Continents*), *Taoist Resources* 2, no. 2, November 1990,第87—119页。

③ 参见《诗经》《鲁颂》部分的《駉》。有必要多说一些有关环境分层方面的这种努力。有趣的是这些词语当中至少有一个(郊)也用在某种祭祀里。而且,"野"(两木一土的版本)除了用于地名(姓氏也由此演绎而出),也被有些学者认为是一种仪式(一类祭名;参见《金文大词典》,第1416页。在《周礼》一书中,也可找到未开发之地的特点和直接影响。"礼",作为文明社会进化的标志,在这些"粗野"之地却不适用,并被彻底摧毁(chap. 5, sec. 58)。

于人类使用来确定它的不同特性。因此，作为地域的“野”是从郊区延伸至森林，这片野地空间依然可用做农业土地和牧场。它足以远离市区或市场，以免潜在的邪恶势力或刺激物影响居民，但又不够远到能引起人们的猜测和平常的好奇心，因为在其边界的活动及对这些土地的利用[①]已把一切显示得太清楚，从而凸显了其功利价值。

总而言之，另外一个问题是找一个与我们现代的“环境”一词或中文的“生态环境”一词意思相同的术语。自然环境在中国的历史文本里常常得到讨论，认为它包括大山、森林、溪流和沼泽。因此，像“山林”、“川泽”或“山林川泽”这样的合成词常用于汉代历史文本里（如《汉书》），特指自然资源所在的特殊地方（山泽所出）。像《四民月令》这样的历法指明了获取这些资源的直接途径。[②] 国家政策通常规定，封地和赏赐土地不包括著名的大山和大的沼泽，因为在这些资源中，国家的利益将受到威胁——这些规定正是对这些资源象征性的保护，体现其本身的价值。[③] 有很多保存完好的文件载有关于禁止到高山地区、沼泽和森林的详细规定，这些规定曾被强行实施，后又废除，它们显示了山林川泽的重要性。比如，指导这些地区的守护人督察违规者，或在农历的十一月，指导他们帮助和教导人们怎样通过游猎的形式获取食物或食用果类。顺便提一下，《礼记》把这些守护人称为“野虞”。[④]

宗教对土地的影响以及置野地于不顾的开端

在过去的五十年里，一门新学科带着各种面具悄然兴起，它包含了文化地理学、宗教研究以及历史研究的广阔领域，即宗教地理学。1967 年大

① 有关整个中国历史中土地使用的统计情况，参见何炳棣：《中国历代土地数字考实》，台北：联经出版事业公司，1995。

② 比较克里斯廷·郝则（Christine Herzer）：《崔寔的〈四民月令〉》（“Das Szu Min Yueh-Ling des Ts'ui Shih”），Ph. D. thesis，Hamburg University，1963。

③ 参见《礼记》，第十一卷。

④ 有关中国正统历史中出现的自然开发和保护的问题，参见刘翠溶（Liu Cuirong）的观点，其观点对了解此问题非常有帮助。见《中国传统对山林川泽的开发》，《“中央研究院”学术咨询总会通讯》7，第 1 辑，1998，第 87—101 页。

卫·索菲(David Sopher)将这门学科著名的论文汇编成册，其题目用的就是“宗教地理学”。索菲是一个地理学家，在锡拉库扎大学(Syracuse University)任教，他要求宗教地理学从以下四个方面进行研究：1.环境对宗教及其特殊制度的发展所拥有的意义。2.宗教及其制度改变环境的途径。3.宗教占领和构筑地理空间的不同方式。4.宗教的地理分布情况和宗教传播及相互影响的方式。本次会议讨论的主题与第二(宗教怎么改变其所在的环境)和第三个方面(更详细的询问：宗教占领和构筑地理空间的不同方式)最接近。让我们先看一下索菲如何论述“生态和宗教制度”，他小心谨慎地避免“环境保护主义和功能主义普遍化”所设置的陷阱。然后，我们再决定下面的论述是否适合作为“民族宗教”的道教：

> 在朴素的人种学体系里，宗教似乎完全是一种仪式化的生态学。宗教是媒介，自然和自然过程借此得到安抚、哄骗、乞求和操纵，以便人类得到最大的好处。即使在原始科技时代，每种文化都有选择性地从其生态环境里吸取“神圣”的资源。这种社会性的宗教行为遂得到延伸，为经过筛选而又占主导地位的经济特征作注脚。①

索菲称谓的“神圣资源”翻译成汉语，则是“通过仪式封闭起来的空间”，以免心存恶意的人对其进行开发，比如那些资源丰富而又广阔的大山，或比其规模小得多、由道士以及那时其他“爱惜生命的居民”培植、用来促进修炼的小型“芝园”②。在前现代社会里，“筛选”的过程，以及从未加保护但理论上已建构起来的非常复杂的环境中提取资源的过程，排除了经济行为的仪式化倾向。索菲认为，宗教为仪式提供了一个维度，特别是道教在这点上更突出，索菲将宗教作为经济基本功能的一个“广义的注脚”(extended commentary)。但是，可以反驳的是，宗教行为远非一个“注

① 大卫·索菲：《宗教地理学》(*Geography of Religions*, Englewood Cliffs, N. J.: Prentice-Hall, 1967)，第17—18页。

② 这个词语，可参见马克斯·奥尔希拉格对约翰·缪尔(John Muir)的自然神学的论述(马克斯·奥尔希拉格：《野地观念》，第194—195页)。奥尔希拉格引用尼尔·艾文登(Neil Evernden)的观点，认为“生命界是一个密不透风的活生生的整体”，道士对此会完全认可，而且不会加以追问。

脚”可言，也不是为了处理和制止那些不受约束的自然代理人而编造托词的行为过程，而是在小我和大我、社会或经济需求和滋生这些需求的土地之间进行调谐的过程。事实上，在很多情况下它反对获取贵重的东西，反对在肥沃的地方耕作。如果只是对前已建立的原型（pre-established archetypal theme）作“注脚”，比如，一群人平时的饥饿或生存，那么，此原型的影响就不会导致大山移动、拦河筑坝、沼泽排水。这里必须强调的是，野地生存是道士用他们的自然环境知识，在他们构筑的圣所里，为求真而掌握的一种生存技巧。由于各种环境的挑战，他们用自己的身体做分类仪器，测量和辛苦地记录下他们能忍受的生理极限。他们在那种极端恶劣的条件下积存的丰富的生存资料，的确是他们如何节约自然资源，以及这些资源对延续一个人的精神状态有多么必要的有益指标。

如果用道教术语表达最基本的“仪式化生态学”（ritualization of ecology），那么，我认为它与“气”或“精气”有关——作为生生之气和自然之元气，它由大山给予，反过来又被作为看守人的道士管理。道教以这种身份服务于整个自然帝国，象征性地发展神圣或既定的模式，以转化大地空间。这在《月令》中已提及。从宏观的角度而言，控制“气”的这种传统使农业社会得到延续，因为这种传统通过有意识的行为来保持土地的高度肥沃状态（这是农业最初又最重要的基本原则）。当然，直到最近，农业才成为中国持续不变的传统经济的优势。①

然而，为了有选择性地分散“气”，须把语义和地理位置作为确定地名的基石，精气才能得到合理分配。中国的地名因地形和人相联系而丰富多彩，还有其“漂移”（shifting）的地形特征（如浮山），这些都是其他文化无法比拟的。到唐代为止，大约是在18、19世纪给阿尔卑斯山取名的一千年前，中国人至少已给终南山（现在横亘在陕西的山脉，是北部和中部平

① 1911年，西方世界出现了一本有关中国农业的“旅游志”。金是《四十个世纪的农民》的作者，他的论证极有说服力，认为中国农民是重复利用土地的专家，反反复复地利用土地，还能年年获得好收成，并能运用农耕的基本原则，如节约时间，把肥料堆放在远离生长地的地方。金是威斯康星大学农业物理学教授，很明显，他利用很好的机会对中国的农耕作了详细的记载，并对所记载的情况记忆犹新。他的同胞，沃尔特·罗德米尔克（Walter Lowdermilk），则从不同的角度来看这个问题，在金去中国的二十年后，罗德米尔克去中国调查土地的使用模式，最后因为所看到的不尽其意，绝望地离开了这个国度。

原重要的分界线)的每一座山峰取了一个名字。同样,大约在1750年,西方的画家最终进入阿尔卑斯山的野地,[1]当他们所体验到的审美价值试图用更“友好地利用”这种自然价值模式,超越中国传统的物质自然神学时,这种相似的价值观早在唐代以后的中国画里就已进行了讨论(用写生和写意的形式)。

最后,像《搜神山图》这样栩栩如生的画面表明,自宋代开始,野地及其所拥有的特征均已演绎成一个空洞的隐语,在行政地理分类的文本里也是如此。野地,迄今都包含了品行不端的成分——人亦如此——它不仅是“郊外”,而且还是“礼外”,即在任何礼仪和社会正当的行为之外。中国作家和官员都把它归入次等土地这一范畴,不过,这是从地形及已确定好的土地空间这方面加以界定的。[2]

道士对其居住之地了解多少?

最早的自然环境作为永久赐福和可资利用的营养平台,可能是道教“洞天”、“福地”的主要特征。中国传统中的天堂是拥有最高尚美德的地方,这也是道教的观点。作为徜徉于山村的自然主义者,道教徒也经历了亨利·大卫·梭罗在其名篇《无原则的生活》(*Life without Principles*)里已经暗示过的生活,[3]但道教徒要佩戴护身符保护自我(在《抱朴子》不同章节里和葛洪对这个虚幻世界的洞见里可发现这样的描述)。道教徒有助于创作大量有关本地和远地、有关所谓的“地理幻想”(géographie imaginaire)以及具体的自然环境的地理文学。正如不久前奥尔多·利奥波德不无道理地宣称的,“个体意识是生态健全的起点”。可以肯定地说,

---

① 比较,亚策克·沃日尼亚科夫斯基对野地和大山的杰出研究,他认为野地和大山推动着欧洲艺术的发展。

② 问题是:何时再需要野地?在西方,约翰·缪尔向美国公众正好提出了这样的问题,从而在野地开始供不应求的时候,产生了第一个国家公园(马克斯·奥尔希拉格:《野地观念》,第178页及其以后的内容)。对西方公众而言,在如今的中国,具有特殊文化(或次文化)价值的世俗化的国家公园可能就是大山里的宫观庙宇。以我的亲身经历而言,我没有见过中国旅游者能在国家公园里感受到自然,因为公园已经没有或有意地除掉了人类历史的痕迹。

③ 其遗作发表于1863年10月。参见马克斯·奥尔希拉格:《野地观念》,第410页,第84个注释。

在建立圣地、构筑圣所的整个决策过程中,个人的经验和观察常被整合在一起,并常将其与既定环境中可以适当耕作的土地联系在一起。

不管是像二十四治那样组织起来的道教徒,还是像传说中的庚桑楚那样独立行动的道教徒,都属于第一批有计划、以原始科技的形式探索自然环境的人,这是公认的事实。[①] 当代中国学者贺圣迪将中国传统社会中的这群人称赞为老一辈的道教"田野工作者",他们收集到了非常卓越的有关地质、地理、地学等领域的资料。[②]事实上,贺圣迪证实了文本《南岳小录》里记载的事例。在这本书里,道教徒明白地说出了他们作为勘测员和传达员的生活安排和目的,勘测和传达当地的情况和他们自己的自然知识,开始"记下有关大山、河川以及九州里众多物质的形态"[③]。这种特别的知识,经过数世纪的积累,交织在仪式文本里以及师徒口头相传的传统中,说明了当涉及地理和地形之事时,贺圣迪为什么称他们了如指掌。各种奇怪的东西,或迄今不知的东西,特别是大山里的一切,都被他们记录在册和描述出来。[④] 通过细心地记录每件事,就了解了它们;通过踏上观察之旅,就发现了一切。贺圣迪断定道士的目的在于让人们知道"四海之大,万物之广"。了解全域,就能更好地理解人类在改变生活的进程中所处的位置。

我自己曾研究以及浏览过大量前唐时期的地理著作,我的发现证实了他的观点。如果除去"地形"的人为化概念,[⑤]这些不同文本里的描述真的展示了人们对地理、地形、水力、植物等相关学科的熟练掌握。这些文本包括已经引用过的《十洲记》、《道迹经》的一些章节、《山海经》和《神异经》里大量的神话遗产、《穆天子传》、《博物志》、《荀子》以及第一本插图保存完好的《图经》和《山志》,等等。另外的例子,如道教悠久而又著名的

---

① 庚桑楚,老子之徒,离开文明世界退居畏垒之山(华兹生将其翻译成"Mt. Zigzag";参见他翻译的《庄子全集》,第 248 页)。庚桑楚在那里居住了三年,那个地方农业发展迅速,以致谷物丰盈(畏垒大坏)。当地人将这种进步归功于庚桑楚本人,并想向他祝拜。这就证明道教里的大师与一个地区生态的成功(以及由此而引起的经济繁荣)有着直接的联系。

② 参见贺圣迪:《遍游山川说地理——道教地学思想简述》,《道教文化研究》7,1995,第 148 页。"上述道教学者的思想……影响了中国地学的历史,此点并非是对其进行过高的评价。"

③ 同上书,第 141 页。"九州"一词基本上是指整个国家。

④ 同上书。摘自"罗浮山地名一览表"。

⑤ 此处我遵循"风景先是文化,再是自然"这句名言。西蒙·夏玛(Simon Schama):《风景与回忆》(*Landscape and Memory*, New York: A. A. Knopf, 1996),第 61 页。

炼丹传统，以及宫观、圣地有关创立者(所谓的“开山祖”)的传说和传记，也显示了他们相当丰富的野地生活经验，以及对自然界中最边缘、最难接近之处的地域控制能力。

由此可以得知，对寻求净化和精神修炼的中国人而言，利用自然的疏导能力进行终极体验实质上就是对付一座大山。[①] 在基督教的神学参数里，这种地方可能是不毛之地。虽然大山上居住着鬼怪幽灵，漫游者预先已熟悉这些鬼怪幽灵的名字和真形，但是，大山仍是人们丰富精神生活和提升物质利益的最高级的地方。暂时抛开经济因素，6 世纪的道教百科全书《无上秘要》让我们相信，生活在山上是一种高度仪式化、调整适当的生活方式。如果彻底观察每个仪式，就会有巨大的收获：

> 在山中散步前，道士要叩齿九遍，闭上双眼，观想飘浮于头上的五彩云，五彩云在山间缭绕；过了一会儿，五岳仙官和山上所有的动植物供他们差遣。然后，他抬起头，念着咒语。[②]

如果更深层次地探索天堂里那田园牧歌式的传统，那么，这里描述的道教修炼致使生活在该地区的所有动植物“主动臣服”。事实上，它们全都冲上前听命于道士。道士在对所涉及的方方面面进行相互介绍后所念的咒语，可诠释成一种互不干涉的原则，是对每种事物的功能和内在价值的坦言承认。我相信，道教徒不容易接受现代的相对主义概念。

看一下“真形图”或者更实际的“图经”[③]，其悠久的绘图传统不言而喻。尽管“图”是用做大山之主及其彰显神性的法印，后一种图还是经过

---

① “登山体验”也包括进入阴间，即“洞府”或“冥界”。人们争论道，中国的“阴间”观念源于道士的探险求索之旅，又将其与萨满教传统中的神话资源相结合。作为“幽都”的丰都就是一个相关的例子。《楚辞》和《山海经》都认为在天界和人间之外还有这个“第三”界。参见张振军：《论道教对中国传统小说之贡献》，《道教文化研究》9，1996，第 336 页。无论如何，在西方科学探险家敢于进入洞穴这个领域之前的几个世纪里，中国就大规模地进行了洞穴探险。

② 劳格文(John Lagerwey)：《〈无上秘要〉：六世纪道教中的律令》(*Wu-shang pi-yao: Somme taoïste du VI siècle*, Paris: Publications de l'École Française d'Extrême-Orient, 1987)，第 172—193 页。

③ 奇怪的是，《无上秘要》却用颠倒的两个字做题目：不是“图经”，而是“经图”，可能是着重对一个地点的标记作生动描述(这种情况也可见于《玄览人鸟山图经》。(原英文为“Xuanxian Renniaoshan tujing”，但经译者查证，认为应是《玄览人鸟山图经》——译者注)。参见约翰·劳格文，《〈无上秘要〉：6 世纪道教中的律令》，第 76 页，议论见 8b。

了实际的田野调查，标出了可以旅行的路径。因此，它渐渐地从主观上把野性的自然转化成了一种资源概况图。最后，随着宋代文人的游山玩水，这些图整合了先前已存在的审美标准，降格而成为一幅幅风景画。通过向龙王献上小型的金制品，供于玉碑上，向龙王传递信息，以祈求龙王降雨，由此获得对大山实实在在的控制，这时的大山被认为是地方气象中心。这种为对付野地危险而精心制定的措施不是普通人可以随便使用的(通常要进行大型的道教仪式，短则 3 天，长则达 49 天之久)。像"守一"这样的打坐并非就是健康保险公司开具的保单。然而，抱朴子葛洪把僵尸(the corpus mundi)理解成一种活的生物体，建议用"内静"的方法来消除像虎、狼、蛇、害虫的伤害或者他们各自的魔影。更重要的是，他用"不息"作为一种心理尺度，以便在自然中生存、繁衍。①

这正是今天环境保护论者要求现代人应采取的态度。怀特的道德诫命②呼唤生态和谐。他和众多人一样，坚持认为自然还没有"终结"，要遵行自然这本书的诫命，甚至完全遵行创造者的启示和目的。但是，他依然运用了笛卡儿—牛顿机械的因果关系模式。怀特的自然道义学说(projection of nature's ethos)甚至没有考虑一种(从科学上讲，更加复杂的)模式，在这个模式中，所有组成部分都巧妙地相连，以一种相互依赖、互为累赘和互补的复杂方式联系在一起。或许由于人类强有力的干涉，它们的被迫分离必会导致亵渎和毁灭的行为。③

我认为，道士们将社会空间包围下的无数自然环境创造和界定成神圣领域，因而，他们读懂自然毫无问题。或许，这种观点有点夸张，但是，可以说自然就是道士们自己的文本，用他们自己的方式进行书写，只有他们才易读懂。求得身心与外在世界的和谐，求得外在世界与修炼了的内

---

① 《抱朴子内篇》18，2a。

② 怀特：《生态危机的历史根源》，第 1203—1207 页；重刊于《这块神圣的大地：宗教、自然与环境》，第 184—193 页。

③ 在谈论自然的破坏时，即使是孟子也已经注意到时间因素。在他著名的"牛山"寓言里，他叹道，斧斤的砍伐伴随着饥饿的牛羊进入大山，毁坏一座森林是多么迅速，未来的人们决不会想到，在不久之前，议论中的这个地方真的覆盖着郁郁葱葱的树木。毁坏的快速和重新造林或绿化的缓慢之间极度的不平衡，促使孟子以隐喻的形式呼唤人们要有仁义之心、有良心，这正是我们今天所说的"生态关怀"(《孟子》，6：1.8)。有趣的是，孟子用"息"一词描述草木的繁茂。当然，"息"是与"气"(生气)相关的。

心世界的平衡(在著名的身体内景图,即《内经图》里,没有白色或未开发的领域!),这种对和谐与平衡的追求并非是一段令人感伤的旅程,而是一段回家、回归道的路程。

然而,这并不意味着,他们个人主义的行为可以使所有那些由无限特征构成的无限环境得到大规模的保护。空间的无限性过去不是、现在也未成为道士修炼生活的一部分。如上面所说,昆仑被认为是所有空间的起点,是黄河的源头,是中华文明的神秘源泉。时间轴上类似的无限意义表明,只有提出和阐明了时间的无限性,长生才可能得以阐明(长生对道士而言,是一种无限的约定)。经过经文、知识、文学、医药和冥想等方面的训练,道士认为身体在现世的无限延续是最高的修为,这可能是因为道本身被认为是无穷无尽的源泉。对他们来说,保持不确定的时间比保护富有争夺性的空间更重要。因此他们辩论道,如果成仙,人类就可超越空间和地域对人的限制,每个成功的道士都有一片云彩或一条龙供其驱使,以便自由地遨游"四海"。①因此,在《庄子》第一篇的末尾,惠子描述的那株野生、被认为无用且悄无声息地生长在他园子里的樗树,无疑长在了一个"错误"的地方。庄子建议惠子把它种在"无何有之乡,广莫之野",恢复这棵树初始的状态,把它置于未受损害、天然而又无名的环境中。庄子说,如此,这棵树就会"不夭斤斧,物无害者"。②

现在来结束这场讨论。野地,没有什么比用"家"来形容它更贴切了。家是社会空间,但隐士想要的不是这个社会空间。野地有无限性的特质,"存在于钟表测量的时间维度之外,甚至在仪式的时间之外","它孕育着还未实现的可能性",是"成为可能"的地方。昆仑,是中国的伊甸园,由有名的女性西王母执掌,她是中国传统中令人心悦诚服的母亲偶像;昆仑又是概念化的空间,是与虚假的城市秩序不相融合的抽象化的投影,或者说,是方,又是圆。昆仑更多地是与柏拉图的母性空间(Chora)有关。"Chora"是希腊术语,或许是西方思想中接近于道的一个概念,它形成"矩阵空间,在'一'之前,在'上帝'之前,孕育万物而又

① 按照《易经》(关于坤卦的那章),"野"是飞龙争斗之地。

② 华兹生翻译的《庄子全集》,第35页。

无名，因而藐视形而上学”。① 在《老子》第一章的玄妙含义里，道同样以“无名”给予定义。将二者加以比较，突然间就会觉得母性空间就是道，“为万物的形成提供基础”。它假定，存在于任何一个地方以前的不可预见的空间是可名的。然而，“道”和野地不是同义词，野地和神圣空间也不是同义语。野地，作为美国的一个概念，它受制于合理化和商业化的论证，一方面由水产及野生动植物部加以论说，另一方面则由生态神学家从理论上给以推论。这两股争辩力量各自的观点，其有用性又受制于所有现代空间中最有力的一股力量，其中，一些人认为是野地，而另一些人则认为是神圣空间，这股力量就是华尔街。

（陈杰　译）

① 朱莉亚·克里丝帝瓦(Julia Kristeva)：《女性时代》(“Women's Time”, Signs 7, no. 1, 1981，第16页，esp. n. 4。有关柏拉图的“母性空间”，在其书《蒂迈欧篇》(*Timaios*)的第52章有介绍。参见 Thomas Kratzert: *Die Entdeckung des Raums : Vom hesiodischen “chaos” zum platonischen “chora”*, Amsterdam and Philadelphia: B. R. Grüner, 1998)，第88页及其以后。

园林里的救赎：道教与生态

默耶尔
(Jeffrey F. Meyer)

我先以一个假设开始这篇论文，即古代道教文本里没有涉及生态和环境问题的内容。这种主张基于这样一个信念，即今天的生态和环境运动是那种全新意识产生的结果，它是当代独有的一种意识，认为现在的人类有权力使自然环境严重退化，有力量使其发生根本性的变化，甚至有能力将其彻底摧毁。传统文化的确记载了人们对养育他们的自然界的关心和照顾，认识到他们的实践活动会损害或助其生长。但是，没有人怀有像现代人那样意欲彻底控制它的激进想法。如果说人们曾认为大山是神奇之地，藏有通向另一个世界的路径，那么，现代分析家只不过从地质学的角度，把它们看成化学物品组成的土墩。人们不再需要移山填海的信念，科技就可以做到这点。人类干预自然已达致极端，如今，我们有那种毁灭地球、使其不再适合居住的力量；有力量消灭我们所知道的所有生命。正如我们所知道的，任何一种文化传统都不会认为这样的权力掌握在人类的手里。包括中国在内，那些古老的传统文化持有相反的观点：天地（自然）支配着人类的生活，它拥有一种令人敬畏的力量，人类必须顺从自然。作为创造和毁灭的大师，当代的浮士德把我们置于史无前例的境地。

这不只是一种学术观点。在传统文化的神圣经典里，我们一定会发现相关的文本，它们可作为一种负责任的环境伦理的基石。但是，除非我们洞察到我们今天所拥有的那种根本不同的态度，否则，我们就与罗纳德·里根(Ronald Reagan)的观点相去不远。他在一场总统竞选活动中说道："今天，我们国家乃至全世界所面临的复杂而可怕的问题，都能在那本书里找到答案，这是无可争辩的事实。”[1]那本书指的是《圣经》。重视文本的人建议找一个恰当的文本，将之运用于目前的状况，道德就会发生转变。要是这么简单就好了。

当然，世界上所有大的宗教都有关于环境责任的丰富资源。事实上，如果道德需要变化，那么，很难想象，在有效以及有力地促进这种转变方面，还有什么比宗教更能为这种变化提供更多的灵感源泉。但是，找到正确的经典、信仰和实践只尽了一半的努力，另一半则是阐释。这次“道教与生态”会议的参会者以及这本论文集的所有作者，以不同的术语对其进行了描述，如“拯救的诠释学”、“对抗的诠释学”，最为有趣的是把它描述成“创造性的曲解”。所有这些描述都意识到，我们使用的道教文本是另一个不同时代的产物，关心的是与我们这个时代不同的问题。艾瑞克·霍布斯鲍姆(Eric Hobsbawm)把这种阐释的过程称为“创造传统”，它是“一系列的实践，常常支配这些实践的是公认或默许的规则，以及仪式或象征性的特点。这些实践通过重复的阐释，反复灌输某种行为价值和行为规范，这样就自动地延续了过去的传统”。[2]这正是我在这篇论文里将要做的事。

“创造传统”不是对依然有生机的真正传统进行简单的维护，也不只是一种保存过去传统的运动，霍布斯鲍姆认为，对过去传统的保存是自诺曼时代以来知识分子中共有的态度。“创造传统”实是这样一种运动：通过有意识地与过去联系，“将过去作为行为的合理依据和群体凝聚的黏合剂”，“反复灌输信仰、价值体系和行为习惯，并使其社会化”。他提出的重要一点是，创造传统不仅仅是智力游戏。为了成功，它必须与仪式、象征、行动和行为相连。只有在社会这个大背景下实施，才能创造出有用的过去。我认为道教传统里存在着这种可能性。

就像这本论文集提出的一些富有希望的设想一样，世界较大的宗教

---

① 摘自马丁·马蒂(Martin Marty)：《宗教和共和国：美国的环境》(*Religion and Republic: The American Circumstance*, Boston: Beacon Press, 1987)，第49页。

② 艾瑞克·霍布斯鲍姆：《导言：创造传统》(“Introduction: Inventing Traditions”)，载于霍布斯鲍姆和特里斯·伦吉(Terence Ranger)著《创造传统》(*The Invention of Tradition*, Cambridge: Cambridge University Press, 1983)，第1—14页。

在施加道德影响和提供转变因子方面，确实非常有效。它们都有丰富的资源，可以用来强化生态责任的价值，这些资源包括信仰、经典、仪式、道德传统和强大的象征体系。通过选择性的铭记和遗忘，所有资源都可再生利用，以此重建环境理论。如果基督教常被环境保护论者批评，认为它鼓励一种统治自然的态度，这可追溯到《创世记》1:28，“要繁殖增多，充满这地，征服它”，那么，我们可以换一种选择，选择《创世记》2:15 里所强调的管理好家园的诫命，这种选择可以建立一种具有服务观念的环境伦理。

即使这样的方法有一点点私利存在，也不要认为它不可靠。历史已经显示了某些观念的种子如何生根、发芽，其生长和发展超出了其创造者和早期阐释者赋予它的原始意思。神圣经典给出了大量的例子。早期草拟的《独立宣言》和《独立宪章》支持奴隶制度。但是，《独立宣言》却包含了杰斐逊的种子话语，即宣告“人人生来平等”。不要介意《独立宣言》的作者拥有奴隶，并且认为妇女已经平等。这个强有力的声明使自身获得了生命，其蕴涵的意义慢慢得到了扩展，涵盖了白人无产者、黑人男人、黑人和白人妇女，最后包括所有十八岁以上的人。当林肯坚持认为“人人生来平等”就意味着奴隶制必须废除时，他就在“创造传统”。马丁·路德·金在著名的《我有一个梦想》的演说词里，再一次援用了这句话。当他声称，这句神圣的话意味着所有人在各方面都应得到平等对待时，就比林肯前进了一步，再一次“创造传统”。这是一个创造传统的有效策略。

论及道教，很明显，道教两千多年的历史提供了大量的观念、仪式和重要经典，它们可能真的适合孕育出一种负责的环境伦理。事实上，它可能比其他宗教更适合承担这项任务，因为它是那么地看重人与自然秩序的和谐。施舟人论文里描述的《一百八十戒》就是一个最好的例子。早期道教经典把人放在更大的自然环境之中，认为人是这个整体的一部分，但不一定是最重要的部分。既然环境保护的核心问题是人与非人类世界或我们所说的“自然”之间的关系，那么，在万事万物的构架体系里，道教将人类置于重要的、有责任的，但又很谦逊的位置上。这是创建环境伦理的一个好的开端，它隐含着自然世界在某种意义上是神圣的，或者，至少人类必须尊重其自主性。

既然其他学者已经勾勒出了道教里有益于衍生环境伦理的重要观

点，在道教丰富的知识宝库里，我将把自己的论题限定在园林传统这方面。“大传统”中的这条次要支脉，尤其因为它与中国长久以来对大山的热爱、信奉大山崇拜以及朝圣有关，所以引起了其他很多重要领域的共鸣，这一点是显而易见的。我不会研究园林传统是怎样被“道教化”这样的问题，园林传统所采用的很多价值原则和审美原则可能被认为完全是“中国化的”。但是，就像山水画、诗歌一样，园林至少受到道教终极目的的强烈影响和启发。

克雷格·克拉那(Craig Clunas)写有一篇关于中国明代后期园林的论文，着重研究反映16世纪苏州富人旨趣的那些经典园林。他赞同私家园林的意义大约在公元1500—1600年之间有所转变的观点。私家园林开始基本上重视园林的商业化价值，要能生产果实、木材，以及其他日用品；一百年以后，园林的意义在于它的审美价值，主要是用审美的方式来彰显财富以及良好的品味。① 在这篇文章里，我想探寻园林的后一种意义，它与宇宙或审美原则相关。

有些人反对把园林作为讨论生态和环境问题的焦点，可能是认为它是由杰出人物掌管的。大部分经典或一流的园林都是在皇家花园、皇帝的避暑山庄，或者高级官员以及富商的豪宅里。正如我希望指出的一样，园林传统里对自然的尊重广泛而又深深地扎根在中国社会的各个阶层，而且至今依然如此。不久前罗尔夫·石泰安指出，即使是盆景，即花盆里的微型花园，也像大的皇家花园一样，包含着相同的象征意义。② 这种传统的园林观念在明代得到发展，苏州的作家黄兴增(Huang Xingzeng，1490—1540)评论道：“作为一种消遣，即使是乡下贫贱之家也要用孤岛之类的山水画装饰器皿。”③在中国民主化的今天，皇室和富商的花园已开放给每个人。

以园林为依托来讨论环境问题有许多优势。毫无疑问，它揭示了人对自然的态度。当然，在创建园林时，也需要人与自然界有一种积极合作

---

① 克雷格·克拉那：《硕果之地：中国明代的园林文化》(*Fruitful Sites: Garden Culture in Ming Dynasty China*, Durham, N. C.: Duke University Press, 1996)。

② 石泰安：《微观世界：远东宗教思想中的花园和住所》，第1—112页。

③ 摘自克雷格·克拉那：《硕果之地：中国明代的园林文化》，第101页。

的辩证关系。计成在《园冶》里说道：不要对山林犯罪，一个有意识、有感觉的人决不会对它们不敬。《园冶》是中国现存最早的园林设计手册。在其他地方，园林设计师也提出“充分运用自然景色是园林设计最关键的部分……对于自然物体，必须充分想象和考虑它的吸引力，既要用外观吸引人，又要让其深层的本质触动人的心灵”。[①]虽然与欧洲文艺复兴时期的园林和欧洲经典园林相比，中国最好的园林似乎是很“自然的”，但是，它们却是经过人工精心修饰、巧妙处理和细心规划而建成的。即便如此，园林设计师所看重的主要原则还是遵循自然秩序。正如晚明时期的学者和园林设计师张潮所说，绘画时，艺术家可以自主地进行创造，但在设计园林时，设计师必须“适当地考虑地形特点和石头的独特性”[②]。尽管中国园林设计的基本原则是“既以自然为基础，又以自然为最高追求”，但是，设计的趋动力“在于自然与人造相融合”[③]。因此，自然是创建园林时积极主动的伙伴。人造的痕迹和人类创建的成果随处可见。园林四周有围墙，从大门进入，中间隔有一些庭院，修有亭台楼阁，小径和小桥交织其中。然而，自然本身总是“客观存在的老师”，人们始终要按照自然山水的格调和模式修建庭院。[④]

既然庭院是自然和人类协作的产物，那么，我认为园林传统似乎为将来的环境保护提供了一个恰当的模式。地球上没有哪一个地方不受到人类的影响。承认我们人类不会置自然于不顾，这是一条现实的环境伦理原则，虽然有点悲哀，但却非常重要。当我们规定不许扰乱自然保护区和野生动物园时，环保运动真正的难题在于怎样对待已被人类触及和改变了的更大范围的自然界。由于建造园林时，必然要发生人与自然的交互作用，所以园林本身是建构环境伦理的恰当之地，它是一本教科书，可以教会人类尊重自然。

中国传统园林的某些特点引起了环境反思。一个重要的特点是“相

---

① 计成：《园冶》(*The Craft of Gardens*, trans. Alison Hardie, New Haven: Yale University Press, 1988)，第 50、121 页。

② 摘自夏咸淳：《晚明士风与文学》，北京：中国社会科学出版社，1994，第 63 页。

③ 彭一刚：《中国古典园林分析》，北京：中国建筑工业出版社，1997；1986 年初版，第 9 页。

④ 同上注。

异性”(otherness)。园林完全不同于社会其他形式的建筑,它远离一般的日常生活。这个特征使中国园林可与大多数其他文化中的园林建筑传统等量齐观。在其他文化传统里,园林代表那些文化的最高渴望,即试图展现人类所追求的终极状态——“天堂”。就像克拉那所说的一样,既然园林不是明显地追求功利,其创造者就可以放飞想象的翅膀,充分运用象征,在自然环境中将园林创建成尽善尽美的理想之地,当它与真正的社会现实相对照时,这种理想常常会得到提升。①中世纪基督教和伊斯兰教的园林有时虽然毫无夸张,却是“大萧条”前黄金时代的象征,是圣经里的天堂,泉水从园林中心涌出,向四面流淌,浇灌土地。佛门净地的花园实是阿弥陀佛西天的写照,有荷花池、奇珍异宝、树木花草等。意味深长的是,道教园林再现的“天堂”既不在过去,也不在未来,而是现实世界自然结构的缩影。

道教园林另一个显著的特点是“离心式”(eccentricity)。我的意思是,中国园林偏离轴线,在结构上完全不同于大多数其他建筑环境中的中轴式庭院建筑,像私宅、官衙、宫观、寺庙,甚至整个城市。园林是一个与普通的人类社会相隔离的世界,常远离中轴,建在正方形或长方形的中国传统住宅的侧边或后边,或围绕在建筑物的两侧。因此,园林对于中国人非常“新奇”,因为不管是私宅,还是皇室,园林建筑体现不出住宅所拥有的那种等级和地理位置上的象征意义。它是非中轴的、不对称的,与家居最重要的轴向结构形成鲜明的对照。它提供了一个体验不同生活维度的极佳之地,在那里至少能得到短暂的自由,使人从社会等级的常规约束里解脱出来。传统的中轴式住宅,常伴有连续的庭院,是中国文化里父权制家庭的绝好比喻。这种等级分类体系,以延伸的家族体系为模式,不仅统治了中国社会,而且统治了传统的观念世界。即使是正统思想学说②的宗谱或神秘文化中最早的英雄谱,都声称在“轴线上”,纵向“系谱”里的每一个个体都与前代和后代联系在一起,任何偏离轴线的人都会自降身价或隶属于轴线上的人。与之相反,园林代表了自然环境,不受传统的社会结构

① 克雷格·克拉那:《硕果之地:中国明代的园林文化》,第91—103、203—207页。

② 可参见托马斯·威尔森(Thomas Wilson):《道的谱系》(*Genealogy of the way*, Stanford: Stanford Unirersity Press, 1995)。

和社会评判体系的约束。①

就很多象征意义而言，园林不同于社会的价值观念。园林代表的不是通常居支配地位的“阳”的形象，而是“阴”的象征体系的复合体：扭曲的树枝，蜿蜒的小径，弯弯曲曲若隐若现的小桥或人行道。家庭或公共庭院都是单一而狭长的景致，它暗示着人类的控制；而园林则提供了多样化的景致，它不是把人类的视野局限在一个包罗万象的狭窄地域，而是将其分割成无数的片段和多种多样的景点。这样，每个人只有观赏了所有的景点，才能了解全景。从理想上来说，园林应是一个出人意料、令人惊喜之地，应当充满无数奇观。计成作为晚明时期那篇著名的有关园林设计的著作的作者，想要设计一座宏伟的园林，“将五大神山聚集一处，密集排列在一起，装点精致，有珍贵的花草，古树参天，天空中鸟儿飞翔，还有一些特别的装饰品，让伟大的自然以前所未有的姿态出现”②。中国有句古老的名言，即“天圆地方”，园林是个圆形王国，是个不可思议的、无边无际的国度。通过“月形门”进入四周有围墙的园林，象征性地昭示了那里的体验与众不同。

园林传统有几方面的理由为建立环境伦理提供了契机。首先，它是人与自然交织在一起的地方，阐明了人对自然的态度。怀特曾说：“人们怎样对待生态取决于他们怎样看待自己与周围事物的关系。人类生态学深深地受制于人类对自然及天命的信仰。”③在对中国园林设计进行理论分析时，我们可以看到中国人怎样思考自然物及其与人类的关系。即使是中国家居建筑，虽然在很多方面与园林相反，但还是能体现出人与自然融合在一起的观念。事实上，有些人认为中国南方的园林优于北方园林，其原因是南方园林尽管有时面积不大，但因为“有大量的门和窗”④，所以通风良好，而且显得特别宽敞。

第二，园林设计包含了人类的目的这一重要因素，其最后成形取决于

---

① 克拉那的《硕果之地：中国明代的园林文化》中有一些例子展示了明代描绘园林中的人物的绘画所体现出的社会等级制度。《硕果之地：中国明代的园林文化》，第 157—160 页。

② 计成：《园冶》，摘自夏咸淳：《晚明士风与文学》，第 64 页。

③ 怀特：《生态危机的历史根源》，第 1205 页。

④ 陈从周：《说园》(*On Chinese Gardens*)，上海：同济大学出版社，1984，第 25 页。

人类一系列有意识的决定。加里·丽丝(Gary Lease)已经指出:"人类和自然之间是一种辩证关系,相互依赖。"①我认为这种见解意味着,既然我们提供了阐释自然的理论,即使这种阐释理论还在"构成派"(即人类决定自然有何价值)和"实在说"(即非人类世界有种自主的、不变的性质)之间徘徊,那么,对话中的一方或另一方不可避免地会成为主宰。道教园林优先提供了一个审视这种辩证关系的场所,两者都在其中扮演了各自的角色。人们感到自然是自治的,有着自己的价值,认为它拥有的微妙秩序占据统治地位。就像两个世纪以前,威廉·钱伯斯(William Chambers)在赞叹中国园林的天才构想时,写道:"按照中国的风格,装饰地面的艺术非常难……这种方法没有某个固定的规则,但在创造时有不同的排列,使其有多种变化。"②这种观点几乎是对计成名言的阐释,计成认为设计园林有原则,但无定则,设计师必须寻求形式背后隐藏的本质。另一方面,园林完全是人为的产品,其设计者和园林主根据他们自己的创造力或模仿能力建构园林的各种要素(很明显,有些园林更成功、更有美学价值)。建造园林必须掌握许多艺术,包括绘画、书法、文学和雕刻。③从某种程度而言,它们和园林设计一样处于一种辩证的动态关系之中。

第三,园林包含了众多主要的宇宙象征符号,表达了宇宙的统一性,山(阳)、水(阴)、天、地和人统一在一起。也包括许多像"万物"这样的次级象征符号,如树、花、果实、鸟和鱼。就像山水画一样,园林是宇宙的缩影,但它是在三纬空间,而不是两纬空间展现这一微型宇宙的。山水是最基本的自然要素,中国人从古至今都对它们充满了崇敬之情、崇拜之意。在园林里再现这两个要素时,中国人创造了一个微观世界、一个小天地,通过微型结构表达了某种控制。但是,与此同时,它依然尊重"在创造时

① 加里·丽丝:《导言:受到攻击的自然》("Introduction: Nature Under Fire"),载于《重塑自然:对后现代解构主义的回应》(*Reinventing Nature: Responses to Postmodern Deconstruction*, ed. Michael E. Soulé and Gary Lease, Washington, D.C.: Island Press, 1995),第7页。

② 威廉·钱伯斯:《中国建筑、家具、服装、机械以及器具设计》(*Designs of Chinese Buildings, Furniture, Dresses, Machines and Utensils*, 1757; reprint, New York: Benjamin Blom, 1968),第19页。

③ 夏咸淳:《晚明士风与文学》,第63页。

有不同的排列,使其有多种变化”[1]这样的规则。照计成所说,这些原则含有对既定的自然环境的运用,即包括改造当地的环境以及借用当地的景致。从某种意义上说,在园林里再现山水时,山水本身就规定了园林设计者应当采取的形式。因此,中国人的实践隐含了对自然的某种臣服,把自然当做对话中的主体。如果人类对自然秩序没有某种程度上的臣服,很难想象可以建构一种引人注目的环境伦理。

另一方面,如果“深度生态学”意味着“生物中心的平等主义”,那么,我对其可行性有极大的怀疑。“深度生态学”主张人类和非人类本质上是平等的,人类个体应该在万物这个“大我”中寻求其真实不虚的本体。尽管这种哲学可能很吸引人,但是,没有任何迹象表明人们会普遍接受它。即使亚洲学者认为它与本地的哲学和宗教模式很一致,[2]但这种观点也只可能在一小部分人之间流行。现在,人类不再接受古代的自然观,他们知道人类能够移山填海、开沟挖渠,最糟的情形是毁灭世界。当前,人们对自己力量的认识不是把人类导向“生物中心主义”,而是“人类中心主义”。日本经过了数世纪佛教和神道教精神的洗礼,即使在这样的文化氛围中,如果确实存在“深度生态学”的话,与美国相比,也没有迹象表明它会使人们对环境采取更健康的态度,或有更良好的记录。[3] 最后,我认为天人合一常常源于一种神秘状态,经过长期的苦训才能获得这种状态。因此,不能将其作为一种适用于每个人的伦理的基础。后面,我将折回来阐述这一点。

因此,中国园林为环境伦理提供了一种模式,它居于“深度生态学”和“以人类为中心的生态学”(考虑到自然惠及人类的一面)之间。它突出一种合作性的关系,其中,“在辩证关系中,相互依赖”的每个伙伴都对最后结果作出了贡献。人类对园林建造的贡献相当明显。微型化这个行为就暗含着控制,园林设计师能够在限定的范围内再现自然。与此同时,自然

---

① 摘自陈从周:《说园》,第 6 页。

② 参见兹梅曼:《争取地球的未来:激进生态学与后现代性》,特别是第一章,《深度生态学中与自然同一的观点》(“Deep Ecology's Wider Identification with Nature”),第 19—56 页。

③ 参见斯蒂芬·克拉特(Stephen R. Kellert):《东方和西方的自然观》(“Concepts of Nature: East and West”),载于《重塑自然:对后现代解构主义的回应》,第 103—121 页。

因素一经选择和定位，就规定了园林的形态。园林因素中最重要的是山，它把园林建造这样的次要传统与崇拜山的更大、更古老的传统联系起来。

任何熟悉中国文化的人都知道，从最早的历史开始，山就被认为是神圣的。商王祭拜“岳”(可能是嵩山)。《周礼》中列举了五座圣山，代表了五个方向，要求祭祀泰山(东方)、华山(西方)、恒山(北方)、衡山(南方)、嵩山(中)。《礼记》描述了周朝统治者每五年要巡礼一次，在每个季节的第二个月，在其中一座圣山顶上祭拜。在古代，中国的山是通过仪式与天神沟通之地，以及与其神秘接触之地。透过各个王朝的历史可以看出，五岳和后来的其他两座山都受到过祭祀。追溯至公元 645 年，作为祈祷者的唐太宗感受到了那种令人敬畏的神秘力量：

> 这些圣山拥有五座高耸入云的山峰，峰涧万兽齐鸣，龙腾虎跃，奇异景象随处可见。那儿风雨生焉，彩虹存焉，仙鹤装扮华丽。那也是仙人长期出没的地方。那儿层峦叠嶂，云蒸霞蔚，绿树成荫；层层山脉错落有致，阳光普照，射出万道光芒；到处是悬崖峭壁，下面是万丈深壑，山峰高耸云霄；月亮里桂花盛开，撒下朦胧银辉；云雾缭绕，藤蔓缠绕的树枝若隐若现；深不见底的峡谷在冬天咆哮，夏天的飞泉则凉爽怡人……从古至今以至将来，岩石构成的山峦和天地一样坚不可摧，其蕴藏的能力永远是那么强大……①

《山海经》记载了对山的崇拜，指出神仙和奇异的生物都生活在高山之巅，有些温和慈祥，有些则很恶毒。至于大山是否就是神仙的住所或大山本身就是精灵，这在《山海经》里表述不详。其中一章把昆仑山描述成天皇玉帝下界的都会之所，以致昆仑山在后来的中国文学里非常著名。马王堆挖掘出的陪葬品表明圣山是神仙的住所，那里有通道让死者的灵魂进入另一个世界。在汉代，五岳成为宇宙的真实写照，而且，博山的审查员(censors)用象征表现了五岳令人敬畏的特征，焚烧的香散发的幽幽

① 摘自 Kiyohiko Munakata:《中国艺术中的圣山》(*Sacred Mountains in Chinese Art*, Urbana: University of Illinois Press, 1991)，第 2 页。本文有关大山崇拜的概述大部分基于该书。

清烟使人感觉到仿佛是“神秘的云彩从圣山上冉冉升起”[①]。

公元4世纪的《抱朴子》也记载有大山上存在神仙。作者葛洪建议进入大山，寻找有助于炼丹的神灵。任何人去之前，都要沐浴斋戒七天。那些想参访大山的人所拥有的既想接近又想逃避的复杂情感反映了大山的神圣性。葛洪说道，“不可轻入山也”[②]。后汉时期，道教和佛教都将大山作为安全的退隐之地和宗教修炼之所。因此，大山就成为寺庙宫观的修建之地，也是个人以及小群信徒的隐居处。大山还被认为是联系另一个世界的神圣之地，有令人敬畏和超自然的特性。但模棱两可的地方依然存在，即大山是进入阴间和天堂的门户。比如，茅山是“公认的中转站，道士经由此处可望从这个世界飞升上天”。同时，也只有道士才知道大山真实的秘密。“道士受训的内容之一就是学会洞察大山的无形轮廓，特别是能发现掩映其中的、通向下面神秘世界的入口。”[③]

自唐朝以来，朝山盛行于社会的各个阶层。实际上，中国典型的朝圣活动是“旅游至山顶的寺庙”。山顶被赋予了灵性，这种超自然性使朝拜者在这个地方可以与神灵相通，并能得到神灵很灵验的回应。[④] 朝圣这种活动在中国称为“朝山进香”，字面的意思是“拜访大山，并焚香礼拜”。这个词组与描述人们觐见皇上的词语类似，人们进宫觐见皇上，向他叩头。因此，这个词组意味着来到神圣者的面前叩拜。就朝山而言，神圣者就是大山。朝圣和大山联系得如此紧密，以至于著名的佛教圣地普陀山尽管完全不是一座山，只不过是一座多岩石的岛屿，靠近宁波，远离中国的东海岸，也被命名为“普陀山”。[⑤] 这篇论文着重要强调的是，圣山作为朝拜之地，并非只是精英、名人们的目的地。朝山的有“皇帝、参禅之人、一般的佛家弟子、道士、隐士、旅游者和世俗的香客”。既然朝拜的大部分山都

---

① 摘自 Kiyohiko Munakata:《中国艺术中的圣山》，第28页。

② 施舟人:《道教总体》，第171页。

③ 薛爱华:《唐代的茅山》(*Mao Shan in T'ang Times*, 2d ed., rev., Boulder Colo.: Society for the Study of Chinese Religions, 1989)，第3—5页。

④ 《中国的朝山进香与圣地》(*Pilgrims and Sacred Sites in China*, ed. Susan Naquin and Chün-fang Yu, Berkeley and Los Angeles: University of California Press, 1992)，第11页。

⑤ 参见于君芳(Chün-fang Yu):《普陀山:中国普陀信仰(Potalaka)中的朝山和创造》(“*P'u-t'o Shan: Pilgrimage and the Creation of the Chinese Potalaka*”)，载于《中国的朝山进香与圣地》，第190页及其以后的内容。

对所有人开放，所有人都可经常出入，那么，要寻找它们的意义，就只能在“共享的观念和实践的统一体里去寻找，这些观念和实践在相互竞争的各种教义、各个行家、各阶层和各种制度所构成的背景里生存和发展”。①

中国传统园林里，用石头堆砌成山，以唤起神圣之感，这至少部分地反映了道教宗教实践的这种悠久历史。盆景里的怪石、园林里构成假山的巨大石头，还有山上蜿蜒的路径、山体的凹凸不平、神秘的洞穴，所有这些都旨在使观看者产生敬畏之情。这些微型山可能起着圣像的功能，不仅象征着它们所代表的现实世界，而且表示用某种方式参与到现实之中。斯蒂芬·克拉特(Stephen Kellert)认为日本有种趋势，就是在建构的环境里体验和享受自然。“就像调查对象们指出的那样，这样做的目的是通过遵守观想和体验中的严格规则，来捕获自然物中假定的本质，而观想和体验能最好地表达自然物中最宝贵的特质。”中国将自然物的本质或灵魂称为神气，很难想象还有其他更确切的词语可用来表达中国园林创造者的目的。②

因此，园林是有意创造的物体，就像圣像一样，它所隐含的意义比它本身更为丰富。如果我们聚焦于大山的力量，将其作为古代的一个象征符号，这个圣像就对仪式敞开了大门。道教园林建于这种悠久的历史之上，能唤回过去，使过去重生，并与中国其他崇拜山的传统紧密相连(儒家、佛教，以及诗人、画家的审美欣赏)。由此，道教园林以对山的崇拜为基础，可以反复灌输一种更普遍、更广泛的环境伦理，并将这种崇拜延伸，以至崇拜整个自然界。

1995 年 6 月 7 日，中国台湾召开的学术会议的主题是环境保护与道教思想。傅伟勋教授为这次会议确定了基调，有三人作了实质性的回应，然后进行了非正式的讨论。所有这些材料和另外两篇主要的论文一起发表于《哲学杂志》(1995 年 7 月，第 13 卷)。那次会议属于哲学式的探讨，对《老子》和《庄子》进行了深入细致的分析，同时，介绍了当代美国和其他

---

① 《中国的朝山进香与圣地》，苏珊·那奎因(Susan Naquin)和于君芳写的绪论，第 23—25 页。

② 斯蒂芬·克拉特：《东方和西方的自然观》，第 112—113 页。有关神气(*on shenqi*)的内容，参见陈从周：《说园》，第 49 页。

地方有关环境保护的著作，涉及了深度生态学、生态女权主义和社会生态学等方面的内容。傅伟勋教授坚持认为，如果对中国古代智慧进行创造性的诠释，那么，这些智慧能应对当代环境问题。他的主张基于老庄思想中的三个相关论点：超越精神、齐同万物的思想以及环境保护的理念，这些思想可成为当代环境伦理学的基石。①第二篇重要的文章向往中国传统中与自然亲近的情怀，呼唤远离这个主张消费的社会，回归到简朴的生活方式中去。② 在当代中国大陆和台湾地区人口过剩的工业化社会，很难想象这种回归怎么可能行得通。

第三篇文章基本上是对老庄进行宗教性的阐释。这种阐释更坚定了我的怀疑，怀疑这些经典能否成为环境伦理的基石，最关键的是这种环境伦理必须适合于每个人。作者庄庆信明确表示，常常摘引的与环境伦理有关的经典描述的是一种高层次的精神升华——我把它称做神秘的体验——即长时期严格修炼的结果。作者讲到，要想获得对环境正确的态度，老庄告诉我们必须先修道。简言之，我们在拯救自然之前，应该先拯救我们自己。庄教授在总结时说道：

> 老庄思想使我们拥有这样的自然观：尊重自然，在与自然打交道时遵循环境规律（或自然规律），最后达到天人合一的境界——这是与西方所谓的环境伦理最接近的原则。但是，要拥有对自然的这种态度，不能只说而不付诸实践。我们必须坚持不懈地修炼自己，首先要超越欲望，有自我服务的意识，从而获得自由，释放自我和内在的精神，最后，达到无我以至忘我的境界。只有达到这种最高的境界，我们才能体道，才能达到天人合一。现代人真正需要这种形式的修炼，以保护生态环境。③

当西方环保著作怡然自得地摘引来自老庄的道教原则时，我想很少有作者会把如此艰巨的精神修炼作为努力于环保事业的先决条件。为了处理

① 傅伟勋等：《道家智慧与当代心灵》，《哲学杂志》，第 13 卷，1995 年 7 月，第 1—16 页。
② 魏元珪：《老庄哲学的自然观与环境哲学》，出处同上，第 36—54 页。
③ 庄庆信：《道家自然观中的环境哲学》，出处同上，第 70 页。

好与自然的关系，庄教授要求人们竭尽全力成为一个圣人，如果这是必须具备的条件，那么我们真的会陷入困境。尽管如此，作者的话依然是一种有益的提示，即没有一种伦理原则是孤立的。每一种原则要得到有效的实施，都必须是整个哲学和生活方式的一部分。大多数西方生态著作都是纯理论、纯分析的作品，所倡导的理想不是建立在现实社会任何一种公共理念和伦理观念之上的，这种思想没有充分强调实际运用的必要性。公正的言辞和合理建构的伦理理论很有必要，但是，它们并不能保证这样的原则能付诸实践。因此，怎样促进这些原则的实施才是问题的关键。

就实践而言，园林传统提供了一次契机，它既给中国社会提供了理论，又有实施的前景。基于中国人对大山的热爱和敬畏，它唤醒了古代的朝山活动，使人们把这些山当做圣山。就像园林设计里所反映的中国人对大山的敬畏一样，如果这种大山崇拜能与朝山活动的重新诠释结合起来，那么，如霍布斯鲍姆所阐释的一样，我们可能就在开始"创造传统"。虽然朝山者的态度不同，从宗教的虔诚到世俗的游览观光，但是，没有理由说明为什么大多数人没有对大山的敬畏之情。中国的朝山者，就像乔叟作品里那些去坎特伯雷的乡亲们一样，是一群各色混杂的人，朝山有不同的目的，有的带着宗教信仰，有的则带着世俗的欲求。随着道教宫观和佛教寺庙的重建以及朝山活动的复兴，有望恢复人们对自然持一种宗教的态度。

尽管如此，"创造传统"不仅仅是理论工作，它需要通过教育让大众参与。在中国，所有要素都已准备就绪。中国依然保存着园林设计的传统，假山的创造也得到了良好的运用。近几年来，许多作者都发表和出版了与此相关的文章和书籍，有位学者谈到了"园林热"，文章的题目用了"一窝蜂似的"这样的词语。①在中国所有的园林中，不管是把石头艺术性地组合，还是笨拙地堆砌，几乎没有一座园林不用奇形怪状的石头造型来代表大山。在北京，很多校园、沿街的绿草坪或住房前空旷的地方都可看见单一的、古怪奇特的石头。创造传统的"基础"符号已经就位，在悄然等

① 彭一刚：《中国古典园林分析》，第1页。

候，那就是把大山当成一个圣像。

最后要做的事就是通过教育来阐释，因为单是大山的“存在”还不够。在中国，虽然到处都可以看到假山，但是，它们很可能因无处不在而流于平凡，成为人们容易忽略的平庸之物。它们需要成为人们关注的对象，它们的意义需要有意识地被唤回。只有将其整合到中国教育的课程中，才能实现这种关注、实现这种意义的唤醒。大多数基础要素再一次准备就绪。不管是在中国台湾地区，还是在中国大陆，中国人的德育教育长期存在着一个传统，那就是强调审美教育。几年前，当我对中国的德育教育进行研究时，我发现这种传统依然有强大的生命力。他们相信美的事物，特别是自然美，可以用来塑造道德品质。就像四川师范大学的一位教授所写的：“美是通向道德的桥梁……欣赏自然的美景以及艺术中的美，体验社会中人性的美——所有这些都会使心灵得到净化。”在台湾小学的语言课本中，十二册中有三分之一以上的课文，其目的是唤起审美或道德意识，试图“促使人们热爱自然中的美好事物，热爱土地、大海，热爱动物、花卉和植物，热爱四季以及日夜的更替，热爱雨水、太阳，等等”。[①] 中国的园林现在已经得到广泛的国际赞誉，它是民族的骄傲，可以成为环境伦理的基础。

假定这种悠久的德育和审美教育的传统返回到孔夫子的时代（孔夫子提倡用礼、乐来塑造人的品质，使社会和谐），那么，中国比其他任何地方都有更好的机会来延续这种传统。在学校的语言、德育、社会实践和地理等课业的课本里，很多内容都在突出自然美和自然的威力。这样，很容易建立起人与生态和环境的联系。虽然园林的主要元素——山和水，是有限的审美场景，但是，总体说来，它们可以成为自然界美和力量的象征符号。即使园林里一些次要的元素也可能有道德意义。正如张潮所说：“梅花使人高洁，兰花使人清幽，菊花使人淳朴，莲花使人愉悦……牡丹使人英勇，美人蕉使人优雅，松树让人闲逸，凤凰树使人净化，柳树让人多愁

① 《中国的德育》（“Moral Education in the People's Republic of China”），*Moral Education Forum* 15，no. 2，summer 1990，第 6—7 页；《台湾学校中的德育教育：课本传达的信息》（“Teaching Morality in Taiwan Schools：The Message of the Textbooks”），*The China Quarterly* 114，June 1988，第 269 页。

善感。"[①]如果中国的美育和德育传统依然有生命力，那么园林传统具有更大的力量唤醒有史以来人们对自然的尊重，从而发展一种有效的环境伦理，这一点毋庸置疑。

（陈杰 译）

① 夏咸淳：《晚明士风与文学》，第67页。

本编讨论：我们如何成功地将生态学的观念应用于道教文化语境

约翰·帕特森　苗建时
（John Patterson，James Miller）

引　言

上一章所有论文都指出要重视道教文本里三个基本的生态主题。本章论文的宗旨是要了解生态主题是否同样存在于中国文化的实践过程中，这个宗旨因而成为本章论文的焦点。这里概括的生态主题摘自尤金·奥达姆（Eugene Odum）的调查报告《20 世纪 90 年代生态学中的主要观念》，它们是：1. 协作适应，以求生存；2. 互惠与同一；3. 惠及主人，以求生存。①

协作适应，以求生存

奥达姆认为，有机体为了生存，可能会和另一个有机体竞争，但却不能和它所处的环境竞争，它必须以一种协作的态度去适应（或改变）环境。② 因为，如果跟它所处的生态系统竞争成功，那么，它就会摧毁真正支撑它的环境体系。适应环境的观点在《道德经》里非常突出，其中第七

---

① 尤金·奥达姆：《20 世纪 90 年代生态学中的主要观念》（"Great Ideas in Ecology for the 1990s"），*Bioscience* 42，1992，第 542—545 页。

② 同上书，第 545 页。

十六章讲到,“人之生也柔弱,其死也坚强”。我们不是去努力征服居住的世界,而是为其他生物起好带头作用,特别是植物,带头学会怎样通过灵活地适应环境以满足我们的需要。这儿的要旨是通过顺服,而不是通过竞争来适应我们的环境。这与我们所熟悉的侵略式的方法形成鲜明对比。采取侵略式的方法,我们总是试图征服自然界,使其顺从我们的意志。

默耶尔在对中国园林设计的研究中提出了与此相类似的文化课题。鉴于画家对自已确定的主题可以自由地发挥,园林建筑师却必须对其手边的原材料“适当地反应”(respond appropriately)。“适当地反应”这一观念在生物中心主义和人类中心主义之间给出了第三条道路,它承认人类处于优先地位这个事实,同时,也认识到随之而来的责任。更深层次的宗教观点是自然可以成为人类再创造的空间。协作适应原则所要求的柔顺态度不是让人类消极地“屈从”或“妥协”,事实上,它为精神的升华提供了坦途,为共同拥有的未来提供了完全积极的“妥协”方式。

互惠与同一

第二个主题简单却不寻常:当资源缺乏时,互利共生(mutualism)的原则得到迅速发展。[①]“互利共生”用于物种时,指物种共同进化,以至于最后互利互惠。以一种小鸟为例,它们吃掉大型哺乳动物皮毛上讨厌的虫子:鸟儿获得丰盛的食物,哺乳动物则从经常性的梳理毛发中受益。资源缺乏引起的连锁反应易于明白,如果有大量的食物供给所有的鸟儿,它们就不会冒险走近大型的哺乳动物。但是,如果情况变糟,又有新的危险。这里所展现的道德伦理很清楚:人与其他物种之间的互利共生是一条出路。《道德经》第五十六章有类似的训诫,它力劝我们要与世俗世界同一,或同化于这个世俗世界:

① 尤金·奥达姆:《20世纪90年代生态学中的主要观念》,第545页。

塞其兑，闭其门，挫其锐，解其纷，和其光，同其尘——是谓玄同。[①]

当我们仔细审视“互利共生”消除了物种间利益的差别时，这种联系就更加强烈。但是，“互利共生”的目的是要求我们选择科学上常用的因果关系。就像韩涛指出的一样，通过相互联系、相互依存的复杂关系网实现相互之间的同化。而且，对人类而言，知晓“四海之大”和“万物之广”有一个心理变化的过程。因此，在追求人与自然同化的过程中，需要真正的宗教投入，将环境中的野地与人体的神秘性相融合。

惠及主人，以求生存

奥达姆建议我们把人当做环境的寄生物，并继续指出，任何对其共同体有利的寄生物，其生存价值大于那些不惠及共同体的生物。[②] 虽然我们所有人都不会欢迎这种形象化的比喻，但它传达的生态信息却很重要。人类作为生物圈中的寄生物而存在，受欢迎的寄生物则有更好的生存机会，这是普遍原则。通过将人类的这种生存模式与普遍原则结合起来，奥达姆劝告我们停止开发我们这个星球。如果我们要作为寄生物生存下来，那么，我们就得关心我们寄主的生存和安康，这是我们的利益所在，也是它们的利益所在。因此，奥达姆指出，我们必须减少我们的恶意，回报我们的寄主。

很明显，生物进化缺乏一定的理论基础，但是，《道德经》里却有相似的理论，它提倡我们要善利万物而不与之相争。[③] “天之道”，是“利而不害”，[④]是“损有余而补不足”[⑤]。在风水一文的语境里，“受欢迎”一词在“气”这一术语中得到了充分表述，自然环境中涌现的“气”成为人们审视

① 《道德经》，第五十六章。摘自《道德经》（*Tao Te Ching*，trans. Stephen Addis and Stanley Lombardo，Indianapolis and Cambridge：Hackett Publishing Company，1993）。

② 尤金·奥达姆：《20 世纪 90 年代生态学中的主要观念》，第 543 页。

③ 《道德经》，第八章。

④ 《道德经》，第八十一章。

⑤ 《道德经》，第七十七章。

其“形与势”的一种手段。以这种方式审视自然，通过对祖先灵魂的安抚，固然全是为了人类的直接利益，但是，这种安抚只有在埋葬时不伤及地脉才能实现。我们不必就此得出风水实实在在地有利于环境的结论，但是因为它为人类“寄生”提供了一种模式，至少提供了许多有关我们“寄主”的地形地势的词汇，因此，值得我们重视。

结论：文本和语境

《道德经》为任何一种占优势的生物提供了应当遵循的良好模式。或许，最早预设的读者是古代中国的政治统治者，但是，这个模式同样适合于整个人类，以及人类对其他物种的统治。很明显，这就是为什么《道德经》如此吸引环境哲学家的原因。本章提交的论文不是与道教的文本有关，而是与文化语境有关。韩涛在说明道教和大山的关系时，这种与文化语境的联系特别明显。道士对自然持敬畏的态度，所以能“在自然中生存和兴盛”。生态学者从理性和科学的角度阐明了这种生存原则。但是，就像斯蒂芬·菲尔德指出的一样，最好从审美的角度运用这个原则：“理性原则决定了我们洞见的价值，但是，不是这些理性原则应该担负起建立伦理秩序的责任，而是我们的洞见能力。”这就意味着，虽然理性原则应是文本和理论的实质，但从实践和语境的角度看，则需要另一种洞察力。也许正是在这种实践的维度里，在安德森描述的民间文化里，我们才能最好地建立一种有利于环境的伦理。

（陈杰　译）

走向道教环境哲学

从指涉到顺延[①]:道家与自然

郝大维

(David L. Hall)

作为哲学的道家

读者们都知道,“Daoism”这个术语既代表“哲学”,也指“宗教”教义和实践。由于我本人关注作为哲学的道家,所以我先介绍“道家”与广义的道教的关系。

与儒家有一个主要的创立者不同,道家是事后的追溯,在公元前2世纪被历史学家司马谈第一次命名为一个学派。司马谈对学派的分类主要依据它们对治国的贡献,没有提到后来追认的两个主要的道家思想家庄子与老子的关系。

对“道家”的进一步说明则始于“道家”与“道教”的区分,后者一般被认为创立于公元142年。道教指有组织的宗教,延续至今。直到最近,道教学者,尤其是西方的道教学者,在道家和道教之间还在作截然的划分。近年来人们翻译了从汉末到唐(220—618年)期间的道教经典,试图在“神秘哲学”之道教中找出与老庄思想的联系。

也许道教思想的历史渊源是模糊不清的。缘由之一是它希望超越中国疆界而有更广的影响力,固而使人产生对道教传统相对不确定的认识。

① 作者使用“顺延”(deference)是为了修正德里达的“延异”。“延异”(différance)是德里达自己造的一个词,由“差异”(differ)和“推延(defer)两个词结合而成,意思是差异的产生及由此展开的游戏活动。他用这个词的目的是解构知性本体,否定现象背后的本质,动摇在场存在的统治。本文作者认为道家的语言是顺延性的,与延异既有相同点,也有区别。——译者

《道德经》和《庄子》已经成为世界哲学和精神财富中的经典，是需要不断回归的哲学原点(philosophia perennis)，触动着人类精神的最深处。

下面，我将自己的理解与古代和当代的道教的宗教实践联系起来，进一步明确地将哲学性的道家作为哲学的起点。我将集中讨论《老子》和《庄子》中一些与生态相关的思想。

对自然的美学性理解

几年前，在《爱欲与反讽：哲学无政府主义的序幕》[①]中，我借鉴了道家哲学的一些洞见来阐发逻辑和美学两种方式在理解秩序时的差异。简而言之，逻辑模式是通过诉诸因果关系或规则性模式来认识事物的特点，美学模式则通过赞美构成整体的每一个特殊事物而忽视前者的标准。怀特海(A. N. Whitehead)在《思维的模式》[②]中明白地提到了这种差异，但没有展开来仔细讨论。我发现道家词汇对深入探讨这种差异很有帮助。这是我对道家感兴趣的开端。

几乎同时，安乐哲和我开始合作研究中西比较哲学。他和我在古典儒家，然后在古代道家哲学经典中进一步发展了逻辑/美学区分的模式。[③]

在一篇题为《寻求对环境的改变：一个准道家的提议》[④]的文章中，我提出，相对于某些主流西方对待伦理和生态的方法，道家的优势在于把自然世界作为**美学**秩序来理解。

在本文中我将介绍对自然的美学式理解的三个特点。过去，我讨论过前两个特点，这次我可以讨论美学思维的第三个特点。讨论之前，我想简单介绍一下前两个。

---

① 郝大维：《爱欲与反讽：哲学无政府主义的序幕》(*Eros and Irony: A Prelude to Philosophical Anarchism*, Albany: State University of New York Press, 1982)。

② 怀特海：《思维的模式》(*Modes of Thought*, New York: Capricorn Books, 1938), chap. 2, "Understanding"。

③ 1973年在马王堆汉墓中出土了两本帛书《老子》、四部带有法家色彩却署名黄帝的书。这些作品表现出借用黄帝(传说中华夏的祖先)之名，从法家角度注解老子思想的努力。

④ 《东西方哲学》(*Philosophy East and West*)，第37期，no 2, April 1987，第160—171页。重印于《亚洲传统思想中的自然：环境哲学论文》。

美学理解的第一个特点是**自然平等**，即否认任何对象、事件或状态有存在论上的优越性。从美学角度看，世界是所有秩序的非连贯的集合体，这些秩序由构成整体的万物从各自独特的角度出发来构成。自然平等促成了这样一种对待所有事物的态度，即非连贯性整体是无数个从每一事物的视角建构起来的“世界”的集合体。

道家美学理解的第二个特点是对第一个特点的进一步说明。相信自然平等进一步排除了人类中心主义。构成世界的任何对象都享有我们人类享有的尊严。这些构成物使世界呈现出浸润着感觉、知识、行为等**人类经验**的那些外在的和内在的理论特色。所以美学理解推动人类经验非规范的(norm-less)、非理论的(nontheoretical)形态。在道家哲学中，这些特色是用“无知”、“无为”、“无欲”等“无”的形式来表达的。

道家美学理解的第三个特点，是我这篇文章的主题，它关注用于传达美学理解的语言的特点。美学语言是非指涉的，它是顺延性的语言。

道家的顺延性语言回避了这样的假定，即指涉性表达是由它的对象表示的(弗雷格[Frege])，也回避了只有固有名称才能指示的情况(罗素[Russell])，道家希望用“顺延性”的暗示语言(allusive language of “deference”)代替精确指示和描述的语言。

指涉性语言通过命名行为，即指向一个特殊个体(这首诗的作者是艾米莉·狄金森[Emily Dickinson])，或诉请成员资格，即通过把单个或几个认同为一种**类型**(艾米莉·狄金森是一个诗人)，来刻画事件或状态。顺延性语言则避开了命名、分类，而依赖于暗示、提议、暗指(hints, suggestions, allusions)。指涉性语言接受狄金森的指令：

> 说出所有的真理
> 但不要直接说
> 循环是成功的秘密。

顺延性语言需要的迂回路径是将一系列相继的事物调适到我们能理解的角度上。假如我们不把隐喻当做最后的、通过一些文学形式进行的翻译的话，隐喻会清扫这条迂回之路。顺延性语言赞扬一种不能通过参考或分类来固定的万物转化的、向前的、短暂的世界。

那些细长的云彩就像一群鱼儿漂浮在深红色的夜空，
我站在像海岸一样的地球上，
望着那片寂静的海洋。
似乎也融入了那些迅速的变化：
我还随着晨风飘浮而起
我的全身由此而陶醉。

道家对指涉性语言的不满几乎没有什么争议。仅仅从这些术语上分析，道家与行为主义者、实用主义者、后期维特根斯坦和许多英美分析哲学家一样。但道家对指涉性语言的批判更为独到。

道家的顺延性语言（the Daoist language of deference）与**在场性**语言（language of presence）、**缺场性**语言（language of absence）和**延异性**语言（language of difference）形成鲜明对照。按照德里达（Jacques Derrida）的准海德格尔（Heideggerian）公式，在场性语言或逻辑语言依靠存在和存在物的对比。这种语言使得存在（本质、基本特点）通过世界上的存在物而呈现出来。以逻辑为中心的语言再现了另外一个缺席的存在。与在场性语言相对照，**缺场性**语言神秘地指向一个不能表达的物体。在在场性语言和缺场性语言中，都有一个设定的或真实的参照，超越了语言的表达能力。

在在场性语言中，参照可以通过把名词当做名称来描述。这些名称是抽象的名词，用于辨认被指涉的对象。“笔”和“口哨”是抽象名词和集合名词，可以进一步用代名词“**这**支笔”、“**他的**口哨”来限定。专用名词（毛利斯、冰河公园）用于直接指称特殊的对象。但是，离开具体情景和清晰显示的上下文，指称特殊的人物和地点时进一步的描述是必要的。

汉语不如印欧语言那么注重抽象名词。（下面，我要从文言文中“有/无”的使用来论证这其中的原因）。语言的指涉功能没有它的描述功能那么重要。如果没有意识到存在（being）作为具体存在（existence）来兑现抽象名词，本体论的参考是不可能的。

德里达的**延异**语言考虑到了语言的结构和过程通过服从意思而限制了指涉行为。依照句法、语法、语义结构的语言有别于使用中的语言。把焦点放在使用中的语言上，语言结构就被置于背景中。这样，结构和过程都不足以充分地讨论意义。意义总是**顺延的**(deferred)。

研究道家对语言的理解，第一种方法是修正德里达的**延异**(différance)概念。引入同音异义字的"顺延"(defer)(屈从[to yield]、让路[give way to])，增加了"延异"的主动意义，从而补充了德里达的观点。

我们可以用不太冗繁而难解的方式来表述：在她努力去理解别人时(相对于自我理解，分析她的努力要从她自己的视角来建构她的世界)，道家以这样一种方式使用语言，它让路于(to give way to)所遭遇到的对象，即让它们是它们自己。

在下面两个部分，我要突出道家文化中两个支持顺延语言发展的主要因素。第一个是成问题的"存在"(being)和"非存在"(not-being)，第二个是道家词汇的模糊性和暗示性。

存在和非存在

西方哲学家试图把**存在**(Being)看做一个具有普世性的或适用于所有特殊存在物(all distinct beings)的普遍结构。存在被看成不确定的基础却保证了事物的确定性。存在和存在物的关系与非确定与确定的关系，比"非存在"(Not-Being)的概念更复杂。在古典主义看来，非存在要么简单地或逻辑推理地被认为是对存在的否定，要么是虚无(Nihil)和空(Void)。

把非存在理解为虚无的做法已经染上了深深的形而上学的、有神秘意味的玄想色彩。对非存在的经验的假定可以被认为引起了一种有关存在的(existential)忧虑和恐惧。存在对非存在经验的否定与早期新柏拉图主义把非存在等同于邪恶有关。为了捍卫神圣存在物的完美，从普罗提诺(Plotinus)到圣奥古斯丁(St. Augustine)和圣托马斯(St. Thomas)等思想家，都将至善作为充满了的存在，而将纯粹的邪恶作为绝对的非存在。由于某东西有存在，在这个意义上，它就是善的。上帝作为纯粹存在是至善。所有上帝的创造物按照存在的等级秩序，从至善到非存在的绝对邪恶而依次排列下来。感觉巨大与感觉作为虚无的非存在联系了起来。

中国人理解的有/无,与古典西方哲学性神学理解的存在/非存在之间的对照非常鲜明。中国思想不倾向于任何固定的不对称的关系形式,如有和无,存在和存在物。中文的“有”,一般被译为“being”,暗示着“有”(having)而非“存在”(existing)。“有”指“在场”(to be present)、“在附近”(to be around)。“无”指“不是”(not to be),指“不在场”(not to be present)、“不在附近”(not to be around)。所以西方的“Being/Not-Being”二分在中文中缺乏对应的译文。“有”指**在场**,“无”指缺席。有/无关系也许不能用否定来表达,不是作为 x 是否在场或缺席的纯粹的二分,而是肯定 x 存在或不存在。这样,“不是 x”和“非 x”的逻辑区分就被取消了。

《道德经》第四十章的“天下万物生于有,有生于无”,常被翻译为“The things of the world originate in Being(you). And Being originates in Not-Being(wu)”。如果用古典西方的存在和非存在来理解,就会导致混乱。遵照《道德经》一般将一些范畴颠倒的倾向,相对于“有”,倾向性更多地给予了“无”。同样,“阴”作为“被动的”,比“积极的”“阳”更受偏爱。把“无”译成“非存在”(Not-Being),暗示着相对于存在来说,更倾向于非存在。这样的理解导致了一些荒谬的结论,即道家思想家与西方古典对存在和非存在范畴有同样的理解,只是前者更倾向于作为非存在的,或存在本身的虚无、空而已。

刘殿爵在翻译《道德经》时,把“有”译为“有什么”(something),“无”译为“没有什么”(nothing),以避免上面提到的问题。第四十章的译文意味着“没有什么”比“有什么”更受到偏爱。比较适合的替换可以是,“不拥有”比“拥有”更优先。

文言文中缺乏作为实在的存在观念,这意味着没有本体论意义上的“存在”,也不需要存在与存在物的形而上学区分。如果存在与存在物或存在物与其场所没有区别的话,在后现代主义的语言中,人们就不需要去寻求克服逻辑中心主义的在场性语言,这种语言的基础是本体论上的差异。在中文里,在场性语言是使之呈现的语言,是事物和事件本身,而非事物和事件的本质。古代中国哲学论题不需要解构,因为中文语境中的“有”、“无”不会成为解构对象的文本的组成部分。

在中文里，探讨道家的感受性(Daoist sensibility)非常有用，语言没有引导人们去思考存在与存在物的区别，只是让人想到了一个存在与另一个存在的不同，这个世界没有最终的本体论上的根据。

本体论根据的缺乏直接与中文中抽象名词相对不重要有关，这些名词需要清晰和正式的概念解释，以表达名词的意义。这样，一个概念既需要外延的定义，也需要内延的定义。

比如，对“信”这个概念的定义是所有的信义行为的事例，这个术语可以指过去、现在、未来。这个概念严格的内涵是“信”具有的所有特点或特征，它允许对这个概念的充分描述。除了以事实例证的语言使用外，指涉性语言依赖于正式定义的概念的实际存在，并能够把它归入到某个类目之下。没有严格的内涵和指示的程序，对于在场性语言则是不可能的。

《道德经》开始那段著名的话会给我们理解有/无在中国思想中的关系以更多的启示。

> 道可道，非常道。名可名，非常名。无名天地之始；有名万物之母。①

“无名的道”不是作为本体论的根据，而只是所有可能秩序的非连贯的总和。道家“无宇宙论”(acosmotic)的宇宙论思想许可了一个由万物中的特殊个体构成的去中心的世界。这些事物没有单一秩序的连贯性，所以，不能合计为**宇宙**。

在道家和一般意义上的中国宇宙论中，与之对照的不是宇宙论式的是什么，以及本体论上的那个事物，而是无宇宙论的世界成为所有秩序的总和。这同一个世界从各个特殊的视角被构建出来，“万物”中的多个秩序是其中的一部分。

由于没有共同特性的意识或关系结构，道家的世界不能看做**一个**整体而是**多个**“整体”。世界缺少一个单一的一致的结构，所以世界秩序既不是理性的，也不是逻辑的，而是**美学的**。没有先验的决定性模式决定实

① 《道德经》，第一章。

存或秩序的有效性，就会出现上述的情形。自然的秩序是自然（自己如此）。秩序是特殊个体的自发表达。世界上的每个个体从自己的角度构成一个秩序。

道家传统中秩序的转换引入了**顺应**的概念。我后面将以“无”的形式（无知、无为、无欲）来说明这个概念。现在，我只想说，当一个世界是从单个的视角被构成时，所有的特殊性都应去遵从那个组成部分。遵从和被遵从的必要性隐含着所有事物的自然平等。

有/无提供了一个条件，在这个条件下，顺应性语言可以代替指涉性语言。在存在缺少的情况下，事物之间的关系由事物自己构成，而不是由普遍原则和关系结构的“Being”来构成。这种关系的特点是由相互的**顺应**，而不是**指涉**来建立的。

模糊和暗指的隐喻

构成顺延性语言的第二个条件可以取决于**模糊性**和**暗指性**隐喻。道家特别看重这些概念，这是它对美学理解的重大贡献。

> 圣人之用心若镜，不将不迎，应而不藏，故能胜物而不伤。①

存在概念的缺乏意味着**本质**（essence）概念的缺乏。概念、原则、规律需要我们用本质特征这样的术语来对待世界。如果我们储藏过去的经历，用固定的标准和原则来组织它们，我们可以预料、庆祝、回忆一个由这些区分塑造出来的世界。道家圣人“用心若镜，不将不迎”。这样，他可以“应而不藏”，这就意味着他**当下**像镜子般反映这个世界，没有将过去的世界模型或尚未到来的世界写在上面。

镜子的比喻在中西方差异很大。在西方，大脑通过不变的本质反映自然。大脑和自然因为它们共同的结构而互相反映。事实上，柏拉图的“回忆说”表达的理性思想，依靠的是大脑作为永恒不变的世界形式的本

① 《庄子·应帝王》。

质结构的储藏室这一事实。所以,物质是永恒形式的苍白的复制品。真正的知识超越阴影和回忆,回到了构成事实本身的数学模型那里。

道家的镜子行为将世界纳入到短暂的、特殊性的事物之中。事件和过程本身,以及从各个个体角度建构的秩序,都在镜子中反映出来。"无知"最能说明这种镜子行为。

"无知",即缺乏某种依赖于本体论呈现(ontological presence)的知识。建立在拒绝本体论呈现上的知识需要无宇宙论的思维,它不假定一个单一秩序的世界及其思想装备,所以"无知"。这种认知不求助于决定存在本质、意义和行为的规则和原理。"无知"给人提供事物的"德",即它的特殊焦点,而非它与一些概念的关系。最后,"无知"表达为每一卷入关系中的事物的"道德"关系,使得人们可以理解由个体的焦点构成的整体。为了给予"无知"的智慧以正当性,个人必须放弃对清晰的要求,赞美顺应性语言的模糊和暗示。

清晰是理性观念最浪漫的理想之一。要求逻辑和语义清晰,与追求意义明确的定义来保证定义的非模糊使用是有关的。一般说来,清晰很可能与不清楚的概念或感情,即我们所谓的混淆相对立,但"无知"的建议不仅与清晰相对立,与模糊、混淆相对立,也与**含糊暧昧**相对立。

含糊的观念不可能得到进一步的分析,因为概念的潜在意义,不管有什么理由,都不能抽离出来以组成有意义的单元。暧昧的观念,从与之有联系的多重意义这个角度上去理解,有极大的决定性。置模糊思维于不顾,在两个初级的感觉上,"无知"的方式允许暧昧,暧昧也许是**语义**的或**注重实效**的一种类型。

一个概念**语义**上的模糊,是因为它拥有好几个事实上的或潜在的解释。也许概念和行为在**使用**上是模糊的。当几个不连续的行为出现在某种场合中,我们说一个概念在使用上是模糊的。导致模糊行为的是事情的复杂性,世界既是从非肯定性的"代理"的角度,也是从几个其他角度认识的,非肯定性行为是可接受的。

语义模糊可以是"文字上的",或"比喻性的"。文字上的模糊是哲学词汇语义暧昧的结果。诸如"自由"、"爱"等概念在文字上是模糊的,可从不同理论框架中推导出几个规定的意思。比喻性模糊包含了词语的新用法所带来的丰富性。新的意义往往出现在比喻中。

在西方文化里，比喻被认为寄生于文字意义中。所以，修辞使用了隐喻，最终与逻辑基础连接。它规范着思辨和审美文化，排除了想象。

“有表现力的隐喻”（在延展或改变了的背景中的比喻表达）必须由更多的修辞来增补，在此我指的是“暗指隐喻”（allusive metaphors）。有表现力的隐喻扩展了术语的意义，这些术语“文字上”可以使用（宾格的）内涵的特征。暗指隐喻不同，它们**没有基础**。暗指隐喻是暗示和提示，暗指隐喻的“指涉”是另外的暗指隐喻、另外的暗示和提示。

这里，我们看到指涉性语言可以被顺延性语言通过求助于暗指隐喻而取代。如果理解正确的话，暗指隐喻不指涉，它们顺延。道家的世界没有指涉。在一个有潜在指涉的世界里，道家需要的世界是特殊事物能够作为“顺延者”的世界。问题不是“这个术语指涉什么”，而是“这个暗指表达顺延什么”。在道家的世界里，顺延者是指涉者的功能性对等物。

道家之“无”与顺延性语言

顺延关系不仅是道家的重要因素，也是儒家的中心价值。事实上，孔子说他一以惯之的思想是“恕”。在儒家那里，“恕”指遵照“礼”来行事，“礼”将熟悉的关系外推到社会和文化。

与儒家的服从相对照，道家的顺延行为通过“无”的形式表达出来，如无知、无为、无欲。我已经说明“无知”是一种不求助于规则或原理的认识。“无为”指非肯定性行为，是与“德”一致的行为。“无欲”的特点是不寻求拥有或控制“对象”（其顺延者）。这种欲望，我认为在效果上，是“非对象性欲望”。在每一种“无”的形式中，如儒家之“恕”的情形一样，有必要把自己放到对象的位置上，按照与其一致的方式行事或期望。

像不事先从已经拥有的知识或根深蒂固的习惯出发的“无知”一样，“无为”也不从指涉一些原则出发。这种行为希望与特殊的焦点（particular focus），即“德”一致，也就是在那些事物的影响力范围内，并与之相符。“无为”包括无中介的（unmediated）、无结构的（unstructured）、无原理的（unprincipled）、自发的（spontaneous）行为。这些行为的成功，是它们对与之发生关系、对它有所作为的对象或事件的顺应性回应的结果。“无为”的行为是自发的，自己如此，不是武断的行为。

理解道家最大的混乱，是由那些把这种感受性看成寂静主义的人引起的。这种理解被认为是正当的，他们认为《庄子》是包括标准的有哲学核心思想在内的文本，是其他几个空想的、退隐的文本的集结本，如葛瑞汉所指出的。[①] 我的目的不是从冒充的道家思想里分离出“真正的”道家因素。试图使道家思想与某种最后的形式一致，会丢失这一事实，即道家文本本身如同道家思想家的世界一样，是“彼”和“此”的联合体，对任何解释都保持开放态度（道家经典，如同道家思想家的世界一样，是复杂的“彼”和“此”，可以有不同的解释）。我要做的是用道家的观念作为发展顺延性语言的方法。如果把“无”的形式理解为被动，我提供的解释将不能成立。

由被顺延的对象引起顺延性，以及尊重已经认识到的顺延者的顺延行为，是由顺延和顺延者的内在完美决定的。顺延是对已经认识到的完美的顺应。

道家圣人在遮蔽人和物的自然性的层层技巧下去寻找和回应这种完美。顺延是一条双向街道。已经认识到的道家的完美引起其他人的顺延。“无”的形式在顺从和被顺从的背景中起作用。

顺延行为与“无为”和“自然”在描述完美的统治者时表达得最好：

> 太上，不知有之；其次亲而誉之；其次畏之；其次侮之。信不足焉，有不信焉。悠兮，其贵言。功成事遂，百姓皆谓：我自然。[②]

像“无知”一样，“无为”包括镜子式的回应。它是这样一种行为，通过用对方自己的术语表达，顺应了本来如此的事实。“无为”包括认识到自己和对方之间的连续性，用自己的方式去回应，并促进了自己和对方的利益。

① 参见葛瑞汉翻译的《庄子》中的方法论探讨：《庄子：〈庄子〉内七篇及外杂篇》（*Chuang-tzu: The Seven Lnner Chapters and Other Writting from the Book* Chuang-tzu, London: Allen and Unwin, 1981）。

② 《道德经》，第十七章。

这并不引起模仿，而是补充和合作。握手和拥抱需要双方采取同样的姿态以使其完成。当事情进展顺利时，一对舞伴才能形成非造作的动态和谐。

有着道教渊源的中国武术太极拳，提供了实现顺延性行为的完美训练。太极拳的一个基础训练是推手。两个人面对面，做各种手臂的来回动作，而只保持最小范围的手的接触。一方的动作反映出另一方的初衷。当每一方的动作被双方自然地感受到时，那就是"无为"。

"无欲"是三个"无"形式中问题最多的一个。翻译成"没有欲望"(no-desire)、"无欲望的"(desirelessness)会引起误导。对这个词最好的理解方式是"无对象的欲望"(objectless desire)。这个译法与我所解释的"无知"和"无为"相呼应。非原理性的认知和非强加的行为都不会造成对世界及其组成部分的对象化。同样，与"无欲"相联系的欲望不需要通过占有、控制使我们所"欲望的"东西对象化。

奥斯卡·王尔德(Oscar Wilde)的名言达到了这个目的，避免诱惑的唯一方式是顺从。这暗示着柏拉图的基本思想，即欲望只能通过最终的满足才能消失。在"无欲"的情形下，欲望不是通过拥有和满足来"克服"，而是顺延地去体验。像"无知"那样镜子式地反映的欲望，和由"无为"确定的非强加关系，只能通过希望去拥抱和享受来形成。

欲望指向值得拥有的东西。值得拥有的东西处于希望被得到的待命状态。所以它们是顺延的对象。另外，这些处于待命状态的东西本身是顺延的。这只是说，它们不要求成为欲求对象。这些东西既不由被欲求的行为，也不由希望成为欲求对象的欲望来决定。在任何拥有都是短暂的这样一个世界里，所有的区分都是惯例的，本身是瞬间的。欲求和被欲求被那种"顺其自然"和"各随其便"的方式决定。这就是"无欲"作为"非对象化欲望"的要义。

世界是一系列变化的、生生不息的复杂过程。想要使事物对象化的结果反而干扰了事件和过程的进行。"无欲"允许个人顺应事物的自然进程。它允许"顺其自然"和"各随其便"。从道家角度看，没有事物最后会因为尊重了其他事物而享有特权，事物有本体论上的平等关系。所以，"无欲"不关注欲求什么，而是欲求这个行为本身。

对柏拉图来说，欲望(eros)就是欲求充分的理解。只有这件事能够成为身体化(embodied)和非非身体化(disembodied)存在的目的。所以，爱欲(eros)是唯一永恒、持久的欲望。对道家来说，“无欲”是短暂的欲望。所以，它允许“顺其自然”。道家的享乐不在乎事实上个人会失去欲求的东西，而是因为这个事实本身。“物化”意味着个人永远不能假装认为我们想抓住的东西是永恒的。通过拒绝采取一个受到偏爱的视角，它就不会用客观的方式来推断这个世界，所以也不能假设运动事物的静止状态。

无物非彼，无物非此。因为我们不能从“彼”的视角，只能从我们自己的视角看，即所谓的“彼”由此生，“此”进一步包容了“彼”。这就是“彼”“此”相生的思想。①

道家的世界是诸多“彼”和“此”的世界。“彼此”的惯用语对理解道家的无宇宙性(acosmotic)很有启发。显然，庄子从无数“彼此”得出的结论不同于黑格尔最初在《精神现象学》中得出的结论。②

黑格尔的观点是，通过反映，个人必须认识到“此”，它好像在给一个事物的特殊性命名，包括所有的一类事物，那些能被**此**这一术语归纳出特色的事物，即所有的特殊事物。黑格尔的真实意图是，存在于事物的后面或下面，所有的感觉都需要被评价为存在性陈述。“此”们即存在，也有属性，意思是，所有的“此”，所有的特殊物，都受制于普遍性的本质。

黑格尔假设物质世界需要对象化的媒介，它们是普世的。在道家世界里，没有对象化的媒介。正如我一再强调的，在世上所有事物的后面没有存在，只有这些**特殊的事物**。

道家顺延性语言与唯名论有相似之处。但两者之间不能建立一对一的关系。首先，西方的唯名论传统有两个主要形式——物理主义唯名论(physicalist nominalism)和修辞的唯名论(tropic nominalism)。

物理主义唯名论假定世界由原初的个体组成。修辞的唯名论源于古代希腊诡辩家，它假定世界总是由语言和其他文化表达来解释的。在两种唯名论中，包括假定普遍特性的分歧，仅仅是约定和任意的。物理主义唯名论

---

① 《庄子·齐物论》。

② 黑格尔：《精神现象学》(*Phenomenology of Spirit*, chap. 1, English translation available in *Phenomenology of Spirit*, trans. A. V. Miller, Oxford: Clarendon Press, 1977)。

假定了单个物体作为基本成分的真实世界，而修辞的唯名论则属于约定的。

我理解的道家具有物理主义唯名论的一些特征，假定有一个有无数特殊个体的真实世界，圣人可以用"无"形式享受它。道家"现实主义"是特殊的，因为"真实世界"的术语是模糊的，既有"彼"和"此"的非连贯性，也有"万物"中的每一个体从各自角度建构的单个世界。

如果我们开始去理解道家"无"形式的智慧，我们必须区分"客体"(objects)和"客观性"(objectivity)。《庄子》和《道德经》假定了西方主流认识论所谓的**现实**景象。如果不顾我们歪曲的理解和语言引起的模糊，我们必须假定有"客观的"真实世界。

如果我们认为客观世界是**物体**(objects)的世界，我们就错了。对道家而言，没有与我们保持紧张的、具体的、不变的事物，没有通过说"我反对"(I object)而表明自己特色的事物。这不是说客观世界是客观的。我们周围的世界在不断变化，不可能形成最后的各种区分的内容清单。

> 毛嫱丽姬，人之所美也；鱼见之深入，鸟见之高飞，麋鹿见之决骤。四者孰知天下之正色哉？①

我们不能在对毛嫱、丽姬的评价不打折扣的情况下，理解真正的正色之复杂、隐含、模糊的意义。坚持我们自己对美丑的排他性理解，我们创造了一个固定物体的世界，但我们损失了客观世界模糊的复杂性。当我们通过求助于真理、正义、善等标准重复这个过程时，我们整个地失去了这个世界。

真实的世界是没有目的的，只能把世界看成一个转化中的事件的复杂的聚集体。这些事件，不管出于什么原因，暂时地形成了一种分辨模式，但最终超越了这些分辨所能把握的，那才是世界现实的样子。

"无"形式提供了将无数顺延者卷入其中的方式，在这之中它们自得其乐，即作为非客观的过程，每个都能聚焦于自己建构的世界。这对道家理解自我和个人十分关键。认识、行动、期望使我们对世界的分类客观

① 《庄子·齐物论》。

化，最终导致了对自我的客观化。

唯心论和唯物论都把自己看成其他物质中的一种。笛卡儿的自反性“我”以指涉所有事物的方式指涉心灵。同样，唯物论把自我看成**身体**，其他物体中的一种。在占支配地位的西方认识论中，个人与世界及他人之间的关系是紧张的。感到自己与客观化的对象之间的关系是紧张的，使我们用侵略或保护的方式来影响我们的意志。自我成为实现目的的工具。在道家这里，自我被遗忘，以至于那些分别的对象，或作为对象的人，不再构成自我的世界。

在典型的西方心理学中，欲望被认为是拥有被欲求对象的希望。这种动机导致了被欲求对象的重要性只是从它满足潜在的需要方面来认识。这种功利主义的欲望导致了个人对财产的狭隘理解。

无知、无为、无欲在下面这点上是共同的：它们用各自的方法允许世界进程自然地展开。另外，这个过程与所有其他过程是同等的，“无”形式的实践者以顺延的方式去认识、参与和欲求。

当维特根斯坦建议哲学家应该让世界顺其自然时，他也许没有像道家那样去想象这个世界，即那里有成千上万的自发交易，其特点是顺延模式的涌现，认识到了完美。只要在细节上稍作改动，可看出道家与维特根斯坦的目标是相同的。

道家的世界一方面是自然平等决定的事物的非连贯整体，另一方面是从各自的焦点出发认识的世界、有许多惯例的和暂时的特殊世界。这样去理解世界，叮嘱我们使用顺延性而不是指涉性语言。只有我们成功地避免了指示、分类、约定，我们才能按照世界本来的样子参与进去。进一步说，因为任何特殊意义都因所有其他秩序决定的意义总和而境遇化，语言必须**模糊**，开放给无限的**暗示性解释**，主动提示那些可选择的意义。

镜子式的反映世界的结果是万物都被照见，不是作为指涉者而是**顺延者**。顺延者是非客观化的、顺延性参与的界标。显然，个人不能成功地取代顺延性语言，因为指涉仅仅是命令。道家的陈述需要实践，需要长时间、持久的实践。主要的实践引起顺延性语言，如果可能的话，需要继续求助于“无”的形式。

前面这些带思辩色彩的讨论对生态的关注是直接而现时的。在分析有机物和它们与环境的关系时，指涉性的远距离语言的基础是假定了一个超有机体，它为管理生态系统设置日程。这个假定在两方面是灾难性的。它要为这两种情形负责：由于其生存权而声称为自然之主以开发资源的动机，以及因为自己的聪明和感情而成为有灵性的看守者。后者无效的、指手画脚的姿态只是表明了他们无力尊重环境问题。

推动与自然界的顺延性关系以及顺延性语言的创造性，体现、说明了这样一种处理资源问题的思路，即，尊重那种内在于自然的方式，与自然形成最好的关系。

（陈霞　译）

地方性与焦点性在实现道家世界中的作用

安乐哲
(Roger T. Ames)

词源学上的“生态学”来自希腊语“oik-”(“家”、“居处”)和“logia”(“以什么为研究的”)。所以生态学常被当做研究生物与其环境关系的学科。生态学的核心就是理解什么是关系。道家文献中常见的主题将挑战我们习以为常的“关系”建构方式,给我们提供另外的术语来探讨生态意识。

郝大维和我曾提出,“焦点—场域”语言(focus-field language)在道家世界中发挥的作用有助于澄清“关系”概念。事实上,我们建议把道德经翻译为“焦点及其场域的经典”(The Classic of Foci and Their Fields)。[①]“焦点”(focus)来源于拉丁语“壁炉、炉膛”,不仅指个人的“炉膛和家”,即个人固有的特殊性、人的自然环境,也指个人的社会和文化环境。

这些年我在和学生讨论道家经典时,发现道家词汇和一些重复出现的主题对理解道家精神很有帮助。道家关于世界之恰当秩序的假定,经常被我们用熟悉的思维方式组合进英语的语义和句法中,在向人们解释道家时也离不开它们的帮助。同时,我参阅了唐君毅关于中国宇宙论的著作,发现了另外一些重要的证据。他的词汇最有助于从另一个角度表达同样的、与此相关的假定。这加强了我对古典道家世界观那些重要特

① 参见《期待中国:透过中西文化而思》(*Anticipating China: Thinking Through the Narratives of Chinese and Western Culture*, Albany: State University of New York Press, 1995),特别是第232—237页;《由汉而思:中西文化中的自我、真理和超越》(*Thinking from the Han: Self, Truth, and Transcendence in Chinese and Western Culture*, Albany: State University of New York Press, 1998),第23—77页。

色的认识。①

在借用文献来说明这些种子般的假设时,由于《道德经》在古典道家哲学和道教宗教实践中的核心地位,这本经典成为我的首要资源。因此,我的观点是,这些特色有广泛的应用性,对于理解《庄子》、《淮南子》,以及具体体现这些思想的宗教实践也是有用的。

关于道家生态智慧,我的第一个命题是:过程和变化优先于形式和静止。《道德经》第二十五章用"独立不改"描述"道",在英文中译成"it stands solitary and does not change"。② 我们必须问,在古典道家动态的、"多事的"世界中,断定"道""不改"是什么意思?与之相反,《道德经》第四十章明确地说:"反者道之动。"断言"道"不变化很难与接下来的句子"周行而不殆"③相吻合。更为重要的是,它与早期道家关于"道"的描述相矛盾。我们必须承认"改"在道家的世界观中是真实存在的。有多种方式表达这种变化,"独立不改"中的"改"只是其中一个。翻译这个句子也许需要区分表示"改"的其他用法。其中有:1. 变:随着时间逐渐变化;2. 易:从一件事物变成另一件事物;3. 化:彻底改变,A 变成了 B;4. 迁:从一个地方变到另一个地方;5. 改:在外在的、独立的标准或模式 Y 上,纠正、变革、提高 X。

"改"在语义上的用法可以是"不改",却没有区分出"改"的其他用意。将"改"作为"化"的意思表达出来,就可以看出在翻译重要经典时出现的误解,最明显的是翻译《道德经》中的某些特殊段落。④

这句话的意思不是说道"不改",而是作为自成一格的、自我生成的整体,变成了万物,道不需要诉诸它自身之外的其他东西来改造自己。王弼

① 唐君毅:《中西哲学思想之比较论文集》,台北:学生书局,1988。该书收的大部分论文始于20世纪30年代,在唐君毅的思想和语言因阅读德国哲学而受到影响之前。

② 杨有维和我对我们在翻译陈鼓应的《老子今注今译》时那种阅读方式感到歉疚。但我们和理雅各、高本汉(Bernhard Karlgren)、阿瑟·韦利(Arthur Waley)、刘殿爵、陈荣捷、迈克尔·拉法格、韩禄伯,以及其他学者是很好的伙伴。有趣的是,福永光司(Fukunaga Mitsuji)的 kanbun 阅读受到原文章节的启发,变成 *aratamezu*,意思是"不能转化,只能修正",他的解释性翻译是"kaerarezu",意思是"不能被改"。

③ 在郭店和马王堆的版本中没有这句话。

④ 另外,《论语·学而》的"子曰:父在,观其志;父没,观其行;三年无改于父之道,可谓孝矣"也是一个例子。还可参见我们对这段话的讨论:《〈论语〉:一种哲学翻译》(*The Analects of Confucius: A Philosophical Translation*, New York: Ballantine, 1998), appendix 2,第279—282页。

对这句话的注释证明了，道没有配对物（即在它之外没有东西），它没有别的依赖。王弼说得很清楚，道是动态的过程："返化始终，不失其常。"

随着我们对这一段的继续阅读，我们被告知一种事物与另一事物是相互关联的，即"人法地，地法天"。因为道是一切，一切是道，我们必须问，它之外有什么存在能够让它效法？答案是"没有什么"。正因为如此，该文本打断了平衡的结构，而继续说道："道法自然。"

我们也可以这样来理解这段话，道在"自然"过程中，就隐含着新事物自发地出现，所以总是"大"，但永不完全。"道"的过程没有终结或封闭。同样，经文同时提出了两个观点：道之外没有什么能改变它或给它提供改变的模式；作为一个无情的过程，它永不圆满和封闭。

唐君毅对这个问题的看法也是过程和变化优先于形式和静止，即"无定体观"①。世界在永恒变动，事物是过程流，没有什么能超越这一点而成为范畴和基础，成为支撑其他过程的东西。

古希腊的一个主题或基本理论是，"事物是由细小的、基本的部分组成的，这些细小的东西通常与足够让我们看见的大东西很不一样"②。这种思想在古代中国没有相应的副本。席文（Nathan Sivin）评述说，不按照这个思路进行下去的必然的结果是，中国人的世界观中缺乏我们熟悉的事实/现象的分野。这种缺失有着极大的哲学意义，它不将形而上学和认识论作为关注的中心。在"存在物"之外没有推定的"存在"，在"变化"的世界之外没有"不变的形式"，在"多"后面没有一个"一"。没有一个原子式的水平，在这里不变的原子重新组织自己以构成一个可见的世界。

解释自然之终极静止状态的希腊式的"本质"理论在中国与之相应的是动态的"五行"。"五行"字面上是希腊关于要素的"功能性"对等物，它不是诉诸最基本的成分；"五行"既指结构，也指它们在变化的世界中的功能，这表现在金、木、水、火、土的形而上学语言中。

这一命题的另一个表述是"气"的宇宙论，这些理论被早期道家经文当做一种普遍意识。即是说，关于"气"的一些未表达的假设，起到了在发

① 唐君毅：《中西哲学思想之比较论文集》，第 9 页。
② 席文：《古代中国的医学、哲学和宗教》，第一卷，第 2—3 页。

生学和分子水平上来理解我们今天的世界的作用。《道德经》第四十二章提到"气"是指流动的、过程的东西,它渗透进语言和文化中来解释从宇宙论到天气和政治的诸多领域:

万物负阴而抱阳,冲气以为和。①

"气"是一种形象,像水一样,它预有准备,富有刺激,挑战着亚里士多德的范畴,这些范畴限定和规范了我们的语言和思维。而气是"一"和"多",当它分离进"事物中"时,它有外形的一致,能够维系和变化。在价值论上,"气"既是高贵的,也是基本的,它被当做像水一样的东西。水可以是一种"事物"(水),也可以是一个"动作"(浇水)、一种"属性"(像水一样)和一种"状态"(流动)。

《道德经》第三十二章重申了"道"像气和水般流动和变化的观点。它说:

譬道之在天下,犹川谷之于江海。

我的第二个命题是:情景优先于机能。这个命题直接提及关系的性质。当我们谈及事物的"显著的独特性"(德)和它们各自的"场域"或"环境"(道)的关系时,我们必须避免想到英语"relations"在中文中的对应词。在一个物质的世界里,即在一个实体和偶然事件的世界里,人和事有外在的关系。当它们之间的关系解散时,它们才互不干涉。这种外在关系可以用下图表示:

"在充满事件的"(eventful)道家世界观里,"相关"概念是内在的和构成性的。也许"关联性"(correlation)比"关系"(relations)更恰当。它可以

① 也可参见《道德经》,第十、五十五章。

用下图表示：

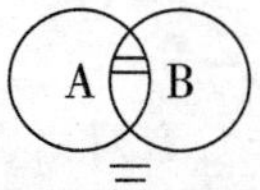

在内在的和构成性的关系世界里，关系的解散是外科手术式的。如果这种关系对它们很重要的话，双方都将因此而削弱。在此情形下，人们用“分开”(separate)、“改变相互的想法”(change each other's minds)、“中断”(break up)、“离异”(divorce)来措词。

假设“人”是一个构成性关系的场，它外推到人的肉体，即身体化的自我。“身体”是我们使自己个体化的熟悉方式。《道德经》以“身”而不是“体”来指身体，这一点很重要，这个表达即指能从外面经验到的“人的外形”，也指内在地经验到的“个人身体”。身体与世界无法分离，而是身处其中。《道德经》第二十六章强调：

奈何万乘之主，而以身轻天下？

《道德经》第十三章说：

贵以身为天下，若可寄天下；爱以身为天下，若可托天下。

考虑到个人与世界的相关的、互相需要的关系，因此肯定和保护个人就是肯定和保护构成世界的关系。

这一点也许可以进一步概括为：无物(no-thing)或无身(no-body)也有本质，但只能在特定的时间里“关系地”界定。这些关系是流动的、随时变化的。对我们的朋友、邻居、爱人、同事等来说，根据具体情况，我们既是受益者也是施惠者。

道家语言反映了这种根本的内置性(embeddedness)，它试图描述情景，而非不连续的某代理者的行为。像“明”这样的术语最初不是指代理者的敏锐，也不是对象的明亮，而是两者兼具。即：“明”首先是情景化的，然后才是主体和客体联系起来。“德”这样的表达不是单指“善行”或“感恩”，而是两者都有。“信”不单指“信义”或“信心”，而是都包括在内。“明”刻画出彻悟时的情景，“德”表现出有雅量的情形，“信”体现受信任的状况。

举例来说，《道德经》第二十三章对语言的情景化的认同典型地需要从双向角度来翻译“信”——主观上的“可信性”和客观上的“信心”。

信不足焉，有不信焉。

“善”不仅指基本的美德，善更指“善于”(good at)、“对……有益”(good in)、“对什么善”(good to)、“对……有用的”(good for)等。它首先是表达一种关系，然后才指向一种特性。例如，“善”(adeptness)指一种关系，不是指代理者的水平。《道德经》第二十七章说：

故善人者，不善人之师；不善人者，善人之资。

把“善人”和“不善人”理解为代理者的属性而不是描述，这种对情景的规定，更为重要的是，让我想到了杜威(John Dewey)的一则著名的逸事：

一天下午，杜威和米德(George Herbert Mead)去听一场讲座。坐定后，米德靠在座位上，对杜威说：“看这排边上那两位女士，难道她们看起来长得不像吗？”杜威看了她们很久，笑着回答道：“嗯，你是对的，她们看起来确实相像，特别是左边那位。”

这则逸事很幽默，因为杜威提供了他最简洁而最难忘的对实体哲学(substance philosophy)的批判，故意强调了某些被关系界定的事物。从道家的观点看，本体论的假设从“现象”(appearances)中分离出“实体”(reality)，将“事件”(events)转化为“事物”(things)。构建性关系将事件组合成在不连续的事物中获得的外在的混合物。

假定存在于“可信性”(credibility)与“信心”(confidence)、“给予”

(giving)与“得到”(getting)之间的对照，在英语中需要两个术语，以表示代理者的首要性。这个假定与道家的世界却不相关。

情景优先于机能——另一个说法是过程优先于形式——这个命题在古汉语中表达得非常清楚。“双关语”定义求助于语义和哲学联系，而不是推定的字面意义。比如“君”的定义依照的是同词源、音相近的“群”，它假定的是“围绕和顺从模范人物的人”。“镜子”被定义为“镜”(radiance)：镜子是光照的来源。“阵”(battle formation)被定义为“陈”(displaying)，“陈”的主要目的是向敌方显示自己的实力。“鬼”被定义为“归”(returning)：也许它找到了回归原初状态的路。“道”被定义为“行”(treading)，《庄子》说：“道行之而成。”①

意义是生发性的，这种方式的重要性在于，一个术语的界定是非指涉性的(nonreferentially)，理解它需要挖掘与这个术语相关的、看似随意联系的意思。另外，从前的名词性表达丢掉了动词和动名词的表达，即“事物”丢掉了“事件”的意义，“道”作为“道路”或“方法”丢掉了“行”(treading)，“君”作为“模范人物”丢掉了“群”(gathering)。强调过程优先于形式是这个传统的基本假设。

唐君毅用“一多不分观”②来表述情景优于机能的思想。

道家文本经常提到“一”(“oneness” of things)，或与事物“合一”(becoming “one” with things)，达到“一”通常被视为一种成功。但“一”是一个模糊的概念，下面这些“一”，意义都稍微有所不同：

1.“一”是全部(完全的、所有的、完美的)。
2.“一”是简单(统一的、同类的、纯洁的)。
3.“一”是与……一致(同一)。
4.“一”是单个的(不连续的单位)。
5.“一”是连续(与另一个相融合)。
6.“一”是独特的(一且唯一)。

① 《庄子·齐物论》。
② 唐君毅：《中西哲学思想之比较论文集》，第16页。

7.“一”是不变的(恒定性)。

8.“一”是特殊物质的(奇怪的)。

9.“一”是高于其他的(第一名)。

10.“一”是完整的(真实的、真的)。

通过保留模糊的“一”而不作进一步的解释,大多数翻译者放弃了自己的职责。

我们可以通过《道德经》第三十九章来说明“一”的模糊性:

> 昔之得一者:天得一以清;地得一以宁;神得一以灵;谷得一以盈,万物得一以生;侯王得一以为天下贞。

上面谈到的我们生活中的每个方面——天和地——留了它们自己的完整性和独特性(天是清的,地是稳的)。同时,与构成我们的环境的其他方面进行了有效的合作和协调,上面列举的“一”的许多意义,如特殊、独特、连续等与“道”的世界是相关的。如果用本质主义的观点来解释“一”的基本含义,会导致“一”和“多”最后的分离,结果歪曲了道家“非宇宙论”的宇宙论。[①] 即是说,道家不容纳这样的世界观:“多”取决于可简化为一种超验的、独自的“一”:单一普世的(uni- of universal)、宇宙的(universe)、一致的(unity)和单义的(univocal)。它不允许把特殊个体分散到更高的真实之中。把“一/多”关系中的“一”视为根本的、统一的原则时,将“得一”翻译为“getting One”是一种错误。

“部分”和“整体或焦点—场域”之全息的、互相依存的关系,唐君毅认为这是中国文化的特征,他说:

> 中国文化之根本精神即“将部分与全体交融互摄”之精神:自认识上言之,即不自全体中划出部分之精神(此自中国人之宇宙观中最

① 在《期待中国:透过中西文化而思》中,郝大维和我新造了“非宇宙论的”(acosmotic)这一词汇,想表明“中国传统……不倚赖于这样一种信仰,即事物的整体构成一个单一秩序的世界”。(第11—12页)

可见之)；自情意上言之，即努力以部分实现全体之精神(此自中国人之人生态度中最可见之)。[①]

当焦点和场域的相互性、依赖性(事件及其环境)被转化到知识领域和政治领域时，它成为宽宏大量的、同感性的理解，而不是互不相容的争论；[②]它变成依教规的注释，而非辩证地互相角逐的哲学体系；它变成包容性的"正确思考"，而非个人的"思考的权利"。[③]

在"一"和"多"作为问题产生之前，它们一定是互相对立的。"一"与"一"以及通过扩展产生的"一"和"多"最终的分离是由好几个假设推导出来的。一些独立于创造物的创造原则的先验性，设置了熟悉的"一—多"、"存在物之后的存在"、"现象背后的本体"之类的本体论问题。[④] 一个"真实"的本质是"不那么真实"的某物(身体中的心灵或灵魂，世界中的上帝)的基础，使得在这些基础上获得的关系成为外在的。在静止和运动、永恒和变化、存在和生成的最后分离中，出现了抽象，每一组例子中的前者都是后者的源泉。

正如我们看到的，道家的"一"和"多"相互依靠、互相产生。在《道德经》第四十二章中，道产生"一"和"多"、"连续"和"差异"。作为每一个独特事物的创生源泉，《道德经》第二十五章称为"逝"和"远"，"道"包含了增殖：

> 道生一，一生二，二生三，三生万物。

这句话也可以读做：

---

① 唐君毅：《中西哲学思想之比较论文集》，第8页。

② 席文：《古代中国的医学、哲学和宗教》，第一卷，第2—3页。

③ Randell P. Peerenboon，《儒家和谐与自由主义思想：思考的权利与正当的思考》("Confucian Harmony and Freedom of Thought: The Right to Think versus Right Thinking")，载于《儒家和人权》(*Confucianism and Human Rights*, ed. Wm T. de Bary and Tu Wei-ming, New York: Columbia University Press, 1998)。

④ 唐君毅明确拒绝将"超验"和"绝对"作为中国宇宙论的条件，参见《中西哲学比较思想之论文集》，第241页。

道产生连续(continuity),连续性产生差异(difference),
差异产生众多(plurality),众多产生多样(multiplicity)。

因为万物构成道,万物之间又互相接续,“远”意味着“反”。这样,我们必须用连续性来理解增殖和差异,这需要我们允许:

万物生三,三生二,二生一,一生道。

或者说:

多样产生众多,众多产生差异。差异产生连续,连续产生道。

从另一个角度看,多样性的事物是事物之间的相继,即特殊的焦点需要场域。“一和多的不可分割”更为具体的政治表达是《道德经》第二十八章的内容,圣王虽然让许多官员名司其职,但他们的行动却像一个联系的整体那样:

朴散则为器,圣人用之,则为官长,故大智不割。

我的第三个命题是:**历史和神话优先于逻辑,叙述优先于分析**。

正如葛瑞汉评述的,中国古人不追问“什么是真理”,而追问“道在哪里”。① 通过推理产生的本体一现象区分,产生了这样一个意义,即它使得分析在寻求真理时成为优先的方法。与此相反,道家却在寻求更有成效的生活,而不是真理。为了使自己与情景最好地相关,道家需要更多的叙述,而不是分析性理解。“知道如何做”优先于“知道什么”(know-how over know-what)。“理性”不是用于裁决的抽象的、非个人的标准,而是用于类此的历史事件的蓄水池。同样,“文化”是在人们生活中出现的人类

① 葛瑞汉:《论道之人:古代中国的哲学论辩》(*Disputer of the Tao: Philosophical Argument in Ancient China*, La Salle: Open Court, 1989),第3页。参见《由汉而思:中西文化中的自我、真理和超越》,第二部分。

发展的**这个**特殊历史模式;"逻辑"是这个特殊共同体叙事的内在连贯性;"知识"是"知道如何做",使**自己的道路**顺利,在**这个**特殊的场所没有障碍;"真理"(truth),或最好是其同类语"信任"(trust),是关系的质量,表现为**自己有能力**来形成良好的关系,它始于保持自己的完整性,再扩展到个人的自然、社会和文化环境当中。

现象和本体没有分别,"实体"就是复杂的关系模式,它们的总和构成世上的万物。显然,知识不是抽象的,而是具体的和实践性的;不是代表性,而是行动性和参与性的;不是关闭,而是揭开;不是散漫的,而是"知道如何做":知道怎样形成有活力的、积极的关系。

《道德经》没有声称要提供恰当的、带强制性的关于"道"和"德"对世界的本体论解释。它让我们参与进来,指导我们如何与周围的现象和人发生关系,给我们提供情景。它不是一套体系化的宇宙论,试图解释我们可能置身其中的所有情景,以便提供如何应对的智慧。它提供了形象的词汇,使我们去思考,并清晰地表达对变化无常的生活的恰当回应。

"认知"(knowing),在古典道家那里不是去认识自然界的外在条件,而是知道**如何**娴熟地与之建立关系,以及知道**如何**使这些关系提供的可能性达到最佳状态,并培养对它们的信任。所以界定认知的一连串术语是程序性和劝勉性的,鼓励它们高质量地扮演使我们成为自己的诸多角色。其中一些命题也许是正确的,但更重要的是像教师和朋友们那样去做。

唐君毅表达的"生生不已观",源自《易经》的"生生之谓易"①,与上面描述的特色有交叉之处。《道德经》第二十章描述了这一不倦的过程:

> 淡兮,其若海,飂兮,若无止。

中文中表达"世界"的术语都是过程性的,如"自然"、"世界"、"天地"。即使《道德经》第二十五章暂时地描述了"道"对于世界的先在性,如"有物混成,先天地生",这也不是在介绍一个开始的阶段或形而上学的资源,相

① 《易经》,Harvard-Yenching Concordance Series 40/ji shang/5。

反，它是在反驳那种可能性。《道德经》的“起源”是系谱的，如“始”、“母”、“宗”等。《道德经》第十四章讲述了起初与现状的连续性。它说：

> 执古之道，以御今之有。能知古始，是谓道纪。

永久的、恰当的转化经历既是“时”（time），也是“记时”（timing）——是“时”本身。

我的第四个命题是：**从存在的各要素中获取最大值的偶然的、协商的和谐，优先于决定论的、必然的目的论。**由于世界没有由现象渗入到每一个连续统一体中而构成的开始和结束，在所有的时刻和在每一刻，其目的就是去实现那种相关性，它使创生能力在任何特定的情景中达到最大值。强制及其导致的可能性的减少，是对这种最大值的诅咒。希望在关系中养成的品性是反映性的、非武断的，即无为。《道德经》中满是对这种强制的反感，即使对待战争，也提倡这种态度，如第三十章说：

> 以道佐人主者，不以兵强天下。

但最佳的、富有成效的和谐的实现不是受到前定的机械过程、神圣设计、理性化蓝图的推动。它是一种自然过程，转化的动力存在于世界之内。

唐君毅对这个命题的看法是否认与这个传统有关的任何形式的宿命论，按他自己的话说是“非定命观”。《道德经》之“道”是一个延续的世界按照自己内在的创新力量不断展开的过程，没有固定的模式或受到指引，即“不主不宰”。《道德经》第五十一章说：

> 是以万物莫不尊道而贵德。道之尊，德之贵，夫莫之命而常自然。

这种文化中有一个强烈的“命”的观念，当然这里的“命”肯定不是“命运”或“定数”。它是一种未来，从情景中涌现出来，受到自我引导、出自自然。这个“道”，总是围绕一个或另一个“德”，是一种经历的展开，反映了世上所有参与其中的每个人的整体合作，他们互相牵连，通过行为影响结果。

宿命论不是一种宇宙论的选择，其中"一"和"多"不能分离，因为每一个特殊的事物影响着其情景中的"多"，并被它们所影响。在一个"一和多不能分离"的世界里，某一个方面不可能对所有其他方面都是无条件的、决定性的力量。

第五个命题是紧接着上面来的：**每个参与者的独特性对秩序都有所影响，这就决定了事物有不确定的方面，并使得任何秩序模式都是新的、地方性的，不可取消、具有反身性和不同程度的不可预知性。**

考虑到秩序总是通过协商达成的、自然发生的，临时的和谐要视其组成部分而定。它不是直线性地指向某个既定的目标，所以，不能用完成、完美或封闭的语言来表达。秩序是一种审美性的结果，情景化的艺术使得其可以成为现实，只有复杂的、强烈的、平衡的、开放的、有效的审美性语言才能表达。秩序中的所有参与者都互相关联着，事物不能与其环境分离，焦点不能与场域分离。所以，对秩序的任何解释都是回归性的，都要回到自身。

秩序是回归的还有另一层重要的意义。唐君毅的命题看起来回应了这个待定的秩序。按唐君毅自己的话说，即"无往不复观"①。秩序不是直线的，而是循环的，所有事物的发展都是最后回到其源头，"反者道之动"②。秩序是事物在两极之间的周期性运动：从空到满、从出发到回归、从铺开到卷回、从月盈到月亏。人类自己的经历也是与季节一起变化的，从春到冬，六十年完成一个周期，再开始另一个周期。《道德经》第十六章说：

> 万物并作，吾以观复。夫物芸芸，③各复归其根。

---

① 唐君毅：《中西哲学思想之比较论文集》，第11页。

② 《道德经》，第四十章。

③ 郭店本用"天道"表示"……物"，可以这样翻译：

In the way of the world in all of its profusion,
Each thing again reverts and returns to its roots.

这是我们身边的事物在表达它们内在的自化能力时，出现的有节奏的、有规则的运动。这种周期性的过程，在它们经过熟悉的阶段时，却不是简单的重复。这里展开的是一个无尽的螺旋性过程，一方面见证了持久的、连续的模式，另一方面，见证了新的东西，因为每一个运动都有自己的轨迹和特点。由于"道行之而成"，涌现出的经验模式总是一个独特事物与其环境的合作。

我的最后一个命题是：**动态的、放射状的中心优先于边界线**。由于道家经验特别强调内置于事物之中，秩序总是开始于此而走向彼。通过扩展顺应模式而形成了不同程度的相关性，我们在其他地方称它为"无的形式"：非肯定的行为（无为）、非原理化的认知（无知）、非对象性欲望（无欲）。[①] 所以，我们能够用有向心力的中心来描述个人、家庭、团体和世界，它们以放射状的圆圈，从主观和客观、内在和外在、本土和全球等不同角度向外扩展。通过这些顺延模式，个人可以经历"远"，甚至达到最边远的（太极），但个人永远不能摆脱从自己特殊的角度去发现经验的终极边缘。经验的特殊性和暂时性排除了固定边界的可能。经验总是从里面经历到，正因为如此，《道德经》重复地说"故去彼取此"[②]。

唐君毅有个命题再次表达了同样的意思："性即天道观"[③]，即个人总是生于特殊的情景。这正是一个认识个人和"天"之连续性关系（天人合一）的更加复杂的方式。这种连续总是历史的、系谱的和传记式的。为了说明这点，他引用了《左传》的一句话。

> 民受天地之中以生，所谓命也。[④]

《道德经》第四十七章的观点正表明特殊视角是现实的和不可避免的。

---

① 参见《由汉而思：中西文化中的自我、真理和超越》，第三章。

② 参见《道德经》，第十二、七十二章。

③ 唐君毅：《中西哲学比较思想之论文集》，第 22 页。

④ 《左传》，Harvard-Yenching Concordance Series 234/cheng 13/2 zuo。

不出户，知天下；不窥牖，见天道。其出弥远，其知弥少。是以圣人不行而知，不见而明，不为而成。

在个人的经验范围内“认识”、“看见”、“完成”需要从个人所在之处开始扩展，因为人总是处在某个地方。这种扩展是通过负责地、有效地参与到自己的环境中，通过个人充分地贡献于当地和场域之中的家庭，一句话，即让自己成为自己的环境来实现的。换一种说法，道不是旅行到遥远的地方、经历新奇而美妙的事物而被“发现”的。事实上，“离家”的过程使得那些培育了自己的特殊关系处于危险之中。

这几个界定道家的命题清楚地表明，道家提倡的对关系的理解反映了它的生态学认同，这些命题也许可以总结为：在道家世界里，“一切都是地方性的”。

（陈霞　译）

对自然界的“负责的无为”：基于《内业》、《庄子》和《道德经》的分析

柯克兰
(Russell Kirkland)

1997 年，克拉克在《东方启蒙：亚洲与西方思想的相遇》中说道：

> 东西方的生态争论，在短期内经历了明显的变化。回顾起来，早期的表述……现在看起来有点天真和夸大其词，人们相信东方传统能为西方疾病提供现成的解决方案……近年来，亚洲传统……被更慎重、批判性地看待……早期乌托邦式热情的“新范式”梦想让路给更具诠释性的理解……比如，人们日益意识到过去西方认为的东方对自然的态度常充满着西方的理想主义色彩，遮蔽了……东方的理论层面，后者与（现代）生态原则不一样。人们也意识到古代东方哲学与当代环境问题的历史和文化距离，不能简单地想象西方……可以采纳外国的思想传统。①

下面，我想继续讨论克拉克所发现的道教与当前的生态研讨日益走向成熟的过程。我要特别建议，不应该在《老子》和《庄子》这样的“古典文献”中去寻找与现代环境主义一致的态度和价值。现代汉学家在意识形态上受到帝制中国晚期和现代儒家的影响，他们告诉公众，《老子》和《庄子》是道教的“基础”。② 通过解经的方法（exegetical methods），即批判地考察这

---

① 克拉克：《东方启蒙：亚洲与西方思想的相遇》，第 177—178 页。

② 本文作者采用了 classical Daoism（古典道家，即老庄）和 medieval Daoism（中世纪道教），来表示我们通常认为的道家和道教的区别。我们在遇到 classical Daoism 时，译成道家，而遇到 medieval Daoism 时，则译成道教。——译者

些文本，我们应该去发现它们真正想要表达的思想，而不是我们今天希望它们表达的思想。[①] 我想借此说明这些文本的理想与其本身的"历史和文化距离"。从尉迟酣(Holmes Welch)到当今的哲学性汉学家诺顿(Bryan Van Norden)，我想指出，古典道家文本呈现的生活态度不会被今天的读者喜欢。我要敦促今天的环境主义者少关注"古典道家"的经典，多注意后来的道士的实践，他们的价值观更适合现代环境主义。可能在中世纪的道教传统中能找到支持现代"生态原则"的内容。如果我们不把自己的观点带入这些文本，我们会发现它们没有与我们相同的现代价值，《道德经》和《庄子》表达的"理论"与"现代的生态原则"并不一致。然而，深刻地分析这些经典有可能深入和拓宽现代生态思想，提供健康的模式，让我们能够以非家长式的方式与自然界打交道。道家文本不像一些解释者认为的那样，表现出对世界的冷漠。正确地阅读，我们会发现道家经典通常展示了一个比西方思想家假设的更少威胁性的世界，它不太需要人们去改变自己的行为。它们也暗示，如果个人抵制干涉主义的催促，去"修道"，即接近那个自然的、强大的、可信赖的宇宙本体，个人对世界会产生微妙而深远的影响。

批评性历史视角中的道教普世伦理

《生命伦理学百科全书》第二版的"道教"词条说，道教不时表达了"一个超出人类领域而进入更多生物的普遍伦理"。它还说道，"道教的历史、人性和宇宙观念削弱了其他传统中普遍的家长式倾向……我们的生活是像镜子一样反映道的运行，这与西方的上帝作为创造者、父亲、统治者和裁判的形象形成了鲜明的对比"。因为"道不是外在的权威，也不是假定有道德正当性来控制或干预其他人生活的存在"，我们自己不能证明这个权利的正当性。由于"《道德经》赞扬顺应之类的'雌柔'行为，明确反对武断、干

① 关于解经的方法对理解道家文献之重要性的论述，参考我的论文《诠释学与教育学：讲授〈道德经〉的方法论探讨》("Hermeneutics and Pedagogy: Methodological Issues in Teaching the Tao te ching"), in *Essays in Teaching the Tao te ching*, ed. Warren Frisina and Gary DeAngelis, Oxford and New York: Oxford University Press, in press.

预、控制等‘阳刚’性行为……在医学、政府或法律中去‘扮演上帝’对道士很少有诱惑力”。这同样适合于环保主义:“尽管它坚持恢复与自然秩序的和谐,道教与现代激进主义的环保是不一致的。道教也不会赞成用目的性很强的行为来解决问题。”①

道教常常因从儒家和西方的视角审视而被误解。例如,长期以来,道士被责备为自私,对人类社会漠不关心。新的研究表明,事实上,历史上很多时期道教实践并引导着社会伦理,尽管道教的伦理价值经常与儒家或大多数西方阐释者的价值不一样,甚至与之背道而驰。比如,因为现代儒家、基督徒、世俗论者的偏见,没有多少人注意到,前现代的儒家和道教都认为正确的仪式会产生深刻、积极的效果。如灵宝仪式“金箓斋”,自5世纪以来道士就在举行,认为它可以事先预防自然灾害,带来整个世界的和平,从而协调世界。由于亚洲和西方很少有人相信仪式活动能真正引起那样的结果,解释者很少注意到这个事实,前现代的中国人,尤其是道士,却认为事实正是如此。

前现代的道教表达了宽泛的利他主义理想,其中一些会被现代人欣然信奉,而另一些看上去则非常异样。一些经几百年才最终定形的道经把唐代道士叶法善(631—720)描述为一个天官,他被放逐到了人间,并通过无私地尽力帮助别人来证明自己的道德。按照这些经典,其中一些是由帝王和有学识的政府官员编辑的,叶法善的利他奇术,如治病、改变恶劣的气候、使死人起死回生等,是为了整个社会的利益。这些经典展现了他终生的利他行为,引导读者仿效他参与社会活动来提升人们的福祉。②

另一方面,古典道家文本看起来却并不鼓励这些活动。当然,这些文本一般都透过歪曲的镜头而被人们阅读,它们的许多教义没有被完全理解。例如,《道德经》第八十一章敦促读者仿效“圣人”,它说:

① 参见柯克兰的“道教”词条,《生命伦理学百科全书》(*Encyclopedia of Bioethics*, 2d ed., New York: Macmillan, 1995),第五卷,第2463—2469页 。

② 参见柯克兰:《术七的故事:唐代记载的法师叶法善》(“Tales of Thaumaturgy: T'ang Accounts of the Wonder-Worker Yeh Fa-shan”), in *Monumenta Serica* 40,1992,第47—86页;《平衡的世界:〈太平广记〉的整体综合》(“A World in Balance: Holistic Synthesis in the *T'ai-p'ing kuang-chi*”), in *Journal of Sung- Yüan Studies* 23, 1993, 第43—70页; 以及《道教百科全书》(*Encyclopedia of Taoism*, ed. Fabrizio Pregadio, London: Curzon Press, in press)的“叶法善”条目。

圣人不积,既以为人己愈有,既以与人己愈多。

这样一段赞扬利他思想的文字,大多数解释者在"解释"古典道家时很少将其作为事实。当我们注意到这些段落时,我们发现从《道德经》时代到叶法善活动的时期,道教经典提醒读者,如果忽略其他人的幸福,只追求个人的目的,道士们在精神上就是不完善的。①

如果前现代的中国认可利他价值,他们会支持现代环保主义的利他行为吗? 显然有一些会。例如,7—8 世纪的一位帝国官员,请求君王允许其退隐为一位道士时说道:"把圆形的宫廷湖泊……改修为水池,可用之以放生。"公元 711 年,唐朝皇帝为了给道士司马承真表示特别的荣誉,下令赐一座山以便他归隐,"作为福地来延长道士修炼之地的植物和动物的生命,并用以建筑寺观"。另外一个 8 世纪的皇帝,对司马承真的继承者印象深刻,不仅在另外一座山上"禁止渔猎",还"完全禁止家畜进入"。②

但我们没有发现《道德经》、《庄子》、《内业》赞美这样的活动。像尉迟酣这样的解释者,提出《道德经》的教义对现代是有害的,对补救现代问题没什么用。③ 克瑞尔(H. G. Creel)甚至说这些文本的圣人形象"对人类而言更像是妖怪",是一些冷淡、无情、丝毫不关心别人的人。④ 诺顿最近也认为老子的理想世界会引起犯罪、经济滑坡、婴儿夭折,他总结道:"如果

---

① 对这个问题更充分的说明,参见柯克兰:《道教利他主义的根源》("The Roots of Altruism in the Taoist Tradition"), *Journal of the American Academy of Religion* 54,1986,第 59—77 页 。

② 同上书,第 72—74 页。

③ 参见尉迟酣:《道教:道的分流》(*Taoism: The Parting of the Way*, 2d ed., Boston: Beacon Press, 1965),第 164—178 页 。他认为"老子的"教义"太激进",不适用于现代的社会和政治问题(第 171 页)。他问道:"我们能接受他的信仰吗? 把它们付诸实践的后果会是什么呢? 答案不会使我们眼中的《道德经》变得更加明亮。"(第 174 页) 他总结道:"老子不是 20 世纪的美国人可以去征求建议的思想家。"(第 165 页)

④ 克瑞尔:《中国思想》(*Chinese Thought*, Chicago: University of Chicago Press, 1953),第 112—113 页。

我们采用《老子》表达的概要性观点，将得到错误的建议。”①

但这些解释者真的正确吗？如果古典道家经典不是用做陈列品，如围绕8世纪的道教的环境意识，我们真的要下结论说，古代道士是自我中心和冷漠的吗？仔细对《道德经》进行阐释学分析，可以发现，道教事实上揭示了个人应该怎样理解我们周围的世界以及怎样与其打交道的一系列复杂的教义。那些教义通常赞扬无私和利他行为，但使用的并不是那些看起来对现代读者有吸引力的术语。② 不过，探索这些教义可以提醒我们扩大视角以便理解今天困扰我们的那些问题。

负责的无为：一个极端的思想实验

几年前，我在斯坦福大学的同事李义雷(Lee Yearley)试图给学生指出儒家思想家如孟子和道家思想家如庄子之间的区别。他以孟子的著名例子作为开始——人性是善的，以至于看到孺子入井谁也不会不去帮助。为了让学生反思，李义雷让学生写一篇文章，开头是这样的：孟子和庄子坐在河边，他们俩都发现了一个婴儿漂在水面上，很快会被淹死。学生的任务是描述这两人在此情景下会采取什么行动。

当我开始沉思古代中国的道家对20世纪的生态问题会说什么时，我想到了他的这个例子。如果说地球处于假定的灾难中，庄子会采取什么样的行动？换句话说，“道家”对我们星球这个明显的困境会提供满意的解决办法吗？

仔细地分析，我们发现尉迟酣至少部分地是正确的：古典道家也许不会提供满意的解决方法，至少不是以我们现代的术语。如果，我们刚才提到的例子中河上漂浮的不是婴儿，而是一只仙鹤，情况会怎样呢？如果庄

---

① 诺顿：《〈老子〉的奇思导想》(“Method in the Madness of the Laozi”)，载于《〈老子〉的宗教和哲学之维》(*Religious and Philosophical Aspects of the Laozi*, ed. Mark Csikszentmihalyi and Philip J. Ivanhoe, Albany: State University of New York Press, 1999)，第203页。

② 迄今为止，忽略了《道德经》的伦理教导，参见我的《无私成就自我》(“Self-Fulfillment through Selflessness: The Moral Teachings of the Daode jing”)，载于《伦理沉思之种种：全球化时代的伦理新指南》(*Varieties of Ethical Reflection: New Directions for Ethics in a Global Context*, ed. Michael Barnhart, New York: Rowman and Littlefield, in press)。

周坐在河边，看到地球上的物种濒临灭绝，他会怎么做？为什么？我担心回答不会是让我们心灵充满希望的仙鹤的未来，或庄周的幸福是分享我们希望保护它的愿望。唯一符合逻辑的回答是，庄子会看着这只仙鹤漂流，结果显然是这个物种的灭绝。他不会采取行动来干预世界上的自然过程。忠实地阅读这些文本让我们明白，对李义雷的思想实验的回答是道家认为没有必要采取行动。道家相信世界像它应该的那样，已经运行得很好，所有的人类行为——不管出发点多么善良——只能干扰自然的过程。这种"极端的"的思想是令人不舒服的，但李义雷提出，这些文本的大多数读者，无论中国的和西方的，过去的和现在的，忽略或否认这些思想事实上形成了更多让人愉快的解释，这些解释使得古典道家有更多供我思考的东西。[①]

学术上的诚实要求我们应该把我们想相信的与我们告诉他人相信的分开，尤其是某些人，他们的信仰分析随着年龄和文化而变化，与我们自己的很不相同。李义雷的分析令人不舒服但却是诚实的。像庄周那样的道家没有倡导现代环境主义，或者他同时代的儒家如孟子所赞赏的人文主义的行动。

像现代西方人一样，中国的儒家一般认为，世界注定会走向混乱，所以需要人类的补救行为。道家在任何时代都不同意儒家（或西方）对生命自然过程的不信任。中世纪的道教有时会赞同采取一些行动来保护非人类生物的生命和它们的栖居地。道家文本看起来不担心濒危的仙鹤，他们好像也不鼓励人类以干预去"拯救"这些濒危物种或地球。

人类假定自己判断什么是"迫在眉睫的生态威胁"是正当的，或假定干预性的行动在调整这些情况时是必需的。事实上，从道家的角度看，很显然这在道德上是值得怀疑的。道家对生态问题的回应，如同对其他问题的回应，总是与儒家相反，后者像西方人文主义者一样，认为人类有着其他生物不具备的特殊智慧。或许像孟子那样的儒家也许出于道德上的压力，要跳到河里去拯救濒危的鸟，而像庄子那样的道家则会出于道德上

---

① 参见李义雷：《激进的〈庄子〉中的真人》（"The Perfected Person in the Radical Chuang-tzu"），载于《关于〈庄子〉的实验性论文》（*Experimental Essays on Chuang-tzu*, ed. Victor Mair, Honolulu: University Press of Hawaii, 1983），第 125—139 页 。

的压力而克制自己那样做。

接下来，我想解释促使庄周看见仙鹤漂向灭绝而袖手旁观的道德原因。我假定道家的终极原则是：有一个超越人类理解和行为控制的宇宙实在。现代环境主义者应该知道这个假设，用人类的术语来说，我们应该是地球的拯救者。道家的立场是，地球不需要拯救者，尤其是像我们这样的。①

人文主义者假定的基本问题是，一个有责任的人出于道德压力，要去制止一件看上去威胁到"生命"的事情。道家的立场正好相反，即使"生命"也许看上去受到了威胁，一个有责任的人出于道德，应该克制自己去进行干预。对于道家，这样的立场是我所谓的"负责的无为"，这对真正理解和欣赏生命之自然性的人来说，是唯一的选择。我们暂且把个人看到生命危急的孺子或仙鹤时的原则放在一边——仅仅因为个人感到惊恐或惋惜——这不仅应该被看做与好的道德推理的背道而驰，而且也应该作为我们所谓的精神成熟的标志。

怨恨意外的变化为什么是错的

《庄子》第十八篇里有两则著名的故事：讲一个人经历了突然的变化，使他周围的人大为惊讶。② 一则故事是庄子的妻子去世时，惠子前去吊

① 在这个意义上说，儒家道德主义看起来比现代环境保护论者更宽容。至少，在马厩被焚后，对可能被烧死的马，儒家道德主义者没有表示出情感上的关注。他的道德关注指向了我们的同类。(《论语·乡党》，参见拙文《无私成就自我》中对这一段的讨论。)孟子赞扬统治者对牵向祭祀场被屠杀的牛表示情感上的同情，这种态度更接近现代环境保护论者。眼见即将死去的动物而产生心灵的不安，对此他是赞成的。但即使孟子乐意将此心灵不安作为道德上的指引，他也没把富于同情心的现代人的浪漫想象当做全部非人类物种、生态系统或星球的救星。在对人类的道德需求没有充分考虑之前，如果孔子劝诫我们不要急于关心非人类的灵性生命，孟子看来却在劝我们在对非人类物种采取道德行为之前，应该对身边所有的人实施恰当的道德行为。一般说来，儒家圣王关注的是人类和谐，而不是对牛、聪明的小动物、可爱的海豚的多愁善感的关心。孟子支持国君对牛的同情，不是因为牛内在地值得同情，他是想用这个行动来示意君王如何用恰当的道德行为来统治他的臣民。孟子没有指责君王下令让无辜的牛死去这一行为！

② 参见郭庆藩：《庄子集释》(*Concordance to Zhuangzi*, Cambridge, Mass.: Harvard Yenching Institute, 1956)，第46页。《逍遥于道——早期道家神话和〈庄子〉中的寓言》(*Wandering on the Way: Early Taoist Tales and Parables of Zhuangzi*, trans. Victor H. Mair, New York: Bantam Books, 1994)，第169页。

喧。另外一则讲有人的肘上突然长出一个树瘤。两则故事中都有一个同情的朋友很惊讶、沮丧，因为当事人对这意外的变化没有感到震惊。故事中的当事人耐心地解释自然的生命，劝告他的朋友接受随生命而来的事件，而没有评判这些事件的好坏。

当庄子的妻子去世时，庄子没有说这个世界因她的离去而更好。这一段的问题是：1. 人们出生，然后离去；2. 忽略那不可避免的事实构成了应该受到责备的愚昧。现在想象庄子妻子去世的故事，来代替仙鹤这个物种消失的例子：庄子在那种情形下会耐心地解释他的考虑，用恰当的方式反映自然生命，最终学会接受所有创造物的生命是短暂的这一事实。而他那些浅陋的朋友看到这么漂亮的鸟死去会难过。在庄子看来，个人必须学会平静地接受自己所爱的人（如妻子）的去世，这也教导我们用同样的方式接受鸟的灭绝。如果我们注定要离去，即使能够延年益寿，甚至延长到我们星球上其他所有的生命形式都已消失，庄子的回应，从逻辑上讲，应当是这样的：1. 这是事物自然而然的结局；2. 哀叹事件的转折是很愚昧的，例如一个孩子为金鱼的死而哭泣。孩子为金鱼的死而哭泣，唯一的理由是他/她的意识还不成熟。作为成年人，我们欣赏鱼池里鱼的颜色、动作，但我们知道为鱼的死而哭泣是很幼稚的行为。当我们的孩子长大，我们教导他们，不要注重自己的情感反应，而是控制这些感情，学会采取道德上正确的、负责任的行动，不论它们是否在情感上满足了我们。

现在，来看河畔的庄子和孟子，道家警告，个人永远无法确切知道福何时转为祸，祸何时转为福。想一下，万一这个婴儿是中国古代的希特勒，拯救他，这虽然出于深沉的同情和深刻的敬畏"生命"的心理，后来却会导致千万无辜的男人、女人和孩子失去生命。如果一个人知道——回顾起来——希特勒在20世纪的残暴能够通过**克制**跳进河去救这个孩子这样一个**道德行为**而被制止，那么让那个小孩淹死，在逻辑上就是一种崇高的道德。假如我们遭遇很快吞噬千万无辜生命的瘟疫，结果却发现病菌的携带者是仙鹤，怎么办？下一世纪遭受痛苦的人——被夺去妻子、丈夫、父母、儿女的人——也许会诅咒20世纪那些头脑简单的善人，他们多此一举地干预了自然的进程，保护了被诅咒的仙鹤，而导致了千万人的痛苦和死亡。

今天我们愿意相信：1. 地球上所有的生命内在地是好的；2. 拯救任何生命形式都是一种道德行为。如果孟子或现代热爱“生命”的人要跳进河里去救一个婴儿，他/她会因为这种道德上的英雄主义而狂喜，会从这个善行中得到自我满足。但庄子提出，由于人类的智慧本来不能够理解所发生事件的真实意义，我们什么时候能真正知道我们救孺子和仙鹤的感情冲动在道德上是真正善的？道家的答案好像在说我们永远不能确定——庄子妻子或仙鹤之死也许是生命中自然且固有的现象，哀叹它们也许表明我们自己不比为死去的金鱼伤感地哭泣的孩子更有智慧。庄子的教训好像是：“事情发生了”，一些事件使我们忧伤，因为我们把自己投射到了某种生活模式中：只要这些模式发生巨大的改变，一个成熟而有责任的人应该冷静下来，应该采取的道德行为只能是接受事物新的状态。

其他道家经典的角度

批评者也许会反对说，《老子》、《庄子》和《内业》中的许多段落好像认为死亡不是人们希望的，所以至少保存自己的生命是有价值的。《道德经》的一些段落同样赞扬适当的利他行为。当然，说道家的原则是禁止我们关心其他生命是不正确的。

让我们回到《道德经》，比如第四十九章说圣人看所有的人都是孩子，第五章的开始说他也许不关注这些孩子的死活。

> 天地不仁，以万物为刍狗；圣人不仁，以百姓为刍狗。①

尽管对这段话的理解差异很大，但很难不注意到这层意思，即个人不应该关心他人。如自然的下雨和小行星的到达没有考虑给任何特定的生物或

① 这是我的翻译。这里的“hundred clans”就是《道德经》第四十九章的“百姓”，圣人拿他们当孩子。王弼的注释表明，最后这句话应读做“刍和狗”，即 straw and dogs，而读作 straw-dogs 是无根据的。

物种注入生命的能量，或将它们淹死和蒸发。[①] 这里的论点是，我们在感情的驱使下采取干预行为是出于人类的良心，这些感情在更宽广的自然界里是**没有**的。尽管“我们”出于环保意识去“关心”和“同情”，而台风或行星光顾人类住区时，或当它们漫不经心地看着人类在改变濒危物种的栖息地时，天地没有表现出同情或耻辱。上面的引文不是说除非当我们觉得一些人或事受到了威胁，否则我们应该仿效不偏不倚的道。它想教导人们的是，人们应该仿效天地而不是人，后者培养了像孟子所具有的这样理想化的感情。如果个人认为人类活动迄今为止与“自然”的活动是息息相关的话，自然界不存在孟子的“道德感情”，后者是十分不自然的。

如果我们忠实地阅读道家经典，我们发现不了多少支撑人类现代理想化的拯救行为的思想，道家不拥护英雄式的人类行为。《庄子》可能会嘲笑今天正在流行的观念。《道德经》表达的思想对现代人来说是很不舒服的。它一直争论说，人类不能够，也不应该干预生命事件，因为有比我们更强大的力量在世上起作用。《道德经》声称，叫做“道”的自然实在对成就生命是最完美的力量。道不仅远不需要人来完成其活动，不论其外在形式如何，它的力量道是最强大，它必然会引导所有情境达到最佳状态，假如人类不干预的话。[②] 从这个角度说，儒家和环保主义者，错误地担心了如果没有人类的拯救，生命会以混乱结束。事实上，《道德经》告诉我们，由于道的微妙、仁慈的行为，我们可以放心，生命会朝它应该发展的方向发展。人类的行动完全起不了补救作用。有鉴于此，我们的道德职责就是控制这种行动，停止去干涉本可信赖的天地。

“养生”

一个反复出现的道教主题是养生，常被翻译为 fostering life。但道教

① 我认为有必要将古代中国的思想史考虑进来。因为“仁”不仅用于一般的谈论，它也是古典儒家特别是孟子的一个技术上的词汇。事实上，可以将这段理解为对孟子思想的反对，即认为人应培养一套道德情感（恻隐、羞恶、辞让）。

② 进一步参见我的词条“道教”，载于《教育哲学百科全书》(*Philosophy of Education: An Encyclopedia*, ed. J. J. Chambliss, New York and London: Garland Publishing, 1996)，第 633—636 页。

的理想“养生”与我们现代的理想一致吗？

中世纪的道教文献中这类故事很丰富，善男信女，因为悄悄地做善事，特别是做被其他人鄙夷之事而得到嘉奖，甚至“成仙”。[①] 那是因为他们认识到了“生命”的生物学上的意义吗？即生物一旦产生后和在没有死亡之前是拥有生命的，所以能够有“生活经历”？

1979 年，吉瑞德却提出：“事实上，生命和健康的观念，包括肉体和精神的内容，引起一种古老的宗教意义，即生命的丰富在传统的标准上是超常态的。”[②]这里，吉瑞德提出了一个很基本的问题，即：道教的“生命”不仅是生物现象，也是一个有意义的过程，突破了生物学的可见的方面。为了保存身体纯粹的生物活动，人类或非人类、个体或种群，都否认了整个道教最重要的传统，一个永恒的召唤——让我们将自己的真实扩展到不可见的领域？[③] 现代人难以接受的是：古代中国的道教珍惜“生命”，但他们不珍惜现代人定义的“生命”。道教的“养生”，与现代人鼓励去留住艾米莉姑妈（Aunt Emily）的呼吸，或保持仙鹤的繁殖完全不同。

“同情”？道家的角度

《道德经》第六十七章说：

> 我有三宝，持而保之。一曰慈，二曰俭，三曰不敢为天下先。[④]

这一段非常重要，这是道家经典中少有的明白地表示去关心他人的段落。一个关键的术语是“慈”，通常被翻译成 compassion。但我们现代的术语“compassion”有太多的意识形态色彩。据我所知，没有人解释出这段意味深长的话。一个人如何被希望去“同情”，而在别的地方却被告知要以万

---

① 进一步参见我的词条“道教”，载于《生命伦理学百科全书》。

② 参见吉瑞德：《道教》，载于《生命伦理学百科全书》（*Encyclopedia of Bioethics*，1st ed.，New York：Macmillan，1979），第 1631 页。

③ 参见我的词条“道教”，载于《生命伦理学百科全书》。

④ 对“俭”的翻译，参见拙文《无私成就自我》的注释。

物为“刍狗”？答案应该考虑这个事实，我们必须对在儒家、基督教和现代人道主义者的假定下谨慎地阅读这一段。

我将比较激进地争辩说，我们在阅读来自国外的文本时注意到古代中国在严肃地对待以下三种立场：1. 道存在；2. 它在没有人类帮助的情形下，智慧而可信赖地运行着；3. 人类的任何干预活动都将不可避免地干扰它的运行，无意识地、不可避免地导致了可以避免的悲剧。

我们承认，这个建议与现代思想，不论是世俗的或宗教的，都不协调。按照现在的观点，“自然过程”本质上是不可信任的。它们要么造成灾难，如当一个生物的栖息地扩展时，会威胁其他生物；要么太脆弱而不能抵挡人类活动的影响。从现代的眼光来看：1. 没有什么力量对生命的影响比人更大；2. 也许有一个比我们更智慧的存在，它不会有系统地保护或关怀生物，所以不像人那样卷入生命活动。最后，这些角度假定人的力量和智慧是最高的。

在道家看来，这些假设都是荒谬的。一些天真的对道家进行错误解释的人，高兴地假设，唯一有害的人类干预是“他们的”干预，绝不是“我的”干预。现代环境主义者对《道德经》的理解太过简单。比如，建筑队修建一个大坝的干预性活动，是对自然未经许可的、强加给自然的干预，而立法者，或希望阻止这个工程的抗议组织，就绝不是干预性的。如果我们正确地阅读古代中国的术语“为”——它指的是“人类活动希望的效果”，特别是“如果让自然按照自己的过程运行，这种效果是最好的”——那么就会发现，任何想阻止建筑堤坝、排干湿地、燃烧雨林的活动正好构成了有害的干预。唯一的区别是，发起者和他们的反对者希望有不同的效果。正如每个人都知道的，道家认为“试图达到某种效果的人类活动”与道都是相违背的，不管行动者的动机如何。

道家的立场是让我们停止关心世界的存在状态吗？回答既是肯定的也是否定的。从道家的角度看，最好的行动是不采取行动，最好的人应该恰当地思考，周到、谦虚、勇敢，不做任何干扰性的事情。从道家的角度看，就是那些人才是真正受到启发并在道德上负责的人。我们的争论基于这样的事实，与现代思想家不一样，道家把现代思想家认为荒谬的东西看得十分认真，即生物并不生活在一个不被关心的世界里。在道家眼里，

“自然”不是道德上没有感觉、常常威胁那些无辜生物福祉的裁判。一场洗劫平原的洪水在自然的术语中不是一场灾难，只在人类的语言中才是。人类去干预、控制这些事件，看上去是聪明或恰当的，实质上是没有意义的。《道德经》的主张，与现代世俗的或宗教的阐释者相反，即世界的自然过程受自然力量的引导，自然力量不仅完全是善的，且继续在世上的任何过程和事件中起作用，不论我们是否承认。“回归道”意味着学会看到世界上的这种力量，学会依靠它，而不是靠我们自己，来促进所有生物的健康和协调。所以我们通过实践自我克制，通过不专横地行动“养生”。《道德经》第六十七章说：“舍慈且勇；舍俭且广；舍后且先。”

人们也许要问，《道德经》不是也坚持说世界目前是混乱的，并催促读者采取新的、不同的行为，以让世界摆脱那些麻烦的问题吗？

我们回答说：“是的。”但应该注意，这些问题并不真正需要人们采取任何干预事件的行动。《道德经》要求读者在世界上作出一个大的、有意义的改变：1. 开始这个大胆的、受到启迪的、克制自己干预的过程；2. 允许世界的内在力量发挥作用。人类能够选择的唯一聪明、仁慈的行为，是谦卑和自我克制。为了保证我们不再干涉“道”的力量发挥作用，自我克制是必需的。

在现代思想中，事实上在孟子的儒家思想中，人类总是被道德地要求不仅把自己看成有意义的代理人，同时应该行动，去做我们力所能及的事情，以确保事件沿着令人希望的方向发展。但从道家的角度看，我们在生命过程中的恰当的角色，是什么也不是的角色。人类不是，永远都不可能是世界上善的代理人，人类的行动永远不能改善生活本身的条件。

因为世界上确实有良好的自然力量在起作用，任何外来的人类活动逻辑上只会引起进一步的骚动。所以，从道家的角度说，“谨慎的道德实践者”不是雷切尔斯(James Rachels)所说的，一些故意小心翼翼的，然后“乐于为实现那个有意的目的而行动”的人。① 负责的人恰恰乐于不因道德上的考虑而作为。这不是说个人的行为不该考虑道德，更不是说个人

① 雷切尔斯：《道德哲学原理》(*The Elements of Moral Philosophy*, New York: Random House, 1986)，第11页。在《无私成就自我》中我对这个问题论述得更清楚。

应克制道德考虑。相反，一个有责任的人应该正确地理解自然生命，使自己的行动与自然一致，控制自己强做妄为。按照这个原则行事的人，不是克瑞尔想象的无情的"怪物"，它允许可避免的灾难发生，而是一个有觉悟的克制者，因克制的美德阻止了可以避免的灾难的发生。

我们也必须注意到，根据上述定义，自然秩序是包括死亡的自然秩序，个人应该通过有意识的无为来配合这个过程。事实上，它包括死亡作为一个全球性的事件，结束所有生物的生命过程。由于这个定义，死亡不是可怕的、对一个有意义的人们想要的生命过程的破坏，而是生命过程自然而恰当的完成，至少在目前的情况下是如此。生命，如《庄子》所说，是死亡的伴侣，反过来也成立。双方都不能证明比另一方更有意义、更是人们想要的。《庄子》和《列子》里充满着这样的人物，他们知道，死后个人的经历也许与活着时一样好，甚至更好。对那些真正理解生命的人而言，死亡根本上是很自然的事件。如果这对个人生活是真实的，那么，在逻辑上对一个物种，甚至对地球的所有生命都是真实的。

当庄子的妻子去世时，甚至当老子去世时，《庄子》里那些聪明而智慧的人把这个事件放到正常的宇宙视野中，克制自己的感情，羡慕宇宙的美丽，把死亡当做生命自然而适当的结束。如果不是这样，就显得不能理解和欣赏生命本身的完整和意义。如果不是这样，就是一种有害的误解，认为我们叫做死亡的事件否定了它以前的价值。这些文本认为，这种信仰在古代中国那些头脑简单的居民中是很普通的，正如它在现代西方宗教和世俗的思想界很普通一样。道家带着对自然生命过程完整性和其价值的尊重，平静地接受了庄子妻子之死、老子之死、恐龙和仙鹤之死。如果我们看到漂浮的孺子，或一个星球，我们应该克制把人类的价值观念放进自然的智慧中。道家认为，自然不是残暴或无感觉的，而是真正完美和仁慈的。我们的世界不是仅仅被完美地设计出来，然后就不再有人关心，除非英雄的人类去干预，否则许多生物将走向灾难。恰好相反，我们的世界不单设计巧妙，还有一种慈母般的力量(参看道德经第一、二十、二十五、五十二、五十九章)在巧妙地发挥作用。这种母亲般的力量养育、关爱所有的生物。当它们的自然生命结束的时候，它们再回归到她那里。道家观察到它们的回归，意识到并尊重这个过程，他/她遵循同样的过程，回到他/她最初产生时的非物质状态中，不必大惊小怪。

真人的转化力量

现代思维很容易拒绝这样的解释，不管它们如何言之成理，因为它们不仅无助于我们愉快地解决问题，还挑战我们从前的理解，迫使我们去追问我们是否真正知道生活的意义。这很让人不安，因为西方人道主义的基本信念是，人与香蕉虫不一样，要高于它们。人能分析问题，并能采取行动来解决问题。从这个角度说，推却这些解决问题的活动会使我们像香蕉虫那样，这对我们正当的道德责任是一种可耻的贬损。现代西方世俗的或宗教的头脑都无法确认这个观点的正当性，即生硬地认为我们周围的世界不关我们的事。一些道家文本催促我们用这些术语来看待世界，这对很多人来说是难以接受的。与牺牲道家自然主义的美相比，他们情愿重新把道家解释得适合他们的口味，否认它们那些冒犯了我们现代偏见的教义。你们怎么胆敢说顺应道的圣人，就像香蕉虫一样，当生命的壮丽画卷展开的时候，他却不动感情地观看着？确实，这样的思维以为，人类高于香蕉虫之类的生物，因为人类**能够**干预生活的事件。但从道家的角度看，现代人文主义犯了个错误，即假定干预生命事件的**能力**应该转化成道德**责任**。《道德经》的教义是，人类也许能够干预生命事件，但生命的迹象——人类常常将其忽略——是这种干预对所有的参与者是有害的，所以我们有道德责任来克制这样的干预行为。

这种观点会冲击许多现代西方头脑，认为其不可思议，因为我们有现代思维，我们的基本假设经常与写这些经文的古人不一致。我们认为，慈善地介入我们周围的世界**必须**有一种干预行为。但那是因为我们不是道家。认真阅读古代中国的道家文本和其他后来的经典，会发现让我们顺应自然的道家既不是无情的，也不是失败主义的：他们只是提倡一种仁慈的参与世界的方式，我们今天却认为这不可能而将其舍弃。按我们的话说，个人转化成圣人，与生命深层的事实一致，对周围的每个人、每件事就会产生相应的效果，最终扩展到对整个世界产生影响，这完全是难以置信的。事实上，当个人转化到与生命的真实（即道）和谐的状态时，那种状态会对个人置身其中的世界产生良好的影响,推动着所有的事物回复到自然健康和和谐的状态中。《庄子》和《内业》模糊地表达了这种教义,在《道德经》和汉代以后的经典中表达得更清楚。

许多中文作者,从《道德经》的编者开始,发现难以克制冲动来表达涉及统治者生活的教义。当然,《道德经》很清楚地说统治者应该克制干预活动,坚守住叫做"道"的看不见的真实,世界必然会回到自然、合适的状态。现代人却断然认为这是不可思议的。显然,古代中国也有这样的态度。《道德经》的编撰者悲叹道,尽管其教义来自一种强大的统治力量,人们却不相信它,也不相信其教义。他坚持认为,我们**应该**相信它们,今天带着敬意的读者至少应该思考这些思想,不管它们与现代思想的差异有多大。

《内业》中的一段十分模糊地说到(通常都是这样),当个人进入一种安静的恰当状态时,个人"是谓云气,意行似天"①。这段话的意思不清楚,但其他段落明白地建议,个人恰当的安静状态能够转化他/她周围的一切。

> 化不易气,变不易智,唯执一之君子能为此乎!执一不失,能君万物。君子使物,不为物使,得一之理。治心在于中,治言出于口,治事加于人,然则天下治矣。一言得而复天下,一言定而天下听,此之谓也。②

这样的段落好像在说,一个修炼层次很高的人,我们可以称为坐禅或祷告

---

① 这是我的翻译。我用的是《子书二十八种》的版本(台北:广文,1979,第一卷,第621—624页)。第624页第6行的翻译可以参考W. Allyn Rickett 1965年的译本,N部,第167页,以及1998年的译本,14.2,第54页;Harold D. Roth的译本的第24部分将"云气"译为"revolving the vital breath"。参见W. Allyn Rickett:《管子:早期中国思想的宝库》(*Kuanzi: A Repository of Early Chinese Thought*, Hong Kong: Hong Kong University Press, 1965),以及《管子:中国早期的政治、经济及哲学论文集》;Harold D. Roth:《原道:〈内业〉与道家神秘主义》(*Original Tao: Inward Training [Nei-yeh] and the Foundations of Taoist Mysticism*, New York: Columbia University Press. 2000),第92页。

② 文本第622页,这也是我的翻译。参见W. Allyn Rickett:《管子:早期中国思想的宝库》,第161页,Section D,以及《管子:中国早期的政治、经济及哲学论文集》,Section VII. 1;Harold D. Roth:《原道:〈内业〉与道家神秘主义》,第62—64页。

者，能够获得力量来影响整个世界。初看起来，这种教义与我们现代人的思维相差如此之大，以致我们的第一个，实际上是第二个反应是忽略它，视其为一种愚蠢的夸大其辞。但即使今天，基督教和其他现代宗教总是在证实改变我们周围那些正在发生的事件的祷告力量。整个中国历史上那些聪明而有思想的人，虽没有受到西方理性主义的影响，同样发现这些思想有着不寻常的意义。在中国，他们被称为“道士”。西方人对中国的理解，由于受到对其抱敌意的儒家偏见的影响，把这些人作为边缘化或不重要的人而舍弃了。

我认为这个观点——生命精神修炼(biospiritual practice)能够转化世界——如果这被称为道家拒绝干预行为的“积极方面”，现代人也许会得到安慰。道家的教义很清楚地告诉我们，不要干涉世界的过程。《道德经》第二十九章说：“天下神器，不可为也，不可执也。为者败之，执者失之。”以怎样的方式参与才能不构成对世界的干预行为呢？《内业》和《道德经》教导说，充分的个人修养能够对其他生物产生仁慈的转化，这种转化最终会达到影响整个世界的程度。这种转化，按照我们的文本，不仅是良性的，而且值得期盼，因为它对整个世界产生治疗性的转化，却避免了对世界内在过程有害的干预。一些段落表明，事情正是如此，修养很高的人能够达到安静的状态，这与道的力量在质上是一致的。这种力量无为却实现了自己的目的，使所有生物受益却不干预它们。这种力量察觉不到，像赋予生命的水那样润物细无声。在古代中国，这些经典的读者被告知，应该相信这些看不见的存在以及它们无穷无尽的潜力，依靠它们修炼出特殊的力量来正面地影响所有生物。这些经典警告说，任何其他的行动，无论出发点多么好，都将不可避免地中断自然过程的微妙力量。

《道德经》第三十五章说：

> 执大象，天下往。往而不害，安平泰。乐与饵，过客止。道之出口，淡乎其无味，视之不足见，听之不足闻，用之不足既。

我认为在我们舍弃这些思想之前，我们应该认真重新审视自己的假设。在正确理解的基础上，在我们给道家思想下不切实际的结论之前，我们应该重新审视建构在自己文化中的信仰，即认为世界上没有叫做“道”的东西，由于没有这样的信仰，所以呼唤人们向它回归，而不是用干预行为管理这个世界，这一点也没有正当性。道家经典认为，人的补救行为，不仅不必要，而且也不可能。圣人是那些承认这个事实，并让生命的自然过程按照自己不易察觉的轨迹展开的人，是接受这个事实，即我们无力改善世界的条件，除了克制我们的冲动和我们的傲慢偏见，不再将我们的行动当成英雄式的拯救的人。

现代人也许会拒绝接受这些教义，但我们至少应该确信，我们理解它们，也应该意识到我们在改变道教教义，因为按照克拉克所谓的“‘新范式’的空想”，我们是把其他教义加进道教，认为这会让**我们**更愉快。研究其他文化的目的**不是**用它们来解决我们自己的问题。这种家长式的作风仍然停留在殖民主义的假设上：其他人的存在是为了满足我们的欲望。如果我们放弃殖民主义的态度，如对待雨林，让它们按照自己的内在完整性去发展。难道我们不应该用同样的方式去尊重其他时代和文化的思想家吗？

（陈霞　译）

综合智慧或负责的无为：对《庄子》、《道德经》和《内业》的进一步反省

拉菲尔丝

(Lisa Raphals)

柯克兰雄辩地反对在《庄子》、《道德经》、《内业》这三本战国和汉代的主要经典中读出干预性的生态意识。他的讨论围绕他所谓的“负责的无为”(responsible non-action)而展开，这是古代道家[1]道德推理的中心原则。他认为古典道家(classical Daoists)与古典儒家(classical Confucians)和现代西方人不一样，道家接受生命和死亡的所有过程，包括那些破坏性的。所以他们要么因为其他人而避开英雄式的人类的拯救行动，要么“修改”或“改善”世界。事实上，古代道家的道德推理特别排除了这样的干预。总的说来，柯克兰的论点是，不论道家(广义地讲)与“生态意识”有多少共鸣，对这些文本的干预主义误读只能是让结果去证明其方法的正当。

作为回应，我将从另一个角度考察这些问题和文本。这些文本对于非干预性的行动有几种可能性。我的意思是，非干预性行动，即一种非直接的行动，在一定距离之外，不卷入英雄式的、有目的的，甚至必要的故意干扰。在这些经典中，道家频繁地在以这些方式进行干预。他们的行动与当代的英雄式干预不同，包括个人的修炼、以榜样形式转化、用特殊而富有远见的智慧扩大影响。最后，我要介绍健康的怀疑主义。

---

① 我用这个术语指战国和汉代的经典和实践，包括黄老和方士。对此术语的探讨参见利维雅·科恩：《两本新的日本道教百科全书》(“Two New Japanese Encyclopedias of Taoism”), *Journal of Chinese Religions* 23，1995，第 261 页；以及柯克兰：《中国道教的历史线索：对分类及术语问题的思考》(“The Historical Contours of Taoism in China: Thoughts on Issues of Classification and Terminology”), *Journal of Chinese Religions* 25, 1997，第 59—67 页。

非干预性行动

在《庄子·达生》篇里，儒家遇到了这种情况：一个人眼看就要被洪水淹没。因为吕梁的秋水湍急，“县水三十仞，流沫四十里，鼋鼍鱼鳖之所不能游也”。孔子看到“一丈夫游之，以为有苦而欲死也。使弟子并流而拯之”。故事接着说，这人却“数百步而出，被发行歌而游于塘下”。孔子走过去问他是否有水道。“道者”回答说：“亡，吾无道。吾始乎故，长乎性，成乎命。”他继续说：“吾生于陵而安于陵，故也；长于水而安于水，性也；不知吾所以然而然，命也。”①

这里，这个明显的受害者不仅不需要搭救，他比孔子及其弟子更熟悉水道。事实上，庄子是利用游泳的人揭示儒家英雄式干预的有限和无效。孔子不是很走运，他一开始就误解了这个情景，首先他把他当做鬼（不需要帮助），然后当做自杀者。他不是本人去干预，而是让他的弟子去救那个他们以为不会游泳的人。因为水激，“鼋鼍鱼鳖之所不能游也”，而游泳者数百步才出。在这个明显的人类危机中，孔子缺乏有效干预的方法。

附带说一下，我们可以把这个含蓄的对英雄主义式无效干预的批评，引申到儒家在生态问题上的劝告。我们从孔子、孟子、荀子等人的传记中，发现他们的官位（当他们有的时候）并不能使他们除了劝说之外还能采取什么别的行动。他们对统治者的劝说肯定牵涉到了生态关注，最著名的是孟子的牛山故事，但牛山故事里几乎没有这样的劝导产生了作用的记载。真正起作用的可能是《礼记》中的《月令》，至少在汉代还在用仪式的力量调节农业，《礼记》也许是汉代编撰的。②

在上面的故事里和在别的地方，《庄子》拒绝或嘲笑英雄式的干预。我们能够推断说古代道家拒绝任何形式的以自己或别人为目的的干预

① 《庄子·达生》，参见郭庆藩：《庄子集释》，北京：中华书局，1961。除非特殊说明，译文是我自己的。

② “礼记”词条，参见《早期中国经典：解题指南》（*Early Chinese Texts: A Bibliographic Guide*, ed. Michael A. N. Loewe, Berkeley: Society for the Study of Early China and the Institute of East Asian Studies, University of California, Berkeley, 1993）。

吗？我认为上述经典提供了至少两种模式可代替英雄式的生态干预。首先是自我修身，通过修炼自己的“精”而自我保存；第二，通过非直接行动关爱甚至转化其他人，即“化民”。

自我修身

在《庄子》里，盗跖责备孔子愚弄了所谓的圣王，他们“离名轻死，不念本养寿命者也”[①]。相反，那株疙疙瘩瘩的、匠人也不顾的树，却享了天年。[②] 在《庄子》里，以及在战国时期的其他作品中，每人都有一定的寿数（命或分）[③]，命运的问题和宿命论反复出现在战国思想家的争论中。[④]《庄子》第十二篇将天命和命运观念描述为世界起源的一部分。

> 泰初有无，无有无名；一之所起，有一而未形。物得以生，谓之德；未形者有分，且然无间，谓之命。[⑤]

《庄子》第六篇说：

> 死生，命也，其有夜旦之常，天也。人之有所不得与，皆物之情也。[⑥]

① 《庄子·盗跖》。

② 《庄子·山木》。

③ “命”或“分”与希腊的 moira 或 aisa 有同有异。参见拉菲尔丝：《中国和希腊的宿命论、命运及谋略》（“Fatalism, Fate and Stratagem in China and Greece”, a chapter in *Early China*, *Ancient Greece: Thinking through Comparisons*, ed. Steven Shankman and Stephen Durrant, Albany: State University of New York Press, forthcoming 2001）。

④ 众所周知，尽管孔子不语怪力乱神和命，《庄子》和《荀子》却提到他对命的讨论，墨子指责过儒家的宿命论。《庄子》和《荀子》都强调“命”，却拒绝宿命论，尽管方法有所不同。《庄子》强调顺应人类命运和时间过程中那些不可避免的变化（比如濒危物种）。荀子通过强调自由意志和个人行动的重要性而贬低必然性，反对宿命论。二者在不同的意义上都认为，人们可以掌握“命”。进一步的讨论，请参见拉菲尔丝《宿命论、命运及谋略》。

⑤ 《庄子·天地》。我用“decree”和“fate”翻译“命”，以免在文中引起暗地赞同宿命论的歧义。

⑥ 《庄子·大宗师》。

《庄子》里的孔子建议他的学生子高道："知其不可奈何而安之若命"。[①] 每件事都有定命，按照柯克兰对道家伦理的阅读，这种天命不能，也不应该被干预。古典道家伦理也支持通过间接的、与自然进程和"命"协调的方式而微妙地采取行动。

非直接行动的最简单模式是自我修身。我们首先发现《内业》清楚地提及了个人养气、精和神。在现代道教和中医里面，精气神"成了重要的主题"[②]。在《内业》里，"德"的力量不是内在的，而是通过持续的自我修养或"获得性机能"[③]继承("德"的同音异义字"得")的能力。《内业》指出，"德"的修养必须每日进行：

> 敬慎无忒，日新其德。遍知天下，穷于四极。[④]

这些古典道家文本代表个人依照经典和顺着时辰进行的自我修身实践，是一种主动干预，它使得个人即使在困难时期也能生存下来，延长寿命，甚至(如六朝道教)成仙。

在一定距离之外行动

无论使个人生存最优化的力量是什么，自我的修身实践，其影响能够超越自身，这在任何意义上都构成了生态干预，尽管是间接和微妙的。《道德经》一再地描述这个间接的策略，"圣人"或圣王因之引导人们走向成功，而看起来却像是没有做任何事情。事实上，无为思想影响《道德经》的程度是众所周知的。下面我举几个例子来加以说明：

---

① 《庄子·人间世》。这句话还可译为"Nothing is as good as following one's destiny"。

② 柯克兰：《古代中国道家之种种：试比较〈内业〉与其他道家经典的主题》("Varieties of Taoism in Ancient China: A Preliminary Comparison of Themes in the *Nei Yeh* and Other Taoist Classics"), *Taoist Resources* 7, no. 2, 1997，第75页。对译文的讨论，参见 Harold D. Roth：《早期道教的内炼传统》("The Inner Cultivation Tradition of Early Daoism"), in *Religions of China in Practice*, ed. Donald S. Lopez, Jr., Princeton: Princeton University Press, 1996, 126—127页。

③ 柯克兰：《古代中国道家之种种：试比较〈内业〉与其他道家经典的主题》，第77页。

④ 《管子》，十六，49，4a-b; *Guanzi*, trans. W. Allyn. Rickett, vol. 2, Princeton: Princeton University Press, 1988，第48页。

> 是以圣人处无为之事(2)。
>
> 无为而无不为(48)。
>
> 故圣人云:我无为,而民自化(57)。
>
> 为无为(63)。①

《庄子》第一篇描述了姑射山的一个神人,“其神凝,使物不疵疠而年谷熟”②。这表明,一个已经有所成就的圣人,在一定距离之外,对世界有养育的功能。《庄子》没有提出这些拯救行为想要达到的效果,它们好像是自我修身的有益的副产品。

在战国和汉代的作品中还有段落表明,自我修身能间接地有利于他人。《吕氏春秋》的《尽数》描写了圣人如何用阴阳的知识去理解使万物受益的东西,并且尽享了天年,没有增加和减少他们的寿命。

> 圣人察阴阳之宜,辨万物之利以便生,故精神安乎形,而年寿得长焉。长也者,非短而续之也,毕其数也。毕数之务,在乎去害。

这段话表明,命运分配的东西是不可改变的,它要求圣人和统治者设法保证它们(详见下面的讨论)。

通过榜样和效验转化人民

下面我将讨论更直接的干预方式。战国时期的其他几个关于政治和军事的文本表明,一个好的统治者,像圣人一样创造促进他人和其他生物

① 段落按照王弼本用数字标明了。对战国和汉代经典中“无为”的讨论,参见安乐哲:《治国之术:古代中国政治思想研究》,第28—64页。

② 《庄子·人间世》。

和平地“尽数”的条件。

《孙子兵法》强调快速、有效、避免破坏生命和物质的行动[①]。荀子在《议兵》篇中清楚地强调，真正的君主不惩罚人民。他的军事思想是：

> 服者不禽，格者不舍，奔命者不获。

同样，他用严厉的口气说道：

> 以故顺刃者生，蘇刃者死，奔命者贡 。

《淮南子》的《主术训》和《泰族训》中有同样的对“化民”的广泛讨论。[②]相应地，对商纣这类使臣民生活在恐怖中的暴君，作出的是否定性的表述，“莫必其命”(《荀子·议兵》)。

一个怀疑主义的注脚

想在当代环境问题中应用道家的为或无为范式，存在着文本和哲学上的困难。我们仍然要问眼下的危机和以前的危机相比，如汉代的农业问题，是否不同，不仅仅在程度上，而且在类型上。E. N. 安德森、弗朗西斯卡·布雷和其他学者评估过那场危机的程度和后果，以及它对汉朝政府和社会政策的改变。[③] 我们也许从来不会问：我们目前的情形是对自然/道，那超过文本的概念范畴的干预造成的吗？我们的技术，通过20世纪50年代和60年代的核战争，导致了对环境大规模的破坏吗？甚至超过了这些文本能够想象的范围吗？不可持续的化学污染、新的疾病、全球

① 参见李约瑟等：《中国的科技与文明》，第五卷，第六部分，《军事技术：投掷武器和围攻》(*Military Technology: Missiles and Sieges*, Cambridge: Cambridge University Press, 1994)，第19页。关于道家对《孙子兵法》的影响，参见 Ralph Sawyer with Mei-chün Sawyer：《古代中国的七部兵书》(*The Seven Military Classics of Ancient China*, San Francisco: Westview Press, 1993)，第425页，n. 24。

② 讨论请参见安乐哲：《治国之术：古代中国政治思想研究》，第99—107页。

③ 讨论请参见弗朗西斯卡·布雷：《中国的科技与文明》，第六卷，第二部分，《军事技术：农业》；E. N. 安德森：《心灵生态：情感、信仰和环境》。

变暖都表明破坏能力超过了道的能力。

如果我们认为目前的情形属于不同的类型,而不仅是程度上的区别,我们就不能采取碰运气的态度。对待道家的预言,也不能采用以前的文本。怀疑主义的本能表明,我们可能完全不明白庄周所做的一切。我们需要强调这样一个明白清晰的事实,即我们掌握的战国和汉代的资料主要是文字信息。道家不是文本,文本不会有目的地以这种或那种方式为或不为。我们需要小心,在不经意间将我们从逻辑上或哲学上认为的文本含义等同于人们的具体行为。文本不是人,我们不能预知道士的行为与道家文本,尤其是在讲求"应变"的传统中,个人处理未知事件的能力是我们所不知道的。这种不可知的情形也许会促使我们采取超越文本的行动。

结 语

除了不可预计之外,文本证据也表明,自我修身概念、非直接行动、在一定距离之外行动是战国和汉代思想界认为的有效统治的基础。这些模范行动指向圣人、君主、将军和任何担任公职的人。

很多现代人会否认修身或一定距离之外的行动能回应"真正的"生态问题。像这样根据初步印象而形成的否定,忽略了在广义的中国思想中自我概念的多义性,如"内外"的不可分离、"无私"的文化价值、大宇宙和小宇宙的合一、与西方不同的个性的培养等。这些文本和中国民间信仰中的体验反映了内外之间的边距有多重意义,如中医里调节气之运行的实践。①

许多战国和汉代时记录的间接行动,尤其包括对急剧变化或不可预测的情形的反应,希腊人把这叫做综合(metis)②③。我在其他地方详细论

① 参见 E. N. 安德森:《心灵生态:情感、信仰和环境》,第15—16页。

② 讨论请参见 Marcel Detienne and Jean-Pierre Vernant:《希腊文化和社会中的诡辩术》(*Cunning Intelligence in Greek Culture and Society*, trans. Janet Lloyd, Atlantic Highlands, N. J.: Humanities Press, 1978)。

③ metis是中古法语,来自拉丁文 misticius,意思是混合的。——译者

证过，这种微妙的思维彻底地影响了古代中国的道德推理、哲学和政治思想，在《道德经》和《庄子》等道家文本中特别普遍。[①] 斯科特（James C. Scott）在他最近的一项研究《像一个国家那样看：一些试图改善人类境况的计划是怎样失败的》中说：20世纪的灾难源于对“综合智慧”的遗忘，只有在高度现代的社会里个人的综合智慧才能阻止更大的伤害。[②]

文化生态学家E. N. 安德森评论说，世界上大多数传统社会，“把它们的道德教化融入对环境和个人责任的实践智慧中，并对它们怀着敬意”[③]。在中国，一些实践在汉代的综合哲学和后来的道教那里比战国时期更盛行。[④] 如果我们将干预主义对“自然”或生态的态度转嫁给它们，而与它们自己的伦理相左，我们就冒着犯时代错误和误读的风险。从它们所代表的思维方式和行为模式方面，它们也许对我们的生态状况有很多建议。个人与他者之间灵活的界限有利于中国的环境智慧。同样，有着思想支撑的、本土的态度，与在中国和其他地方流行的综合智慧也许可以为强行干预提供替代品。

（陈霞　译）

---

① 参见拉菲尔丝：《了解词汇：古代中国和希腊的智慧及诡辩》（*Knowing Words: Wisdom and Cunning in the Classical Traditions of China and Greece*, Ithaca: Cornell University Press, 1992）。

② 参见斯科特：《像一个国家那样看：一些试图改善人类境况的计划是怎样失败的》（*Seeing Like a State: How Certain Schemes to Improve the Human Condition Have Failed*, New Haven: Yale University Press, 1998）。高度的现代思想试图按照科学原则设计社会。

③ E. N. 安德森：《中国的食物》，第175页。

④ 毫无疑问，战国时期的经典反映并部分地来自于许多诸如此类的信仰，特别是萨满教。

无为与当今环境：老子哲学的概念与应用研究*

刘笑敢

本文在考据和训诂的基础上，重新解释“无为”概念，讨论它在老子哲学和对当代环境问题中的重要性。与一般的行为相比，“无为”指更高层的人类行动和效果。无为不是一个只有单一意义的术语，而是集合式的“概念簇”。无为代表与主流传统不同的价值取向，实践无为需要最恰当的行为模式。

本文与讨论环境伦理学或比较研究的文章有所不同，后者着眼于人与自然关系的理论方面。[1] 我首先考察和阐释无为概念，然后讨论两个案例，印尼的森林火灾和绿色和平组织对爱斯基摩人生活的影响。[2] 表面上看，这两个方面没有直接联系，但我们相信老子的哲学表达了人类社会和历史上的深刻智慧，其中一些具有普世的意义，有实际的作用。本文试图表明老子重要的哲学思想如何应用于现代的生态问题。这项研究基于严肃的文本研究和概念阐释，限于篇幅，这部分没有充分展开。[3]

文章指出，道家的无为理论对当今的环保讨论有启发意义，它虽然不是一种神奇的救治方法。事实上，我们不能指望在生态问题上有奇迹发生。道家在长远地保护环境和阻止生态恶化方面有着重要作用。尽管它不像可以立即扑灭一场大火那样立即奏效，“无为”的理论还是可以帮助

---

* 此篇在国立新加坡大学中文系钟宏志先生的译文基础上有所修改。——译者

① 在其他那些开拓性的著作之外，还应提到《亚洲传统思想中的自然》，以及 *Philosophy East and West* 37，1987 年 4 月第二卷。本文受到了它们的启发，尽管我这里没有引用。

② 我希望感谢纽约州立大学地理系的 Jessie Poon 教授，她为我提供了印尼大火情况的主要资料。

③ 关于老子思想较为全面的诠释论证，参见刘笑敢：《老子——年代新考与思想新诠》，台湾：东大图书公司，1997。

我们从突发事故中得到教训，以便找到更好的方法来弥补灾难，防止悲剧在未来发生。①

本文对“无为”理论的分析和具体应用是基于对老子哲学的重建。在我看来，“无为”是实现自然的方法论原则，是老子哲学体系的关键概念。道作为最终的源泉和宇宙的基础，对理解“无为”和“自然”提供了准形而上学和词源学的基础，而老子的辩证法理论则支持着人类经验中的“自然”和“无为”。②

什么是无为？概念考察及其应用

“无为”是中国古代思想中最模糊的概念之一，含义可能十分复杂。我们先从构词的角度来分析其语词意义，然后讨论它的可能的哲学意义和实际的价值取向。

无为：有而似无之为

“无”(no)和“为”(action)两个词结合在一起的字面意思是“不作为”。而在古汉语中，“无”字源于“亡”、“舞”和“无”三个同义字。③

---

① 苗建时博士在回应本文的初稿时，提出无为是否是有效的补救和预防措施这个问题。这里，我无法充分展开我的思考。扼要地说，在印尼大火的案例中无为是一种预防措施。在爱斯基摩人中，无为的精神对阻止生态悲剧也是十分重要的。我希望今后可以专门探讨这些问题。我感谢与会者和读者们的评论和问题。

② 对老子哲学的重建，参见刘笑敢：《老子：年代新考与思想新诠》。英语世界对“无为”的讨论，参见安乐哲：《重温道家之“德”》，载于《亚洲传统思想中的自然：环境哲学论文》，第113—114页；他的《道家与自然的本质》，载于 *Environmental Ethics* 8，no. 4，1986；以及他的《统治术：古代中国政治思想研究》，第28—64页。关于“无为”的演变，参见刘笑敢：《无为：从〈老子〉到〈淮南子〉》(“*Wuwei*[*Non-action*]: *From Laozi to Huainanzi*”)，载于 *Taoist Resources* 3，no. 1，1991，第41—56页。

③ 据庞朴先生的研究，第一个是“亡”，即有而后无的意思，是有了又失去，或将来有而尚未达到的状态。这是人们最先认识到的“无”，见于商代(公元前16—前11世纪)的甲骨文及后来的文献。第二个同义字是“舞”，即指巫师与天地、灵魂沟通的方式。因此，这个字就是指某物实有但却视之不见，听之不闻。在这里，其含义可解释为“实有似无”或“有而似无”。这个意义上的“无”，同样见于商代的甲骨文以及周朝(公元前11世纪至公元前221年)的钟鼎文。第三个是“无”，与前两个字都不同，是指绝对的空无、不存在，这是哲学意义上的“无”，出现于战国后期的《墨经》，《墨经》的作者将其解释为“无之而无”，以区别于“有而后无”的“亡”。参见庞朴《说“无”》一文，载于深圳大学国学研究所主编的《中国文化与中国哲学》，北京：东方出版社，第62—74页；以及庞朴的新作《一分为三》一书，深圳：海天出版社，第270—283页。

“无”的三种意义的确切来源还有待词源学和考据学方面的进一步论证。然而，对于在古汉语和古代思想方面具有基本知识的人来说，“无”有三种含义似乎无须进一步证明。第一个“无”是最普通的、相对于“有”的“无”；第三个是与实有无关的抽象概念的“无”。如果采取这两种含义，那么无为从字面上看即是“无所作为”，而这与《道德经》的含义相差甚远，老子从未主张毫不作为。他曾提出过“无为而治”[①]和“无为而无不为”[②]。只有第二个含义“实有似无”最符合老子的思想，即限制一部分人类行为。因此，无为也可以称做“不为之为”。

无为的“为”字，也是古汉语中最常见的字之一。除了用做介词之外，它常用做动词，泛指任何动作和行为。从功能上讲，“为”字在“无为”这个合成词里是作为名词使用的，但保留了其作为动词的含义。“为”最普通的含义就是作为、行为、动作等，几乎泛指人类的一切行为，在不同的语境中又可以随文生义。

“无为”的概念可以从负面和正面两个方面来解释。它的负面含义是指对某些人类行为，如对过度、残忍、对抗、竞争等行为的取消或限制；然而“无为”的概念也具有积极的含义，暗示一种特殊的行为方式，即“不为之为”或“自然而为”。换言之，就是主张自然、渐进和适度的行为方式，反对紧张、剧烈、强制性、大规模的活动。前者正是无为精神的体现，后者则与之背道而驰。

以现实生活为例，在后工业社会中大多数引起环境恶化的活动都显然是违背了无为精神的。这些活动往往是大规模的、激烈的；与之相反，工业化以前的生态环境尚没有受到如此严重的破坏，因为人类的行为往往是自然的、渐进的。人们常常将雨林的火灾归咎于刀耕火种的农耕方式。然而，几个世纪以来，小农业主对此却应付得很好，因为他们会自发地调节火的使用。

真正造成印尼森林大火持续不断的主要原因是大规模、工业化的烧垦开发。这种毁灭性的烧垦和传统的刀耕火种完全不一样，其引发的大

---

① 《道德经》，第四十八、五十七章，参见刘笑敢：《〈老子〉“以无事‘取’天下考》，载于《汉学研究》(18)，2000年第1期，第23—32页。

② 《道德经》，第十七、二十九、七十七章。

火几乎吞噬了世界上第二大热带雨林至少二百万公顷的森林。而每烧毁一公顷雨林，大约一百公顷的范围内都会遭受烟雾的侵袭，烟尘的散布波及邻近的泰国、菲律宾、马来西亚以及澳大利亚北海岸。据统计，约四万印尼人因此而感染呼吸道疾病，多达一百万人感染眼疾。烟雾还导致了海难与空难，大约有三百人为此丧生。① 所有这些灾害追根溯源，都是与急切的、大规模的经济发展活动相关的，而这种活动是违背老子所讲的无为精神的。

无为：一个集合式的"簇"概念

在《老子》一书中，大约有五十个与无为意思相近的词和词组，例如：不言、不为始、弗恃、无知、不争等等。② 在所有这些词汇中，无为是使用频率最高的：在十章中出现多达十二次，③而"无事"仅出现四次，"无名"出现五次。由此可见，无为是所有这些否定式概念中最具代表性的。

此外，无为可作为名词使用，这是它成为哲学概念的一个重要条件和标准。④ 在这里，无为用做主语或宾语，在功能上和语法上都有别于其他类似的否定式词语。此外，由于"为"字的字面意义相当宽泛，"无为"的作用已经得到认可，所以经常成为其他相同表达的代表。借用孟旦（Donald Munro）教授的话来说，无为是一个"概念簇"⑤，是许多概念的集合，而不

---

① 本文有关印尼森林大火案例资料，主要根据"Indonesia Ablaze: the Forests Are Burning Again", *Straits Times*, March 29, 1998，第 40 页；Dominic Nathan："The Ball Is in Jakarta's Court", *Straits Times*, April 4, 1998，第 56 页；Janet Nichol："Bioclimatic Impacts of the 1994 Smoke Haze Event in Southeast Asia", *Atmospheric Environment* 31, no. 8, 1209—1219, 1997；郭艳春：《燃烧的地平线》，《联合早报》，1998 年 4 月 13 日，第 12 版。作者在此感谢 Dr. Jessie Poon (the department of Geography, the State University of New York at Buffalo) 为本文提供了有关资料。

② 另外还有弗居、无欲、无私、无身、不立、勿矜、勿伐、勿骄、无事、无心、无味、不学、不武、不怒、不敢等。

③ 在帛书本中，"无为"在七章中出现九次，在新出土的竹简本中，无为多作亡为，出现七次。但数字在竹简本中并不重要，因为竹简本总共才两千多字，远远少于帛书和通行本的五千字。在简本 A 和 B 中，"无为"都写做"亡为"。在简本 C 中，"无为"作"舞为"。

④ 如："为无为，事无事，味无味"（第三、六十三章）；"吾是以知无为之有益……无为之益，天下希及之"（第四十三章），在这种语境中，"无为"是作为一个主体或客体而使用的。参见刘笑敢：《老子：年代新考与思想新诠》，第 113—114 页。

⑤ 参见孟旦：《当代中国关于人的概念》（*The Concept of Man in Contemporary China*, Ann Arbor: The University of Michigan Press, 1977），第 26—56 页。

是一个单纯的概念，所以其确切的含义就难以把握。①

无为否定引发生态危机的直接的人类干涉行为，如引起印尼森林大火的工业化烧垦。无为的精神不仅可应用于分析环境问题的原因，它也与环境问题本身相关。违背无为原则的错误方式不仅不能维持生态平衡，还会给人类生活带来灾难。

1983年，鉴于绿色和平组织长达七年的施压，新成立的欧洲议会立法禁止幼海豹皮在欧洲出售，此举破坏了生活在加拿大巴芬岛的十万爱斯基摩人（因纽特人）的生活。海豹对于爱斯基摩人正如从前野牛对于北美印第安人一样，是他们的食物和基本生活的经济来源。在禁售海豹皮以后的几年，加拿大北极圈内经济衰退，社会福利金支出激增，小小的克莱德里弗村，就有近乎半数人口不得不靠救济金过活。社会问题更是层出不穷，许多人沉迷于酒精和毒品，罪案和家庭暴力倍增，绝望导致自杀人数增加，其中大多数是年轻男性。在禁令以前的十一年里，有四十七名自杀者，而在此后同样长的时期内则增至一百五十二名。

更可悲的是，爱斯基摩人并不是为生态平衡而承受牺牲的。他们是绿色和平组织和欧洲议会的错误行动的牺牲品。在北大西洋冰面的格陵兰海豹数量巨大。正式列为濒临绝种的哺乳动物有好几百种，但格陵兰海豹并不在内，且数目仍在显著增加。保护鱼类及海洋哺乳动物的国际科学机构认为当地猎杀海豹的处理方式是适当的。受美国政府委托调查的科学与人道机构也认为猎杀海豹所用的方法是合适的。

在这个事件中，发生了什么错误？错误不在于环保运动本身，而在于推行运动的方式。总部在温哥华的绿色和平组织不同于主流环保团体，喜欢以对抗的方式来鼓吹环保。该组织的总裁罗伯特·亨特（Robert Hunter）做过新闻工作，善于制作、利用戏剧化的影像。他们摄下春季数以千计的白毛幼海豹被猎杀的场面，将法国女明星碧姬·芭铎怀抱一只幼海豹的照片传遍世界，其他女明星和美国国会议员也跟着凑热闹。影

① 老子像大多数中国古代思想家一样，很少给他的哲学概念下一个清晰的定义。中国哲学词汇的模糊性有弊有利。因其含义不确定，不利于现代人掌握和应用；但也因其没有预先定死的框架，从而避免了人们对它的教条化运用。与科学和技术公式不同，无为需要主体性和智慧，而不仅仅是服从和机巧，从而预防人们成为机械化和电算化的奴隶。

像效果十分强烈，所以罗伯特·亨特称之为“心灵炸弹”。就这样，在过去二十年内，他们卓有成效地用简单的影像，针对复杂的环境问题引导世界舆论，然而，实际上运动的主旨已在新闻媒体的传播中迷失了方向。①

绿色和平组织成功地禁止了对幼海豹的猎杀并获得巨额捐款，但同时无情地摧毁了爱斯基摩人的生存方式。他们玩弄摄影技巧，乐于公然对抗，追求戏剧效果，这些都与无为的智能相违背。简单化、戏剧化的运动会产生一时的轰动效应，但却常常误导人们，甚至给人们带来灾难。环境保护是一严肃复杂的课题，涉及不同的国家、地区和人们。因此，它要求耐心、渐进和持久的工作态度，而不是对抗的、戏剧化的、哗众取宠的方式。

无为：一种价值取向的代表

无为一词在形式上是对人类一切行为的否定，而实际上，它只是针对“某些”人类社会行为。无为是老子方法论和价值论的反映，更准确地说，是老子对方法论和价值论的引导。老子经常以正反成对的概念来表达他的思想，而大多数情况下都表达了一种与世俗相反的价值取向。例如：一般人都坚信刚强胜于柔弱，而老子却一再宣称“柔弱胜刚强”②，“守柔曰强”③。

同样地，一般人重视“雄”、“白”、“荣”，老子则强调守“雌”、守“黑”、守“辱”；④一般人追求“直”、“盈”、“新”，但老子却认为“曲”、“洼”、“敝”更重要；⑤一般人推崇“贵”与“高”，老子则宣称以“贱”与“下”为基本。⑥

以上提到的选择、表达和特殊术语与“无为”精神是吻合的，调节了人

① 本文有关爱斯基摩人案例的资料，根据 John Dyson: “The Seal Hunter's Tale”, *Reader's Digest*, January, 1997，第 68—74 页。我分析这个案例不是要批评绿色和平组织，而是用此案例来讨论道家智慧在解决现代生态问题上的重要性。我尊重绿色和平组织对环境保护的贡献。

② 《道德经》，第三十六章。

③ 《道德经》，第五十二章。另外如，“柔之胜刚，弱之胜强”（第七十八章），而且“天下之至柔驰骋天下之至坚”（第四十三章）；一般人相信“牡”以动胜“牝”，老子则说“牝”可以静胜“牡”（第六十一章）；一般人崇尚“勇”、“广”、“先”，老子却将“慈”、“俭”、“后”作为“三宝”（第六十七章）。

④ 《道德经》，第二十八章。

⑤ 《道德经》，第二十二章。

⑥ 《道德经》，第三十九章。

类的行为和活动。这些例证表面上是反世俗的,阐明了老子特殊的,也许是独一的价值取向。"无为"的理论在政府和社会生活中倾向于以非传统的、非强势的活动取得更好的结果。

老子的上述否定倾向并不是老子的最高价值和终极目的。正如我们先前提及并将在后面加以阐述的,自然是老子哲学的中心价值,而无为是原则性方法,在"无为而无不为"[1]这句名言中,老子清楚地表明了这一点:无为是一种非常规的手段,通过"无为"实现"无不为",其实质即是为之于不为,以超世俗的方式来处理世俗事务,从而实现人类社会的自然的秩序与和谐。

无为是老子的方法论,它不受世俗价值和潮流的影响。无为的理论包含了自然精神,指向人类社会以及人与自然之间的自然和谐。无为之为高于常规之为,它基于全面和人文的思考,不随波逐流和急功近利。按照无为的原则行事,减少了风险和副作用。而与此相反,生态危机的产生正是由所谓的工业化、商业化和全球化资本主义潮流所致。大多数的国家和地区都卷入了几乎同样的经济发展模式:建立在刺激欲望、感官享受和满足虚荣上的高消费。

当西方发达国家开始反思现代化所带来的后遗症的时候,东方发展中国家却为赶上西方的经济水平和生活方式施行庞大的发展计划,陷入了激烈的经济竞争。印尼便是其中之一。事实上,是高速的经济发展欲求点燃了森林大火。1997 年,印尼总统苏哈托(Suharto)曾提出立法以禁止蓄意烧林,但最终没有下文,因为正是政府的许多政策直接导致了大规模的烧垦开发,当时政府正鼓励农场主加倍扩展他们的油棕树种植面积。加里曼丹中心地带的大火燃烧地原是大片密林,政府却计划改造为稻田。大火自然是获得土地的最迅速、最省钱的方法,传统的刀耕火种方式显然是太慢了。自 1995 年或 1996 年以来,苏门答腊岛和加里曼丹的许多大

---

① "无为而无不为"在通行本中出现两次(第三十七、四十八章),在竹简本中出现一次。帛书本中没有这个句子,但从帛书残破的情况和相关段落来看,这句话可能出现于第四十八章。读过我初稿的读者认为这句话应译做"The Dao constantly does not act (do), but there is nothing it does not do",以便与"为"保持一致。尽管这种译法也是可以接受的,但它的哲学意义却不十分清楚。我认为"无为"是行为的原则,"无不为"是理想的结果。这两个汉语词汇不必译成同一个英文单词。

农场和林场都因此而变成了稻田。

人们无权指责印尼政府大规模迅速发展本国经济的雄心。许多发展中国家都急于赶上西方发达国家。今天，为了阻止悲剧的发生，在面对全球化发展的挑战和压力下，老子无为的智能也许可以帮助我们多一分耐心和信心，使我们在积极、亢奋的状态中仍能保持冷静、从容和自信。

无为何以是重要的？理论与应用

无为在老子思想体系中为何是重要的？老子为什么主张无为？无为与老子哲学的其他部分关系如何？老子的这些论证对今天环境问题的探讨有何启示？为了回答这些问题，我们要分别讨论无为与道、自然以及辩证法之间的关系。

道：无为的准形而上学模式

道是老子哲学的最高概念已是共识。作为宇宙的总根源和总根据，道在某种程度上相当于西方哲学的形而上学或宇宙论、本体论的概念。不同的是，在中国哲学中，没有形而上和形而下、目的论和价值论、描述和说明的截然区分。道贯穿了宇宙、社会和人生，它既是超越的，又是内在于万物的。所以我们说，道是人类行为的根据和终极关怀的对象。道类似于上帝，但区别在于道本身是无意志、无情感、无目的的。

在通行本中，老子说“道常无为而无不为”[①]，在帛书本中此句作“道恒无名”，在竹简本中作“道恒亡为也”。虽然表述不同，但都揭示了无为的原则与道的密切关系。正如前文所说，无为其实是一系列否定式概念的集合，无名本是无为的题中应有之义。显然，无为是道的重要特征，而道是无为的类似于形而上的基础，因此实践无为的同时也就是贯彻道的精神。

除了字面上所表述的道与无为之间的关系外，人们以道为依据实行无为还有更深层的含义。道视之不见，听之不闻，搏之不得。换言之，道

① 《道德经》，第三十七章。

是超越人类的一切感知能力的。西方的哲学家和神学家就形而上的问题建立了许多特定的理论和假说，如范型(form)、理念(idea)、上帝。而老子仅仅提出了类似于宇宙总根源和总根据的这样一个模糊的概念。老子的态度和理论是理性的：宇宙万物之间存在着某种显而易见的一致性，必然有某种基础和缘由支撑这种一致性。但我们不可能确切地知道它究竟是什么，如何存在，如何运作。道正是用于指代这个我们不可能完全把握的终极之物。所以"道"这个术语内在地隐含着人类理解力和知识的局限。终极的真理"道"超越了人的认知能力，[①]所以人类对自己那些能影响环境的行为必须谨慎。

道与上帝、与科学精神之间有着根本的不同。人类是上帝的创造物，人类知道上帝的意图，并被赋予了管理宇宙的权利。另外，他们自信科学技术可以无限地开发利用周围的自然界。然而作为万物总根据的"道"，却反复强调宇宙、自然界及人类自身永远无法探明的神秘性。道永远代表我们对周围世界未知的终极原因，道暗示着人类认知的局限性。人类只是宇宙万物的一部分，人类不应该，也不可以不计后果地为所欲为。以无为的原则谨慎行事是十分重要而且有益的。

今天，我们所面临的大多数生态问题，如污染、资源匮乏以及环境恶化等，都是始料未及的。我们所做的每一件事都可能产生意外的后果，我们不能自傲。在印尼森林大火这个实例中，印尼政府的疏漏之一便是没有预见到大火对气候和厄尔尼诺现象的影响。印尼常常处于强热气流的中心带，上升的热气流运动形成的雨云，有助于降雨控制大火。但是，当出现厄尔尼诺现象时，穿过赤道太平洋的风和海流会出现逆转，打乱了常规模式，而 1997 年的厄尔尼诺现象又是 20 世纪最强烈的一次。从 5 月到 9 月，滴雨未降，从 10 月到下年 3 月的雨季，降雨量又大大少于往年。人们希望利用延长的旱季放火开荒，而干旱加剧了火势。所有这些都是政府未能预见到的。虽没人策划这场灾难，但它确实源自人类自己的行为，人类应该对此负责并受到谴责。

在爱斯基摩人的案例中，当海豹皮禁售令的严重后果逐渐显现的时

---

① 人类通过超验经历也许可以达到道，但那需要特殊的自我修炼。

候，绿色和平组织人员毕卡维（Alan Pickaver）曾对这些爱斯基摩人说："你们有权批评我们，甚至生我们的气，但这场运动对你们的冲击却不是我们有意所为。"我们相信他说这些话是真诚的。然而正是我们无意的行为造成了太多太多的环境灾难和人类悲剧。我们不应该只是满足于良好的愿望并以之为我们的过失找借口。我们应从中吸取教训，而我们最好从道家那里吸取点智慧：在我们采取行动时，在环保运动中，应更为谨慎。正确的目的和善良的愿望并不总是产生好的结果。所以，无为的精神是一个有价值的指南。

辩证法：无为的经验基础

"无为而无不为"的观点表达了老子的辩证法思想。在中国哲学中，辩证法思想相当丰富。毋庸讳言，中国哲学的辩证法传统与黑格尔或其他西方理论没有任何关系，它主要讨论对立双方的统一和转化。老子是中国历史上最重要的辩证法思想家之一。中国传统辩证法与马克思的理论也十分不同，它不像列宁和毛泽东那样强调斗争的重要性和不可避免性。

老子的辩证法理论可以通过有无、悲喜等对立双方的关系来总结。我们这里简要地讨论两种模式。首先，是对立面双方之间的相互依存。例如"祸兮福之所倚，福兮祸之所伏"[①]。第二章中有更多类似的例子：

> 天下皆知美之为美，斯恶矣；皆知善之为善，斯不善矣。
> 故有无相生，难易相成……前后相随。[②]

老子在这里表达了美丑、善恶、难易、前后等关系中对立双方的相互依存性，我们不可能取其一方而舍弃另一方。所以，可以想见，从长远与整体

---

① 《道德经》，第五十八章；《中国哲学资料》，陈荣捷译，第167页。在本文中，关于《老子》的翻译选自陈荣捷翻译的《中国哲学资料》；刘殿爵翻译的《老子道德经》；韩禄伯的《老子德道经》；拉法格的《道与方法：研究〈道德经〉的合理取经》（*Tao and Method*：*A Reasoned Approach to the Tao Te Ching*，Albany：State University of New York Press，1994）；另外还有我本人对文本的理解。

② 《道德经》，第二章。

来看，我们行为的负面效应也同样是不可避免的。

第二个模式是对立面之间的相互转化，如“正复为奇，善复为妖”[①]，还有“曲则全，枉则直，洼则盈，敝则新，少则得，多则惑”[②]。老子又说：

> 不自见，故明；不自是，故彰；不自伐，故有功；不自矜，故长。[③]

事物在变化并常常互相转化，所以“谦受益，满招损”。正反面常常颠倒位置，祸可以转福，福可以转祸，正如“塞翁失马”[④]的故事所揭示的那样。人类生活和自然世界中也常常有事与愿违的时候。今天，经济高速发展带来环境的恶化也给我们提供了典型的事例。

事情往往会出乎预料或事与愿违，这也从另一方面论证了无为的合理性。印尼森林大火就是这样一个始料未及、并演化为一场灾难的例子。

1995 年，苏哈托宣布，政府计划将加里曼丹中部一百万公顷的泥炭森林平为稻田。泥炭是有机土，含有 50% 以上的易燃腐质物，砍伐并弄干后可用做燃料。在加里曼丹森林地面下的泥炭已有一万年的历史，远至最后一个冰川季末期，有些地方更是深达二十米。大火引燃了这些大量积存的泥炭，就变成了地下火，长年不熄，熏烧不止，无法扑灭，其产生的烟雾又大大超过一般的森林大火或石油大火。这也是 1997 年的大火演变成国际性烟雾灾难的原因。事实上，这场大火比人所皆知的 1991 年科威特油井起火造成的烟雾严重得多，只是没有引起西方新闻界的足够关注罢了。大火之后，加里曼丹中部的泥炭森林被烧毁，变成了黑色。更让人担心的是，火还在闷烧，不可能扑灭。没人预料到或警惕其后果，因为这并不出于人们的初衷。但我们不能将此作为这场灾难的理由或解决的办法。

同样，在爱斯基摩人的案例中，保护动物和生态平衡的意愿却导致了爱斯基摩人原有的基本生活方式遭受破坏的不幸遭遇。我们应该从中吸

① 《道德经》，第五十八章；陈荣捷翻译的《中国哲学资料》，第 167 页。

② 《道德经》，第二十二章；同上书，第 79 页。

③ 《道德经》，第二十二章；同上书，第 151 页。

④ 《淮南子》，第 18 卷。

取教训,生态平衡作为一个整体涉及许多方面,我们不能只取一面,不及通盘,而且,我们也要考虑不可预期的正反互转的可能性,以避免与愿望相反的结局出现。所以,我们应该更为谨慎,将出人预料的愿望与结果的转化考虑进去。

自然:无为原则的目标

无为的概念在老子哲学中的重要性,在于它是实现自然这一中心价值的基本手段。老子在第二十五章中讲到:

> 人法地,地法天,天法道,道法自然。①

在这里,人的地位是值得探究的。传统的道家和儒家都认为人应尊敬天地自然之化,人定胜天的理论并不是中国传统思想的主流。事实上,在古代中国,天、地及自然现象常常被作为人类生活、道德和政治理论的形而上学基础,是人事之根据。这与怀特所批评的西方基督教以人为大自然的主宰的主流传统是截然不同的。②

上述引文的重心在最后一句:道法自然。自然作为老子哲学核心价值的重要性在这里体现得最充分。人、地、天、道都效法自然。所谓效法只是一种拟人的说法,因为老子不认为地、天、道都有意志和目的。全段强调的重点其实是人类应该效法自然的秩序。在这里,自然指的是人类社会与整个宇宙自然和谐的原则和状态。

与强权和失序相比,自然和谐显得尤为可贵。人类天性更倾向于自然的或强制的秩序。很少有人喜欢混乱状态。但是,自然唯有通过实践无为的原则才能实现,而无为则在自然的价值中彰显其意义。老子在第六十四章中讲到:

> 为者败之,执者失之。是以圣人无为,故无败;无执,故无失……

① 韩禄伯:《老子德道经》,第 77 页。
② 怀特:《生态危机的历史根源》,第 1203—1207 页。

是以圣人欲不欲，不贵难得之货，

学不学，复众人之所过，

以辅万物之自然，而不敢为。①

这里，前半部分揭示了无为的一个效果，就是避免为而败，执而失；后半部分则指出了无为的一般形式，即“为不为”，例如圣人“欲不欲”、“学不学”、“不贵难得之货”、“不敢为”等；最后一句指出了无为的积极目的，即维系天下万物的自然而然的状态，也就是宇宙万物之间和谐共处的关系。这就是老子理想中的自然的本质。对现代人而言，这显然也是一种理想的生态环境。

无为引领我们进入自然的和谐，而激烈的大规模的行为却常常破坏这种自然的和谐。在印尼大火的个案中，土著人世世代代以传统的刀耕火种为生，与森林和谐共处。在当地森林科学家看来，燃烧是一种合法的土地管理措施。大火烧掉土里的残渣，延缓了杂草的生长，减少了病虫害，增加了土壤的肥力，疏松了泥土以便于耕作。燃烧没有引发环境问题，因为这些操作不是同时在大范围内进行，各个地区是轮流的。当人们再回到原地时，当地的森林已经得到了恢复。然而，从 20 世纪 50—80 年代，在政府的大规模“集团移民计划”指导下，有七十三万户家庭迁入热带雨林。除了这种人为的人口增长外，新移民对森林生态，对刀耕火种知之甚少，但是为了生存，为了利益，他们毫无顾忌地砍烧森林，营造农地。传统的耕植者烧掉一公顷森林即可维生，现代的农场主则需要烧掉一千公顷。所以，从移民计划实行以来，森林就以每年二十五万公顷的速度锐减。②

在爱斯基摩人的个案中，猎豹者猎杀海豹只是为了基本生存，而并非为了牟取暴利或炫耀浪费，这大体上是一种自然和谐的状态，是绿色和平组织的宣传鼓吹破坏了这一状态，虽然他们的初衷是无可非议的。这个教训告诉我们，即使在环境保护运动中，如果运动以反对自然与无为的方

① 陈荣捷翻译的《中国哲学资料》，170 页。

② 郭艳春：《燃烧的地平线》。

式推行，其本身也会破坏自然的和谐并导致人与环境之间的另一种不平衡。在这个意义上，无为作为治愈和保护策略都是重要的。

如何应用无为？手段与效果

对于道家圣人而言，无为是一种自然而然的实践和生活方式。真正的道家应该无须自我约束就能实践无为的原则。但如果我们今天要在现代社会提倡无为来推动环境保护和改善，情形就有所不同。对一般人而言，实行无为则意味着对其行为的必要的制约。在这个意义上，无为可以解释为行为的自我约束。一方面是对外在行为的制约，保留个体独立性和主体意识，另一方面是对内在行为的制约，调节和控制那些能引起不自然的冲突行为的自私念头和情绪。自我节制，尤其是内在节制，对常人实践无为是十分关键的。需要指出的是，无为所要求的制约并不是不求进取、消极被动的态度，实际上，无为所要求的制约是为了达到一般的行为原则和方式所不能达到的更高的目标。

无为：对外在行为的制约

大多数对无为的讨论涉及的是其外在方面，如竞争和战争。在《老子》里，外在无为常被表述为“不争”、“不先”。第六十八章写道：

> 故善为士者不武，善战者不怒，善胜敌者弗尔，善用人者为之下。是谓不争之德，是谓用人之力，是谓配天，古之极也。①

所有这些“不武”、“不怒”、“弗与”、“为之下”都是无为的外在表现。无为绝不是不做事，而是外在约束。它可应用于一切方面，包括战争。其内在精神就是“不争之德”，是配天之道。老子的“三宝”也充分体现了这一点。第六十七章讲到：

---

① 刘殿爵翻译的《老子道德经》，第130页。

我有三宝，持而保之。一曰慈，二曰俭，三曰不敢为天下先。①

在英文中，“慈”被译成“deep love”（深爱）、“compassion”（同情）、“gentleness”（温和）、“motherly love”（母爱）、“commiseration”（怜悯）、“pity”和“love”（爱）。② 在某种程度上，这些翻译都是正确的，“慈”的基本含义是“爱”，但慈比爱更深切、温厚、广大，接近于马斯洛（A. H. Maslow）的“道家式的客观性”（Taoist objectivity），即主张人们以赤诚坦白之心待人待己，对于深爱之人不要强求，因为深爱而顺其自然，这也是符合无为原则的。③ 第二宝是“俭”，“俭”与“啬”同义，要求俭以治人，俭以治身。这也符合无为的原则。第三宝是“不敢为天下先”，意指“不争先”或“虽先而不自居于先”，简言之，就是不争，不主动妄求，不侵略。

确实，遵照道家圣人的模式，如果少一些竞争，人们便会少受一些灾难，环境也会爱护得更好。在印尼个案中，政府希望在经济上尽快赶上西方发达国家，这个目标本身并没有错。然而，问题是越来越多的发展中国家参与到这场被称为“现代化”的全球竞争中，他们已经没有耐心去渐进、全面、自然地发展经济了，结果也导致了亚洲的自然环境日益恶化，自然资源迅速减少。

在爱斯基摩人的个案中，绿色和平组织试图比其他环保组织表现得更好而引人关注，结果它确实在动物保护领域拔了头筹，却忘记了动物保护的更高层的目的，即人与大自然的和谐。可见，在竞争的氛围而不是在自然环境中，人们往往更容易变得盲目、片面和目光短浅。

无为：对内在行为的制约

除了对外在行为的约束，无为也要求对内在活动进行约束，如欲望、

① 陈荣捷翻译的《中国哲学资料》，第171页。

② 这些英文翻译来自刘殿爵翻译的《老子道德经》；韩禄伯的《老子德道经》；拉法格的《道与方法：研究〈道德经〉的合理取经》；陈张婉莘（Ellen Chen）的 *The Tao Te Ching: A New Translation with Commentary*（New York: Paragon House, 1989）；陈荣捷翻译的《中国哲学资料》；阿瑟·韦利的 *The Way and Its Power*（New York: Grove Press, 1958）；Lin Yutang 的 *The Wisdom of Laotse*（Taiwan: Confucius Publishing Co., 1994）。

③ 马斯洛：*The Farther Reaches of Human Nature*，New York: Penguin Arkana, 1993，第17页。

虚荣心、野心等。老子反复提到圣人的超然恬淡。这里我们仅以有关圣人行为的一段为例：

> 是以圣人处无为之事，行不言之教。
> 万物作焉而不辞，生而不有，为而不恃，功成而弗居。
> 夫唯弗居，是以不去。①

尽管他保障万物的繁荣，但圣人的无为是不恃、不有、不居功。而且因为他不争，所以天下也就无人能与之争。在现实中，成功之时出现许多冲突，因为一些人认为比别人有更大的功劳。而实行无为之人则不有不恃，无欲无求。许多灾难，包括环境危机，都是和人的欲望密切相关的，所以老子说：

> 祸莫大于不知足，咎莫大于欲得。
> 故知足之足，常足矣。②

正常的情形下，有欲望是自然合理的，也不会引起麻烦。但是如果欲望过分发展和膨胀，则会感到不满足。不满足的心态不加控制，那就有可能酿成大祸。

在印尼的个案中，众多农场主不断烧火，无所顾忌，甚至置总统禁令于不顾，正是利益使然。对财富和成功的私欲是烧火者不能自我节制的主要原因。在前工业社会，人们对衣食需求不高，物质财富的积累也很有限。然而，在现代金融体系中，财富以账户数字的形式出现，可以迅速累积和无限膨胀，刺激了人们无限的欲望。在爱斯基摩人的个案中，对于绿色和平组织来说，成功意味着更多的捐款，而这似乎远比人与自然间的平衡更为重要，于是，保护环境的目的蜕变成为实现欲望的手段。

---

① 《道德经》，第二章；陈荣捷翻译的《中国哲学资料》，第 140 页。
② 《道德经》，第四十六章；刘殿爵翻译的《老子道德经》。

无为:最恰当的行为方式

通过上文的分析,我们不难看出,作为外在和内在节制的无为意味着更好的效果,而不仅仅是简单地否定一切行动。尽管无为的字面形式是否定的,而实际上却意味着更高水平的积极的追求。它的真精神是追求恰当的行为和最好的效果。毋庸讳言,恰当和高效的标准需要特殊的条件和情景,没有固定的模式或神奇的公式。

一般的作为只是作为,并没有什么特别的含义,但无为式的作为与一般的行为不同。在"无为而无不为"这句名言中,可以看出无为是实现至高至美境界的手段。老子在第四十八章中写道:

> 无为而无不为,取天下常以无事,及其有事,不足以取天下。[①]

老子深信,实现一个目标时,无为之为高于常规之为。对一般人而言,不用武力而战胜一个邦国是匪夷所思的,然而在春秋时期的史实中却不乏其例:某些国不动一兵一卒而得到其他国或邑,因为对方内部自愿投诚或不攻自败。[②] 显然,以无事取天下才是最佳途径,虽然这很不容易。在老子看来,以武力征服天下是不可取的,即使战胜了,也要"以丧礼处之",因为很多人会死于战争。[③] 无为看起来似乎是消极的制约,实际上是更高的追求。老子又说:

> 大国者下流,天下之交,天下之牝。牝常以静胜牡,以静为下。故大国以下小国,则取小国。

"下"、"静"、"牝",所有这些都与世俗的价值观念相反,而与无为原则一致。老子相信这些看似负面的特征胜过正面的进取,能达到常人所难以

① 拉法格:《道与方法:研究〈道德经〉的合理取经》,第398页。

② 刘笑敢:《老子——年代新考与思想新诠》,第133—134页,以及《〈老子〉"以无事'取'天下考》。

③ 《道德经》,第三十一章。

想象的效果，结果是“无不为”。所以，无为的方法更好，效果也更好。大国以谦卑的方式胜过小国，这难道不比武力征服更好吗？牝以静胜牡，这不比打闹和争斗更好吗？

常人在比较事物正反两面的时候，往往是肤浅而短视的，所以只能想到石头比水要硬。殊不知，天长日久，却能水滴石穿。同样，空气和风是天下至柔之物，然而却能无坚不摧。作为一种对付困难的特殊方式，无为更有效，而代价更小，所以比一般的行为更好。

实际上，无为追求的是一种近乎完美的境界。以现代的语言来说，无为意味着以最少的投入来换取最大的成果。在老子所描述的理想社会中，百姓安居乐业，最圣明的君主实行无为之治，百姓仅仅知道他的存在，而不必理会他的存在，更不必歌颂他的功德。[①] 道家圣人的职责只是“辅万物之自然”[②]。这并非乌托邦式的空想，而是付出更少、收获更多、成效更大的理想原则。

即使最高理想不能实现，从消极的或最低的效果来说，无为的原则也有助于防止失败或走向反面。无为至少可以避免无可补救的错误和损失。人非圣贤，孰能无过？一个人越是举足轻重，越有可能犯严重错误，无为的智慧对决策者尤为重要。所以，老子将圣人作为无为的行为主体。由此可得出的一个简单的推论是：身居高位、拥有实权者更需要周密考虑、谨慎决策。不幸的是，现实往往正好相反：决策者常常自视高明，好大喜功，以致带来人为的灾难。苏哈托希望到2000年将油棕树种植面积翻番，达到五百五十万公顷，结果是烧毁了与威尔士面积一样大的一片热带雨林。在爱斯基摩人的案例中，也只有有权势的人物才可以调动国会议员、政治家、演员，才可以给欧洲议会施加压力。

一般说来，人类的错误可以分为两大类：一类是努力不够引起的，另一类是过分的行为造成的。前者是容易补救的，因为至少没有浪费资源，而后者则是难以补救的，像印尼大火以及爱斯基摩人的遭遇，其后果之严重，其补救之困难是不可想象的。因此，无为不仅是追求理想境界的原

① 《道德经》，第十七章。
② 《道德经》，第六十四章。

则，也是避免人为灾难的有效途径。

总之，如果我们理解无为的精义，将其智慧用来解决现代问题，无为就会有利于摆脱生态困境、实现生态平衡。

（钟宏志、陈霞　译）

本编讨论：早期道家经典对环境伦理有什么意义？

古德曼　苗建时
(Russell B. Goodman，James Miller)

第二、三编的焦点是道教经典和文化传统中的生态理论和实践。在第四编我们转到这个领域：古典道家哲学过去被公认为与生态关系紧密。但有这样一个棘手的阐释学问题：我们如何从古代道家哲学中推导出环境伦理？本编的所有文章都特别认真地对待了这个阐释学问题，它们选择回答问题的方式属于两个范畴。郝大维和安乐哲采用了哲学重建来解释古代经典的意义。他们声称，我们对环境的恶劣态度本身是西方哲学更大危机的一种症状，这种危机防碍我们正确地理解这些经典。郝大维的论点是，研究道家哲学包括更加认可"顺延"(deference)而不是"指涉"(reference)的价值。哲学上的这种转向对环境伦理的意义是显而易见的。

另一方面，刘笑敢、柯克兰和拉菲尔丝采用了另外一种思维方式，他们考虑的是从这些古代经典中能推出什么样的伦理原则，以便与当代社会关联起来。由于我们不能确知庄子对濒危仙鹤的态度，对以上的投机性目的，拉菲尔丝提出的怀疑是有道理的。本章的简短回应不指望实现更高的目标，我们只想提炼道家经典中的某些观点，以有助于形成环境伦理。

古典道家和美国哲学中的美学与多元主义

郝大维[①]认为道家的特点是对自然界的美学性理解。这是对的，但应

① 本编讨论最初是古德曼写来回应郝大维"道教与生态"会议上宣读的论文。

该注意:从一开始,"美学的"就是一个西方范畴,而不是中国的,更不能说是道家的。欧洲的美学概念起源于康德的《判断力批判》。康德写道:

> 我所了解的审美观念就是想象力里的那一表象,它生起许多思想,而没有任何一特定的思想,即一个概念能和它相切合,因此没有言语能够完全企及它。[①][②]

郝大维的"从美学角度看"世界在某个意义上是"非连贯的"这一观点,以及他对"模糊隐喻"的探究,即来源于这一段。在这一点上,引入爱默生(Emerson)的《诗人》("The Poet")是有意义的,它在发展美学理论中起过重要作用,对郝大维的中心主题"顺延"也产生了影响。关于前者,爱默生陷入了康德所赞赏的浪漫传统,强调想象、重建和过程。对于爱默生来说,基本的价值是由比喻提供的活泼的灵魂、刺激、可能性,这比固定的阐释更有价值。爱默生的《诗人》允许并参与了对解释的想象性转化。他所谓的"神秘的"注视只聚焦于一个对象——"有质量的想象",他写道:

> 是流动,而非凝固……诗人和神秘主义者的区别在于后者将象征固定在一种感觉上,在某个瞬间它是真实的,很快就变得陈旧而虚伪。因为所有的象征都是不固定的,所有的语言都只作为媒介和用于传输,是像船和马那样的运载工具,而不是作为家园的农场和房舍。[③]

一个典型的美国人,而不是某个不典型的道家,思考生活中基本的比喻,包括我们的语言之间的转换和变化。庄子能够理解爱默生的观点,即"瞬间的真意识"很快会"变得陈旧而虚伪"。

关于顺延,可以想到爱默生在《诗人》中的陈述。他说一首诗是"充满

---

① 康德:《判断力批判》(*Critique of Judgment*, trans. J. H. Bernard, New York: Hafner, 1968),第157页。

② 此段译文来自韦卓民译《判断力批判》,商务印书馆,1964年,第81页。——译者

③ 《爱默生选集》(*The Collected Works of Ralph Waldo Emerson*, ed. Robert Spiller et. al., Cambridge, Mass.: Harvard University Press, 1971—),第三卷,第20页。

激情的、活生生的思想，就像植物和动物的精神”，它有着自己的结构，为自然装点着新的东西”。[1] 爱默生在诗歌中发现的“诗歌本身的结构”，类似于安乐哲在道家自然观中发现的顺延。个人可以推迟认识到某样东西的“此性”(thisness)、“本性”(suchness)或“个性”(individuality)，也可以更积极地把个人委托给它，如激流中的船只。关于这种更主动的顺延形式，爱默生的术语是“放弃”(abandonment)，他的意思是指某种与道家顺延自然、放弃控制事物的愿望相同的观念。爱默生写道：

> 这是每个有知识的人很快就会知道的秘密，即在他拥有和意识到的智慧能量之外，通过顺应事物的自然性，他有能力获得新的能量。即是说，除了作为一个独立个体的能力，还有一个更大的、他可以依赖的公共能力……诗人知道他表达得很充分，只有当他表达得很随意时，或者“思绪万千”时——这时不是像使用器官一样使用智慧，而是使用摆脱了所有功能的智慧——痛苦地偏离了它飘然的生活……正如一位迷路的旅行者，把缰绳扔到马脖子上，相信动物的本能可以找到归路，如此我们才必须相信那带领我们穿越世界的神圣动物。[2]

人们不能不想到庄子，例如他讲的列子御风而行。人们也不能不考虑到想象的哲学史，或者说想象哲学的历史，在那里爱默生读到了《道德经》和《庄子》，正如他读到《孟子》、《梨俱吠陀》、《印度史诗》一样。[3]

当想到连贯和不连贯之间的对立时，会出现另外一个美国哲学传统和古典道家哲学之间想象的交流。杜威在《经验与自然》(*Experience and Nature*)中写道：

---

① 《爱默生选集》，同上书，第 6 页。

② 同上书，第 15 页。

③ 关于爱默生对印度思想的兴趣，参见古德曼：《19 世纪美国的东西哲学——爱默生与印度教》(“East-West Philosophy in Nineteenth Century America: Emerson and Hinduism”)，*Journal of the History of Ideas* 51, no. 4, 1990，第 625—645 页。

> 在我们生活的世界里，有着感人的、无法拒绝的各种自成一体、完美自足、秩序井然之物的混合，自然界的循环往复使得预测和控制成为可能。而单一、模糊、不确定的可能性，又使得接下去的过程走向一个不确定性的未来。①

按安乐哲的话说，世界是连贯和非连贯的混合体。詹姆斯（William James）说它是断裂的，没有一个角度或"采取"一种世界观足以理解其完整性。在真实的意义上，它不形成全体。我认为庄子对此也有话要说："物无非彼，物无非是。自彼则不见，自知则知之。故曰彼出于是，是亦因彼。彼是方生之说也。"②但对庄子来说，圣人能达到"彼是莫得其偶，谓之道枢"的境界。

这是一种什么样的状态呢？怎样才是恰当地顺延了世上的"彼"和"此"呢？作为对这个讨论的贡献，我最后要再一次回到美国传统，这是詹姆斯论文《论人类的一些盲点》中的一件逸事：

> 他来到漂亮而清新的森林里那片人工开辟出的空地上，他惊恐于森林生活的破坏。他对主人，那位原始森林的破坏者说道：我一下子就感到我正在失去这里整个的内在重要性。因为对我来说，这片空地述说着裸露而不是空，对造成这一切的那些健壮的臂膀和驯服的斧头来说，它们讲不出其他的故事。但是，当它们看见这些吓人的树桩，它们想到的是个人的胜利。这些碎片、树木、裂开的木板告诉我们辛勤的汗水、艰苦的劳作和最后的收获。……我对它们特殊的环境一无所知，正如它们对我在剑桥那奇怪的象牙塔内的学术生活一无所知一样。③

---

① 引自 John J. McDermott：《杜威的哲学》（*The Philosophy of John Dewey*, Chicago: University of Chicago Press, 1981），第 282 页。

② 《庄子：基本文献》（*Chuang Tzu: Basic Writings*, trans. Burton Watson, New York: Columbia University Press, 1964），第 34—35 页。

③ 詹姆斯：《生活的理想》（*Some of Life's Ideals*, New York: Henry Holt, 1900），第 8—9 页。

这个有趣而深刻的故事可以被称做宽容的难题：在什么程度上我们能容忍那些其自身对幸福的追求限制了我们自己的机会的人？我们能顺从所有的人吗？道家的多元主义兼容了最敏锐的对自然界的回应。想想庄子的庖丁，能够发现他面前每个不同动物关节间的空隙，自然的观察资料分散在他汪洋恣肆、桀骜不逊的言辞中："鷦鹩巢于深林，不过一枝；偃鼠饮河，不过满腹"[1]。没有完全的连贯，只有特殊个体的多样性、准确的连贯性。

安乐哲提出了基于《道德经》的对这种个体多样性、个体连贯性（道）的解释。在这个意义上，它意味着参与者有统一性、单义性，世界不是先验的、独立的宇宙：没有这样一个宇宙，所有物质都倾向于连贯的目的论意义上的目标。但世界的多样秩序回归于道，正如道生成万物。道家哲学可以承诺一种基于关心、顺应、本土的环境伦理，但它同时基于相互影响的生态圈的多样性（道），它们一起构成了我们正在展开的多重诗篇。

顺延的伦理意义

刘笑敢、柯克兰和拉菲尔丝想形容顺延伦理究竟是什么样子。刘笑敢注意到人类有两个错误：一是努力不够，另一个是做过了头。"努力不够"很难阻止，容易调整。"做过头了"很难调整，容易防止。很清楚，现代科学和技术的偏见是试图解决调整的问题，而不是防止问题。尽管艾滋病容易防止，难以管理，我们却花费了上亿的美金寻求治疗方法而不注重预防。尽管全球生态危机基本上是人多地少的问题，上亿的资金却花在遗传工程、转基因食品上，我们力图增加产量，而不是致力于减少人口。这两种政策的直接后果是每年上百万的儿童死亡。对所有这些问题的"顺延"性回答是避孕套。

柯克兰在他对《庄子》有关"顺延"的解释中提到，没有对他人和世界尽责的道德行为不是有害的。任何有意的行为都干扰了事物良性的自然转化。这种转化包括死亡。一位老年女性的死亡和因艾滋病与饥饿而非

① 《庄子·外物》。

自然死亡的儿童没有区别。当我们用高速公路和小镇覆盖地球时，我们能说物种的自然灭绝是自然的，而不是植物和动物的非自然灭绝吗？

道家警告我们停止干预，顺延自然的道路，即使我们过人类的生活。他们也提议使用迷人的非侵略性的力量形式，如拉菲尔丝称之为自我修身的圣人"在一定距离之外行动"(action at a distance)。

结语

这些建议有可行性吗？有顺延的可能吗？难道应该拒绝行动而实践自我修身吗？很清楚，足以解决上述问题的任何环境伦理，在某种意义上，都必须超出任何人的想象。正如爱因斯坦所说："我们不能用我们制造问题的思维去解决这些问题。"导致全球环境问题的不是小小的过失，而是我们刚意识到的根本的错误。没人希望道家哲学著作提供具体的答案，它们的作者没有面对这些问题，就像学者的任务不是去参照《易经》来决定他们什么时候出售股票一样。这些论文有助于通过顺延早期道家哲学那不谐和的音调来转化环境伦理，而不是实施一个轻而易举的连贯性的和简单的和谐计划。如此，他们示范了真正的、我们应该认真对待的道家生态伦理。

(陈霞　译)

当代道教对生态的关注

尊重环境与上清派的存想

苗建时

(James Miller)

引　言

这几次学术会议(这本集子则是其重要部分)孜孜以求的重要目标之一,就是让“世界宗教与生态学”成为宗教学术研究的新领域。要实现这一目标,学者们就得跨越宗教研究的界限去寻找研究这一领域的方法,进入策略性研究和实际运用等我们不熟悉的研究领域。而常见的方法就是将宗教传统看做汲取道德力量的知识宝库,它可以合理地修正我们的行为,拯救环境。例如,在这本集子里,刘笑敢所采取的实际的方式就使“无为”的伦理进入了环境保护领域。但是,在本文当中,我想指出,时代也许有错,但绝对可能,即公元4世纪的道教运动(上清派)所注重的精神修炼技术,将对回答“尊重环境到底意味着什么”这一问题作出重要贡献。通过说明这一点,我希望把它与当代全球的环境局面联系起来,重新回到并重新鉴别这一古代宗教传统最原初的见解。

上清派的精神力量植根于这样的观念:存思是由凡入圣(自我的终极转化)的关键。我想说的是,上清派在精神上由凡入圣的过程,很大程度上是学会把人的身体看做一个真正意义上的、完美的、充满宇宙生物能量的复杂网络,它有潜力使自身变得透明,并进入宇宙场或环境当中。问题在于如何才能通过存思达到这种境界。在本文中,我想首先检验在这一“学会看”(即存思)的过程中发生了什么,然后再讨论当代宗教“理论”中有关自我转化力量的学说。我这样做的主要目的是要指出“尊重环境”既可以被理解为精神性的美学的范畴，也可以被理解为现实的道德或政治。儒家学说通常从人伦的维度来涉及这些问题，但我认为上清派以其深刻的洞察力将“尊重”深入到了美学的维度。因此，本文的目的就是要找到一条微妙而明确的途径，弥合“道教”与“生态”之间在知识方面存在的鸿沟。

道 教

上清派发展了一系列复杂、深奥的精神修炼的技术，其目的是让那些道术高超的大德高道实现他们得道证真的宗教理想。实现这一目标，不是通过超越或否定现实世界，而是通过追求更深层次上的物我同一而获得长生。简单说来，实现这一目标的方法就是学会存思身神。而抽象的说法，则是通过存思使体内的主要能量场（energy networks，有时被误译为体内“器官”）与时空宇宙场和谐共存、与体现先天地而生的“道”（亦即回归于“无”的“大有”）的精神力量合一（参见《道德经》第二十五章）。通过学会感知身、神、道和信仰的力量之间的相互关系，道术高超的修炼者就能够在其信仰的框架内实实在在地实现自身的转化，真正地做到由凡入圣。事实上，准确地说，上清派的存思技术就是把存思（visualize）理解为实行。在汉语当中，“存”（在修炼这一语境中）的意思就是“当下”，就是“真实的、实际的”。

但是，对上清派的道士而言，要实现与时空宇宙场（以星座作为其象征）的和谐，并不存在某种立竿见影的方法，唯一的方式是通过诵读经文和佩符。实际上，道经本身就被看做是宇宙结构的显现。

> “经”由“道”而立，“道”因“经”而显。“道”为体，“经”为用。①

于是，由杨曦扶乩降神而来的上清派经典，被认为是由宇宙之初就业已存在的元气形成的，杨曦所书仅是其内容之物质部分而已。② 按照上述

---

① 《度人经》，《道藏》1，前言，4a；译自贺碧来：《道士的存思》（*Taoist Meditation*, Albany: State University of New York Press, 1990，第23页。

② 同上。

引文中所采用的中国哲学的专门术语,这种具体内容的阐释——即"道"("体")之"用"——表明,上清派的经文实际上被看做种种范式——宇宙结构就此逐渐形成。由此观之,宗教经典成了某种媒介。通过此媒介,在宇宙能量场(修炼者与道相同一的环境)中,道术高超的修炼者使自己超越凡俗,行游上清,与道合一。人、经文、天地被理解为彼此结合成一个可以体认、可以想象得到的完整统一体。为了更好地理解这一点,我将抄录《九真中经》的一些经文,并对此作出分析。

《九真中经》

《九真中经》经文的来历非常复杂。[1]《道藏》中有两部同名为"九真中经"的经典,很难说哪一部更可靠。[2] 经文包括了中央黄老君传和九真法,其后附有龙文符的使用方法,还有炼制外丹的方子。经文中有的篇章相同,有的则相异。[3] 虽然《真诰》——陶弘景(公元 5 世纪末)所编撰的《上清启示录》——并未提到过这本经,但这并不意味着它是一部伪经。贺碧来得出这样的结论:虽然她怀疑《上清太上九真中经降生神丹诀》(该经称其为第一代天师张道陵所授)中所载丹方的可靠性,但她认为经的相当大部分是可靠的《真诰》(《上清启示录》)的一部分。[4] 而就现在研究的目的而言,最重要的部分是《上清太上帝君九真中经》所载"九真法"所述之存思技术。

"九真法"所言之法,即是通过一系列精神性的存思,构建身体与宇宙环境之间系统化的相互关系。通过学会感知身体与赋予身体以生命的宇宙之间的基本联系,这些联系就会得到加强,宇宙能量(生命就浸润其中)

---

① 参见贺碧来:Introduction au *Kieou-tchen tchong-king*,《中国宗教研究会》研究报告之七,1979 秋,第 24—25 页;贺碧来:《上清启示录》,2 卷本,Paris: École Française d'Extrême-Orient,1984;Masayoshi Kobayashi,"Rikucho Dōkyo shi kenkyū", Tokyo: Sōbunsha, 1990。

② 两部经文即《上清太上帝君九真中经》(《道藏》1042)和《上清太上九真中经降生神丹诀》(《道藏》1043),很难说哪一部更可靠。参见贺碧来:《上清启示录》,第二卷,第 24 页。

③ 贺碧来已经重新整理了最初部分的大致顺序,还提供了在其他《道藏》经典和选集中出现此经文的目录。("Introduction", 43; Révélation, 2:73—74.)

④ 贺碧来:《上清启示录》,第二卷,第 82—83 页。

也会得到加强并纯化。这种联系的网络并非虚构，而是自然形成的：它把中医理论的一般原理、历法与特殊的宇宙论(《上清启示录》的内容)结合在一起。它并未涉及虚构的存在着各种力量冲突的宇宙结构。①

"九真法"主要是存思帝君、太一及五神，使其彼此融合为九位神真。一年当中的九个不同时刻各有一位神真出现。这九位神真围绕身体的特殊能量系统产生具有某种特殊颜色(共九层)的能量。于是，这一生理系统会在精神层面上被激发起来。紧接着这种能量就上升到达泥丸(头部顶端的"朱砂场")。这一存思的过程即是炼制内丹的过程。这在《上清启示录》中极为典型。普通的身体被转化为不朽之躯，不是通过摄取具有魔术性质的自然物质，②而是通过精神性的技术来实现的。它既是心智的(发生于人的内心)，又是肉体的(身体的转化)，也是修持的(以经文和符箓为基础)技术。在向内求仙的存思过程中，这三方面结合在一起共同发生作用。作为例子，我在此抄录一段译文，它描述了一年九次存思中的第一次。译文如下：

> 以正月本命日、甲子日、甲戌日平旦，帝君太一五神，一共混合，变为一大神，在心之内，号曰天精君，字飞升上英，貌如婴儿始生之状。是其日平旦，当入室，接手两膝上，闭气瞑目内视，存天精君坐在心中，号曰大神。使大神口出紫气郁然，以绕我心上外九重，气上冲泥丸，中内外如一。毕，因扣齿九通，咽液九过，祝曰：
>
> 天精大君，飞生上英，帝君内化，来见心中，身披朱衣，头巾丹冠，左佩龙书，右带虎文，和精三道，合神上元，五灵奉符，与帝同全③。口吐紫

---

① 这并不是说，《上清启示录》当中没有神话意识。事实上，启示的景象确实进入了上清派并彻底影响了灵宝派。Kobayashi将这一现象归结为佛教中"劫"的神话结构的出现。但是，在《上清启示录》的经文当中却没有任何证据。见《灵宝经·罪根品》，这是佛教与道教宇宙观融合的最佳例证。

② 参见本书中康儒伯的文章《服食异物：以葛洪为例看修行者与自然的关系》。

③ "同"字是围起来的一张嘴，说的是一个人与家庭中其他人交流共同的家所带给他/她的温暖和舒适。"全"字是屋顶之下的王，说的是团结在唯一的王的领导之下、具有凝聚力的民族稳定感。这两个字合在一起所传递的信息远远超出了英文"identical and whole"所表达的意义。这两个字指修炼者和神共享的若有若无的美与力。

华，养心凝神，赤藏自生，得为飞仙。

毕，夜半复行之，如上法。此是帝君五神，应时自然混变，为一大神耳。所谓触节顺生者矣，不得复待兆存念而成之也。①

存思的全部目的，就在于实现能量的流动。如果做到了与宇宙秩序的同步，这种能量的流动就可以实现。做好了肉体和精神上的适当准备，又与历法大致同步，道行高超的修炼者随时准备与神（即抽象的宇宙力量之象征）相遇。存神即是这一精神性超越发生的机制。通过想象（即存思）神的形象和与之相随的修炼者肉体的重生，真正的与道合一就发生了。而使这一超越有可能发生的条件，即是人的想象力所达之广度和深度——它能够吸引宇宙力，远非一般人的敏感性所能及。

存思的作用就是使修炼者主动地与身处其中的宇宙能量场协调一致。通过这种协调，产生一种特殊的交换。在这一交换中，"道"所固有的内在潜力（即一种宇宙力量）使人的存在形成新的秩序或发生改变。很明显，我们在有意无意地给古人对生态的极度敏感贴打上我们今天这个时代印记的标签，而我们在这样做的时候却没有顾及其年代的久远。精神的超越，靠的是洞悉某种与宇宙时空节奏密切联系的东西。其实，从某种意义上说，道教的"生态"宗教实践观念并没有什么特别之处。事实上，它只是一种感知或图解自然的传统。从"宗教与生态"的角度来看待这一传统特别有意思，因为它拥有这种思想：真人或精神超越的仙人被认为完全超越现实，投入到自然的怀抱之中。也就是说，一个人由于身体的变化与精神的超越成为了偶像，宇宙的完美与圆满便由此得以呈现。

理　论

现在我想从道教上清派的特殊语言暂时离开，去看一看当代的"理论

① 《道藏》1042。对"九真法"的翻译，参见苗建时：《宇宙力量的经济措施：宗教交换理论和上清道教与圣奥古斯丁基督教的比较》（"The Economy of Cosmic Power: A Theory of Religious Transaction and a Comparative Study of Shangqing Daoism and the Christianity of St. Augustine", Ph. D. diss., Boston University）。

的理论”——南乐山(Robert Neville)所呈现给我们的《规范化的文化》[1]一书。南乐山写作此书的主要任务，是阐释、比较各种“规范化的文化”或宗教理论传统的方法。要进行这种比较，他必须首先确定所谓好的“理论”究竟是什么。南乐山关于理论的理论之所以与目前的研究具有相关性，主要是因为它认为理论是一种“theoria”，或者说是一种将分散的事物综合起来考察的方法。具体说来，所谓理论，就是大纲的方法——综合性地对事物进行全景式的考察的方法。采用这种方法，我们可以将各种不同的现象集中起来，把它们作为一个整体从特定的视角加以考察和分析。[2]

在比较各种宗教时，有一个问题我不是特别关注，但却很有意义，即我们是否有可能全面地审视各种不同的宗教传统。这种全方位的视角要求我们尊重各种不同宗教独有的重要性、统一性和多样性。不过，我关注的却是另一个意义同样重大的问题：一种特定的宗教“理论”是否能够尊重现实的自然环境所独有的重要性、统一性和多样性。我们面临着灾难性的环境问题这一事实说明，当前的各种“理论”或我们认识环境的方式实际上并没有完全“尊重”自然或现实。按照南乐山的观点，对于上升为理论的东西，我们应当在尊重其多样性与重要性的同时，实现判断标准的统一。这才是南乐山的好理论的标准。在他看来，理论不仅是全面地考察事物的行为，也是对事物作出价值评判的道德行为。这是南乐山以思维价值论从总体上解决环境问题所必须担负的重任。理论“为我们阐释世界提供了新的线索”[3]。通过这些线索，我们才能够认清并适应这个社会。对社会的认识决定着我们寻求社会责任的方式。由此看来，在南乐山关于理论思维的理论中，个人的想象、对社会的认识以及社会责任全都交织在了一起。如果南乐山是正确的——我认为他确实是对的——那么，对于那些深切关注“尊重环境”的人而言，提出完全尊重自然的奇妙性与多样性的各种新“理论”或认识自然的新方法就尤为重要。

还原理论(无论是科学公式还是人类文化的宏大叙事)不必尊重研究对象价值的稀缺，只需要从理论自身出发去说明到底什么是最重要的，不

---

① 南乐山：《规范化的文化》(*Normative Cultares*, Albany: State University of New York Press, 1995)。

② 同上，第3页。

③ 同上，第33页。

必解释研究对象所牵涉的全部内容。正是这种对环境的尊重的缺乏，没有将环境看做一个整体，使人们产生了对环境的掠夺性的或殖民主义的态度。事实上，如果我们要真正理解环境，将环境看做一个整体的观念至关重要。

显而易见，要避免对环境的"不尊重"其实很难。适当尊重环境的统一性、多样性和重要性，不太可能源自阿基米得的利益论。可能出现的情况是，一种理论被提出、验证，再以某种形式表达出来，尔后在不断实验或理论化的过程中被再验证。这就要求将理论公开，并面临被修正的可能，要做到这一点很难。而在这方面宗教理论却没有能很好体现其研究轨迹的记录。或许，南乐山关于"理论的理论"最重要的一点，就是强调在理想状态下，理论就是一个具体的**过程**。因此，它不仅撕开了保守秘密的封条，正是这封条使理论不至于受到威胁随时被修正，而且它还将理论的形成与实施过程置于具体的现实环境之中。如果一种宗教传统宣称自己宣扬的是真理，那它就必须不断地改造自己。

可以说，一种理论的形成与实施，是一个完全有机的、生态的过程。说它是有机的，是由于它也有一个发展变化的生命过程，而且这个过程是可以叙述的；说它是生态的，则是由于它不仅有"主体"和"客体"，而且在同一整体中，它们是彼此联系的，其中的每一个部分都在不断地使自己适应其他部分。完美的理论是极其细致的，它尽可能不去歪曲作为其研究对象的现实。正是从这一事实出发，上清派的理论或其存思技术对当前有关宗教与生态的论争颇有裨益。

上清派

如果我们试图理解上清派作为一个宗教派别的动态结构，我们很快就会发现人的突出特点：人生来就有可能与宇宙场（道）——我们在此寻找自我——进行沟通（德）。虽然道经深奥难懂，但我们仍可以看出上清派追求精神超越的目标，就是发掘这种沟通的可能，其结果是身心与环境的彻底融合。根据南乐山关于"理论的理论"，实现精神的超越就意味着具体地体现完美的理论，实实在在地体道证道。上清派道士的目标不是在伦理道德的意义上尊重环境，而是要成为完全“尊重”环境的化身，也就是要达到行游上清的境界。正如南乐山“理论的理论”所言，这一过程开始于想象，又延伸到对环境的认识，再延伸到承担对环境的实际责任，达到人与环境的融合，这才是道教追求的最高境界。

如果从历史的角度尊重上清派的特殊性，上清派是可以对现代生态问题作出贡献的。上清派要坚持的正是其独特的精神成仙的宗教理想。与众多道派的宗教理想相一致，上清仙人轻松地在世上穿行（大隐于市），因为他们学会了精神性的存思，并以自己的身体去体现其内心深处宏大的宇宙环境。他们是一群实现了其行游上清的宗教理想的透明的人。

尊　重

上清派被理解为一种理论或宗教理想，这表明尊重环境应该首先从想象开始，而且尊重环境还应该包括人的全部存在。这一宗教理想体现的正是尊重环境的真谛——它既是宗教的，又是生理的——或许太陌生、太相悖，因而难以成为解决全球性政治问题的可行性方案。但是，它有可能激发一部分人的想象，这一点都不奇怪。假如他们全身的每一束纤维都彼此和谐，对周围的一切而言他都是透明的，那会是一幅怎样的景象？如果这篇文章所实现的目标仅此而已，那提出这个问题就顺理成章了：道教对生态问题可以作出什么样的贡献？问题的答案只能是个体生命的具体实际生存状态。

（岳齐琼　译）

中国道教协会全球生态宣言

张继禹

导 言

道教是中国固有的宗教，是在继承了中国先秦诸子百家学说，主要是道家学说的基础上发展形成的。它的历史非常悠久，从东汉顺帝(126—144年)时正式创立教团算起，至今已有近两千年的历史。道教的思想文化在漫长的历史发展过程中，一直是中华传统文化的主要支柱之一。它与中华传统文化浑然交融为一体，但又具有自己的风格与特色。犹如汪洋和大海，中国传统文化是浩瀚的大洋，道教文化则是这大洋中的一片辽阔的大海。道教在中华民族文化中有着深远和广泛的影响，它的许多思想和观念，经千百年的延续阐发，已经在中国人的思维方式、生活方式和行为方式上打下了深深的烙印。可以毫不夸张地说：在每一个中国人的意识或潜意识中，都不同程度地蕴涵着道教文化的因素。

正是道教这种深厚的文化根基及其深远的社会影响，才使它经历两千年的光阴流逝却一直绵绵弘传。道教至今仍然是中国的五大宗教之一，并在海外华人社会中保持和传承着，其宗教义理也早已超越了汉语的界限，对世界发挥着广泛的影响力。据我们近年初步统计，现在全国道教(未含台湾、香港和澳门地区)已经正式对外开放宫观庙宇一千余处，有常住修持于宫观庙宇的教职人员万余人，还成立了全国性的道教组织中国道教协会，此外还成立了省(市)县各级道教团体一百余个，并开办了中国道教自己培养青年教职人员的几所宗教院校，发行了许多专门用于道教宣传的书和刊物。广大教务人员积极献身于弘扬道教精神的庄严事业，联系各方信众，发扬道教优良传统，净化人心，福利民众。

道教也和世界各大宗教一样，在其宗教意识形态中有其系统完整的宇宙观、人生观、道德观和终极追求，但又因不同文化背景的影响，有其鲜明的特色。简而言之，主要可概括为以下两个方面：

尊道贵德

道教基本经典《道德经》说："道生之，德畜之，物形之，势成之。是以万物尊道而贵德。"①道是道教的最高信仰，道教徒毕生信道、奉道、修道、行道，一切以道为事；德同于道，是道的体现，所以崇德就是尊道。尊道贵德是道教精神的核心。道教之所以以"道"为最高信仰，并要求务道者以道为事，是因为"道"的伟大和完美。道，它生育无限宇宙，创造和谐世界，是万物生化的元气。道不可言有，也不可言无，但又无处不在，无时不有。它永恒内在于万化之中。道立形则为道祖太上老君，太上老君降临人间，教化世人。他告诉人们："长而不为，持而不有。"真正的道教徒应当具有道的性质：任万物自然生长，完全按照事物的本性去成就它，却不存一点私心邪念。道教教化的根本道理就是道的自然无为原则。在这个根本法则中，道还具有清静素朴、柔弱不争、虚怀若谷的精神，它的胸怀就像江海一样远大，纳百川而容藏万有，处低下而利育群类，慈俭而不为天下先。这种完美高尚的德性正是信仰道教者景仰、尊奉和不懈追求的理想精神境界。

仙道贵生

道教经典《度人经》说："仙道贵生，无量度人。"道教信仰神仙学说，向往不生不死、自由逍遥、最终使生命和精神与所崇仰的大道合一的神仙生

① 《道德经》，第五十五章。此段翻译引自陈荣捷的 *The Way of Lao Tzu*（Indianapolis: Bobbs-Merrill Company，1963），略有修改。

活。因此在现实生活中道教徒十分珍视生命,以生命为最宝贵,追求长生久视。道教教宗张道陵天师曾说:生是道的又一个体现,修道,就是要修生命之道。故吾仙道贵生,并以此为根本教义。在这一教义思想的指导下,历代诸多高道大德对修炼生命之道进行了不懈的探索和实验。他们的不懈追求的结果充分证明:我命由我不由天,全在自家之调摄。人完全可以通过自我修炼,达到心身健康,成就仙道的目的。

这种修炼包括心性品德修持和形体生命修炼两个方面。心性品德的修行就是要修成具有与道一样的情操和精神,通过修持磨炼自己的意志,摒弃一切功利私欲,并广做善事,积功累德,使自己的品德修养不断提高,精神不断升华,做一个具有高尚道德情操的人。道教认为修道必先修德,修德是修道的基础工程。生命的修炼则是在品德修持的基础上,在符合道的生命哲学和方法论的指导下,进行系统的养生修炼,使身中精气神三宝长盛不衰,由后天返还先天,乃至复归于婴儿。无数事实已经证明,道教生命修炼法不仅可以延长生命,还可以使青春长驻。当然,这种对于生命长驻的信仰追求,还需要优美和谐的自然环境作为重要的外在条件。

维护世界过程的自然本性

道教教祖老子在《道德经》中说:“人法地,地法天,天法道,道法自然。”又说:“知和曰常,知常曰明”;“知止不殆,知足不辱”。

随着世界生态危机日益加剧,越来越多的人认识到,环境保护的问题并不是孤立的由工业和技术发展所带来的问题,它还与某些世界观、价值观和知识体系有着深刻的联系。这些价值观体系和知识体系随着威力强大的现代工业和技术,传播到全世界,成为通行的思维方式。这些思维方式割裂了人与自然之间和谐共存的关系,过分夸大人类主观意志的作用,把自然看成是可以任其肆无忌惮地索取而无须回报的奴隶。这种哲学在给人类带来高度发展的生产力的同时,也带给人类无限膨胀的自我意识,这正是世界上如此严峻的生态危机的重要根源。在整个地球都随时可能面临毁灭考验的今天,我们不能不对这种世界观进行认真的检讨。

从我们的立场来看,古老的道教教义完全可以用来补救世界上现行价值观念的欠缺。道教认为，宇宙间天地万物、飞禽走兽、草木昆虫等等一切存在物都是由道气所化的，只是由于它们各自禀赋的道气清浊不同，才各成形性，构成了多样性的世界。人是道的中和之气所化生而成的，是万物中最有灵气、最有智慧的物类，是宇宙间的四大根本之一（四大即道、天、地、人）。作为宇宙间四大之一的人类，如何处理与天地万物的关系呢？教祖老子在《道德经》中提出了"道法自然"的基本原理，即人类要以地为法则，重视其安身立命的地球；地要以天为法则，尊重宇宙的变易；天以道为法则，遵循客观规律；道的法则就是维护世界生长变化的过程的自然本性，而从不用人为的强制方式去破坏这个过程的本来面貌。人面对自然所要做的就是"辅万物之自然而不敢为"。《黄帝阴符经》（成书于公元6世纪之前）写道："圣人知自然之道不可违，因而制之。"人的主观能动性只有在符合自然规律的条件下才能发挥出积极的作用。我们认为，必须在全人类的心灵深处培植起道性自然无为的信念，并身体力行，才能根本解决世界的生态危机，才能给人类带来永恒福祉。

道性自然无为是道祖太上老君给人类留下的宝训，"知和曰常"是道教在处理人与自然关系问题上的又一重要原则。《道德经》指出："知和曰常，知常曰明"，不知常，妄作凶。""知和曰常"就是要人们去用心认识世界万物相互联系、相互依存的统一性，维护它的和谐之美，这样人类才能长久弥存。道教认为，天地万物都含有阴阳两个方面的因素，有了阴阳的交合才产生了生命，也就是，只有和谐才会有生机，才能创造出一个可永远持续发展的世界文明。认识到这个常理的人，就算得上是明智的人。相反，不明白和遵循这个常理，人为地胡作非为，破坏这个自然规律，即人为地毁灭一个物种，或人为地助长某种物质过分地增长，都是对道的旨意的违背。

道教的另一部重要经典《抱朴子》（成书于公元4世纪）还区分了对待自然的两种本质不同的态度：一是役用万物，一是效法自然。① 该经写道：陶冶自然，造化万物，人是最灵巧的了。所以，对自然和人的关系了解得

① 翻译引自詹姆斯·威尔的《公元320年中国的炼丹术、医药和宗教：葛洪的〈抱朴子内篇〉》，稍有修改。

浅薄的人，就役使万物，让自然完全隶属于自己；而深知自然与人之间奥妙的人，不但能善待自然，还能从自然之中悟出人类长生久视的道理，向它们学习，如知道龟鹤长寿，就模仿它们的锻炼方法强健自己的身体。

显然，滥用自然的方式，从长远效果来看，只会给人类带来灾难，甚至毁灭。对此，《抱朴子》写道："弹射飞鸟，刳胎破卵，春夏燎猎……凡有一事，则是一罪，随事轻重，司命(之神)夺其算纪(预定的自然寿命)，算尽则死。"而人如果强作妄为太多，一旦算尽，就只有死路一条了。相反，"慈心于物，恕己及人，仁逮(扩大)昆虫……手不伤生……如此乃为有德，受福于天，所作必成，求仙可冀也"。将爱心扩大到自然界的万事万物，必然福寿无穷。①

"知止不殆，知足不辱"是道教在生态伦理学方面的又一重要主张。知止不殆，就是要求人类在追求发展的过程中，要充分考虑到自然界生态环境的承受限度，对那些破坏生态平衡的事情，即使是有极大的眼前利益，也要自我约束，不要去干。这样才能避免自然界的报复，避免因小而失大，今得而明失。知足不辱，就是要人们树立起正确的成就感，对物质利益的追求不能贪得无厌，这样才能避免对自然资源的过度开发。道教重要经典《太平经》(成书于公元1世纪)提出了以保护物种多寡为富足的价值观念。② 该经写道：圣人"以教天下之人，助天生物，助地养形"，普天之下，世间万物都一齐生长，才是富足：

> 所以上皇(时期)真气化生出来，一万二千个物种都生存繁衍，才是富足。中皇(时期)道气稍有减少，化生出来的物种不足一万二千种，就叫小贫。下皇(时期)的气比中皇的气还要少，化生而来的物种就更少，就叫大贫。如果皇气遮断，祥瑞不降，善物不生，就是极下贫。

---

① 翻译引自詹姆斯·威尔的《公元320年中国的炼丹术、医药和宗教：葛洪的〈抱朴子内篇〉》，稍有修改。

② 翻译参考了王明的《〈太平经〉合校》(第30页)。关于《太平经》的生态意义，参见本书中黎志添的《〈太平经〉的"中和"思想：人类对于自然疾病的责任》。

上皇万物俱出，是因为地养不伤，下皇善物少生，是因为地养大伤。对一个国君来说，能使万物齐备的，才是真正的富国；如果自然界的万物有一半都受到伤害，就是国运衰败之兆。道教这种以保护世界上物种齐备为富足的思想，不能不说是对世界生态伦理学的一大独特贡献。

简言之，道教道性自然无为的基本原则及其他诸多的道理对当今世界仍然具有极大的积极意义。我们希望各宗教有益于人类的教义思想，都能得到所有信教或不信教人们的重视和发扬，从而建立起和谐的人与自然界、人与社会、人与人的关系，维护世界的永久和平与发展。

任务和计划

道教教义与修持规戒均规定道徒必须保护自然的生态环境，这便促使我们每一个道教宫观和个人要为保护生态环境去工作和努力。多年来，中国的道教徒以自己有限的力量，积极投身于宫观所在地的保护林果、植树造林、保护宫观文化古迹等环境保护工作，以建功立德。广大道教宫观，密切联系信仰道教的群众，向他们宣说保护山林树木、飞禽鸟兽与信仰宗旨的关系，使他们明白“道”造化万物与人类生存的一致性，在他们的心灵中树立起保护生态环境的信念，并取得了良好的效益。住观的道教教职人员，还身体力行，为生态环境保护作贡献。如中国陕西省宝鸡市雷神山一位道长数十年如一日，精心地义务护理着八百多亩森林树木，受到社会好评。青海省乐都县武当道观的道众，十多年来积极在荒山中植树种草，使原来的黄土荒山变得绿树成荫，周围环境也得到大大改善。还有云南省一位老道长，用六十多年的心血精心培植、保护一种被国际植物学界誉为“活化石”的稀有植物“秃杉”，受到云南省林业厅的表彰。这类事例，不胜枚举。保护自然环境乃是道教修持的传统内容之一，为了发扬这一传统，中国道教协会曾于1993年召开全国道教界代表大会，鼓励全国道教徒在植树造林、美化环境等社会公益事业中作出更大的贡献。

在今后的工作中，我们要积极发扬道教自然无为等教义，发挥道教化人心的作用，促进维护人类生态环境的事业，与世界人民一道共同承担起维护自然和谐的神圣使命，并将着手开展以下几个方面的工作：

一、大力宣传有利于优化生态环境的道教义理，引导广大信教群众恪守道教自然无为的教义和不得杀生以自娱的戒规，维护大自然的和谐，营造人间仙境，实现我们的信仰追求。要在今后的宣教事务中，用道教维护自然界和谐的思想启迪世人，广泛宣扬贵生与生态环境的密切关系，提高社会各界对维护生态环境重要性的认识，遏制人们对大自然过分攫取给人类生态环境带来的破坏，保护我们赖以生存的地球，使之更适于人类生存。同时也要发挥道教非攻非战的思想，旗帜鲜明地反对战争，维护世界和平，以免人类和环境遭到战争的损害。我们要利用现有的宣传阵地，努力做好宣传工作，并将积极筹备资金，开办宣传生态环保专刊，团结国内外、教内外有识之士，宣传和开展维护生态环境的工作。

二、继续发扬道教植树造林、维护生态环境的传统，以宫观为组织，积极开展植树造林、美化环境的工作，把宫观建成真正的神仙福地。

三、有计划地在一些道教名山开展维护生态环境的系统工程，力争在21世纪初取得更大成就。

道教这一环境保护宣言的发表，促进了世界宗教对中国道教的了解，阐扬了道教的精神，有益于一切爱好和平、热爱大自然的人互相交流和互相启发。1996年，中国道教协会又根据宣言书的工作和计划，在国家宗教事务局和四川、陕西有关部门的支持下，与“世界宗教与环境联盟”(ARC)的人员一起，对四川青城山和陕西华山两座道教名山进行了考察，并写出“考察报告”，对华山、青城山的自然资源和道教名胜古迹的情况和保护开放等进行了客观评述，也提出了建议和意见，以推动名山的保护和开放。

总之，当代道教徒在继承和发扬道教优良教义、保护名山宫观以及植树护林、保护自然环境等方面作出了积极的努力。我们相信，随着国家和全社会对自然生态环境的日益重视，一切有益于人类健康发展的教化思想会进一步得到阐扬，人类的明天将会更加美好，大自然和世界将在整体和谐的前提下，给人类的繁殖生息创造美好和谐的自然环境和社会环境。

变化始于细微之处:道教修炼与个体生命生态学[*]

利维雅·科恩

(Livia Kohn)

圆桌会议与会人员

本次会议的第二天晚上,举行了一次圆桌会议。与会者包括六位美国道教修行者及修练受道教影响的道术之人。与会者代表了道教修炼的三种不同风格:第一种,由现有道派内的高道传承下来的传统道教仪式和内修方法;第二种,注重改善生命质量的技巧和技术,这些技巧和技术本不属于道教,却与道教的世界观相一致并在道教修炼中发挥作用;第三种,有着与道教相同的宗教文化和经验背景的中国传统医学的方法,这些方法作为基本技术在实现道教的宗教诉求的过程中发挥着作用。

第一位代表叫刘明(以前名叫 Charles Belyea),他是位道士。他是这样介绍自己的情况的:

"我是欧洲裔美国籍的道士,现在美国从事道教修炼并指导弟子修炼道术。我指导弟子修炼所采用的方法,源自刘氏家族(奉道之家)的家传。我是 1979 年在台湾被刘家收养并被挑选为刘氏家族的传人的。当时,我

---

* 本文为圆桌会议讨论成果,参加人员有刘明、雷尼·拉瓦若(René Navarro)、林达·瓦诺尼(Linda Varone)、文森特·朱(Vincent Chu)、丹尼尔·希茨(Daniel Seitz)、卢卫东。此文由利维雅·科恩编辑整理。

得到了一百三十多部有关道教仪式和修炼的书籍。他们告诉我，这些书籍几乎都没有被收入明代的《正统道藏》(1445)。尽管与历代中国道教的主流不完全一致，但这个家族的奉道传统却可以追溯到汉代的刘安。刘安主持编写了中国古代道教经典《淮南子》。由于刘安是汉代皇室成员，因此刘氏家族声称他们家族与古代皇室有着某种联系。而且，他们还认为刘氏家族是道教正一派的一支。正一派也可以追溯到公元2世纪。正一派又被称为天师道。我遵循他们的修炼方法进行修炼，并在美国建立了一个分支——美国正一道。美国正一道现在正着手在加州的Santa Cruz建立正统的道坛或家族式的道堂，并着手安排课程培训美国道士。"

刘明的道教修炼包括三种不同类型的活动：学习并遵守道德规范，养成卫生习惯和节食习惯，进行气功训练以及特殊的宗教修炼。宗教修炼主要包括坐忘(nonconceptual meditation)、金丹(alchemical meditation)、仪式和请神、导引(meditative gymnastics)——它与印度瑜伽和梦禅(dream meditation)完全不同。虽然刘明的行为和日常生活使他的个人生活和公共生活密切相关，但是，他参与仪式则使他能够与"一"(道)接触。他把他的宗教生活称为"全职工作"。此外，刘明还为教区所在社区提供服务，公开和秘密地传教，出版了一部道教历法和道教通讯，现正在编辑系列丛书"柳林纪事"的第一册。

雷尼·拉瓦若(René Navarro)作为谢明德(Mantak Chia)的代表参加了讨论。谢明德是国际道教保健中心的创始人和中心主任。他修的是一种内丹。这是现在全真道内修的主要形式。内丹修炼可以追溯到12世纪，是现在中国最有影响的修炼方法。来自泰国的谢明德是西方著名的内丹教练，他在清迈(Chiangmai)乡间设有训练中心总部。他的组织在全世界有四百多名教练，常年不断地在各个国家为人们组织各种训练活动。雷尼·拉瓦若就是其中一位公认的好教练。

雷尼说："我来自菲律宾，它曾经是西班牙和美国的殖民地。关于菲律宾的历史，有一段绕口令是这样概括的：'罗马天主教的修道院统治三百年，好莱坞影响五十年。'菲律宾文化就是受马来亚文化、印度尼西亚文化、中国文化、西班牙文化和美国文化影响的大杂烩。在西班牙的殖民征服和美国对菲律宾的领土扩张(Manifest Destiny——指美国扩张其领土系天命所定)时期,无论哪种亚洲文化遭遇到西方文化,几乎都遭受了灭顶之灾。一些学者把这种文化称为'杂种'文化。我本人就是这种文化的产物。我的名字叫雷尼(René)——根据笛卡儿的名字来命名的——就是一个明证。正如我在别的文章中所写到的那样,'菲律宾人信仰的不是佛教而是基督教,举行的不是佛教的静修和唱圣歌的仪式,而是天主教连续进行的祷告和游行;菲律宾人讲的不是汉语,而是英语;菲律宾人流传的不是猴子的故事,而是尤利西斯和阿瑟王的故事'。

"20世纪60年代早期,那时我才二十岁,我就在马尼拉开始学习中国的少林拳法。然后,我又学习了杨氏太极拳和八卦掌,这又是一种讲究内练的道教武术。通过这些训练,我对中国文化的博大精深有了一点了解。但是我的朋友们受美国文化影响甚深,他们认为我不正常。后来,我到了美国。在美国,我自1983年起开始跟谢明德学习。那一年我在四川的武术集中训练课程刚刚结束,一回来就看到了谢明德的两本书。他的书给我的印象非常深,于是我参加了他在纽约唐人街举办的周末系统训练课程,并逐级上升。"

雷尼·拉瓦若仍然把自己仅仅当做一个"道教及其相关艺术的初学者"。他感到,他过去十五年当中所学到的一切,"仅仅是公认的知识海洋中的沧海一粟"。但他对道教保健的方法做了一个很好的介绍。道教保健是由一系列的修炼实践组合而成的,其中包括健康生活方式的技巧(如营养、性科学)、武术(太极拳、八卦掌、形意拳)、系列气功锻炼和各种按摩,还包括以内练为主的静功(练内力和运气)。作为一个完整的体系,道教保健强调体内各个脏器的呵护,把身体当做一个完整而统一的整体。通过自身的努力,修炼者意识到,内部和外部的世界是一个物质与能量的统一体,而他们作为这个地球上的一分子不仅应热爱和尊重自己的身体,还必须热爱和尊重自己周围的世界。

在第二组与会道教从业代表当中,有林达·瓦诺尼(Linda Varone),文森特·朱(Vincent Chu)。他们都是受道教影响而从事这项事业的。林达·瓦诺尼来自马萨诸塞州的剑桥,从事看风水的工作,是"龙凤风水"机构的负责人。除了在波士顿建筑中心学习过室内设计外,她还是一位心理学硕士。林达曾师从西方最早的风水大师刘云(音 Liu Yun),还曾求教于斯蒂芬·普斯特(Steven Post),威廉·斯庇尔(William Spear),劳格尔·格林(Roger Green)等人。林达就如何以最佳方式利用空间的问题向个人和企业提供咨询,还管理着几个设在高校的设计室,包括波士顿设计中心、新英格兰针灸学校和佛蒙特州立大学等机构的工作室。

风水是一门艺术,它创造自然环境,使之适合充满生机的"人气"或"生气",同时使人的活动与地球的能量流和谐地融合在一起。风水艺术源自这样的观念,即地球不是无生命物质的积聚,而是一个不断生长的、充满生机的有机体,它的能量影响着人与地球共同作用的、人对地球所做的一切。因此,房舍的选址(尤其是正门)、花园的设计、室内家具的摆设,对房屋主人全家的平安和事业的成功,都有直接的影响。在这一系统中,好运和健康不是靠遗传下来的天性,而是依赖于人与环境的互动以及创造人与环境相谐调的能力。这种做法在东亚广为流传。几个世纪以来,特殊的风水大师一直给政府、企业及个人提供咨询。从业者本身常常就是道士,他们的修炼又反过来为他们自身以及他们所在的家庭或社区创造和谐的环境。

下一位小组发言人文森特·朱是朱青松(Gin-Soon Chu)的儿子。朱青松是第一位将太极拳引入波士顿地区的人。朱青松是杨氏太极拳的第四代传人杨守中(Yang Sau-Chung,据传为杨澄甫[Yang Cheng-Fu]的后代)大师的弟子。20世纪60年代,朱青松来到波士顿,于1969年在波士顿创立了青松太极俱乐部,1995年被《波士顿杂志》称为最好的太极拳教练。60年代尚没有人听说过太极拳,而现在太极拳是这一地区最受欢迎的道教功夫之一。

文森特·朱追随着他父亲的脚步,现在他是青松俱乐部的主教练,同时又是多家武术杂志的撰稿人。他七岁开始学习太极拳,也跟随杨守中和香港的Ip Tai-Tak大师学习。文森特·朱是武术大师,擅长杨氏太极拳、推手、各种器械(包括剑、刀、棒)以及气功(慢式、快式)。他将太极拳描述为一种"在缓慢的动作中放松身体"的活动,不仅对人的身体有益,而且对人的心理健康和精神的完整性也大有裨益。太极的思想可以追溯到古代中国的阴阳图式,阴阳观念体现了宇宙中两种最根本的彼此和谐的重要力量。太极拳的各种环状动作的练习,目的就是创造一种宇宙之初就业已存在的和谐，而这种和谐是宇宙之根本。恢复这种和谐，就是与道合一。与道合一在道教修炼中发挥着关键的作用。传说道教的创始人或资深道教大师多行持各种不同风格的“守一”之术。

第三组与会者如丹尼尔·希茨(Daniel Seitz)和卢卫东，在传统中国医学的实践方面都很积极。丹尼尔·希茨是新英格兰针灸学校的校长。他曾就读于芝加哥大学并取得了波士顿大学的法律学位，还曾在马来西亚担任维和部队的志愿服务人员。除了运作针灸学校，他还在包括针灸和东方医学鉴定委员会在内的数家全国委员会服务。卢卫东是新英格兰针灸学校中医药系主任，毕业于杭州的浙江中医学院，已经在美国工作了十多年。卢还是位于波士顿的贝兹·以色列·迪肯尼斯(Beth Israel Deaconness)医学中心所属可选择医疗研究中心的研究项目顾问，他同时还担任马萨诸塞州医学注册委员会所属针灸委员会的副主席。

会上，两位与会者都认为中医和道教的许多思想及做法是相通的，它代表了一种不同于西方的生物医学。它比西方生物医学更具有生态意识，是一种全面考虑病人情况的整体医疗保健形式。卢卫东特别强调了传统道教为达到成仙目的而采用的各种医疗技术，还强调了许多著名道士同时也从事医学实践。他举了三个例子。第一位就是著名道士葛洪(283—343)。葛洪不仅得道成仙，而且还写下了医学著作《肘后方》。他在书中不仅列出了很有意思的诊疗处方，还详细地记载了天花的临床特征——这是全世界第一次对天花的记载。另一位著名道士是陶弘景(456—536)。陶弘景是上清派的第一代祖师，也是上清派主要经典《真诰》的编撰人。同时，陶弘景还修炼金丹(外丹)，他还编撰了《本草经集注》，他在其中记载的已知中草药数量比先前翻了一番，达到了七百三十种之多。第三位是唐代的王冰，他既是道士又是内科医生，他由于编辑《黄帝内经》而名声大噪。他的道士背景在书中有所反映。他的《黄帝内经》强化了中医的道教渊源。依靠这些伟人留下来的著作，与会的两位医疗从业者努力在西方社会创造出从道教吸取灵感的健康保健服务。

从道教角度看生态

与会者中，美国正一道创始人刘明是对全球生态学问题发表最广泛评论的人。他说：

“道教最重要的教义就是‘一’（道）的真实性，意思是说不可知的道是万物之源，它就在人身中。每一种现象都有其独特性。世间万物（从一粒尘土到整个宇宙）的这种独特性，都是以‘气’（暂时性的具有磁力的电荷）为基础的。‘气’不停地旋转而形成运动模式，化作物质与形式；物质与形式又化作天下万物；万物又返回无区别、无差异的道。气的这种自然而普遍的范式就是我们宗教仪式与宗教实践的基础。宗教仪式与实践自然地体现出已经存在的‘一’（道），却不能帮我们达到外在目标。结果，道教不像其他宗教，道教从不弥合或治疗任何真实或想象的人与其先人之间的裂痕，也不承认人精神与肉体的内在分裂。正是这种‘不修复’的观念使道教成为一道独特的风景。

“有人请我谈一谈‘道教与生态’的问题，我最为关注的首先是，人们假设全世界正在经历或即将经历生态或环境危机，而这种假设体现出了人们的武断。这一假设也正是本次会议的初衷，反映出了这样的观念，即‘修缮’地球或从不可避免的生态灾难中‘拯救’地球及地球上的人们，用‘生态的戒律’来‘拯救’地球的行动势在必行。

“作为道士，这一假设我难以接受，而且无法宽恕这样的想法。在我看来，环保主义者确实有一种强烈的宗教观点，有意无意地与流行千年的基督教传教的做法相类似。要求我（作为道士）改变对世界的看法也去履行这一使命吗？如果真如此，我拒绝这样做。几位发言人已经谈到了科学至上主义和基督教相类似的地方，但还没有人真正照此去做。或许我们过于彬彬有礼，抑或是我们觉得武断地‘修缮’或‘拯救’地球的观点早已司空见惯，认为它‘无害’？

“作为现代的美国道士，我认为在‘危机与反危机’或‘罪孽与拯救’这类观点中体现的武断性具有很大的危害性。这种生命观推崇一种无意识的行为模式（罪过），而这种行为模式导致生存危机（诅咒）意识的产生，其目的是要证明我们迫切需要救世主，需要得到拯救。在我看来，环保主义似乎通过简单地在贪婪消费资源的罪过与对生态危机的诅咒两者之间画上等号，来‘改写’基督教的生命观，这种‘改写’了的生命观反过来又要求人们充满热情和灵活性，努力改变贪婪消费的行为——这就是环保主义者拯救地球的思路。这次谁来进行拯救？必须接受环保主义者对《圣经启示录》新的解释吗？我们都必须‘皈依’环保主义者对科学的阐释并对其新任务提供支持吗？

“就我而言，这种‘危机’思维和与之相关的生活方式——虽然精神分裂症患者似的批评这种生活方式却又在不停地实行这种生活方式——是一种疯狂，一种试图武断地削弱我们权力的疯狂。如果我们拒绝这种生存‘危机’观，我们是否就显得思想简单或者天真甚至是倒退呢？就在这间屋子里，我今天就已经历过这种‘软’偏见。现代环保主义者的科学至上主义创造了与18、19世纪盛行的传教士基督教相同的‘盲目信念’并具有同样的强制性。我们必须重蹈覆辙吗？不同的观点有存在的空间吗？主持人可以重新思考一下这一假设吗？

“作为道士，我不认同那种认为生活就是一系列需要解决的问题的观点。我认为人类与自然没有什么冲突，过去没有，现在没有，将来也不会有。我没有看见危机。我所看到的是，人类有权与自己发生冲突，有权选择贪婪、浪费、恐惧。我听见人们在呼号‘危机’和‘救救我吧’。这呼号似乎一直在我耳畔回响。我不希望剥夺他们的权利，没收他们的土地，或者谴责他们的信仰。如果他们问我有关道教的事，我会告诉他们：道教告诉了我‘气’的存在，而不仅仅是信仰或希望。我会告诉他们：我们日常生活中的全部行为，虽然微不足道，没有意义，实际上却是‘道’的一部分，是‘道’那不可知的、巨大的力量的一部分。我了解这一切，是因为我使用了‘气’的思想来指导三种形式的修炼活动，在这个过程中我发现了无为之‘道’亘古不变。所以我要说，冷静下来；我要说，微不足道不等于没有力量；我要说，未来究竟会如何，还未可知呢。

“我赞成你们很多人的观点：道教的宇宙论并不是以人为中心的。人类所生存的地球只是道教自然意识的一部分，地球并没有被道教看做具有特殊意义的东西。没有人类生存的地球？唉，真的，连狗都不叫。根据这个观点，‘道’是伟大的循环中心，我们肯定都是这个循环链条的一部分。但是，这种观点绝对不可能感觉有‘新闻’或假想危机一类的紧急情况发生。很清楚，我们是循环的一部分——如果人们接受这种观点，危机很快就会过去。

“有人问我：‘在生态危机之时，道教拿什么奉献给这个世界？’也许道教没有什么可以奉献。导师告诉我说道士的生命就是全职工作，我的经历已经证明他们是正确的。仪式、清规和修炼涵盖了我生活的各个方面。我见到的每一个真正信仰宗教的人都认为，他们的宗教生活就是全职工作——而这也许是所有有信仰的人相同的地方。但是，给每一个人提供这样的全职工作并不是解决生态问题的办法。那么，道教（或任何宗教）的某些部分可以用来治愈环保主义者的伤痛吗？我的回答是，道教的某些部分是幻想，环保主义者的伤痛也是如此。人不可能真正认识生命的意义。

“正如施舟人先生在他的重要演讲中所言，中国历史上的正一道社团靠清规生活。而这些规定体现了一种深刻的意识，人与自然资源保持适当的关系的意识。无论是隐逸道士们、成家的世袭道士，还是管理得当的村子、住观道士社团，在他们的生活中，健康地利用资源、与自然保持适当关系的例子比比皆是。不过，这些例子并不是断断续续或拼凑起来的补救办法——也不是针对任何症状的治疗。这些例子中没有对地球的无知与侵略性，而无知与侵略性导致了人类的贪婪。这种贪婪常常隐藏在人与生态之间不恰当的关系的背后。按道教清规生活的这些例子完全可以消解危机心理存在的理由。

“宣告了没有危机，道士又如何评价统计数字？答案是：事物在不断地变化。这是科学告诉我们的。科学数据并不创造危机，统计数字也不创造未来。正统道教认为，人的行为完全源于思想。因此，首先反省自己的思想，再检查自己的行为，你会发现你在寻找危机的时候，你就有这样的思想（贪婪消费的同时又害怕环境危机）。

“贪婪地消费资源，就像所有侵略性行为一样，都受到了这一思想的影响，即假设我们被资源短缺的乌云所笼罩。我们发现地球上资源短缺与我们自身对资源短缺的恐惧是一对孪生子。正是这一迷信思想将我们拖入所谓‘事实’的陷阱。为了正确理解这一点，我们必须从更深的层次来看问题，这样才能明白在表面现象的背后，我们就是一个整体，就是‘一’（或‘道’）。那么怎么可能出现短缺呢？这个地球就是我们一起生存的地方，由此观之，我们可能把过去、现在与未来连为一体，以一种健康的方式分享这个星球。这样，我们就可以过一种令人鼓舞的不滥用资源的生活。”

生态与个人健康

刘明先生发现了西方的危机意识与一种整体的、综合的解决途径之间的差异。医疗从业者也发现了类似的差异。丹尼尔·希茨（Daniel Seitz）说：

“在西方人看来，医学问题的产生，有一个物质的原因，比如病毒。一般而论，西方人所采取的方法是直接针对症状进行治疗，经常使用高效的药物或采用进入人体内部的外科手术。但药物或手术都有可能产生副作用，使人身体虚弱。西医也常常不惜代价试图延缓死亡。在美国，卫生保健费用支出大幅增加，这也许就是原因之一。这并不是说，西医没有取得任何成功——西医开展了很多拯救生命的工作，但从中医角度讲，西医也有其局限性，它对主宰身体健康和疾病的自然规律缺乏细致了解。

“中医追求的是通过刺激并平衡肌体的能量或气来提高身体的天然保健能力。中医依靠针灸和副作用很小的草药治疗疾病，其方法比西医温和得多。中医也认识到疾病既有可能是由外部因素，也有可能是由人的精神或心理不和谐造成的。中医认识到，世界上没有两个人是完全相同的，对每个人都必须有针对性地、从整体上去进行保健和治疗。中医还认识到死亡是完整生命的一部分。最后，中医还强调疾病重在预防，预防胜过保健，这一思想直到最近才逐渐为西医所接受。

“虽然西医宣称自己是‘科学’的，但从某种意义上讲，再没有比中国传统医学更具科学性的了。中医源自许多世纪以来对自然现象、试验和差错的观察。基于这种观察以及对中国哲学原理的理解，中医医师们发展了一套具有思想性和连续性的医学理论体系。这套理论体系指导着医疗实践，同时也允许创新以面对新的挑战。简而言之，中国医学是完全依照经验的最根本的科学。但中国人却认为医学既是一门科学，也是一门艺术。正如每一个人在某些方面是与众不同的，医师也是如此。要成为一位中医大师，医生不能只依靠掌握技术和理论，他/她必须有很强的直觉和敏感性，按照普遍的规律（即道）生活。遗憾的是，西方大多数医生还未曾理解，掌握医疗艺术要求自我完善并具备超越纯粹技术和实践经验之上的知识。

“我认为中国传统医学是一种具有‘生态意识’的医学形式。中国传统医学与西方生物医学之间的关系与有机农业与化学农业生产方法之间的关系相类似。有机农业生产方法认为土地受某种自然规律的控制，如果我们长期致力于提高土地肥力，我们一定会发现其规律、尊重规律并逐渐按照规律去进行农业生产。而化学农业生产方法却以牺牲土地的长期肥力为代价去追求短期生产力的提高；化学农业生产方法常常对土地具有侵略性和强迫性，常常会产生不利于生态的副作用，例如土壤的损耗与侵蚀、地下水的污染以及牲畜的病害。无论我们对待土地还是对待人的身体，如果选择的行为违背道教平衡与和谐的原则，不按照自然法则去生活，我们必将面临危害自身的危险。

“可见，中国传统医学带给我们西方的礼物——除了减轻不治之症病人的痛苦或治愈疾病之外——是有益于我们身体健康和我们这个星球健康的哲学智慧和哲学认识。”

丹尼尔·希茨发言之后，卢卫东也谈了他的看法，并增加了他从事中医实践的一些具体细节。他认为中医是世界上历史悠久的临床医学形式，也是世界上第二大医疗体系。卢卫东认为，中医以道教的阴—阳理论为其理论基础，在保健过程中遵循三个步骤。他说：

“第一步是一般医学诊断，确认病人目前的状况，如病人的体质。体质的三种基本类型为：正常（中间型）、阴性（寒性体质）、阳性（火体质）。所谓‘阴性’体质，即是说，病人往往湿、冷、虚弱、抵抗力降低；而‘阳性’体质（火体质）最大的特点就是燥、病灶活跃、过剩、易激动；正常型体质则处于阴性和阳性两者之间。而且，这三种身体类型都可以与古代道教思想联系起来。老子说，‘道生一，一生二，二生三，三生万物’。大自然造就人，此其一；人不是男就是女，此其二；每个人的身体都属这三种体质之一，此即是三。

“全面了解病人的体质和目前的身体情况之后，临床中医诊断的第二步需要区别所用的草药、食物或其他药物的不同性质。它们也有热性、凉性、中性之分。凉性药和凉性食物具有退烧、镇静、解毒的作用。热性药物则用来刺激血液循环、促进新陈代谢、增加全身能量。中性食物的性质在两者之间。你知道你吃得最多的是哪些食物吗？它们是热性还是凉性呢？你知道抗生素属凉性而Prozac属热性吗？对生命存在的这方面的问题进行研究，有助于我们增加对自然、互动的生命的认识。这些研究使我们认识到，生命在不断地与外在环境交换能量，只有与我们周围的自然环境和谐互助我们才能生存。

“中医实践的第三步，是让药物或食物的性质与病人的体质相匹配，以达到治疗保健的效果。温性或热性体质需要用凉性药物来进行保健恢复健康，热性体质与凉性药物之间达到平衡也就是阴阳的和谐。与此相似，寒性体质则需要热性或温性药物来建立适当的平衡。

“一但达到了身体健康的平衡状态，人就应当‘倏虚无，真气从之，精神内守’（《黄帝内经》）。这就从基本的身体健康延伸到了一种均衡的生活方式和一种在精神上与‘道’合一的感觉——一种道教所赞美的状态，一种医学经典中着力反映的状态。也就是说，通过健康的身体，人与自然和宇宙的大环境达到物我同一。”

创造和谐的环境

通过风水实践和太极拳练习也可以达到类似的和谐与健康状态。关于风水，林达说：“风水就是小的‘环境’生态学。”她还说：

“以‘气’这一关键概念为基础，从小处开始，我的注意力主要集中在个人、家庭以及家庭周围的小环境上，比如住宅、办公室和花园。我这样做，是因为我相信变化可以从小处开始，而且可以形成燎原之势。我和我的客户及学生讨论人气、环境的气和地气之间的联系，而这些讨论可以提高我们对自然的认识。我感到，这或许可以称为皈依道教。我强调人与自然的联系对滋养我们自身的重要性。对于内部环境而言，需要把自然的因素引入室内。而自然因素如何与室内的植物、灯光、喷泉、鱼缸和宠物进行协调则是需要注意的问题。

“我还谈到了需要‘减少混乱’，这是真正地利用风水进行调节的第一

步。这就是我所说的‘宇宙循环’。我说:‘家里不要放置任何不是真正有用、真正可爱的东西!’

“除了房屋本身以及房屋所采用的能源模式,我还关注花园,向人们展示他们家里最有价值的区域,告诉他们哪里是堆放混合肥料最合适的地方。据我的经验,健康的环境造就健康的人,花园也在造就园丁。举个例子,有一位客户不得不从她可爱的家搬到一所新房,当时她正在与一种威胁她生命的疾病作斗争,因此她想让花园对她治疗疾病有帮助。尽管已经有多年的经验,她还是不太清楚该怎么打理她的花园。她认同了我的一个想法:‘我让花园来告诉我它需要种什么,我照办就是了’。

“这是应用风水思想的最高境界——当那些条条框框被抛到脑后,与环境一起成长,与‘一’相合的境界就达到了。个人在自己家里也可以采取这种做法。对于更大范围的环境,我所关注的问题,则只能是通过有限的方法来运用风水思想,比如,像梦想家斯蒂芬·普斯特和威廉·斯庇尔所提出的那样。他们两位都是风水大师,斯蒂芬在教授‘城市风水’,威廉则在今年启动了‘寂静的海洋’计划,该计划要求参加者让海上所有人为的噪音停止九分钟。这样做,是想将风水的规律运用到整个人类生活的环境或整个自然界这样的综合体中,也为地球得以保持平衡作出真正的努力。但是,每一个家庭、每一间办公室为环境保护作出努力也同样重要。我们的生存环境就在我们身边,时时刻刻与我们一起。”

与会的另一位发言人是文森特·朱。他的经验主要在太极拳方面。他作了如下陈述:

“太极拳是一种舒缓的运动,其动作绵绵不断,要求断绝一切杂念。因此打太极拳可以使人心无旁骛、身心放松、保持身体平衡。由于大道无形,‘道’不可道,‘道’只能依靠向世人呈现,甚至依靠人去践履才能被认识,所以太极拳即是以身体动作去解读‘道’——道教哲学的核心。”

为了说明他的想法,文森特接着表演了一段太极拳。之后,他又请听众站起来亲自演练。此外,他还谈到他的两名学生(两位都年事已高)。其中一位注意到,练习太极拳一段时间后,她可以开车一个多小时而不会出现疲劳的感觉。而此前她驾驶同样的距离却会感觉异常疲劳。另一名学生由于帕金森症双手颤抖,而练习太极拳约一年后,她发现她的手几乎完全恢复正常，一点都不发抖了。

“这些效果，”文森特指出，“都是由于气的作用。而气就是一种生命力，它就存在于我们的环境当中，也存在于我们的身体之中。通过练习太极拳，我们可以学会如何运气，如何控制气，如何将气释放到环境中去。我们可以创造内心的和谐并把这种和谐心境释放到环境当中，感到自己更健康、更完整，生活在与世界更融洽、与我们周围的人更融洽的氛围中。”

内心的微笑

谢明德教授的道教保健训练是创造和谐的又一种方式，这种训练更加强调以宗教为中心来实现人内心的和谐以及人与自然的和谐。雷尼·拉瓦若对这种训练作了如下描述：

“对于谢大师来说，实践是道教的核心。他不是特别强调理论和哲学，对他而言，道教的理论和哲学不过是一些空洞的说教。日常的存思、气功、内丹、化气、神游和睡功等修炼方面的实际经验才是道教最核心的东西。‘道可道，非常道。’道教文献到处都传递着这样的观念。道教坚持认为，我们可以在‘返’与‘还’的过程中得意忘言，由动归于静，在这一过程中找到理论指导与实践的平衡以进一步指导我们的训练。

“谢大师将他的课程分成两部分：保健与长生训练、内丹与成仙技术。第一部分包括气功、性科学、按摩、营养和武术；第二部分包括融合五行、结合坎离，进行各种提升精神的训练。这些训练内容使我们能够与天地合一、与道和合。用具体的术语来说，道教保健课程从内心的微笑开始。它是一种简单但却深沉的存思，它要求接受训练的人微笑，让微笑接触并进入身体的各个部位（身体各器官、消化系统、骨骼），围绕自己身体周围建立起自我保护的光球（coccoon of light）。我最初接触这一课程时，我觉得这是一种疯狂的训练，因为练习的人要存思自己的身体，使之沐浴在内心的微笑所产生的温暖光芒之中。后来，我学习了“六声保健法”（Six Healing Sounds），它指导修炼高手用特殊的声音刺激身体的五个主要器官并使各器官相协调。此后，我又接着练习微循环。这是建立身体内部能量的循环。体内微循环打开并连接气脉和身体的能量通道，使阴气阳气交通，或者说是建立体内能量通道——沿着脊柱直达泥丸。

“对我来说，接受这些训练，完全是日益深刻的内心体验。它引领我向内寻求身体的能量——让我了解了阴阳和五行的概念、能量中心和任督的概念。我认识到了身体内部的小宇宙，它囊括了不同事物的各种联系——五行、颜色、味道、植物、动物、职官、情感，以及更多的东西。

“后来，我又学习了‘攒簇五行’——这是一个程式，用来平衡四种卦象中各种否定性的情感，即丹田（肚脐）、命门（腹部）和身体的左右两边。由此我学会了把各个相应器官的感觉联系起来，目的在于养德，在于使更多的气脉可以交通，它包括中脉、带脉和其他的心理通道。

“该训练主要是为了达到以下几个目标：1. 培养对自己身体的尊重与热爱；2. 发展与身体各器官的关系以及对身体各个器官的敏感性，包括与其相关的功能、情感和有利健康的活动；3. 学会不同类型的呼吸，包括以安神为目的的深呼吸，以激发和调节气息为目的的腹式呼吸，以强精为目的的逆式呼吸，以及胎息，即像胎儿那样呼吸并使自己还原到婴儿的状态；4. 让自己的身体空灵、通畅，使气能够自由出入身体；5. 培养清静和安宁的心境；6. 使自己与环境融为一体——与树林、海洋、山峦、湖泊和星辰合为一体；7. 阻止能量的泄漏，使自己彻底康复。

“20 世纪 80 年代中期，我仍继续修炼内丹，它涉及香港白云隐士传给谢大师的还丹诀。其女领是尽力从坎离之中获得启发，坎离二卦从宇宙论角度讲代表的是水与火。而内丹修炼就是从运用肾脏或性器官以及心脏的能量开始练静桩（quiet steaming）。这种静桩在存思过程中先由下丹田开始，然后渐渐上升到上丹田，其中涉及丹药的添加，所添加的成分包括日、月、北斗以及其他星宿的力量。当修炼者朝此方向迈进之时，就会发现身体的两极逐渐溶解，身体的原初状态开始发生改变。‘火’这一原本上升的能量开始下降；‘水’这一原本下降的力量开始上升。水与火通过中脉按照《易经》第六十三和六十四卦的卦象交融，从而使身体和宇宙能量达到新的水平。

“自 1997 年以来，谢明德还传授了‘封闭五官’的方法。这一秘诀将金丹引向更高层次的水晶般透明的状态，它要求修炼者关闭其感官以避免外泄、避免注意力分散。修炼时实现的感官的完全吸收与《庄子》第七章的混沌故事所描绘的原始混沌状态很相似，它也可以与道教其他派别所描述的合气联系起来。此外，用内丹的其他修炼方法也可以实现'回到原初'，天人合一。这些修炼方法也可以使修炼个体返回到宇宙之初阴阳未分之前的原始混沌的'一'。在最终极的平和状态下，在与'一'相守的状态中，修炼者可以找到完整的自我。而自我的完善使他们成为得'道'的更全面的受到启示的人，可以回到宇宙之初的宁静，可以与社会和环境进行有成效的交流和沟通。

"用道教方法进行保健实践多年以后，这些人逐渐成了有能力替人疗病的人。结果，积极进取的道士往往也是严肃地从事医疗事业的人。我本人就是有行医执照的针灸医师和中医药师，向人们传播道教保健知识。我教授按摩、存思、气功、太极拳已经多年。我认为在目前非常重要的一点，是在西方打下基础，让西方人了解有关中国医学和道教综合治疗的文化。许多针灸医师只懂得针灸，因此他们的治疗只集中在针灸上。以道教思想为指导的医学不仅应具备综合性的诊断方法，而且要采用综合的治疗方法。治疗不应只采取一种手段，而应是多种手段相结合。这就要求教师和从业者扩展兴趣面，拓宽专业面，这样才能进行真正意义上的综合性治疗。如果缺乏有关道教的文化基础，为了消除所有病痛，人们还会继续寻求快速治疗的方法——一种炸毁疾病的"银弹"。

"建构有关中国医学和道教保健治疗方法的文化知识基础，要求我们首先要学会了解各种治疗方法的特点。让这些治疗方法成为我们(医师)生活的一部分，也是我们了解这些治疗方法的一种途径。也就是说，医师自己的生活画卷必须完全围绕这些治疗方法来展开。同时，采用这些治疗方法的所有人至少都应具备相应的知识。作为道教保健医学的从业者，我们在日常生活中必须在一天的不同时间进行不同的实践，甚至在睡觉时我们也要进行各种形式的梦中练习，包括气功训练。这种修炼永无止境——我们的生命就依赖于道教保健活动。我完全同意刘明说的，'道教修炼是一种全职工作'。"

结 语

虽然六位与会的发言人背景不同，进行的道教修炼或受道教启发而进行的训练也不尽相同。但他们的看法却惊人的一致。他们都认为他们所进行的训练或修炼与道教有关，而且他们都认同道教的世界观或运用了道教的方术。他们都认为他们修炼的目的是建立不同层面的和谐：个人与他/她自己身体之间、与周围环境之间、与社会之间的和谐；推而广之，个人与世界的和谐。此外，他们都强调他们要实现的终极目标是与道合一，要达到的理想是在天人合一的意义上实现自我与环境的融合，而自我与环境的融合可以完全实现自我并超越自我。

除了上述明显的相同之处以外，这些与道教相关的从业者最令人吃惊的共同之处，是他们所关注的对象是个体。他们没有人谈到更大的社会单元，他们提到的唯一社会单元是作为整体的地球。刘明在发言中主要是反对目前普遍存在的对受基督教影响颇深的西方人造建筑产生的危机感和急迫感。他同各位与会者一样关注个体，认为创造更健全、更健康、更具环保意识的世界的关键在于个人修炼。各位从业者都认为，每个人（单独的个体）都必须通过学习如何保持健康、如何与环境和谐相处、如何获得与道同一的感觉，来调整个人的生活。环境虽然不在舞台的中心，却一直与我们同在。这里所说的“环境”，是某种抽象的东西，而不是我们在电视上看到的或学术会议上讨论的实体性的东西。对于当代道教从业者来说，环境是我们的身体、我们的家园、我们的庭院、我们最密切的种种社会关系。变化就从这些细微的地方开始——随着社会道德水准的提高，每个家庭不再混乱，个人的环境也不再混乱，每一个人都过上健康的生活——变化一定会开始，也只能这样开始。

这种对于个体的强调，可以说是环保主义的核心形式。它不仅与受西方思想影响的危机意识和直线式发展观截然相反，也不同于人们普遍接受的传统道教。道教要么被看做一种古代的哲学体系，如在《老子》和《庄子》等著作中所体现的思想（在本书中有大量讨论），要么被看做是一种普通的宗教，如施舟人在他的著作中所描述的那样。其实，道教并不像一般人所谈论、所承认的那样仅仅是哲学或宗教。它是一种个人健康保健的方法。它作为一种使个体的人自身达到和谐的方法而存在。但是，这种宗教形式却使所有修炼者或保健医疗从业者发现他们代表着道教的精神。个人化的修炼不仅是实现自身身体健康的关键，也是实现社会和谐、环境和谐，最终实现整个地球和谐的关键。他们在进行道教修炼追求健康时说："变化从细微之处开始。"这正如林达所说，生态学是从小写的"e"开始的。

（岳齐琼　译）

道教环保主义在西方:厄秀娜对道教的接受与传播

何乐罕
(Jonathan Herman)

引 言

在上一代人中,很少有西方人了解道教,汉学家在大学的教学计划中以及书店的书架上也只占到很少的席位。但时过境迁,当学者们实实在在地开始构想我们如何将道教的理念与现代人所面临的问题联系起来的时候,人们有意无意地在忽略一种前所未有的现象:西方流行文化的土壤里嫁接了道教的理念。近年来,已经证实有众多杂志自称道教期刊,众多机构自称静修中心甚至是道教网站,还有关于道教的新文献和非道教研究人员所翻译的道教经典文献出现。例如,"常道之家"组织出版的《空的容器:当代道教杂志》,就是一本"致力于探索和发展道家哲学和道教修炼"[①]的期刊。同时,伏龙观——其传承可以追溯到10世纪的陈抟——在美国和加拿大如雨后春笋般出现。西方人对道教的迷恋,最明显的也许莫过于英特网上的表现。由无数网页组成的图书馆就有诸如"虚静生活秘道"、"西方道教改革会"、"同性恋道教"、"道教思想与道教信徒中心"、"凯尔特道教十三章"、"道教与无神论"这样的站点,以及其他临时的网络聚集点。简言之,在西方背景下,道教对西方人的影响现在开始逐步显

① 引自"常道之家"网页。《空的容器:当代道教杂志》自觉与道教历史无关,正如该杂志的编辑在反对将源自《道藏》的材料包括进去时说:"我们现在需要的是另一种宗教,尽管它源自道教。"Solala Towler:"编者的话",《空的容器:当代道教杂志》,1994年春,第2页。

现,令人始料未及。我本人的婚礼就包括了背诵《道德经》的内容。该经文的运用远远超乎老子或张道陵的想象。

毫不奇怪,汉学界一般也赞同这一普遍现象——在此我将它贴上"西方民间道教"的标签——尽管此说带有一定漠视、娱乐、取笑的成分。柯克兰将史蒂芬·米切尔(Stephen Mitchell)和其他人称为"自我放纵的业余艺术爱好者,他们通过翻译出版伪《道德经》来欺骗公众,因为他们实际上从未读过《道德经》的中文原著"①。在更大的范围内,柯克兰把本杰明·霍夫的咖啡伴读物贴上了"没脑子的废品"的标签并力求同事们不要"对道教嗤之以鼻"。不过,西方人挪用道教概念各不相同,或者说,对道教的理解不在同一层面上。我认为将道教一笔勾销是一种不够成熟的想法。在此,我首先要说明的是,研究中国宗教的学者们要认真对待这种材料,详细讨论这个有关民间道教风靡西方的非常有趣的例子,并作出学术方面的回应。这一事例与本论文集的主题有直接的关系。

对于风靡西方的民间道教,学者们不满,主要是由于它缺少历史渊源且不可信。西方民间道教的确与道教的历史传统联系相当薄弱,却又混杂了西方个人主义和新世纪的普世主义的色彩。比如,"西方道教改革会",就是一种典型的"新宗教"。它是由一位卫理公会教派的叛逆者麦考尔·托尔勒(Michael Torley)建立的。"西方道教改革会"在它的网站上所提出的"信条"表达了对"无形的、永恒的道"的信仰。它还在网站上表明了一系列"道教"的立场,其范围从堕胎和安乐死到性倾向和外星生命。虽然反对这种学术研究风气,但是有质疑一切的学识和决心就足够了。不过当下对于西方民间流行的道教所进行的研究却主要是一种学术现象。而更确切地说,它是一种美学的、文化的、宗教的现象。任何一个研究宗教史的人都会赞同这一点——或至少应该赞同:宗教的历史资源在不同历史时期不断地遭受被重新阐释、被重新解读的命运。期待宗教的历史——甚至现代宗教史——与学术研究的情况一致,都是不现实的。宗教的历史在很大程度上是解读历史的人在决定的历史(当然有时这种

① 柯克兰:"九十年代道教的传播",见《神学与宗教传播(一)》,卷二,1998年六月,第113页。

重新解读不是故意的)。不要仅仅因为研究者假定它缺乏真实性就对它作出判断或对现代的宗教现象视而不见。比较恰当的做法应当是,鉴别它对历史资源的阐释,将它置于相关的历史背景下对它进行评价。仅仅因为西方民间道教缺少与中国的宗教传统的联系,就认为它不值得研究,这种想法是在重复一种狭隘的认识。这种认识一度把中国最古老的本土宗教(有组织的道教)归入了污秽不洁的堕落(原始道教)状态。

当然,这其中还有其他方面的表现。这些表现说明了汉学家们在研究工作中一般都不愿接受这类材料的原因。首先,学者们最为关注的是实效。他们担心承认西方民间道教的地位,会默许时下的受众将这种混杂了西方个人主义和新世纪的普世主义色彩,同时与中国本土道教传统联系薄弱的"道教",当做是原汁原味的中国道教,而学者们的具体阐释无疑在无形中鼓励了这种做法。简言之,伪道经的合法化只能使我们宣传真实的道教历史更加困难。柯克兰在不经意间注意到许多学生在"迷惑自己",认为他们自己就是道士,而且还"很愉快",因为一代又一代不负责任的西方人告诉公众,当道士就是"不动脑子",并且因此大赚其钱。[1] 吉瑞德回应了这种观点,他注意到,"求道的人对其求道之旅的目的地和求道的方法十分肯定",这无疑是对真伪道教之争的挑战。学道的人轻而易举地将米切尔、霍夫和《庄子》的"道在屎溺"与某代人的自发性联系在一起。[2] 这的确是个问题,但是我要指出的是,与研究西方宗教的同事们面临的问题相比较的话,这个问题就不足为奇了,因为研究西方宗教的同事们必须不断地以其学识与媒体和宗教组织斗争,媒体和宗教组织不见得真的懂得原汁原味的宗教。作为汉学家,我们的任务就是架起一座桥梁,让西方的受众可以与中国文化进行对话和沟通。不过,这种沟通和对话并不完全在我们掌控之中——我认为这也不应该在我们掌控之中。

由此可以得到这样的推论,即西方民间道教更多的是美国文化研究而非汉学研究的一部分,这就不是学者的责任了。虽然表面上看这很对——有关道教文化的跨文化研究现有的学识确实是英语文学、艺术、民

① 柯克兰:"九十年代道教的传播",第114页。

② 吉瑞德:《我的路:在千禧年前夕传授〈道德经〉和道教》,载于 Warren Frisina 编《传授道德经》(New York: Dxford University Press,即将出版)。

间文化方面的专家提供的——但只有我们才有专业知识将西方人把道教据为己有的情况与中国本土的道教联系起来进行考察，才能鉴别西方民间道教与中国本土道教的联系与差异，才能清楚地说明中国道教的思想与实践是如何被占为己有的。而且，我并不想对此轻描淡写，相反，我们或许可以从这些改造当中学到不少东西。在中国和日本佛教研究中有一点至关重要，即中国和日本佛教并非误解了印度佛教，而是使印度佛教中潜在的特点显现了出来①。与此类似，我在其他地方已经指出，马丁·布伯（Martin Buber）遭遇了《庄子》，这给他提供了十分有用的智力工具，他通过这一工具来理解中文经典的原文。② 这部论文集使历史知识与对道教资源的创造性挖掘之间的界线变得模糊不清，所以学者和环保主义者对传统文化造成的问题是可以找到非常有创意的答案的，这种答案就在现代西方对道教传统的改造过程当中。

研究道教的"新"途径

幻想曲作曲家、科幻小说作家厄秀娜的事例是一个十分有趣的例子。她潜心于道教研究不是由于一时的迷恋，而是一生的感情。实际上，客观地说，从本论文集的许多或绝大多数作者出生之前起，厄秀娜就开始严肃认真地研究道教了。厄秀娜通过她父亲接触到了老庄思想传统。她父亲阿尔弗雷德·科拉伯（Alfred Kroeber）是著名的人类学家，他经常阅读保罗·卡洛斯（Paul Carus）翻译的《道德经》，甚至还要求在他自己的葬礼上背诵《道德经》的部分篇章。这说明厄秀娜很早就开始接触《道德经》和《庄子》。虽然她本人很谨慎地称自己是"道士"，或者说，她的著作是在有意识地阐释道教的主旨，但她却很乐意承认，在她的世界观形成过程中道教对她产生的重大意义，也承认她的小说中有大量相关的证据。比如，

① 我要感谢 Masatoshi Nagatomi 强调这一点。

② 参见何乐罕：《我与道：马丁·布伯遭遇〈庄子〉》（Albany：State Vniversity of New York Press，1996）。

《黑暗中的左手》以大量阴阳互补的思想挑战了传统的二元对立思维方式。① 该小说对无性别种族的描写也十分引人注目。在该小说中，无性别种族在其繁殖周期的不同时段，呈现出不同的性别特征。这部小说还介绍了一种神秘的宗教仪式，该仪式以追求忘却为目标，珍视黑暗，珍视混沌的创造力。在《表示世界的词就是森林》和《天堂的车床》这两部小说中，厄秀娜探索了梦与现实之间的关系，而且仿佛是为她的灵感之源留下印记，她在后一部小说里大量引用了《老子》和《庄子》。实际上，"天堂的车床"这一标题就来源于理雅各对《庄子·田子方》的翻译中的一个词语。而在《被剥夺者》当中，厄秀娜想象了一个类似无政府主义的道教乌托邦，在那里，公认的伦理规范体现了道教的"无为"思想。同样的主题在她出版的许多关于文学创作、旅游、女权主义以及各种社会问题的著作当中反复出现。②

研究厄秀娜的学者虽然只是断断续续而且只是有限地使用汉学方面的资源，但他们已经从她的上述及其他作品中发现了道教主题，特别是《幻想之城》、"地球海"三部曲和短篇小说《比帝国更大更迟钝》等作品。有趣的是，厄秀娜在小说中以学者的方式谈论道教弥补了科幻小说和英国文学所存在的某些家庭手工作坊式生产的小家子气。例如，道格拉斯·巴布尔(Douglas Barbour)指出，《天堂的车床》"几乎就是道教思想的初级读本"，小说的主人公在"不经意间就成了道教圣人"。③ 伊丽莎白·卡明斯·考格尔(Elizabeth Cummins Cogell)是厄秀娜的传记的写作者之一。她发现，小说《被剥夺者》成熟地演绎了道教主题，而且随着主题的深入，道教思想在心理、社会、政治等方面的运用在小说里表现得自然而流畅。考格尔观察到了厄秀娜所表现的三大主题，即"道法自然"、"因应理论"、

① "二元互补"这一术语实际上来自 Wilfred Cantwell Smith 的《他人的宗教信仰》(*The Faith of Other Men*, New York: Harper, 1962, 第 67—80 页)当中有关中国宗教的介绍。

② 例证请参见《世界边缘的舞蹈》(*Dancing at the Edge of the world*, New York: Grove, 1989)。

③ 道·格拉斯·巴布尔:《天堂的车床:道教的梦想》(*The hathe of Heaven: Taoist Deeam*), Algol, 1973 年 11 月, 第 22 页。

“天道无常”。[①] 这些主题被巧妙地编织在厄秀娜小说的结构和内容当中。考格尔写道：“生活在一个快速变化、探索生存意义的时代，厄秀娜重新发现了古代中国在面临类似今天人类所面临的挑战时从哲学高度作出的回应，并通过她的小说对此加以更新，使今天的人们能够重视这些思想。”[②]迪娜·贝恩(Dena C. Bain)认为，《道德经》简直就是厄秀娜小说创作的基石。她指出，厄秀娜有三部小说都有一个基本的内在主题，而这一主题正是以老子清静无为的哲学如“大全”，“在场”，“看似完全对立的两种力量的相合，在损之又损之时复归于朴，成为双方必要的补充”[③]等思想观念为其创作基础的。罗伯特·加尔布勒斯(Bobert Galbreath)从另一个角度来探讨厄秀娜的作品。他认为，从《地球海的术士》开始，主人公的成熟与作者的思想转变就密切相关。这种转变是从道教向道家的转变，是从“控制死亡、获得长生，从而战胜死亡的心理需求”向“协调而非压抑内心的种种欲望”的转变，是从“基于操作层面的且具有强制性的”方术到“抱着接受和认识的心态去了解”的转变。[④] 约翰·克劳(John H. Crow)和理查德·恩里其(Richard D. Ehrlich)认为厄秀娜对道教的探索很大程度上是受了尉迟酣的《道教：道的分歧》的影响。他们注意到“尉迟酣的著作似乎对厄秀娜有很深的影响。从哲学问题到短篇小说创作，厄秀娜都受到他的影响。厄秀娜的一个短篇小说《幻想之地》的主题和标题就受到尉迟酣著作的启发。《天堂的车床》中，是给预防蛇咬伤的免疫血清还是不给，两位主人公有一番谈论，其背景的创作灵感也来自于此”[⑤]。托马斯·J. 雷明顿(Tomas J. Remington)、大卫·L. 波特(David L. Porter)、詹姆斯·比特纳(James Bittner)，还有其他几位学者都发现，了解道教对

---

① 伊丽莎白·卡明斯·考格尔：《道教的宇宙结构》(“*Taoist Configurations*”)，载《厄秀娜：通往内心与外部空间之旅》(*Ursula K. Le Guin: Voyager to Inner Lands and to Outer Space*, ed. Joe De Bolt, Port Washington: Kennikat Press, 1979)，第 154 页。

② 同上，第 179 页。

③ 迪娜·贝恩：《作为厄秀娜小说背景的〈道德经〉》(“*The Tao Te Ching as Background to the Novels of Ursula K. Le Guin*”)，《探索》(*Extrapolation* 21, 1980)，第 3 期，第 221 页。

④ 罗伯特·加尔布勒斯：《“地球海”三部曲中道教的魔力》(“*Taoist Magic in the Earthsea Trilogy*”)，出处同上，第 262—264 页。

⑤ 约翰·克劳和理查德·恩里其：《捆绑词汇：“地球海”三部曲中的综合范式》(“*Words of Binding: Pattens of Integration in the Earthsea Trilogy*”)，《厄秀娜》(*Ursula K. Le Guin*, ed. Joseph D. Dlander and Martin Harry Greenberg, New York: Taplinger, 1979)，第 238 页。

厄秀娜的影响对解读其作品很有帮助。

然而,虽然这些见解很有趣,也很有深度,但与道家和道教的专业论文却并没有太多的联系。小说中的材料反映出作者对道教历史的了解不够全面,对道教材料的运用也是有选择的。例如,伊丽莎白·卡明斯·考格尔说,"相信自然的'统一性'与'自发性'来自于'道'的观念,这一信仰产生了泛神论的思想"①。当她说这话时,她显然对李约瑟关于厄秀娜小说的阐释充满感激。作者在探讨作品的主题时,有时会用广泛的甚至是浪漫的眼光来看待宗教的历史和神秘主义的比较研究。迪娜·贝恩的文章声称"西方宗教传统把宇宙看做真实的存在,将上帝人格化,把它当做人来看待。与西方宗教思想不同的是,东方宗教传统则将宇宙看做虚无,把神看做一种非人格化的力量。但是,东方和西方的神秘主义宗教都认为神秘的宗教体验可以直觉到宇宙的本体(终极存在)——在西方是上帝,在东方则是绝妙的与道合一的状态"②。也许,更重要的是,厄秀娜作品的研究者对道教感兴趣只是因为这可以帮助他们更好地解读厄秀娜的长、短篇小说及其方法论,仅此而已。梳理厄秀娜作品受道教影响的蛛丝马迹,其目的在于阐明厄秀娜小说的特定主题——他们这样做就好像将道教的皮毛当成珍宝来收藏。不过,这样做也许无论对道教研究还是对厄秀娜作品的研究都是难能可贵的。这也表现出了小说文本阐释的特殊过程。道教的确在厄秀娜的作品中扮演了重要的角色,但是如果只研究厄秀娜小说的文本,我们对于她接受并移植道教的细节以及在她创造性的发展这一传统时她本人的作用却仍然是不甚了了。

老子的左手

最能体现厄秀娜与道教的结缘的——至少暂时是——莫过于她的《道德经》译本(她本人坚持认为那不是翻译)。厄秀娜个人多年来深入钻研《道德经》的巨大工程,在这个译本中得到了反映。由于塞顿(J. P.

① 伊丽莎白·卡明斯·考格尔:《道教的宇宙结构》,第155页。

② 迪娜·贝恩:《作为厄秀娜小说背景的〈道德经〉》,第209页。

Seaton)——厄秀娜经常向塞顿讨教——的敦促，厄秀娜才考虑出版这个译本。[①] 虽然厄秀娜没有研究过汉语语言文学，她的注释也显得“有些特别且不够专业”[②]，但她的这个译本却实实在在反映出她艰苦卓绝的研究和方法上的自我意识，而且她的方法在许多方面都类似于自由注释《圣经》的方法。一方面，厄秀娜努力重构文本背后的作者意图。保罗·卡洛斯的译文给她提供了逐字逐句的音译和意译，使她可以在前人和今人翻译的基础上进行阐释。尽管她没有官方颁发的汉学证书，但她才思敏捷，认为阿瑟·韦利、韩禄伯、刘殿爵等人的翻译值得信赖，麦克尔·拉法格注释《圣经》的试验虽然“古怪”但却“实用”，而且史蒂芬·米切尔和张钟元诗化的阐释含糊不清又不严密。[③] 另一方面，厄秀娜对重新挖掘文本背后的写作动机并不太感兴趣，她感兴趣的是想象文本之外的东西，或者，用保罗·利科的话来说，“是作品本身将思绪带到视野广阔的世界”[④]。于是，她省略、重新编排、重新阐释或者篡改《道德经》的部分篇章，而且她认为这样做没什么不好。不过，她对文本的篡改损害了她驾驭语言的能力，“使她的译文丧失了美学、精神、智慧等方面给人以启迪的意义”。虽然厄秀娜很明智，注意到了“原文”与马王堆出土的帛书有不一致的地方，她还是按传统的顺序来安排《道德经》的译文，并给每一章都添加了标题（比如“The Small Dark Light”，“Children of the Way”，“Being Obscure”，等等）。她常常还在每一章中都加上简明扼要的评语和注释来说明她对译文的思考。厄秀娜似乎以某种方式与经文进行对话，这使她自己置身于实证主义和后现代主义两极之间，就像她既不是要客观地重新建构作者的意图，也不是要简单地拒绝她自己的倾向性。

关于这一点，最明显的例子莫过于厄秀娜的《老子》——从广义上来说，厄秀娜的道教——很明确是平等主义的。重新出现在许多现代版本

---

① 在厄秀娜翻译的《道德经》出版之前，她应邀出席道教与生态的学术会议，这真是一次有趣的巧合。厄秀娜告知我说她“即将出版”的《道德经》译文——是基于直觉和诗化的理解……而且里面有许多不规范的东西时，我才意识到我对她作品的影响。

② 厄秀娜：《老子：〈道德经〉，一本关于道及其力量的书》，第 10 页。

③ 同上，第 108—110 页。

④ 保罗·利科：《诠释学与人文科学》(*Hermeneutics and the Human*)，John B. Thompson 译，Cambridge: Cambridge University, 1981，第 178 页。

的《老子》中的独裁的、分等级的，而且是男性的语言在厄秀娜的译文中被删除掉了。厄秀娜的目的就是希望《老子》经文可以和当下的、不聪明的、没有权势的、非男性的读者对话，不是为了猎奇，而是为了“聆听向灵魂诉说的声音”[①]。这一点，在厄秀娜翻译时对一些术语的选择上体现得尤为明显。比如，她并没有改变“百家”的原意。她还还原了不少术语。她没有将“圣人”一词译为“sage”（贤人），而是译做“wise souls”（智者）或“the wise”（智者）；没有把“天下”一词译为“the empire”（王国），或“under heaven”（普天之下），而是译做“the commonwealth”（百姓）、“the public good”（公众利益）或“the body politic”（政体）；“孝”没有译为“filial piety”（子女的孝顺），而是译为“family feeling”（对家人的感情）；“礼”没有译为“ritual”（礼节）或“propriety”（举止得体），而是译为“obedience”（服从）。在作注释的地方，厄秀娜就更为大胆。比如在翻译关键性的篇章时，厄秀娜是这样译的：“The Way is great, heaven is great, earth is great, and humankind is great; Four greatnesses in the World and humanity is one of them”（道大，天大，地大，王大。域中有四大，而王处一）[②]。厄秀娜没有把“王”译为“king”，既非理解错误，亦非表达错误。她认真地解释道：“‘king’一词混淆了《老子》诗一般的意境，与全书的精神不相符。”她还在《黑暗中的左手》里饶有兴趣地写道：“大王怀孕了，我把他给废黜了。”[③]在写这些文字的时候，厄秀娜坚持认为，“《老子》的精髓”，尽管被说得“有趣、敏锐、善良、谦虚，令人无法容忍，却让人爱不释手”[④]，这与独裁统治者或军事策略并不一致。厄秀娜剔除了一个著名但却令她讨厌的章节，原因是她认为该章内容是在告诫统治者“国之利器，不可示人”。她以该篇虎头蛇尾并干扰正文为由抽掉了该篇所包含的权谋之术的真实内容。[⑤] 与此相似，厄秀娜删除了另一章节涉及战时礼仪的内容，其实该章节主要是论述和平问题的。同时她还放弃了该章节论述大国小国需求不

---

① 厄秀娜：《老子：〈道德经〉，一本关于道及其力量的书》，第 10 页。
② 同上，第 35 页。
③ 同上，第 115 页。
④ 同上，第 10 页。
⑤ 厄秀娜：《老子：〈道德经〉，一本关于道及其力量的书》，第 47 页。

同的模糊主张的内容。[①] 然而，当厄秀娜保留自己质疑的语言风格时，却没有提供具有想象力的评论。以"治大国，若烹小鲜"一句开头的那一章时常被人引用，但人们引用这段经文并非把它当做政治箴言，而是把它当做"对个人的忠告"[②]。厄秀娜再次预见到了她本人对《老子》原文的修订，因为她承认她的译文实际上是原文的改写，如她把"治人事天莫若啬"译为"In looking after your life and following the way, /gather spirit"，而不是传统地翻译成"In Controlling people and serving heaven/It's best to go easy"。[③]

有意思的是，虽然厄秀娜坚持用平等主义原则来解读《老子》，但却并没有像不少粗心的读者那样，从明显的女权主义视角来解读《老子》，或者夸大《老子》所再现的女性和母亲之喻的意义。人们也许会说厄秀娜的其他女性主义方面的文章都流露出她深受道教影响的痕迹，但厄秀娜对《道德经》本身却很少提出相关的评论，而《道德经》是最初的女性主义者(proto-feminist)经常引用的。当厄秀娜忙于"认识男人、支持女人"的时候，她把《老子》放在了一个更广阔的背景中。

> 在《老子》这部伟大的诗篇中，像阴阳相对这样的辩证表述或反说比比皆是——男性和女性，光明与黑暗，荣耀与谦逊——但是，"认识这些思想并按照其提供的思想观念去生活"，行中庸之道，却导致了思想的停滞，同时也带来了思想的融合。河床中奔腾不息的力量回来了，思想力量的多种形式回来了，蕴涵着力量的深谷回来了——回到新的、无穷无尽的、直接的思想方法。[④]

同样，关于"溪谷"精神的著名诗句——"玄牝之门，是为天地根"[⑤]——避免引起荣格式的"神秘女性"的原型，颠倒了"天地"的概念。

---

① 厄秀娜:《老子:〈道德经〉，一本关于道及其力量的书》，第116、122—123页。
② 同上，第78页。
③ 同上，第77、122页。
④ 同上，第38—39页。
⑤ 同上，第9页。

“玄牝之门，是为天地根”呈现出明显的大地之情。厄秀娜心里似乎很满足，《老子》诗句中“玄牝之门”形象的内涵，说明任何使女性形象浪漫化的冲动都没有存在的必要，这一形象本身就充分而且深刻地显现了这一点。

但是，这并不能说明厄秀娜最终没有被引向经文的更加神秘的内容。因为她不断把老子描写成一个神秘主义者，而没有直截了当地说明这究竟意味着什么，也没有注意到“神秘主义来自于‘道’这一可以还原的、难以言说的现实，又回到这一现实”。她将老子与艾米莉·勃朗蒂(Emily Brontë)、艾米莉·迪金森、亨利·大卫·梭罗、威廉·布莱克(William Blake)、威廉·华兹华斯(William Wordsworth)以及杰勒德·曼利·霍普金斯(Gerard Manley Hopkins)等人进行了简单的比较。这种比较不断给人留下这样的印象，即她可能把《老子》当做长久以来的神秘主义的代表了，而且她所选择的语言也常常呈现出神话的品质(很像她自己的作品)。“很久以前/懂得‘道’的人/神秘、细腻、精神丰富、明察秋毫，/不为人所知。”①这种神话般的情绪在她有关返璞归真的作品里得到了特别清晰的再现。“神秘的力量/深邃/致远/归一。”②厄秀娜对体“道”的经历十分着迷，认为这是“对神秘力量最纯粹的理解，我们就是这神秘力量的一部分”③。厄秀娜把难以言说的“道”看做是无限潜力和创造性的源泉，证“道”可以带给人一种“永不枯竭的宁静感觉”④。它可以通过“无为而无不为”表现出来。厄秀娜认为“无为而无不为”就是“不争、不焦虑，是值得信赖的有为，是不发力之力”⑤，其特点就是“迅速改变人的思想观念”⑥。厄秀娜想象出“无为”的实际意义，她对道教的理解似乎小心翼翼地在三种微妙的力量对比之间徘徊。第一，道教不是尚古主义(原始主义)而是自然主义。她认为老子对过去时代的怀念(怀旧)，不是反对物质主义的世

① 厄秀娜:《老子:〈道德经〉,一本关于道及其力量的书》,第 20 页。
② 同上,第 83 页。
③ 同上,第 7 页。
④ 同上,第 48 页。
⑤ 同上,第 17 页。
⑥ 同上,第 6 页。

界，而是反对“物质二元论”和“宗教二元论”。[①] 她简单地把“朴”翻译为“uncut wood”(没有砍的树木)，把“自然”翻译为“what is”或“as they are”(事情本来的样子)。第二，道教没有浪漫，只有乌托邦。厄秀娜想象人们居住在自然和谐的社会环境中，但是也承认公正的政治力量和隐形社会结构的作用。第三，道教是解构主义而不是虚无主义。她认为实证主义——确信“我们的信仰是包含现实的永恒真理”——是“悲观的傲慢自大”。她认为“信仰、理论、对教条的崇拜、观念”都打上了错误知识的烙印，[②]却没有把这种情况看做人们在知识、道德或社会等方面麻痹无知的结果。她坚持认为，通过感知和体验这样的形式可以释放隐匿于内心深处的信心。正如厄秀娜的译文所说，“在不知不觉中去认识世界是最佳途径”，她的评论把这种观点称为“朦胧中的清晰、瑕疵掩藏的玉石”[③]。

道教、想象和环境

到此为止，我还没把厄秀娜接受道教、传播道教与生态的主题联系在一起。厄秀娜很快意识到，必须探讨老庄(道教)传统中关于环境意识的探索与思考。无论《老子》还是《庄子》，都不是诞生于环境危机时代的作品的确，他们关注得更多的，是他们那个时代的其他危机。人们也许只想去探讨，究竟是他们哪一位率先提出这样睿智的思想。厄秀娜仍然有意无意地把这些思想归入道教——道教的平等主义、朴实、自然主义、乌托邦理想、神秘主义和神话的气氛——几乎所有这些都肯定地与负责任的环境保护主义相一致。在此提到这样的观点一定又是老生常谈，因为这本书已经在多处谈到过同样的问题。无论如何，厄秀娜确实认为道教明确地把人类置于与万物平等的位置上，要求人类与这颗星球和谐共存，而

---

① “老子认为唯物主义二元论者试图忽视身体，生活在自己的精神世界里。宗教二元论者则轻视身体，为得到上帝的回报而活着。老子认为这两类人都很危险且处于危险之中。因此，老子说，要享受生活，活在你的身体里，你就是你的身体。你要到哪里去？天堂和现世原本就是一样的，行走在家乡的街道上就是走在通往天堂的路上。”厄秀娜：《老子：〈道德经〉，一本关于道及其力量的书》，第100—101页。

② 同上，第5、91页。

③ 同上，第91页。

不是去统治或利用它。这使人想起了女性主义神学家比弗利·哈里森(Beverly Harrison)的作品。比弗利注意到,生态学家很快就找到了道教与生态两者之间的联系,“我们是整个地球生命网络的一部分。人类与其他生命的联系,其复杂程度远远超出了我们的理解力”①。虽然厄秀娜没有直接把她自己的环境伦理思想归结于道教的影响,但是,我们可以清楚地在她的作品中看到这两者之间强烈的共鸣。厄秀娜在反思她那部颇具争议的著名作品《黑暗中的左手》时表现出强烈的自我意识,她考虑到了重构的性别身份所包含的东西,而且通过重建性别身份,使道教与环境之间的联系变得清晰可见:

> 很可能我们的中心问题似乎并不是眼前这个问题:掠夺的问题——对女性的掠夺,对弱者的掠夺,对地球的掠夺。我们的祸根是疏离,是“阳”与“阴”的分离把“阳”道德化为“好”[善],把“阴”道德化为“坏”[恶]。不是寻求两者结合的平衡,而是为争夺主导地位而进行争斗。坚持分裂,否认相互依赖。二元论的价值观毁了我们,上级与下级之间,统治者与被统治者之间,所有者与被所有者之间,使用者与被使用者之间,所有这些,都被看做是对立的关系。在我看来,这种二元对立的关系似乎可以让位于一种更健康的、更成熟的、更有希望的关系形式,即完整和综合的关系。②

通过诉诸最重要的道教主旨——阴阳和合,厄秀娜把道教哲学与伦理和生态问题联系到了一起,从而使人为的社会公正和环境责任之间的差异变得含混不清。促进男女两性的和谐、打破社会结构的等级、改变人们对女性的实用主义态度,也就是促进人与地球、人与宇宙成为一个整体。虽然厄秀娜没有特别提到道教,但她在其他地方讨论了两性疏离、两

① 比弗利·哈里森:《爱的行为中愤怒的力量》(“*The Power of Anger in the Work of Love*”),载《编织梦想:女性主义灵性的新范式》(*Weaving the Visions: New Patterns is Feminist Spirituality*, eds. Judith Plaskow and Carol Christ, San Francisco: Harper, 1989),第221页。

② 厄秀娜:《性别有必要吗? 回家》(“*Is Gender Necessary? Redux*”),载《在世界边缘舞蹈》,第16页。

性分裂和虚伪的二元论所包含的环境意义。“整个生态科学……详细地描述了我们正在对环境犯下的错误以及这种错误所造成的全球性后果。这种暂时的曲折就是，我们被语言所迷惑，被语言描述世界的能力所迷惑（我们用语言创造了虚假的、不负责任的人与环境的分离）。我们把语言作为一种使人与环境疏离的工具。生活在自己的生态系统中的人们对这种状态无言以对。他们只是把这样的状况称为世界。”①从广义的层面上看，尽管厄秀娜的道教“贤人”本身不是特别关注生态问题，他们却作为社会的参与者“使自己的生活与社会融为一体”②。在其他的事例中，厄秀娜把道教与生态相联系，其表现更为明显。在她对老子的刻画从“善良而且智慧的导师”转变为具有“真正的神秘感情和真正的道德责任感”的智者后，紧接着她便对人类习惯性地以错误的方式利用环境进行了一番探讨：

> 在我的一生中，我们一直都在尽可能地快速浪费我们的世界：耗尽、抛弃、污染、焚烧、砍伐、消灭。我小时候知道加利福尼亚是个美丽的地方，现在它已经面目全非。取而代之的，是房屋建设、沃尔玛、黄金拱门、八车道的高速路。就算人口的过度膨胀不会把美国扼死，汽车产业的过度发展也会让美国喘不过气来。在美国，少数的有钱人和日益增多的穷人之间的贫富差距越来越大。③

厄秀娜在这次特殊的谈话当中对人类处理环境问题所提出的忠告已经到了这种程度，“设法生存，也许我们可以想办法让我们当地的情况稍好一点”。为了让我们能做到这一点，她又说，“我们需要想象力——非常活跃的、卓有成效的想象力”。厄秀娜想象的景观就是这样一个地方，在那里可以找到具有道教风格、对环境负责任的社会。为了使这次讨论有

---

① 厄秀娜访谈，引自 Jonathan White：《水上谈话：关于自然与创造力的对话》（*Talking on the Water: Conversations about Nature and Creativity*, San Francisco: Sierra Club Books, 1994）。

② 厄秀娜：《老子：〈道德经〉，一本关于道及其力量的书》，第 64 页。

③ 节选自厄秀娜在 Houghton Mifflin Company's McDougal Littell 网上答读者问。网址为 http://www.mcdougallittell.com/lit/guest/le-guin/ukans.htm，虽然这类网址存在时间短。

个圆满的结果，我想提议分析厄秀娜相对较新的一部小说《回家》(*Always Coming Home*)，厄秀娜对人类的忠告在这部小说里有很充分的表达。这部小说一方面很容易被认为是道教式的幻想，另一方面又作为生态类的文章不断地出现在大学的教学大纲以及参考书目里。在这本“未来的考古学”小说当中，厄秀娜想象了一个民族：人们和谐地生活着，没有潜在的进步神话；人们认同一种原始的智慧，不追求和运用知识。他们知道生活在边境的另一边与他们有正式关系的人们，但是他们却并不想去了解边境另一边发生的事(鸡犬之声相闻，老死不相往来)。虽然他们有基本的技术和大量记录，但他们却很少去利用这些资源。最引人注目的是，厄秀娜纯理论的道教现象学反映的这个社会只有少量的技术但人们的生活却很舒适，尽管她希望恰当地把这样一个社会自然地呈现出来。

> 我希望在我的作品当中从来没有，也不会被察觉出有某种“反科学”的因素。科学与技术究竟是什么，这一问题常常会产生混淆。例如，我认为，在技术模式方面《回家》是一部相当有意思的作品，我设法细致而且不断地思考，为我发明的那个深谷中的社会想象出了一个非常精致的、完全实用的、能满足人们审美要求的技术。作为一名人类学家的女儿，我把技术看做包含了一个社会在物质方面制造和使用的一切。但是，现在许多人使用“技术”一词仅仅用来指高技术发明，而这类发明正是以依赖于对自然资源大肆掠夺的巨大的全球性网络为基础的，还包括对被剥削阶级(他们多数在第三世界国家)的掠夺。①

由此看来，这一争论不会被还原成科学技术的发展和环境意识之间的冲突，也不会淡化为自私的功利主义和负责任的全球意识之间的冲突。按照厄秀娜的说法，这一争论是由被误解的假设所预设的虚假分裂，即假设任何一种“实用”的东西都与社会的自然运行相左。事实上，天包容一

---

① 节选自厄秀娜访谈，来源不详。该访谈内容出现在厄秀娜的短篇小说《九条命》(*Nine Lives*)的前言里。该小说收录在由 David G. Hartwell 和 Kathryn Cramer 编辑的(“*The Hscent of Wonder: The Evolution of Hard SF*”一书中。*The Hscent of wonder: The Evolution of Hard SF*, New York: Tor, 1994，第43页)当中。

切，地厚德载物——大自然在“不停地给予”①——然而，我们面临的挑战，是如何以负责任的、对得起子孙后代的方式来利用天地间的自然资源，即利用而不掠夺，使用而非索取，发展而避免耗尽。而且，关于老子的智慧，厄秀娜曾说过，“使用而非占有，给予而不索取，引导而非控制：这就是那神秘的力量”②。

结论：跨文化移植的问题

从厄秀娜一生与老庄传统的接触当中，我们发现了西方人的想象与道教的想象之间引人入胜的碰撞，碰撞的结果产生了富于创造性的、有责任感的、引人注目的景观。它值得我们从学术的层面加以注意，从伦理的角度去倾听。厄秀娜已经很细致地完成了她的任务，没有完全消除范围更广的、更痛苦的跨文化移植的现象。正如柯克兰在道教与生态会议上所注意到的，从其他文化传统中借用资源，尤其是从美洲土著民族和其他民族的传统文化资源（那些民族没有立即被赋予权力控制或很难控制这种对话）中。这种文化资源的借用或移植在实践中很可能从总体上看不像是一种虔诚的宗教信徒之间的交流，而更像是一种“文化露天矿的开采”（文化的掠夺）。现代汉学家们不愿意重复他们前辈理智的“东方主义”。当他们遇到“宗教东方主义”的东西时，他们认为有理由对东方文化进行某种保护。这种保护要么是在无意间流露出的迟钝，要么就是掠夺文化的殖民主义。早些时候，有人提出，学者们并不具有真正的权威来确定西方与中国宗教和中国哲学对话的方向。不过，当他们发现与西方人的观念不一致的地方，他们也要保持沉默，这一点也是显而易见的。目前的现状是，在现代宗教学术研究的范围内，就有关文化移植的话题进行跨文化的交流对话，时机还不成熟。多位同仁正在努力厘定可行的标准，建构合理的规范，其目的就是为了区别对东方文化进行新的创造性阐释与跨文化之间移植存在的诸多误区，也是为了建立学术研究的合理规范。

① 厄秀娜：《老子：〈道德经〉，一本关于道及其力量的书》，第 8 页。
② 同上，第 66 页。

其中所使用的资料其所有权关系很微妙，可能引起争议。总而言之，让刚刚崭露头角的作者对这些争议以及它所隐含的东西有比较理性的认识，对他们而言，具有相当大的挑战性。厄秀娜提供了一个范本，让我们了解她在这方面所作出的努力。她这样做之所以成功，在很大程度上是由于她的学术声望。厄秀娜在与道教的接触当中表现出了对道教的尊重和诚实的态度，对道教充满“同情之心”并“意识到可能对道教犯下过失”。她尽量做到从道教中吸取营养而不是简单地照搬道教的东西。从历史角度看，道教是非常深奥复杂的。道教这种复杂性不仅表现在道教的历史与道教对环境的关注这两者之间的关系上，也表现在博大精深的道教智慧宝库如何对现代环境危机作出有效回应的问题上。但是，我相信西方道教的改革——至少一部分——是成功在握的。

（岳齐琼　译）

本编讨论:道教——当代生态意识的重要传统

苗建时
(James Miller)

引 言

我们研究贯穿道教传统的重要线索时,必须注意把握道教经文的性质,不能把按照我们本民族文化的想象形成的不真实的思维定势,掺杂到对道教经文的理解当中去。出于这一原因,刘明断言道教与当代“环境危机”的想法毫无关联,因为“环境危机”描述了原罪、判断和拯救等一系列宇宙戏剧,而这些都源于一个不真实的基督教观念,即自我与世界的关系。如果某种形式的环境保护主义可以被道教所接受,那就是“变化始于细微之处”的“核心环保主义”。对于道教的传统,我们如何认知?我们学者和道教从业者如何根据当前的形势重新把道教呈现给受众?这一小组的论文通过各种方式把这一系列的问题联系起来了。刘明谈到,他被任命为道士时,有机会接触道教经文,而这些经典是学者们没有机会看到的,因为明《道藏》没有收录这些经文。可见,要保持道教宗教仪式所特有的原汁原味,靠的就是某种程度的秘密传授。为了使师徒传承绵绵不绝,世系的传承靠的就是保护好本门派的经书,经书只传授给经过严格训练的弟子。道教学者在破译这些秘密时,却实实在在地在破坏道教传统仪式的结构,这是他们破译这些秘密所面临的问题。

何乐罕的论文完全采用道教的方法聪明地处理了这一难题,说明了道教仪式的产生和衰落二者之间的互补关系。当代西方道教的形成意味着对中华民族的历史传统的“文化露天采矿”(即掠夺性的文化移植)吗?

何乐罕为了富于想象的传统文化的“相互移植”，既批驳了对文化传统的保护毫无结果，又驳斥了对文化传统不加思考的掠夺。或许，对建设性的经典注释和实用主义的环保主义而言，这就是道教的模式。可以肯定，道教是对的，因为这些争论彼此密切相关。

我想说明一下把现代道教建设与人们对生态问题的关注联系在一起而进行的“相互移植”的三个策略：第一，运用古代的思想传统来阐释对自我的认识；第二，学会阐释自然的本质；第三，鼓励创新性质的对经文本意的违反。

启发自己

《中国道教协会全球生态宣言》明确指出，尊崇形而上之道的方法在于修德或修持自身内在的人格魅力。反过来讲，人们越来越不重视自身内在品质的价值，是造成自然环境恶化的主要因素。该宣言重读古代道教和传统经典，目的就是希望我们现代人了解禀天地之气而生的人究竟是什么？自然界最大的危险，乃是现代社会人的自我形象（自我意识）的不断膨胀。因此，任何环境保护计划都必须首先开启我们自己的思想。博大精深的道教经典是我们取之不尽的思想源泉，将我们文化心理上沉积的一层层错觉荡涤得干干净净。在开始设想我们的正确发展观时，我们必定会完全倾向于尊重我们的环境。

当人类自身的问题难以解决，将自然作为发泄对象时，就会导致人类认识上的危险、自然环境的危险。尼采在《基督教的敌人》（*The Antichrist*）中写道：“凡是神学家觉得是真的东西，一定是假的：这几乎成了判断真理的标准。无论从哪种角度来看，他都不可能尊重现实，甚至还不让人插嘴，这是他最基本的自我保护本能。”如果我们认识到环境危机就是人类自我保护的危机，也就是存在主义担心的一系列环境恶化事件（与启示录所预言的世界将面临毁灭的灾难性结果不谋而合），那么，我们要承担的风险就是像“神学家”那样不尊重现实、不能解读自然。

阅读大自然

不过，在上清派那里，学会“阅读大自然”不是为了浪漫地徜徉于荒野而抛弃文明的传统，而是要学习领会宗教经文，洞悉世界的本来面目，了解体现宇宙本质的结构。修持经文详细阐释的道法，将其作为一种认知宇宙的方式，使个体生命的精神与复杂的宇宙精神合一。通过学习内观人生小宇宙，经验丰富的修炼者就会理解，他们的生命其本质是与外在的大宇宙融合在一起的，二者密不可分。而宗教经文的修持正是导致这种融合得以发生的媒介。

于是，我们面临着对经文进行双重阐释的难题。一方面，人们只要冥思道教的经文，修炼某一门派的道术，就可以获得自然界所包含的多重复合价值。而另一方面，只有考量经文所包含的宇宙图式，才能完整地、原汁原味地欣赏宗教经文。在上清派那里，我们必须面对这样的神学主张，即只有存思道教的经文，我们才能完全创立与环境之间的关系，而只有形成与环境之间的关系，我们才能理解宗教经文和道教的宗教传统。自然、经文、人，三者完全联系在一起了。没有另外两个因素参与其中，就无法理解其中一个因素。

培育创造性的违背

道教对进化的理解具有三合为一的色彩：即人种、宗教文化、宇宙，此三者是相互关联、不可分割的。“道”或理解“道”，既不是以人类为中心、以宇宙为中心，也不是以生物体为中心，而是认识到，在相互依存状态下这三者可以相互转化。本书的危险在于它已经把道教传承的很多思想线索变成了具体的实体，这种实体化的东西可以回答我们当今面临的问题。因此，似乎在建构道教与生态关系的问题的过程中，我们已经在深层次上违背了道教思想的传统。实际上，将道教与生态作为活生生的对话伙伴而非无生命的科学知识，我们已经远离了这一危险。在这样做的时候，我们既感谢进化的过程，同时也违背了进化的过程。

厄秀娜认识到了她在西方道教传播过程中的责任，所以她采取了对环境保护主义者和道教学者都有益的工作模式，即既尊重和保护道教又接受这个现实：违背和妥协是不可避免的。于是，人类思想的历史没有倒退，自然的历史也不会倒退。在我们这颗行星上支持生命的系统即将崩溃之时，自然、人类和宗教的历史现在紧密地交织在一起了。道士和习练武术的人都应警觉、有知识、善于变通，同时要保护好道教。生存的方式不是一种可以应用于关注环境“形势”的道教“伦理”观念，而是一种有利于学者、科学家、政治家以及所有希望与环境和谐相处的人们采取的创造性姿态。它不是只关注知识分子的实用主义儒家思想的替代品，而是人类必需的内在精神伴侣。

（岳齐琼　译）

尾声:道歌

厄秀娜

(Ursula K. Le Guin)

何乐罕对西方民众道教的讨论,我认为既公正又富有启发,把我的思路带入了这样的境地,即我不得不像一个中国人或汉学家那样去思考问题。这是非印第安人对美国土著宗教观念和实践的挪用。印第安人对此可以进行辩护。我则选择站在印第安人一边,因为,我的父亲作为人类学家,有责任让白人接触到土著文化,而我自己阅读过人类学家和印第安人的作品,它们的思维方式和行为影响了我的作品,特别是《回家》。当一些白人小孩告诉我她是一个萨满、知道什么动物是她的精神指导、以及这让她感觉多么良好的时候,我内心中就有某种东西在翻腾。从我所知道的一个真正萨满、一个尤罗克人(Yurok)看来,萨满不是一种游戏,而是沉重的负担,意味着终生要冒着巨大的、连续的、精神上的风险去学习和传播复杂的知识。

感到印第安人在合法地捍卫他们的宗教,我自己却像是一个道教的局外人,尽管我对道教感情很深,对一些可能的冒犯我还是必须特别小心提。在翻译《老子》的时候，我尽量保持恰当的警惕。① 但在某种程度上，还是不可避免地越界了。我完全可以预料在这里会遇到道教人士和学者相同程度的反驳。既然以传达和翻译某些经典、思想和思维方式为己任，个

① 编者根据塞顿和厄秀娜的材料所做的注释：厄秀娜对老子的理解见于她的《老子：〈道德经〉，一本关于道及其力量的书》。她承认塞顿是她创作这本书的“合作者”。对于这种合作的性质，塞顿是这样说的：

> 在两片面包之间夹一片火腿，你就做出了一个火腿三明治。我们一直认为这种三明治是美味佳肴。
>
> 当我的孩子们还小的时候，我经常把一些好东西，如花生酱、果酱、黄油奶酪、黄瓜（当然是黄瓜在上面），放到薄脆饼干的两面，对传统稍作一点改变，称为饼干三明治。
>
> 在何乐罕漂亮的分析和厄秀娜之间，我就是这个特殊的饼干三明治中的饼干。
>
> 作为我对何乐罕的回应，我只是想澄清我在厄秀娜翻译《道德经》时所起的作用。我能参加这个会议，既高兴，又吃惊，也感到荣幸。尽管我对作为汉学家感到很自豪，尽管认识我的很多人错误地把我当做“道士”，其实，我不是比较宗教的专家，也不是真正研究中国文献的学者。三十年来，我一直将“所有的中文诗歌当做我的资源”，来分析培根……一般说来，作为一个文学翻译者，特别是作为诗歌翻译者，我应该为一般化承担一些责任。多多少少接受了翻译者就是背判者的教条，几十年前我就决定要尽量利用它，如果这是背叛的话。我的作品和我本人肯定不是今天这里要讨论的，但考虑到我自己让你们来理解我在厄秀娜女士翻译《道德经》时所扮演的显然很高深莫测的角色，我认为给你们提供一些背景是合适的，也许多了一点。
>
> 我第一次读《道德经》是在1963年，读的是R. B. Blakney的译本（65美分，平装本）。那以后，我很认真地读了十四种不同的英文译本，对照着王弼的通行本，后来参照了河上公注本和马王堆帛书。在我帮助厄秀娜之前，我只在学生要求的情况下一章一章地读原文。在厄秀娜提出要看它们之前，我从来没有读过《老子》的注释本。当我们开始一起工作时，她的英语语言知识比我宽得多，也深得多，我要很努力才跟得上。这之间我发现韩禄伯和拉法格特别有见地。
>
> 另一方面，我已经用英文给本科生在初级和高级水平上教授这部作品二十五年了（Chapel Hill没有中文方面的研究生学位教育），为自我启发而参考过各种版本。我既受到过鼓舞也得到过安慰。我常把“为无为”的概念与艺术创作等同起来。作为中国文献翻译的老师，我已经从事这一行三十年了，我一直希望有一本《道德经》的译本，其语言能够使聪明的当代美国学生兴奋起来。这是我鼓励厄秀娜翻译这本书的初衷。
>
> 简单说来，在厄秀娜女士翻译的过程中，我的角色是助手。当她问起时，我就查阅Morohashi和其他的注释。我偶尔谨慎地提供一些理解建议。但我却得到了助手能得到的极大尊重。像好的助手那样，我从厄秀娜女士身上学到不少东西，这比她从我这里学到的要多。这本翻译（或她一直所称的**改写本**[version]，尽管我努力让她相信这是翻译）完全是她独立完成的，是一种一生的严格学习和深刻思考的体现和说明，带着荣耀和只有真正的艺术家才能驾驭（或让它流动）的力量，我不能改动任何一个字，即使我是那种胆敢尝试去改动别人字句的人，包括那些高手的东西。

“在对塞顿的回应中，”厄秀娜评论道，“研究助手想不到我会描述他在我的《道德经》改写本中扮演的角色。我想他更多地是夏尔巴人（Sherpa）。我，一个愚蠢的外国登山者，面前是老子这座大山，有夏尔巴人的指引，他住在山里，知道这座山；他带着氧气，没有他我绝对一半都走不到。”

人理应对之负责、捍卫它们。你希望它们能被正确地理解，因它们而尊重它们，不把它们琐碎化或误用。你感觉对它们，就像一个生态学家走向一条河或一片沙漠：这里不能被滥用，如果我们要开发，我们也必须十分谨慎。

保卫道教不被贬值和平庸化，对我来说是义不容辞的，这也是学者工作的一项基本内容。像生态学家和环保主义者一样，你没有绝对防御的奢华，妥协是在所难免的。人们要使用河流和沙漠。道教经典是大众的。那些蛮夷就在门里头——我就在这里。我支持何乐罕所说的，如果我们这些非学者类型的人，这些外行人，这些缺乏历史知识的人，这些将阐释学(hermeneutics)与启发式(heuristics)策略相混的人，甚至不懂中文的人，与你的经典合作，也许你最好的动机也是开始与我们的合作。把我们对道教的付出、我们的失误、我们的天真、我们的误解，作为你们工作的符号、标志、指南：什么最需要解释，什么留了下来并使传统有了改变，什么是可译的(给出每个词的所有意义)，什么不可译。不要对愚昧和无知宣战，而应把愚昧和无知当做指南，这很符合老子的精神。

我这里还要谈一下作为艺术的宗教和思想翻译。我们一直在从经典中找思想，但如果《老子》和《庄子》在美学上可有可无，而只在思想上有价值，它们还会像它们显示的那样重要吗？如果它们不是伟大的艺术作品，它们能接近西方的大众文化吗？它们能有如此巨大的影响力吗？道教在艺术中得到了最直接(和最适当)的表达。道教绘画教我们去看这个世界，道教诗歌让我们去理解这个世界。

正如宗教一直用艺术来表达、展示、证明自己，我相信生态学能够也必须利用艺术。艺术是所有的龟，从上到下……①。

现在，我用多年以前创作的一首诗来结束这个尾声。

道 歌

啊，悠游的鱼儿

---

① 有一种传说认为世界是由一只巨大的龟驮着的。这只龟又站在什么上面呢？有人说这只龟在另一只龟上面，另一只龟下面还有一只龟，从上到下，直到无穷。作者在此用“龟”的象征意义来说明艺术。——译者

指给我道
啊,绿色的水草
显示给我道的生长

你走的道
你生长的道
就是
大道

啊,明亮的太阳
照亮我的道
正确的道
是那条
无人可道的道

如果人能选择它
那就偏离了道
歌唱我的道
啊,这首歌:

没人会长久地将它失落。

(陈霞 译)

作者简介

安乐哲(Roger T. Ames),夏威夷大学中国哲学教授。他翻译过《孙子兵法》(*Sun-Tzu: The Art of Warfare*, Ballantine Books, 1993),与刘殿爵一起合译《孙膑兵法》(*Sun Pin: The Art of Warfare*, Ballantine Books, 1996),与罗思文(H. Rosemont, Jr.)合译了《论语》(*The Analects of Confucius: A Philosophical Translation*, Ballantine Books, 1998),与郝大维合译《中庸》(*Focusing the Familiar: A Translation and Philosophical Interpretation of the zhongyong*, University of Hawai'i Press, 2001)。他也是包括《透过孔子而思》(*Thinking through Confucius*, State University of New York Press, 1987)、《期待中国:透过中西文化而思》(*Anticipating China: Thinking through the Narratives of Chinese and Western Culture*, State University of New York Press, 1995)、《由汉而思:中西文化中的自我、真理和超越》(*Thinking from the Han: Self, Truth, and Transcendence in Chinese and Western Culture*, State University of New York Press)等对中国哲学进行阐释性研究的著作的作者之一。

安德森(E. N. Anderson),哈佛学院学士(1962),加州大学伯克利分校博士(1967)。自1966年开始在加州大学 Riverside 分校教书至今。主要著作包括《中国的食物》(*The Food of China*, Yale University Press, 1988),《精神生态:情感、信仰和环境》(*Ecologies of the Heart: Emotion, Belief, and the Environment*, Oxford University Press, 1996)。他的学术兴趣是文化生态学和人种学,在香港(1965—1966,1974—1975)、马来西

亚和新加坡(1970—1971)、英属哥伦比亚(1984—1985)、墨西哥的尤卡坦(Yucatan)半岛(1991,1996)从事过实地调查。

乔安妮·布尔德威斯托(Joanne Birdwhistell),新泽西 Richard Stockton College of New Jersey 的哲学和亚洲文明教授。她出版有《转向理学:邵雍论知识和实在的象征》(*Transition to Neo-Confucianism: Shao Yung on Knowledge and Symbols of Reality*, Stanford University Press, 1989),发表有多篇文章。在斯坦福大学获得学士和博士学位,在宾夕法尼亚大学获硕士学位。她现在的研究兴趣是比较哲学,特别是环境和性别问题。

康儒伯(Robert Ford Campany),1988 年获芝加哥大学博士学位。自 1988 年至今是印第安纳大学宗教学和东亚语言与文化方面的副教授。他出版有关于中国志怪小说起源的书《志怪:中国中世纪早期的录异记》(*Strange Writing: Anomaly Accounts in Early Medieval China*, State University of New York Press, 1996)。最近在加州大学出版社出版了《像天地一样长久:葛洪〈神仙传〉翻译及研究》(*To Live as Long as Heaven and Earth: A Translation and Study of Ge Hong's "Traditions of Divine Transcendents"*, University of California Press)。

文森特·朱(Vincent F. Chu),波士顿唐人街青松太极俱乐部(Gin Soon Tai Chi Club)的指导老师。他七岁时开始跟随父亲朱青松(Gin Soon Chu)大师学习杨氏太极拳,也和太极拳宗师杨澄甫的继承人杨守中(Yang Sau-Chung)、香港的 Ip Tai Tak 大师学习过太极拳。在杨氏太极拳,推手,太极武器如棍、刀、矛和气功方面训练有素,经常为武术杂志撰稿。

爱德华·戴维斯(Edward Davis),1976 年获哈佛学院学士,1981 年和 1993 年获加州大学伯克利分校的硕士和博士学位,现在是夏威夷大学中国历史方面的副教授。他出版有《宋代中国的社会及超自然》(*Society and the Supernatural in Song China*, University of Hawai'i Press, 2001)一书。他与人合作编辑了《当代中国文化百科全书》(*Encyclopedia of Contemporary Chinese Culture*, Routledge, 2002)。

斯蒂芬·菲尔德(Stephen L. Field),1985年获Austin得克萨斯大学博士学位,是Trinity University in San Antonio,Texas的中文教授。自1993年以来,在国际、国内和地区性会议上发表风水方面的论文,曾在一本书里用中文写了两章,也在期刊上发表过文章。他的网页Fengshui.com是互联网上最流行的风水网址之一。上面还有他关于风水的研究,对指南派的读者而言,上面还有风水方面的阅读资料。

吉瑞德(N. J. Girardot),里海大学(Lehigh University)比较宗教史学的著名教授。他的研究涉及道教(《早期道教的神话及其意义——混沌主题》[*Myth and Meaning in Early Taoism: The Theme of Hun-tun*])、中国神话、中国宗教史研究。其他研究领域包括美国视觉"民俗"或"局外人"艺术,以及美国的民间宗教运动。他的《维多利亚时代的中国翻译:理雅各的东方朝圣》(*The Victorian Translation of China: James Legge's Oriental Pilgrimage*)已经由加州大学出版社出版。

卢梭·古德曼(Russell B. Goodman),在宾夕法尼亚大学、牛津大学和约翰·霍普金斯大学(Johns Hopkins)学习过。他是《美国哲学与浪漫传统》(*American Philosophy and the Romantic Tradition*, Cambridge University Press, 1990)、《当代实用主义文选》(*Pragmatism: A Contemporary Reader*, Routledge, 1995)、《维特根斯坦与威廉·詹姆斯》(*Wittgenstein and William James*, Cambridge University Press, 2002)、《斯坦利·卡维尔:哲学家对其批评者的回应》(*Stanley Cavell: The Philosopher Responds to His Critics*, Vanderbilt University Press, 2002)等书的作者。他也出版有关于道教、印度教和美国哲学家爱默生的著作。1993年,他主持巴塞罗纳大学的富布赖特(Fulbright)讲习。现在是新墨西哥大学哲学系的教授和主任。

韩涛(Thomas H. Hahn),1984年在德国Main的法兰克福大学获硕士学位,论文是关于《老子》注释的。从1984年到1987年,他在北京、成都、上海调查当代道教。自1988年到1990年,为马尔堡大学(University of Marburg)中国宗教与传统中国教育的研究人员。他在海德堡大学接受了图书馆学的训练(1990—1998年),1997年完成了《中国的山与洞》的博士论文。1998年,成为麦迪逊(Madison)威斯康星大学(University of Wisconsin)的专业图书管理员。2001年,担任康奈尔大学(Cornell University)"华生文库"(Wason Collection)的馆长。他正在写一本关于20世纪中国地理学家张相文的书。

郝大维(David L. Hall),曾是El Paso得克萨斯大学的哲学教授。1967年获耶鲁大学宗教学博士,主要研究美国哲学和中西比较哲学。他出版的书籍包括:《由汉而思:中西文化中的自我、真理和超越》(*Thinking from the Han: Self, Truth, and Transcendence in Chinese and Western Culture*, State University of New York Press, 1998)、《期待中国:透过中西文化而思》(*Anticipating China: Thinking through the Narratives of Chinese and Western Culture*, State University of New York Press, 1995)、《透过孔子而思》(*Thinking through Confucius*, State University of New York Press, 1987)、《罗蒂:新实用主义的先知与诗人》(*Richard Rorty: Prophet and Poet of the New Pragmatism*, State University of New York Press, 1994)。

何乐罕(Jonathan R. Herman),乔治亚大学哲学系宗教学专业副教授。他1992年在哈佛大学取得中国宗教博士学位。著有《我与道:马丁·布伯与〈庄子〉的相遇》(*I and Tao: Martin Buber's Encounter with Chuang Tzu*, State University of New York Press, 1996),发表了有关道教哲学、新儒学、比较神秘主义、阐释学方面的论文。现在是中国宗教研究学会的工作人员。

柯克兰(Russell Kirkland),乔治亚大学宗教专业副教授。1976年在布朗大学完成宗教学的本科和亚洲历史的硕士学习，1982 年和 1986 年分别取得印第安纳大学的宗教学硕士和中国语言和文化博士学位。他曾在罗切斯特大学（University of Rochester）、密苏里大学（University of Missouri）、奥博林学院（Oberlin College）、斯坦福大学、马卡勒斯特学院（Macalester College）教授道教和相关科目。发表了诸多有关道教、中国历史和宗教、中国西藏、朝鲜、日本的文章和著作，常为《宗教学研究评论》（*Religious Studies Review*）撰稿，自 1990 年以来也是《中国宗教研究杂志》（*Journal of Chinese Religions*）的书评作者，并且是中国宗教研究学会执行委员会的成员。

祈泰履（Terry F. Kleeman），在 Boulder 科罗拉多大学东亚语言文学系讲授宗教学，也曾执教于威廉和玛丽学院（College of William and Mary）、明尼苏达大学、宾夕法尼亚大学。他是加州大学伯克利分校的博士、英属哥伦比亚大学的硕士，在台湾大学、Taisho University（东京）、巴黎高等研究实验学院（the École Pratique des Hautes Étude, Sorbonne, Paris）和东京大学从事过海外调查研究。他主要研究东亚宗教，特别是中国民间宗教和道教。著有《一个神自己的故事：〈文昌化书〉》（*A God's Own Tale: The Book of Transformations of Wenchang*, State University of New York Press, 1994）、《全真：中国千年王国的宗教和民族》（*Great Perfection: Religion and Ethnicity in a Chinese Millennial Kingdom*, University of Hawai'i Press, 1998）。

利维雅·科恩（Livia Kohn），波士顿大学的宗教和东亚学教授。从德国波恩大学毕业后，多年在日本的京都大学从事研究。曾执教于密执安大学、斯坦福日本研究中心（Stanford Center for Japanese Studies）、京都（Kyoto）、布达佩斯的罗兰德大学（Eötvös Lorand University）。她的研究专长是中世纪道教，著有《道教神秘哲学：〈西升经〉》（*Taoist Mystical Philosophy: The Scripture of Western Ascension*, State University of New York Press, 1991）、《早期中国神秘主义》（*Early Chinese Mysticism*, Princeton University Press, 1992）、《道教体验》（*The Taoist Experience*,

State University of New York Press, 1993)、《笑道》(*Laughing at the Tao*, Princeton University Press, 1995)、《道君：历史和神话中的老君》(*God of the Dao: Lord Lao in History and Myth*, University of Michigan, Center for Chinese Studies, 1998)、《道教和中国文化》(*Daoism and Chinese Culture*, Three Pines Press, 2001)。主编有《道教静坐和长寿术》(*Taoist Meditation and Longevity Techniques*, University of Michigan, Center for Chinese Studies, 1989)、《老子和〈道德经〉》(*Lao Tzu and the Tao Te Ching*, with Michael LaFargue, State University of New York Press, 1998)、《道教手册》(*Daoism Handbook*, Brill, 2000)。

麦克尔·拉法格(Michael LaFargue)，1978年在哈佛神学院从事《新约》研究，取得神学博士学位。这之后，他将圣经研究中的方法引入了亚洲宗教文本的研究。自1978年以来，他一直是马萨诸塞—波士顿大学(University of Massachusetts-Boston)宗教社会项目的兼职教授，1995年以来是亚洲研究项目的负责人。他也是韦敦学院(Wheaton College)、韦尔勒斯利学院(Wellesley College)、波士顿大学的访问教授。他著有《语言与直觉：托马斯法的形式和意义》(*Language and Gnosis: Form and Meaning in the Acts of Thomas*, Fortress, 1985)、《〈道德经〉之道》(*The Tao of the Tao Te Ching*, State University of New York Press, 1992)、《道与方法：研究〈道德经〉的合理径路》(*Tao and Method: A Reasoned Approach to the Tao Te Ching*, State University of New York Press, 1994)、《老子和〈道德经〉》(*Lao Tzu and the Tao Te Ching*, State University of New York Press, 1998)。

黎志添，香港中文大学副教授，讲授道教史、道教经典、古代中国宗教课程。他在芝加哥大学神学院取得博士学位，道教、宗教史学、宗教心理学研究是其研究专长。他主编有《道教和民间宗教》(崇基书院中国宗教与社会研究中心，1999)。最近在 *Asia Major* 和 *Numen* 上发表了关于六朝道教的文章。现在从事早期天师道经典和香港道教史研究。

厄秀娜(Ursula K. Le Guin),出生于加州,毕业于拉德克里夫学院(Radcliffe College),在哥伦比亚大学获得硕士学位。她是现在最有名的美国作家之一,获过好几项文学奖,包括国家图书奖(the National Book Award)、星云奖(the Nebula Award)和雨果奖(the Hugo Award)。她写过许多小说和短篇故事,其中一些涉及道教和生态主题。比如,《黑暗中的左手》(*The Left Hand of Darkness*)、《被剥夺者》(*The Dispossessed*)、《天堂的车床》(*The Lathe of Heaven*)、《回家》(*Always Coming Home*)、《老子:〈道德经〉,一本关于道及道之力量的书》(*Lao Tzu: Tao Te Ching, A Book about the Way and the Power of the Way*, Shambhala Press, 1997,是一本新的《道德经》英译本)。

李远国,四川省社科院哲学与文化研究所的研究员,是好几部著作和许多文章的作者,包括《四川道教史》、《道教气功养生学》等。

刘明(Charles Belyea),美国正一道(Orthodox Daoism in America,简称O. D. A)的创始人,该教创建于1982年,旨在向西方传播正一道,属非盈利性的宗教组织。他有亚洲美学方面的学位,接受西藏密宗和正一道训练达三十多年,对仪式化的静坐特别感兴趣。1977—1978年,他在台湾被一个中国(陕西)道教家庭收养,成为正一道的传人。经过一年(1981)的隐居后,他参加了加州以及美国政府的中医研究生教育的设计。最近,他主要讲授道教,并着手培养美国的正一道士。O. D. A现在出版有关于正一道的系列丛书"柳林纪事"(Willow Record),建了正一道坛,也可说道教寺庙。O. D. A也出版发行到世界各地的半月刊《霜钟》(*Frost Bell*)。

刘笑敢,1985年毕业于北京大学哲学系。此后曾在北京大学、哈佛大学、普林斯顿大学、新加坡国立大学任教和从事研究。2001年起任香港中文大学哲学系教授。主要从事道家哲学、先秦思想、中国哲学史、近代思想以及经典诠释的教学与研究。代表作包括:《庄子哲学及其演变》、《老子:年代新考及思想新诠》、《两极化与分寸感》、《两种自由的追求:庄子与萨特》、《老子古今》以及 Classifying the Zhuangzi Chapters。诸多论文见于《中国文哲研究集刊》、《汉学研究》、《中国社会科学》、《文史》、*Harvard Journal of Asiatic Studies* 等。

陆卫东，麻省沃特镇（Watertown）新英格兰针灸学校的中医教授。1983年在杭州的浙江中医学院取得医学学位。在中国和美国讲授中医十多年，包括中国草药和针灸。现在是新英格兰针灸学校中医药系的主任，也是波士顿 Beth Israel Deaconess Medical Center 替代医学研究中心（the Center for Alternative Medicine Research）的项目顾问，以及麻省医疗登记机构（Massachusetts Board of Registration in Medicine）针灸委员会的副主任。

杰弗里·梅耶（Jeffrey F. Meyer），1973年获芝加哥大学宗教史学博士学位。现在是 Charlotte 的北卡罗莱纳大学宗教学系教授，曾获富布赖特基金会、美国学会理事会（the American Council of Learned Societies）、太平洋文化基金会（the Pacific Cultural Foundation）、the UNCC Foundation、宇宙学会（the Cosmos Society）的奖励。出版有关于北京、中国建筑、神圣地域方面的多部作品，包括《圣城北京》（*Peking as a Sacred City*, Orient Cultural Service, 1976）、《天安门的龙：圣城北京》（*The Dragons of Tiananmen: Beijing as a Sacred City*, University of South Carolina Press, 1991）、《传统北京：建筑的条件性力量》（"*Traditional Peking: The Architecture of Conditional Power*"，载于《作为神圣中心的城市》[*The City as a Sacred Center*, ed. Bardwell Smith and Holly Reynolds, E. J. Brill, 1987]）、《中国城市风水》（"Feng-shui of the Chinese City"，载于《宗教史》[*History of Religions* 18, no. 2, November 1978]）、《作为宇宙图式的中国佛教寺庙》（"Chinese Buddhist Monastic Temples as Cosmograms"，载于《中国传统、犹太教、伊斯兰教的神圣建筑》[*Sacred Architecture in the Traditions of China, Judaism and Islam*, ed. Emily Lyle, Edinburg, 1992]）、《鹰和龙：比较华盛顿和北京》（"The Eagle and the Dragon: Comparing Washington and Beijing"，载于 *Washington History* 8, no. 2, fall/winter 1996—1997）。他还出版有中国道德教育方面的书。

苗建时(James Miller),在波士顿大学取得博士学位,在安大略肯斯顿的女王大学(Queen's University, Kingston, Ontario)做博士后研究。他的毕业论文《宇宙力量的经济措施》(*The Economy of Cosmic Power*)是关于宗教交易的宇宙理论,也是上清派和奥古斯丁基督教的比较研究。他是宗教与生态论坛、道教 FORE 网站(http://environment. harvard. edu/religion)的顾问,还是网站(http://www. daoiststudies. org)的编辑。

雷尼·拉瓦若(René Noavarro),麻省有执照的针灸和草药医师,也是国际治疗之道中心(the International Healing Tao Center)的高级指导。曾经是夏威夷传统东方医学学院(the Hawai'i College of Traditional Oriental Medicine in Maui)的静坐和气功老师,也在泰国的道园(the Tao Garden in Chiangmai, Thailand)教过书。他是菲律宾针灸治疗和研究中心(the Acupuncture Therapeutics and Research Center in the Philippines)的成员,并在那里教气功、针灸、太极拳和按摩。做过《治疗之道》(*Healing Tao*,关于白云隐士传授的内丹的系列期刊)的编辑。他的诗集《杜甫草堂和其他诗歌》出版于 1997 年。

约翰·培珀尔(Jordan Paper),约克大学(多伦多)东亚和宗教学方面的教授,以及环境研究和妇女研究学院的教授,也是维多利亚大学宗教和社会研究中心的副研究员。出版有中国宗教、北美土著宗教、女性精神性方面的著作。在过去几年里,他参加了好几个集中讨论中国的宗教与环境的会议。

莉莎·拉菲尔丝(Lisa Raphals),加州大学中文和比较文学副教授,著有《知道词义:中国和古希腊经典中的智慧和狡诈》(*Knowing Words: Wisdom and Cunning in the Classical Traditions of China and Greece*, Cornell University Press, 1992)、《分光、妇女压迫和早期中国的德》(*Sharing the Light and Representations of Women and Virtue in Early China*, State University of New York Press, 1998),在比较哲学和早期道家方面颇有研究。

施舟人(Kristofer Schipper),在巴黎师从康德谟和石泰安,是训练有素的宗教史学家和文化人类学家。在台北"中央研究院"民族学研究所(the Institute of Ethnology Academia Sinica)进行了八年的研究后,成为了巴黎高等研究实验学院的中国宗教学教授。他领导了EPHE道教文献中心、欧洲科学基金资助的道藏工程和CNRS的北京寺庙项目,以及荷兰科学院。他是《三教文献》的编辑。自1992—1999年,是莱登大学(University of Leiden)的中国历史教授。

林达·瓦诺尼(Linda Varone),风水师,开办了位于麻省剑桥的"龙凤风水"公司,也在东岸做过家居和生意方面的风水指导。以自己独特的东西融合的方式在Peabody-Essex Museum in Salem、幸运500文化项目(FORTUNE 500 Cultural Program)、波士顿设计中心(the Boston Design Center)、新英格兰针灸学校(the New England School of Acupuncture)和佛蒙特大学(University of Vermont in Burlington)上课和举办工作坊。她曾跟随林云教授,他是西方密宗黑教风水(Black Sect Tantric Buddhist Fengshui)最有名的老师。还师从过斯蒂芬·普斯特(Steven Post)、威廉·斯庇尔(William Spear)和罗杰·格林(Roger Green)等人。在波士顿建筑中心学习过室内设计(interior design),获得过心理学硕士学位,参与过WCBV-TV的*Chronicle*栏目和《波士顿星期日环球节目》(*Sunday Boston Globe*)。

王岗,在上海复旦大学取得学士和硕士学位。1987—1990年,他在上海社科院文学所做助理研究员。1991—1993年,就读于科罗拉多大学,于1993年取得硕士学位,1999年在芝加哥大学获博士学位。1999年在香港中文大学做助教。

张继禹,道教张天师的第六十五代后裔。现在是中国道教协会副会长和《中国道教》的主编。著有《天师道史略》、《道法自然与环境保护》等著作。

(陈霞　译)

译后记

20世纪80年代以来,宗教与生态学的关系受到越来越多的注意,世界各地的学者们召开多次会议,办起了刊物和网站,开展了各种培训,1996—1998年期间在哈佛大学世界宗教研究中心举办了十几场宗教与生态的研讨会,出席的六百多名代表中有宗教学家、科学家、伦理学家、性别研究学者、经济学家、公共政策制定者等,他们围绕佛教、儒家、道教、基督教、印度教、犹太教、锡克教、伊斯兰教、神道教等宗教与生态学的关系展开讨论。《道教与生态》论文集就是这些系列会议的成果之一。在当代西方关于环境问题的讨论中,道教和生态学常被当做天然的伙伴,道教也因此在西方越来越有影响。自20世纪80年代以来,在《环境伦理学》等重要刊物中均有专题文章讨论道教与生态的关系,也有《亚洲传统思想中的自然》等著作梳理过道教的生态智慧。

我们这里译就的《道教与生态》一书,则专门就这个问题进行了深入、广泛的探索,全书收录了美国、欧洲、加拿大、中国、新加坡、新西兰等国学者的文章二十多篇,对道教能否有助于生态学、在哪些方面能促进或影响环境伦理学的发展提出了见仁见智的观点。这本书的出版标志着现代道教研究迈上了一个新的台阶,各国道教学者会聚在哈佛大学探讨如此前沿的全球性问题,学者间的合作和学术研究的现实性增强了。作者们在对道教寄予希望的同时,也表达了忧虑和疑问,如:如果道教有着特殊的生态智慧的话,怎样理解中国历史上常有的对环境的破坏?道教故乡的生态状况不容乐观,道教怎样才能对今天的环境作出更大的贡献?等等。

本书翻译安排如下:成都市道教协会陈杰负责翻译了"对道教经典的

生态阅读”、“文化背景中的道教与生态”两部分，四川大学外国语学院岳齐琼翻译了“当代道教对生态的关注”这部分，乐山师范学院何立芳翻译了“序曲：葫芦卷轴”，我自己译了“导论”、“框定问题”、“走向道教环境哲学”、“尾声”等部分。在翻译过程中，我们还得到中国社会科学院宗教研究所唐逸教授、四川大学外国语学院郎江洵及其学生，以及北京第二外国语学院跨文化研究所刘燕教授的帮助，在此我们深表谢意。虽然这是把外国学者研究道教的文章译成中文，由于我们的知识水平和语言能力还十分有限，译起来比想像的困难得多。本书中的错误之处敬请读者批评指正。

陈霞

于北京霄云路霞光里

2006 年 6 月